# ब्लेज़

## *इस पुस्तक के संबंध में कुछ विचार*

दिव्यांश का हार न मानने का जज्बा, हर क्षेत्र के और हर उम्र के व्यक्ति को समान रूप से प्रेरित करेगा। शरीर भले ही रोगग्रस्त हो पर, जॉन मिल्टन के शब्दों में, "मस्तिष्क अपने आप में एक जगह है, जो स्वर्ग को नर्क और नर्क को स्वर्ग बना सकता है।" गंभीर बीमारी से जूझते हुए भी दिव्यांश ने अपनी मानसिक क्षमता और दृढ़ता से ही कितना कुछ संभव किया! सही मायने में यह प्रेरणा देने वाली और दिल को छूने वाली कहानी है। ईश्वर करे वह जहां भी हो वहां सुख और शांति से हो।

**सचिन तेंदुलकर**
**प्रसिद्ध पूर्व-क्रिकेटर**

यह एक किशोर-वय लड़के की दुःख से भरी कथा है, जो कैंसर से लड़ा पर, उस पर विजय नहीं पा सका। यह उसके मां द्वारा लिखी गयी एक विह्वल कर देने वाली कथा है, जिसने अपनी पूरी ताकत लगा कर भी यह महसूस किया कि वह उसे बचाने के लिए काफी नहीं थी। और फिर भी, दुनिया द्वारा देखी गयी शायद सबसे खतरनाक महामारी के दौरान इसे पढ़ते हुए मैंने जो भाव महसूस किया वह 'उम्मीद' का था। मैंने 'उम्मीद', 'साहस' और 'विश्वास' का भाव महसूस किया-ऐसे तीन भाव जो हमें जीवन (और नियति) द्वारा दी गई सबसे असह्य व्यथा को भी सहन करने की शक्ति देते हैं। मैंने भले ही क्षण भर के लिए, पर सृजन के उस पल की अद्‌भुत ताकत को महसूस किया, जिसे पाने के लिए हम सब, कवि, दार्शनिक, चित्रकार, कथाकार, स्वप्नदर्शी, जीते हैं, और जब हम मृत्यु के सम्मुख खड़े होकर उसे परास्त करने के लिए अपने 'शब्दों', 'चित्रों' या 'सपनों' या 'उम्मीद' के माध्यम से अमरत्व की तलाश करते हैं।

किशोर दिव्यांश ने भी वही किया। और इस तरह ही मुझे उसकी इस साहसिक कहानी के बारे में ज्ञात हुआ, उसके लेखन से, उन शब्दों से जिन्हें उसने इतनी अद्‌भुत कुशलता से तराशा था, मैंने महसूस किया कि दुनिया उसे सिर्फ इसलिए याद नहीं करेगी कि वह इतनी कम उम्र में इतना प्रतिभाशाली था और जिसके हृदय में इतना प्यार भरा था, बल्कि इसलिए भी कि वह इस उम्मीद का संदेश दे गया कि हमारा जीवन चाहे कितना भी संक्षिप्त हो, हम उसके हर एक पल को विश्वास की ज्योति से उद्‌भासित कर सकते हैं।

मैं यहां उसकी रचनाओं का उद्धरण नहीं दूंगा। उसका लिखा इस किताब के माध्यम से अमर रहेगा जो उसकी मां ने उसके पिता के सहयोग से लिखा है। इस किताब में उद्धृत करने लायक इतने वाकये हैं जो शायद एक जीवन के

लिए पर्याप्त हों। एक 22 साल के लड़के को 'कैन्सर' मार तो सकता है पर यह उसकी जिजीविषा को, जीवन के प्रति उसके उत्साह को नहीं मार सकता और यही इस किताब का मूल संदेश है। अपने शब्दों के माध्यम से दिव्यांश ने अमरत्व को प्राप्त कर लिया।

और, इसीलिए मुझे यह कहानी पसंद आयी। वह एक ऐसे युवक की कहानी है, जिससे न मैं पहले कभी मिला था, न उसे जानता था, न ही उसके बारे में कभी सुना था। फिर भी वह मेरा बेटा हो सकता था, छोटा भाई या फिर दोस्त हो सकता था। अपनी आंखों में भविष्य की चमक संजोए जीवन की ताजगी से भरे युवा चेहरे जो अक्सर आपको राह चलते दिख जाते हैं, वह उन में से कोई भी हो सकता था। निधि और सुशील की यह कथा इस कदर दिल को छू लेती है, इतने अद्‌भुत रूप से अपनी लगती है, कि जब आप यह किताब समाप्त करेंगे तो (मेरी तरह ही) आप भी किसी अपने को खो देने का भाव महसूस करेंगे।

आज यह लिखते हुए, मैं उस लड़के के लिए दुःख का भाव अनुभव कर रहा हूं जिससे मैं कभी नहीं मिला, पर जिसने मेरे जीवन को प्रभावित किया और कहीं अनंत में खो गया। मैं उसके माता-पिता के लिए दुःख के भाव से भरा हूं। पर साथ ही, मैं हर व्याधि, संकट और विषमताओं के बीच भी इतने अर्थपूर्ण ढंग से जिए गए जीवन की अदम्य ताकत को भी महसूस कर रहा हूं। मैं उसकी जीवन वृत्ति, उसके शब्दों, और उसके संक्षिप्त लेकिन अर्थपूर्ण जीवन में अथाह प्यार की उपस्थिति को एक उत्सव की तरह आनंदपूर्वक महसूस करता हूं।

मुझे उम्मीद है कि इस महामारी के कठिन समय में हम सब जो अपने प्रियजनों का साथ न होने के दुःख से भरे हैं, उन सब के लिए दिव्यांश के शब्द प्रेरणा बनेंगे। वे सारे माता-पिता जिन्होंने अपने बेटे या बेटी को खोया है, उनके लिए यह किताब उस अपार दुःख के पार जीवन की आशा लेकर आएगी और वह भी उदासी नहीं बल्कि विस्मय से भरी।

**प्रितीश नंदी**
**कवि, पत्रकार और ख्यातिप्राप्त मीडियाकर्मी**

हम अकसर अपने मुश्किल सागय में सारी आशाएं छोड़ देते हैं और अपनी जिंदगी को निराशा में डुबोते चले जाते हैं। लेकिन हमें ऐसे वक्त में उन लोगों की तरफ देखने की जरूरत है जो न केवल मुश्किल दौर में धैर्य बनाए रखते हैं बल्कि मुश्किल समय में अपनी रचनात्मकता को नया रूप दे देते हैं। मैं बात कर रहा हूं दिव्यांश आत्मन् की। अब वह हमारे बीच नहीं है। यह कहना जितना दर्दनाक है उतना ही उसके जीवन के ये 22 साल कई गुना ज्यादा प्रेरणादायी है। उसकी जिंदगी बहुत छोटी थी, लेकिन ये 22 साल भी उसके लिए बहुत हंसी खुशी वाले

नहीं थे, क्योंकि इसमें से 10 साल वह घातक कैंसर से लड़ रहा था वो भी मुस्कुराते हुए। लेकिन उसका ये जीवन हम जैसों के लिए काफी प्रेरणादायी रहा। मौत सामने है, ये जानते हुए भी उसके चेहरे से न तो मुस्कुराहट हटी न उसकी रचनात्मकता ही खत्म हुई। उसने खुद पर दया न दिखाते हुए ब्लॉग्स और कविता के जरिए अपनी भावनाओं को व्यक्त किया।

उसके माता-पिता ने उसकी मृत्यु के बाद उसके प्रेम और अपनी पीड़ा वाले सफर को संजोया है और एक किताब के रूप में सामने लेकर आए हैं।

इस किताब "ब्लेज़- एक बेटे की अग्निपरीक्षा" को दिव्यांश के माता-पिता, निधि पोद्दार और सुशील पोद्दार, की तरफ से समाज को एक अनमोल तोहफा कहा जा सकता है, जिसमें मां निधि पोद्दार का योगदान कहीं ज्यादा है। यह किताब सभी को एक बार जरूर पढ़नी चाहिए, सिर्फ यह जानने के लिए नहीं कि दिव्यांश और उसके माता-पिता किस पीड़ा से गुजरे, बल्कि यह सीखने-समझने के लिए भी कि हालात कितने भी मुश्किल क्यों न हों, हमें उनसे जूझने का जज्बा नहीं छोड़ना चाहिए।

**शेखर गुप्ता,**
**वरिष्ठ पत्रकार और मुख्य सम्पादक, दी प्रिंट।**

इस किताब को समाप्त करते हुए जो भाव मेरे अंदर गूंज उठे, वे ये थे कि इंसानी हौसला कितना अद्भुत हो सकता है, प्यार हमें अतिसंवेदनशील बना देता है पर वही कितनी ताकत और हिम्मत भी दे जाता है, जो लड़ाई महत्वपूर्ण है उसके लिए इंसान कितनी ताकत जुटा सकता है, अपने प्रियजनों का साथ, जो दुनिया की सभी धन संपदाओं से अधिक कीमती है, उसे पाने के लिए कोई व्यक्ति कितना त्याग करने को तत्पर हो सकता है।

**फरहान अख़्तर**
**फिल्म अभिनेता**

'ब्लेज़' एक युवा दिव्यांश आत्मन् और 'ल्यूकीमिया' से उसके साहसिक संघर्ष की कथा है। वह अपनी उम्र के लिहाज से असाधारण रूप से परिपक्व, बौद्धिक रूप से संपन्न, एक कवि हृदय व्यक्ति था। नियति के अनुचित निर्णयों के बावजूद दिव्यांश और उसकी मां और उसके पूरे परिवार ने जिस साहसिकता और सकारात्मकता से इस रोग का सामना किया वह मुझे चकित कर देता है। दिव्यांश ने लिखा, "विपदाएं जहर हैं पर उनका निदान भी स्वयं वही हैं।"

दिव्यांश का अपनी मां से और अपने पूरे परिवार से जो लगाव था वह अमूल्य

था और उसने अपनी कई कविताओं में इन भावों को अभिव्यक्त भी किया है।

इस किताब का शीर्षक उसकी इसी नाम की एक कविता से लिया गया है। यह कविता हर एक व्यक्ति में उपस्थित उस अदम्य दैवीय ज्वाला को इंगित करती है, वह ज्वाला जो तेजोमय बन कर हमारे अंदर से प्रकट होती है, "वह अग्नि जो होती है चमक से भरी दीप्तिमान, अवस्थित हम सब में, उस अग्नि को देखो, मेरे दोस्त प्रज्वलित करो उसे फिर से।"

एक कैंसर विशेषज्ञ के मरीज के कष्टों के प्रति निरपेक्ष हो जाने का जोखिम रहता है, अनगिनत मरीजों के कष्टों के अनवरत भावनात्मक प्रवाह से स्वयं की रक्षा करने के एक स्वाभाविक प्रयास के कारण शायद ऐसा होता हो। पर, मैं स्वीकार करूंगा कि इस किताब की समाप्ति तक मेरी आंखों में आंसू आ गए और मेरा गला रुंध गया। 'ब्लेज़' को पढ़ना मेरे लिए एक आध्यात्मिक उत्थान का सा अनुभव था। मुझे खुशी है कि उसकी मां यह किताब प्रकाशित कर रही हैं, ताकि अधिक-से-अधिक लोग यह किताब पढ़ पाएं और उस प्रबुद्ध आत्मा के बारे में जान पाएं जो दिव्यांश था।

**प्रोफेसर शैलेश वी. श्रीखंडे**
**डिप्टी डायरेक्टर, टाटा मेमोरियल हॉस्पिटल,**
**हेड ऑफ कैंसर सर्जरी**
**टाटा मेमोरियल सेंटर, मुंबई**

दिव्यांश की यात्रा ताकत, साहस, और सतत अन्वेषण की थी। वह एक साहसी युवा था, जो विश्वास और उम्मीद को अवलंब बनाकर बाधाओं और व्याधियों से लड़ता रहा और अपनी प्रतिभा और अपने बौद्धिक विचारों को अपनी भावपूर्ण कविताओं के माध्यम से अभिव्यक्त करता रहा। इस किताब को समाप्त करने के बाद भी उसकी प्रबुद्ध लेखनी और उसके स्नेहपूर्ण शब्दों का प्रभाव मन में बसा रह जाता है।

**सुधा मूर्ति**
**ख्यातिप्राप्त लेखिका,**
**और चेयरपर्सन, इनफोसिस फाउंडेशन**

दिव्यांश आत्मन् की कहानी सकारात्मकता और उम्मीद की एक अतुलनीय कथा है, और, यह नकारात्मक विचारों से जूझ रहे उन तमाम लोगों के लिए एक उम्मीद की रौशनी जगाती है। जैसा कि गौतम बुद्ध ने कहा है, "मस्तिष्क ही सब कुछ है। आप वैसे ही बन जाते हैं जैसा आप सोचते हैं।" दिव्यांश ने यह साबित कर दिया कि परिस्थितियां चाहे जैसी भी हों, प्रतिभा और रचनात्मकता को किसी भी

सीमा में बांधा नहीं जा सकता। जब मुझे दिव्यांश की इस कहानी के बारे में पता चला तो मैं कितना भावुक हो गया उसे शब्दों में व्यक्त नहीं कर सकता। उसकी कविताओं को पढ़ते हुए मैं उनमें बसी अकूत प्रतिभा और ऊर्जा को देख कर दंग रह गया। एक कलाकार के तौर पर मैं दिव्यांश की जीवनी से प्रेरणा पाता हूं, और मुझे आशा है कि यह उन सब को प्रेरणा देगा जो अपने जीवन में मुश्किलों का सामना कर रहे हैं। वह भले अब हमारे साथ न हो पर उसकी सौम्य मुस्कान और उसके बेहतरीन शब्दों की विरासत हमें अनंत काल तक प्रोत्साहित करती रहेगी।

**परेश मैती**
**प्रसिद्ध चित्रकार**

दुनिया को यह उपहार देने के लिए हार्दिक धन्यवाद दिव्यांश। यह एक अनश्वर जीवन की कथा है।

दिव्यांश हमें हर दिन संबल देता है, खुश रहने और शारीरिक सीमाओं के परे जाकर जीवन का आनंद लेने की प्रेरणा देता है।

**विकास खन्ना**
**भारतीय 'शेफ' और 'फिलैंथ्रॉपिस्ट'**

'ब्लेज़' एक दिव्य आत्मा की दिल को छू लेने वाली कहानी है। इसके कथासूत्र में सर्वत्र प्यार भरा है जिसमें धैर्य भी अभिन्न रूप से उपस्थित है। यह अंधकार में प्रकाश और विपत्ति में साहस का वृतांत है और उन भावों के प्रति एक श्रद्धांजलि भी है। दिव्यांश और उसके माता-पिता के दर्द से उदासीपूर्वक शनैः शनैः गुजरते हुए उसके मनोभाव की दृढ़ता ने जैसे अपने जीवन यात्रा में मुझे एक नयी अंतर्दृष्टि दी। अपनी इस गमजदा कर देने वाली यात्रा में दिव्यांश ने जो साहस, अपार स्नेहभाव, परिपक्वता और अंतर्दृष्टि का परिचय दिया वह बताता है कि गम का सामना भी सहजता से किया जा सकता है और विपत्ति का सामना धैर्य से करना भी संभव है। इस कथा में दिव्यांश के हार न मानने वाले जज़्बे की झलक पाकर मन एक अनोखे गर्व से भर जाता है। और, इस किताब में बसे ऐसे कई सारे अनोखे जज़्बातों में यह एक ऐसी बात है जो मेरे लिए सर्वोपरि है। दिव्यांश को स्वयं को शब्दों में अभिव्यक्त करने का ईश्वरीय आशीर्वाद था, जिसके माध्यम से उसकी अकूत ताकत सामने आती है। उसकी लिखी कुछ पंक्तियां मेरे मन में हमेशा के लिए घर कर गयी है:

"विपदाएं जहर हैं
पर उनका निदान भी स्वयं वही हैं।"

और, ये दो पंक्तियां जो आदमी की बनाई कृत्रिम दीवारों को भेद कर मानवता की समानता के भाव को सामने ले आती है:

"आप हिंदू हैं या मुसलमान?"
"मैं भूखा हूं।"

ये वो विचार हैं जो सदैव मेरे साथ रहेंगे। '*ब्लेज़*' एक ऐसी किताब है जिसे हर व्यक्ति को पढ़नी चाहिए।

**डॉ. यूसुफ मर्चेंट**
**डी.ए.आई.आर.आर.सी (एनजीओ) के प्रमुख और '*हैप्पीनेस*'**
**किताब के लेखक**

'ब्लेज़' एक दिल को छूने वाली और प्रेरणा देने वाली कथा है, जिसमें लेखकों ने हिम्मतपूर्वक ईमानदारी का निर्वाह किया है। जीवन के प्रति दिव्यांश आत्मन् का उल्लास इस किताब में प्रमुखता से दिखता है। अपने प्रियजनों को शक्ति और संबल देने और विदेश जाकर इंजीनियरिंग की पढ़ाई करने और अपने सपनों को पूरा करने के उसके प्रयास में कुछ भी, यहां तक की एक जानलेवा बीमारी भी, बाधा नहीं बन सकी। अपनी बीमारी से संघर्ष के प्रति दिव्यांश का जो गहन आध्यात्मिक भाव था वह उसकी बेहतरीन और यादगार कविताओं में उभर कर आता है। उसने अपनी एक कविता '100 थाउजेंड पोएट्स फॉर चेंज' के मुंबई के आयोजन में अत्यंत विश्वासपूर्वक प्रस्तुत किया था। अपने शब्दों, अपने आचरण, अपनी इच्छाशक्ति और अपने आशावादी विचारों से दिव्यांश ने सबसे मुश्किल दिनों में भी हिम्मत नहीं हारी, और अपने संपर्क में आने वालों के जीवन को भी गहरे प्रभावित किया। उसका जीवन संक्षिप्त था, पर जिस अदम्य साहस से उसने अपनी बीमारी का सामना किया उसके द्वारा वह यह संदेश भी दे गया कि- सही मायने में कैंसर तो सोच की नकारात्मकता में है। दुर्गम विपत्तियों का सामना करते हुए उसकी सकारात्मक सोच हम सब के लिए एक बहुमूल्य सबक है।

**मेनका शिवदसानी**
**कवि और समन्वयक '१०० थाउजेंड पोएट्स फॉर चेंज', मुंबई**

महज 22 साल की उम्र में इस दुनिया को छोड़ कर चले जाने वाले विलक्षण गुणों से संपन्न दिव्यांश आत्मन् के बारे में जानकर मुझे स्वयं की प्रतिभा लघुतर लगने लगी। ईश्वर को शायद वह अधिक प्रिय था!

**शिर्शेंदु मुखोपाध्याय**
**समादृत बांग्ला साहित्यकार**

जीवन जब मृत्यु के समीप आता है तब अपनी पंखुड़ियां पूरी तरह खोल कर अपनी समग्रता में पुष्पित हो जाता है। एक तिब्बती बौद्ध अवधारणा है, "अगर आप एक उत्तम और परिपूर्ण जीवन जीना चाहते हैं तो मृत्यु को पहचानिए।" यह दो विपरीत ध्रुवों के मिलन के समान है।

एमिली डिकिन्सन की कुछ पंक्तियां मेरी स्मृति में उभरती हैं:

"शिकारी कहते हैं
एक घायल हिरण लगाता है
सबसे लंबी छलांग
मृत्यु का आह्लाद नहीं होता वह
बस थम जाता है सब कुछ।"

ईश्वर नहीं, मृत्यु सृष्टा है। हर क्षण कोई दिया बुझ कर एक नए दिए को ज्योति दे जाता है। जीवन पक्षी है, आकाश तक है दायरा उड़ान का, पर मृत्यु घोंसला है।

'दिव्य' का अर्थ है दैवीय, ईश्वरीय। 'अंश' का अर्थ है भाग, साथ मिलकर यह एक संदेश देता है: पुष्प हैं हम, आप सूर्य हैं।

**संजीब चटर्जी**
**ख्यातिप्राप्त बांग्ला लेखक**

दिव्यांश सही अर्थों में एक दिव्य आत्मा का स्वामी था, जिसकी जीवन-यात्रा लोगों से साझा की जानी चाहिए। उसने मुझे जीवन में बिना शिकायत बेहतर करने और हर एक पल के सदुपयोग की प्रेरणा दी।

**शर्नाज पटेल,**
**थिएटर और फिल्म अभिनेता**

सहसा, यह अप्रत्याशित रूप से आता है और हमें अपनी ताकत और सहनशीलता से आश्चर्यचकित कर जाता है। और, जब कोई उदारमना व्यक्ति साहसपूर्वक अपने नितांत निजी अनुभवों को दुनिया के साथ साझा करता है, तो वह हम सब के लिए एक 'प्रेरणा की लौ' (ब्लेज़) बन जाता है। पोद्दार परिवार को मेरा साधुवाद।

**आनंद महिंद्रा, उद्योगपति**

पिछले कुछ सालों में यदि किसी एक किताब ने मेरे अंतर्मन को छुआ है तो वह निधि और सुशील पोद्दार द्वारा लिखी गयी किताब 'ब्लेज़' है। यह एक बेटे के अतुलनीय साहस की कथा है जिसे उसकी मां ने अत्यंत सूक्ष्मता से वर्णित किया

है। इस किताब को पढ़िए और मेरा विश्वास है कि आप कभी न भूलने वाली भावनात्मक यात्रा की तृप्ति महसूस करेंगे।

**मनोज मुंतशिर**
**फिल्मी गीतकार**

शब्दों में मन के जख्मों को भरने की क्षमता होती है, उनमें आप में बदलाव लाने की क्षमता होती है, उनमे यह क्षमता भी होती है कि वे आप को अमर बना दें।

निधि और सुशील पोद्दार की किताब, 'ब्लेज़-एक बेटे की अग्निपरीक्षा', ऐसा ही एक जीवन-वृत्तांत है, जो एक प्रभावशाली आत्मा को अमर बना देता है। उन्होंने यह किताब अपने बेटे दिव्यांश आत्मन् के बारे में लिखी है जो अत्यंत कम उम्र में ही 'ल्यूकीमिया' से ग्रसित हो गया।

मैं स्वयं कैंसर से उबर कर आई हूं। दिव्यांश की यात्रा, उसके अनुभव और सबक मुझ से मिलते-जुलते हैं, और जिस प्रकार से उसने अपने साहस और दृढ़निश्चयता से अपने आस-पास के लोगों को प्रेरणा दी, उसकी मैं दिल से सराहना करती हूं।

मैंने इस किताब से कितना कुछ सीखा है..... सबसे बड़ी बात यह कि जीवन चाहे कैसी भी कठिनाइयां पेश करे......उसे उसकी समग्रता में जीना न छोड़ें।

निधि और सुशील पोद्दार को ढेर सारा प्यार। दिव्यांश के जीवन-वृत्तांत को हम सब के साथ साझा करने के लिए शुक्रिया।

**सोनाली बेंद्रे बहल, अभिनेत्री**

'ब्लेज़' एक ऐसी किताब है जिसे हर माता-पिता को पढ़नी चाहिए, उनके बच्चे का स्वास्थ्य चाहे जैसा भी हो......

बच्चों का पालन-पोषण करना एक दैवीय जिम्मेदारी है। दिव्यांश और उसके माता-पिता के जीवन में कई फरिश्ते आए, विशिष्ट मानवीय गुणों से संपन्न एक दुर्लभ व्यक्ति, डॉ. रुबेन ऑर, उनमें सबसे चमकते सितारे की तरह उभर कर आते हैं। मैं हर 'ऑन्कोलॉजिस्ट' से अनुरोध करूंगा कि इस किताब को गंभीरता से और ध्यानपूर्वक पढ़ें। यह उन्हें दूसरे लोगों के प्रति बर्ताव को लेकर एक नया दृष्टिकोण देगा। इससे मेरे दृष्टिकोण में बदलाव आया है। मैं भी वही दोहराना चाहूंगा जो उसके माता-पिता ने कहा है, "दिव्यांश इस दुनिया में एक निहित उद्देश्य से आया था।"

**डॉक्टर तपन सैकिया**
**ऑन्कोलॉजिस्ट, मुंबई**

# ब्लेज़

## एक बेटे की अग्निपरीक्षा

### एक वास्तविक कथा

निधि पोद्दार
और सुशील पोद्दार

अनुवाद
सुनील झा

रूपा

प्रकाशित
रूपा पब्लिकेशंस इंडिया प्राइवेट लिमिटेड 2022
7/16, अंसारी रोड, दरियागंज
नई दिल्ली 110002

*सेल्स सेन्टर*:
इलाहाबाद बैंगलुरू चेन्नई
हैदराबाद जयपुर काठमाण्डू
कोलकाता मुम्बई



ISBN: 978-93-5520-626-8

प्रथम संस्करण 2022

10 9 8 7 6 5 4 3 2 1

भारत में मुद्रित

*दिव्यांश आत्मन् के लिए,*
*उसके बिना यह किताब कहां संभव थी....!*

# विषय-सूची

# प्राक्कथन

## ब्लेज़: एक बेटे की अग्निपरीक्षा

कहते हैं मृत्यु एक दैवीय विधान है। अपने किसी प्रियजन की मृत्यु का आघात सहन करने में मानवीय सहनशक्ति के चरमोत्कर्ष की परीक्षा हो जाती है, और व्यक्ति को अपने अंदर कहीं गहरे संचित आशातीत साहस के भंडार की आवश्यकता होती है। माता-पिता के लिए अपने संतान को खोने का जो असह्य दुःख है, उसे शब्दों में व्यक्त नहीं किया जा सकता। मैंने फिल्मों में ऐसी भूमिकाएं निभाई हैं जिसमें माता-पिता अपने संतान को खो देते हैं, और यह जानते हुए भी कि वह वास्तविक नहीं है, चूंकि कला जीवन का ही प्रतिरूप होता है, ऐसी भूमिकाएं एक कलाकार को भावनात्मक रूप से अत्यंत गहरे प्रभावित कर जाती हैं। वास्तविक जीवन में तो मैं इस अनुभूति के बारे में सोचने की भी हिम्मत नहीं जुटा सकता।

'ब्लेज़' एक ऐसी कहानी है जो अदम्य साहस से उपजी है। यह किताब एक किशोर दिव्यांश आत्मन् की कहानी बयान करता है जो मृत्यु के सम्मुख भी एक साहसी योद्धा की तरह खड़ा रहा। उसकी बौद्धिक परिपक्वता उसकी उम्र से कहीं अधिक थी। यह एक प्रभावशाली वृतांत है, क्योंकि इसके कथानक को उसके माता-पिता (निधि और सुशील पोद्दार) ने रचा है, जो उसके रोग-जनित कष्टों और व्यथाओं के बराबर के साझीदार रहे, खासकर उसकी मां जो कथा की मूल सूत्रधार हैं। आत्म-दया का सहारा लिए बिना, अपनी इस कथा में उन्होंने मुख्य रूप से अपने गहनतम अंधकार के पलों को आत्मसात् कर एक प्रेरणास्पद यात्रा में परिवर्तित करने का वृतांत प्रस्तुत किया है, जो निश्चित तौर पर पाठकों को भी प्रेरणा देगा। इसे पढ़ना आपको भावुक कर देगा, साथ यह आपको इंसानी जज़्बे की विजय के अद्भुत भाव से भी भर देगा।

अपने पुत्र दिव्यांश आत्मन् की कहानी को दुनिया के सामने रखने की हिम्मत दिखाने के लिए निधि और सुशील पोद्दार को साधुवाद। भविष्य के

लिए उन्हें मेरी हार्दिक शुभकामनाएं, साथ ही प्रार्थना करता हूं कि इस किताब की प्रगति के साथ वे यूं ही दूसरों के लिए प्रेरणास्रोत बने रहें।

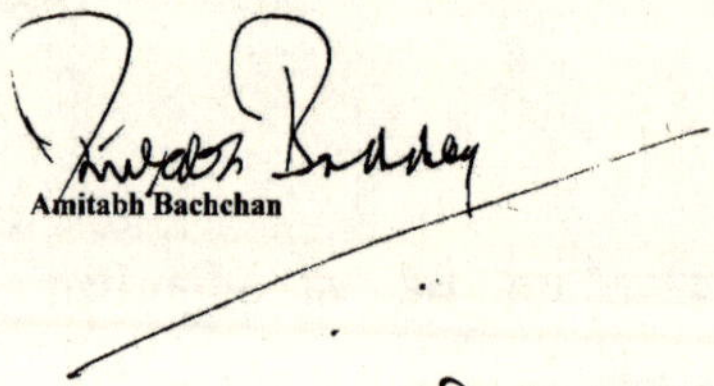


**मुंबई** **अमिताभ बच्चन**

**19 नवंबर 2020**

# भूमिका

## खालिद मोहम्मद

*पल नहीं था एक भी खोने को*
*न कोई स्थगित प्रश्न,*
*न देर से होने वाले रहस्योद्घाटन*
*वही था बस*
*भोगा गया जिसे समय के भीतर*

*प्रतीक्षा नहीं कर सकती थी बुद्धिमत्ता बालों के सफेद होने की*
*प्रकाश किरणों के प्रस्फुटित होने से पहले ही*
*देखना था उन्हें स्पष्टता से*
*और सुन लेना था हर आवाज को*
*सुनाई देने से पहले ही*

–नोबेल पुरस्कार से सम्मानित कवि "विस्लावा शिम्बोर्स्का"
की कविता "हमारे पूर्वजों का संक्षिप्त जीवन" से

दिव्यांश आत्मन् एक अदृश्य शक्ति की तरह था, एक अनुकरणीय उदाहरण की तरह, मेरे लिए और उन सब के लिए, महज 22 साल की उम्र में ही इस दुनिया से विदा लेने से पहले जिनके जीवन को उसने प्रभावित किया। दस सालों तक ल्यूकीमिया से लड़ने के बजाए, अपने अंतर्मन की भावनाओं और विजय के अद्भुत मनोभाव को अपनी कविताओं, कहानियों, पत्रों और अपने चिंतन में अभिव्यक्त करते हुए उसने उसे जैसे अपना लिया था।

वह एक इंजीनियर होता, कवि होता या शायद कोई उपन्यासकार होता। स्पष्टतः एक विलक्षण प्रतिभा का स्वामी था वह। अपने पीछे उसने न केवल अपने उदात्त और बौद्धिकता से भरे लेखन की विरासत छोड़ी, बल्कि

एक ऐसी कहानी भी जो उन सब को हौसला देगी जिन्होंने अपने जीवन में असह्य दुःख और त्रासदी का सामना किया है। आखिर हम में से ऐसा कौन है जिसने उनका अनुभव न किया हो?

दिव्यांश के बारे में, जिसे प्यार से 'मनु' बुलाते थे, मैंने उसके पिता सुशील पोद्दार से जाना। अपने पुत्र के स्वभाव के ठीक विपरीत सुशील मितभाषी हैं। वे एक मृदुल स्वभाव के व्यक्ति हैं, और मैंने अनुभव किया कि अपनी भावनाओं के उतार-चढ़ाव को दूसरों के सामने प्रकट करना उनके स्वभाव में नहीं है। विपरीत इसके, दिव्यांश की मां निधि की भावनाओं की हर एक लकीर उनके चेहरे पर स्पष्टता से उभर आती है। उनसे पहली बार मिलने पर मुझे लगा मैंने उनके शांत सुरक्षित संसार में दखलंदाजी कर दी है, कोई प्रश्न पूछना न उचित लगा न संभव, हमने एक दूसरे को कोई अनावश्यक सलाह नहीं दी, "मुझे यह जानकर बेहद दुःख हुआ" जैसी कोई औपचारिकता हमारे बीच घटित नहीं हुई।

मैंने बस सहजता से दिव्यांश से मिलने की इच्छा जताई, जो तब बॉम्बे हॉस्पिटल में अचेतावस्था में था। मैंने सुशील से दिव्यांश से मिलने के बाद वहीं सामने एक 'बार' में बैठ कर बातचीत करने की बेवकूफी भरी पेशकश भी कर दी। हमने समय तय कर लिया। पर, मुझे घर पहुंचते ही आभास हुआ कि वह कितनी बड़ी भूल थी। मैंने अनजाने ही निधि की भावनाओं को गहरी ठेस पहुंचा दी थी। जब उनका बेटा अस्पताल में था वैसी हालत में क्या वे सुशील को मेरे साथ सामने किसी 'बार' में बैठकर बियर का आनंद लेने की इजाजत देंगी? जब मैंने शाम की वह मुलाकात रद्द करने के लिए सुशील को कॉल किया तो उन्होंने बस नम्रतापूर्वक कहा, "धन्यवाद, मैं आपको मना नहीं कर पाया, वैसे तो निधि कुछ नहीं कहती पर.....।" जो अनकहा रह गया वह प्रत्यक्ष था।

दिव्यांश इलाज की प्रक्रियाओं से गुजरता हुआ अस्पताल आते-जाते रहते हुए भी सेंट मैरिज स्कूल में अपनी परीक्षाएं भी दे रहा था। उसकी रचनाओं को पढ़कर मेरे दिलोदिमाग में यह तय था कि उन्हें छापा जाना चाहिए। उसकी रचनाओं में एक स्पष्टता भरी दिशा थी और उसके शब्दों और भावों के पीछे कहीं आत्म-दया या उसके शारीरिक कष्टों की कोई क्षीण-सी अभिव्यक्ति भी नहीं देखी जा सकती थी।

दिव्यांश अस्पताल से घर आ गया, घर पर ही उसके कमरे में एक छोटे नर्सिंग होम-सी व्यवस्था कर दी गयी। मैं कभी उस से मिलने की अनुमति

मांगने की हिम्मत नहीं जुटा पाया। उसकी छोटी बहन अनन्या डाइनिंग टेबल पर बैठकर अपना होम वर्क कर रही थी। मुझे लगा यह एक वैसा आदर्श परिवार था जो अब अपने-अपने दायरों में बंट गया है।

पर, मैं गलत था, दिव्यांश अपने तरीके से सही अर्थों में कहूं तो अपनी ही "अदा" से यह सुनिश्चित कर रहा था कि उसके परिवार की सुंदर तस्वीर पर दाग का कोई कतरा भी न दिखे। वह हमेशा सुंदर और चमकदार रहेगा। वह उन्हें कभी दुःख के महासागर में नहीं छोड़ेगा, उसका हाथ हमेशा समय पर ऊपर उठेगा, "उपस्थित श्रीमान..."

भावविह्वल होकर मुझे फिर एक विचार आया, अब सोचता हूं तो वह भी मूर्खतापूर्ण ही था, विचार यह था कि दिव्यांश की तीन कहानियों को आधार बनाकर एक पटकथा (स्क्रिप्ट) लिखूं, पहली वह जो अस्पताल से अपनी मेडिकल रिपोर्ट लेने जाते हुए एक टैक्सी ड्राइवर से उसके वार्तालाप पर आधारित थी, दूसरी जो उसने अपने पैतृक घर पटना में एक पालतू कुत्ते और तोते के बीच जो सुंदर संबंध बन गए थे उसे आधार बना कर लिखी थी, और तीसरी उसने अपनी बहन अनन्या को जो एक छोटी-सी कहानी लिख कर दी थी, उस पर आधारित। आपस में जुड़े ये छोटे कथानक मेरी समझ से दिव्यांश का समुचित अभिवंदन होता और बड़े संदर्भों में देखें तो उन सभी बच्चों और उनके माता-पिताओं का भी जिन्होंने ऐसी परिस्थिति का सामना किया है- "परिस्थिति" मैं इसीलिए कह रहा हूं क्योंकि मैं ऐसी घटनाओं को अलग-अलग खानों में बांटना नहीं चाहता। सोचा, हम जो बनाएंगे उसे 'यू-ट्यूब' पर अपलोड कर देंगे, या फिर किसी 'स्ट्रीमिंग चैनल' को प्रसारण के लिए दे देंगे। सुशील सहमत लगे, वैसे भी किसी को हतोत्साहित करना उनके स्वभाव में नहीं है।

हफ्ते भर में मैंने तीनों पटकथाएं तैयार कर उन्हें "ई-मेल" पर भेज दिया, उन्हें वह अच्छी तो लगी, पर उन पटकथाओं को दोबारा पढ़ते हुए स्वयं मुझे यह महसूस हुआ जैसे वे अपर्याप्त हैं, दिव्यांश के अनकहे साहस के साथ वह शायद बिल्कुल ही, या कम-से-कम पूरा न्याय नहीं करता है, जो उस समय भी अपने घर पर पूरी हिम्मत से अपने हालात से लड़ रहा था, जिसमें बीच-बीच में थोड़ा सुधार भी दिख जाता था।

और फिर मुझे यह समझते देर नहीं लगी कि जीवन के प्रति दिव्यांश के अनवरत उल्लास, उसके बौद्धिकता का गांभीर्य और उसके तार्किक हास्य-वृत्ति की स्वच्छंदता को उसके माता-पिता से ज्यादा भली-भांति भला कौन समझ

सकता है! और यह बात फिर वहीं रह गयी। समय बीतता गया; फोन पर सुशील बस इतना कहते कि दिव्यांश ठीक है, जो "उम्मीद करते हैं सब ठीक हो जाएगा" के लिए बस एक प्रेयोक्ति थी। पर, वह उम्मीद पूरी नहीं हुई, दिव्यांश दूसरी दुनिया में चला गया।

समय के तो जैसे पंख होते हैं, वह यूं ही भागता रहा। फिर, कोविड 19 का कहर बरपा और दुनिया जैसे थम सी गयी। भय और संशय से आक्रांत हम सब अपने-अपने घरों में कैद हो गए, अपने-अपने तरीके से इस विवशता भरी कैद से जूझते रहते। और फिर उसी साल 2020 के अक्टूबर के मध्य में मोबाइल पर सुशील का संदेश मिला, "क्या हम आपकी सुविधानुसार कहीं मिल सकते हैं?" ईमानदारी से कहूं तो मैंने इसे अपनी उस कैद से बाहर आने के अवसर के तौर पर देखा। जहां पोद्दार दंपत्ति रहते थे उस हाउसिंग कॉलोनी के बगीचे में खुले में घूमने का अवसर, जो मेरे लिए तब किसी वरदान की तरह ही था। वहां भीड़-भाड़ नहीं होती, साथ ही हरियाली और समुद्र के किनारे होने के कारण शाम की समंदर से आती हवा ताजगी भरी होती है। मैं रविवार की शाम सुशील से मिलने की आतुरता से प्रतीक्षा करने लगा।

अपनी सौम्य मुस्कान के साथ वे हाथ में एक कपड़े के 'बैग' में एक 'स्पाइरल-बाउंड' वाली किताब लिए हुए उपस्थित हुए। निधि और सुशील ने मिलकर स्वयं ही वह किताब लिखी थी- ब्लेज़, अ संस ट्रायल बाय फायर। जैसे किसी ईश्वरीय कृपा के वशीभूत होकर उन्होंने यह किताब लिखी थी जो दरअसल दिव्यांश के इलाज के लिए मुंबई से इजरायल और फिर अमेरिका तक की उसकी जीवन-यात्रा और साथ ही उन्हीं परिस्थितियों में एक अमेरिकी विश्वविद्यालय में, उत्तम भविष्य की उम्मीद संजोए, आगे की पढ़ाई के लिए रास्ता तलाशने का अंतर्मन को प्रभावित करने वाला वास्तविक आख्यान था। किताब के एक अध्याय का टाइटल है 'एक बार फिर से ..' ('हेयर वी गो अगेन'), जो स्पष्टतः दिव्यांश की उस दृढ़निश्चयता को इंगित करता है जो दिव्यांश ने अपने माता-पिता के साथ संभावित उपचार की आशा और तलाश में अलग-अलग देशों, शहरों की धैर्यपूर्वक यात्रा करते हुए, विभिन्न चिकित्सकों और स्वास्थ्य विशेषज्ञों से मिलते हुए और उपचार की अनवरत चलती प्रक्रियाओं से गुजरते हुए दिखाई।

क्या वे एक हारी हुई लड़ाई लड़ रहे थे? बिल्कुल ही नहीं। बल्कि जीवन-पथ पर उनकी दुर्निवार यात्राएं, अमेरिका में रोग-निर्धारण में हुई एक

गलती और इस मार्ग पर चलते हुए अनेकों सहृदय डॉक्टरों, नर्सों, उनके अपने सम्बंधियों और कई ऐसे और लोगों का मिलना, उनसे जुड़ना, दिव्यांश की इच्छाशक्ति के विजय का द्योतक है। और साथ ही उसकी मां के अनिर्वाहित दु:ख और निराशा के महासागर में डूबते उतारते हुए भी अपना सर ऊपर रखने के साहस का भी द्योतक है। हमारे प्यारे दिव्यांश का कर्म के सिद्धांत में विश्वास, और योग, साहित्य, संगीत और पाक-शास्त्र की सुंदरता से उसका लगाव धीरे-धीरे प्रस्फुटित होकर पूर्णता की तरफ बढ़ता गया। और इसके साथ ही उसका लेखन कहीं अधिक कलात्मक, सार्वभौमिक और निर्लिप्त होता चला गया।

माता-पिता की बात करें तो अंतर्मन की गहराई को छू जाने वाली यह किताब क्या उनके भाव-मोचन, उनके 'कथॉर्सिस', का उपादान बन सकती थी? इसके उत्तर का अनुमान लगाने से पहले मैं कहना चाहूंगा कि बोलचाल के क्रम में आमतौर पर लोग 'कथॉर्सिस' का अंतर्दृष्टि का आभास या "दर्द मुक्ति की अनुभूति" के अर्थों में प्रयोग करते हैं। इस तरह 'कथॉर्सिस' फ्रायडवादी मनोविश्लेषण के अर्थों में प्रयुक्त होता है। पर क्या 'दर्द मुक्ति की वह अनुभूति' पा लेना इतना सरल है? इसकी जगह मैं यह मानना अधिक उचित समझूंगा कि निधि और सुशील के लिए यह अपने बेटे को एक नयी दृष्टि से प्यार करने और उसकी विशिष्टताओं को नए सिरे से पहचानने की एक नयी शुरुआत है, जो प्रकाश-किरणों के प्रस्फुटित होने से पहले ही देख सकता था और हर आवाज को सुनाई देने से पहले ही सुन सकता था।

इस निष्कर्ष पर मैं अपने स्वयं के अनुभव से पहुंचा हूं। मैंने अपनी मां जुबैदा को दो साल की छोटी उम्र में ही खो दिया। मैंने उनकी अनदेखी यादों को एक फिल्म की पटकथा में उतार दिया जिसका निर्देशन श्याम बेनेगल जैसे कुशल निर्देशक ने किया। और उसके बाद से मुझ से बार-बार पूछा जाता है, "वह पटकथा आपके लिए 'कथॉर्सिस' की तरह होगी, आपने "दर्द मुक्ति की अनुभूति" पा ली होगी?"

पर, सच तो यह है मेरी मां जो उन्नीस साल की उम्र में एक हवाई दुर्घटना में गुजर गयी थीं, मेरे लिए एक नया जन्म लेकर आयी, मेरी फिल्म 'जुबैदा' के साथ, मेरे अंदर उनका एक नया जीवन घटित हुआ।

हम सब मुख़्तलिफ़ दिमाग और मुख़्तलिफ़ मिजाज के बने हैं। पोद्दार दम्पति की सोच इस मामले में मुझ से सर्वथा अलग हो सकती है। फिर भी, जितना मैं उन्हें जानता हूं, और इस किताब को पढ़ने के बाद मेरा दिल

मुझसे कहता है कि दिव्यांश ने 'ब्लेज़' के रूप में एक नया जन्म लिया है।

वह भले ही मूर्त रूप से हमारे साथ न हो, पर अपनी कविताओं में, अपनी लेखनी से व्यक्त अपने विचारों में, उसकी सौम्य मुस्कान से भरी हमारी यादों में, और कठिनाई भरे तूफानों का हंसते हुए सामना करने के अपने जज़्बे में वह हमेशा जीवित रहेगा। हम सब जानते हैं कि आखिर सूरज तो फिर से उगने के लिए ही डूबता है और यही सृष्टि का विधान है।

# अनुवादक की कलम से ....

'ब्लेज़' पढ़ते हुए मेरे मन में जो पहला खयाल आया वह यह था कि यह एक ऐसी किताब है जो अधिक से अधिक लोगों तक पहुंचनी चाहिए और यह भी कि इसे दूसरी भाषाओं में भी उपलब्ध होनी चाहिए। और फिर एक दिन, निधि और सुशील ने मुझसे पूछा, क्या मैं इसका हिंदी में अनुवाद करने का दायित्व स्वीकार करुंगा?

'ब्लेज़' कोई उपन्यास नहीं है, जिसमें लेखक अपनी कल्पना से कथासूत्र में रंग भरता है। 'ब्लेज़' में जो जीवन है उसे इसके लेखकों ने स्वयं जिया है, इसमें वर्णित घटनाएं, असाधारण किन्तु वास्तविक हैं। 'ब्लेज़' उनके बेटे दिव्यांश की अप्रतिम जिजीविषा की कथा है, 'ब्लेज़' उनके अपने अतुलनीय जीवन-संघर्ष की कथा है। फिर भी इस पुस्तक को लिखते हुए उन्होंने जिस लेखकीय ईमानदारी, जिस लेखकीय निरपेक्षता का निर्वाह किया है, उसे अक्षुण्ण रखना इस पुस्तक के अनुवाद की एक बड़ी चुनौती थी। साथ ही, अनुभूत सत्य की जिस मूल भावनात्मक भूमि पर यह पुस्तक अवस्थित है, और जो इस पुस्तक की आत्मा है, उसे अनुवाद में भी सुरक्षित रखना दूसरी बड़ी चुनौती थी।

तीसरी चुनौती थी, दिव्यांश के उन काव्य-अंशों का अनुवाद जो कथासूत्र में खूबसूरती से बसे हैं। दिव्यांश की अपेक्षाकृत छोटी उम्र में ही उसके अंदर का कवि, बेहद सुलझा हुआ और परिपक्व था। उसकी कविताओं में भावों की गंभीरता है, विचारों का ठहराव है और शब्द-कुशलता तो है ही। उसके काव्य-लेखन की भाषा अंग्रेजी थी। उसके कविताओं के चुने हुए काव्य-अंशों का हिंदी अनुवाद और कथासूत्र में उनका वैसा ही सहज सामंजस्य एक और बड़ी चुनौती थी।

इस छोटी उम्र में ही दिव्यांश की विराट काव्य यात्रा को समझने के लिए उसकी सम्पूर्ण कविताओं को पुस्तक के अंत में यथावत रखना ही उचित लगा।

'ब्लेज़' को अनुवाद के लिए बार-बार पढ़ते हुए मैंने निधि और सुशील की इस असाधारण जीवन-यात्रा को करीब से महसूस किया, मैंने दिव्यांश का जीवन के प्रति जो अपार सम्मान था उसे महसूस किया। मैंने 'ब्लेज़' में सदानीरा की तरह बहती जीवन-धारा को महसूस किया। मैंने 'ब्लेज़' में मृत्यु को उत्कट मानवीय सामर्थ्य से परास्त होते हुए देखा।

**मुंबई** **-सुनील झा**

सुनील झा, हिंदी के कवि हैं, और वे इस पुस्तक के लेखकों के घनिष्ठ मित्र भी हैं। पेशे से वे भारतीय राजस्व सेवा के अधिकारी हैं। उनका एक कविता संग्रह "धूप चांदनी और स्याह रंग" हाल ही में प्रकाशित हुआ है।

# 1

# आह्लाद

यह दिसम्बर 2016 की बात है।

मुझे न जाने कब से इस दिन का इंतजार था। सुबह से ही मैं, पूरे मनोयोग से, गृह-प्रवेश की पूजा के आयोजन में जुटी थी। हमारा नया घर, मेरी निगरानी में रंग-रोगन होकर, नई साज-सज्जा के साथ तैयार था। अपने परिवार के लिए एक नए सुरक्षित और प्यार भरे आशियाने की मेरी अभिलाषा आज पूरी हुई थी। इस घर के तैयार होने के दौरान सुशील को अक्सर यरूशलम जाना पड़ा था। हमारे बेटे दिव्यांश (प्यार से हम उसे मनु बुलाते थे) की चिकित्सा के क्रम में डॉक्टरों के सलाह अनुसार उन्हें समय-समय पर यरूशलम जाना पड़ता था। इस कारण, नए घर की तैयारी की निगरानी मेरे जिम्मे आ गई थी। मैं एक मध्यमवर्गीय परिवार से आती हूं। मुझे 'इंटीरियर डेकोरेशन' का कुछ भी पता नहीं था। हमारे यहां तो घर के नाम पर कुछ कमरे और एक सुविधाजनक छत ही बड़ी बात थी। आंतरिक साज-सज्जा के नाम पर घर की औरतें एक-आध फूलदान सजा देती, कढ़ाई किए टेबल कवर बिछा दिए जाते, उपहार में मिली सजावट की कुछ चीजें यहां-वहां जमा दी जाती और घर की सज्जा पूरी हो जाती।

अभी हम जिस घर में रहते थे, वहां हमने गंभीर परेशानियां झेली थी। दिव्यांश एक अरसे से घातक बीमारियों से जूझ रहा था। उस घर की बालकनी से एक शवदाह गृह दिखता था। उसका हर दिन इस तरह दिखना मुझे किसी अनिष्ट की आशंका से भर देता। मैं कितना भी प्रयास करती, उधर न देखूं, पर नजरें अनायास उधर चली जाती और अंतर असहज हो जाता। मृत्यु शाश्वत है, यह हम सब जानते हैं पर, हर दिन इस प्रकार से उसका एहसास मन अधीर कर जाता। मुझे लगता, हमारी नजरों में उस शवदाह गृह की स्थायी उपस्थिति मेरे बेटे के दुर्भाग्य का कारण है।

अब जाकर सुशील को नया सरकारी घर मिला था। यह पहले वाले घर से बड़ा और बेहतर था। मुझे यह जगह भी पसंद आयी। मैंने इस घर को सजाने-संवारने में अपनी पूरी कलात्मक क्षमता लगा दी। मातृ-स्नेह से सिंचित उस बगिया में अपने बच्चों के लिए मैं एक सुकून भरा घरौंदा बनाना चाहती थी। मैं उस घर के हर कोने को अपनी ममता की छाया से सुरक्षित करना चाहती थी, ताकि कोई भी बुरी ताकत, सुरक्षा की उस दीवार को भेद कर मेरे बच्चों का अमंगल न कर पाए।

पूजा संपन्न हुई। हवन का पवित्र धुआं घर में प्रवाहित हुआ। पंडित जी ने आशीर्वाद की मुद्रा में कहा- 'इस घर का वास्तु उत्तम है, यह घर विपरीत परिस्थितियों को आपके अनुकूल कर देगा।'

दिव्यांश अब पहले से काफी बेहतर था। उसके चेहरे की रौनक लौट आई थी। वह घर के कामों में रुचि लेता, बाजार से रोजमर्रा का सामान लाने जैसे कार्यों में अपने पिता का खुशी-खुशी हाथ बंटाता।

अपनी छोटी बहन अनन्या की उसकी पढ़ाई में मदद करता, उसे घुमाने-फिराने बाहर लेकर जाता। एक बात जो मुझे सबसे अच्छी लगती- वह नियमपूर्वक सुबह और शाम की चाय के वक्त हमारे साथ आ बैठता। उसके वहां होने से मुझे हमारा साथ मुकम्मल लगता। उसने अब इंजीनियरिंग कॉलेज जाना भी शुरू कर दिया था। पुराना अवसाद अब घुलने लगा था। एक अरसा बाद मैंने खुद को आईने में देखा। मुझे याद नहीं पिछली बार कब मैं ढंग से सजी-संवरी थी। मुझे अपना ही चेहरा अनजाना-सा लगने लगा था। आईने से ताकती वे उदास आंखें क्या मेरी ही थीं..! मैंने सजने-संवरने में फिर से रुचि लेना शुरू किया। जैसे यह एक नई जिंदगी की शुरुआत थी।

दिव्यांश जब कॉलेज के लिए निकलता तो मैं लिफ्ट तक जाकर उसे विदा करती। यह बस उसे विदा करने भर के लिए नहीं था। यह मेरी ममता थी जो उसे अपने आंचल की सुरक्षा के साथ विदा करना चाहती थी, ताकि दुर्भाग्य का साया उसके पास भी न फटक पाए। इस छोटी सी जिंदगी में उसने बहुत सहा था। मैं चाहती थी वह नए पंखों के साथ उन्मुक्त होकर उड़े। सृष्टि के असीम विस्तार में निर्बाध भ्रमण करे। खुशियां उसके कदम चूमें। मेरे सपने साकार होते दिख रहे थे। नई उम्मीदों के साथ आकाश की ऊंचाइयां छूने की चमक मैं उसकी आंखों में देखती। मेरा मन प्रफुल्लित हो उठता।

अंशु का विवाह तय हुआ। अपने चचेरे भाई बहनों में दिव्यांश अंशु

और मृदुल के सबसे करीब था। इन्हीं दोनों के साथ उसका सबसे ज्यादा समय भी बीता था। दोनों, सुशील के सबसे बड़े भाई शंकर भैया के बेटे हैं। मैंने उन्हें बचपन से देखा है। विवाह के बाद जब मैं इस घर में आई थी तो दोनों नन्हें प्यारे बच्चे थे। मेरे लिए वे दिव्यांश और अनन्या जैसे ही हैं। मुंबई आने से पहले जब हम कोलकता में थे, वे अक्सर हमारे घर आते और मैं खुशी-खुशी दो की जगह चार बच्चों की देखभाल में लग जाती। मेरी खुशियां दोगुनी हो जाती। मैंने उन्हें अपनी आंखो के सामने बड़ा होते, अपनी जिंदगी संवारते, अपना घर बसाते देखा। पहले मृदुल का विवाह हुआ, अब अंशु की बारी थी। दिव्यांश की खुशी का ठिकाना नहीं था। पटना में अपने दादा-दादी के घर शादी में शामिल होने का उसका उत्साह देखते बनता था।

पिछले पांच सालों में हमारे लिए कभी भी दिव्यांश को लेकर पटना जाना संभव नहीं हो पाया। उसकी लंबी बीमारी और उसके उपचार का ऐसा कठिन विधान था कि उसे वहां लेकर जाना बेहद मुश्किल होता। दबी जुबान में कभी मैं इस की चर्चा भी करती तो सुशील याद दिलाते कि वहां इन्फेक्शन का खतरा बढ़ सकता है। मां के लिए तो उसका बच्चा ही सबसे प्यारा होता है। दिव्यांश मेरी पूरी दुनिया था। वह एक कठिन बीमारी से लड़ रहा था। ऐसे में मन ही मन मैं उसे बुरी नजरों से भी बचाना चाहती थी। उसने बहुत सहा था। मैं जैसे फिर से उसे अपने गर्भ में संभाले जन्म देने के लिए सही वक्त की प्रतीक्षा कर रह रही थी। मां की नजरों से उसे फिर से दुनिया में लाने का सही वक्त तलाश रही थी।

एक और कारण है जो मेरे अंतर्मन में कहीं चुपचाप बैठा था। पर, सब कुछ साझा करते हुए उसे स्वीकारना भी जरूरी है। दिव्यांश को जो जीवन-रक्षक दवाइयां दी जा रही थी उनका दुष्प्रभाव भी था। उन दवाइयों के कारण दिव्यांश का वजन काफी बढ़ गया। मैने अपने बेहद खूबसूरत बेटे को इन दवाओं के प्रभाव से बेडौल होते देखा। कई लोग जो हमसे मिलने आते, उसे सहानुभूति की नजरों से देखते। उनकी नजरें मुझे अंदर तक वेध जाती। कुछेक अति-उत्सुक लोग तो उसके मोटापे का कारण भी पूछ बैठते। मैं बताते हुए असहज हो जाती। मैं नहीं चाहती थी कि दिव्यांश इसे लेकर असहज हो। वह पूरी हिम्मत से एक गंभीर बीमारी का सामना कर रहा था। इस परिस्थिति में मैं नहीं चाहती थी ऐसे अनावश्यक दबाव उसे परेशान करें। मैं उसे अपने आंचल की छांव में दुनिया की जिज्ञासु नजरों से बचाकर

रखना चाहती थी। हालांकि स्वयं दिव्यांश ने इन शारीरिक बदलावों को बड़ी ही सहजता से स्वीकारा था। पर, अंदर ही अंदर मुझे लगता उससे उसकी किशोर-वय वाली सुंदरता छिन गई है। इसीलिए, मैंने मन ही मन ठाना था कि उसे लेकर पटना तभी जाऊंगी जब वह अपनी शारीरिक सुंदरता फिर से पा लेगा। कई सालों से उस पल के लिए मैं हृदय से प्रार्थना करती रही थी। पांच सालों बाद, अब वह अवसर आया। दिव्यांश का सुंदर, सुडौल शरीर, सौम्य मुस्कान से खिला युवा चेहरा, मुझे हर्ष से भर देता। अब उसे गर्व से पटना लेकर जाने का समय था।

मेरे बूढ़े सास-ससुर जब-तब मुझसे उसे लेकर घर आने का आग्रह करते। उनका आग्रह न मान पाने की विवशता मुझे अब भी ग्लानि-भाव से भर देती है। पर एक विवश मां भला करती भी तो क्या....! परिस्थितियां उसे वहां लेकर जाने के बिल्कुल अनुकूल नहीं थी। दिव्यांश की बीमारी और अपनी दुश्चिंताओं के कारण मैं मृदुल की शादी में भी उसे लेकर नहीं गई। अपनी दो चचेरी बहनों की शादी में भी वह शामिल नहीं हो सका। हर बार, दिव्यांश दादा-दादी के घर जाना चाहता, अपने भाई बहनों की शादियों में शामिल होना चाहता, पर, मेरी भावनाओं का ध्यान रख चुप हो जाता। अब अंशु की शादी ने वह अवसर दिया था। मैं अपने ग्लानि-भाव से उबरना चाहती थी। शत्रु की तरह इस बीमारी ने दिव्यांश को अपने परिवार से दूर रहने को विवश कर दिया था। मैं उस विवशता पर विजय पाकर आह्लादित थी। सुंदर, सुडौल और स्वस्थ दिव्यांश अब अपने जन्मस्थान जा सकता था। वहां, जहां उसके दादा-दादी थे, नाना-नानी थे, अनेकों चचेरे भाई-बहन थे, उसका एक बड़ा भरा-पूरा परिवार था। झुंड से बिछड़ी भेड़ की तरह उसका अब उनसे फिर से मिलने का समय था। मैं, जो अब तक उसे अपने गर्भ की-सी सुरक्षा में संभाले थी, उसे फिर से संसार में लाना चाहती थी।

अंशु भी मेरे लिए दिव्यांश जैसा ही था। उसकी शादी मेरे लिए भी खुशी का एक बड़ा अवसर था। पिछले आठ सालों में, दिव्यांश की गंभीर बीमारी और उसके अनवरत उपचार के बीच मैं कहीं उम्मीद खो बैठी थी। सुशील भरोसा दिलाते, प्यार से समझाते- 'ये कठिन दिन हैं, बीत जाएंगे, फिर से सब कुछ पहले जैसा होगा...अच्छा होगा।' पर, मेरी निराशा इस हद तक थी कि मैं दिव्यांश को दूल्हे के रुप में देखने की कल्पना तक नहीं कर पाती। अब जब दिव्यांश भी अंशु की शादी में जा रहा था, मैं अंशु की शादी में दिव्यांश की शादी का सुख भी समेटना चाहती थी। अंशु

की शादी 22 अप्रैल 2017 को होनी तय हुई थी। जनवरी की शुरुआत में वह अपनी होने वाली पत्नी श्वेता के साथ हमसे मिलने आया। मृदुल और उसकी पत्नी महिमा भी उसी दौरान आ गए। हम अंशु को लेकर पास के एक 'फैशन स्टोर' में शादी के लिए शेरवानी खरीदने गए। जब वह ट्रायल रूम से निकल कर आया तो मैं उसे देखती रह गयी। हल्की गुलाबी शेरवानी में अंशु बिल्कुल राजकुमार लग रहा था। मेरे अचेतन मन ने दूल्हे की तरह शेरवानी में सजे अपनी सौम्य मुस्कान से मेरी ओर देखते दिव्यांश को देखा। मैंने सबकी नजरें बचाकर चुपचाप अपनी आंखों के कोर से आंसू पोंछ लिए। फिर मुस्कुराकर मैंने अंशु की नजरें उतार ली। वह आखिरी मौका था जब दिव्यांश, मृदुल और उसकी पत्नी महिमा और अंशु और उसकी होनेवाली पत्नी श्वेता साथ थे। एक ही परिवार के उन बच्चों के लिए यह अद्‌भूत आंनद का पल था। पर, शायद वह भी आखिरी बार ही था। एक दूसरे से घुलते-मिलते, हंसते-बोलते, उनके साथ और लगाव के भी वे आखरी पल थे....।

दिव्यांश के दूसरे समेस्टर की परीक्षा करीब थी। पूरे मनोयोग से वह अपनी परीक्षा की तैयारी में जुटा था। वह नियमित रुप से क्लास जाता, शिक्षकों से मिलकर यरूशलम जाने के कारण पढ़ाई के छूटे हिस्से की सामग्री जुटाता, फिर स्वयं भी घर में घंटों पढ़ता रहता। इन सबके बीच वह एकांत में कविताएं भी लिखता, साथ ही अपने ब्लॉग पर अपने विचार भी नियमित रूप से लिखता रहता। मेरे लिए जीवन जैसे फिर से ढर्रे पर आ रहा था। एक समान्य जीवन, जिसके लिए हम न जाने कब से छटपटा रहे थे। जब जीवन समान्य ढर्रे पर चल रहा हो तो हम अक्सर उसकी महत्ता नहीं समझते। पर, जब जीवन में कोई ऐसी घटना घटित हो जो हमसे यह सहजता छीन ले तब हम उसी सहज समान्य जीवन को फिर से पाने के लिए अधीर हो जाते हैं। एक रोग ने हमसे जीवन का यह सुख छीन लिया था। अब जीवन में वापस आती यह सहजता, एक समान्य जीवन, हमारे लिए सबसे बड़ा सुख था।

नियति को पर यह कहां मंजूर था ....!!

फरवरी के मध्य से दिव्यांश कभी-कभी सिरदर्द होने की शिकायत करने लगा। शुरू में हमें लगा यह मामूली सिरदर्द है, और हमने उसे बहुत गंभीरता से नहीं लिया। पर, सिरदर्द की यह शिकायत उसे बार-बार रहने लगी। बावजूद इसके, वह नियमित रुप से कॉलेज जाता और अपनी पढ़ाई

करता। मैं चिंतित हो उठी। उसका बार-बार का यह सिरदर्द मुझे मामूली नहीं लगा। मैं सहज रहने की कोशिश करती पर, मेरा जी घबराने लगा। जब भी दवाई का असर खत्म होता, तकलीफदेह सिरदर्द वापस आ जाता। मैं खतरे से वाकिफ थी और उसकी आहट महसूस कर रही थी।

साल 2005 में सुशील का कोलकता से मुंबई तबादला हुआ। कोलकता में रहते हुए हम अक्सर दक्षिणेश्वर काली के दर्शनों के लिए जाते। कोलकता छोड़ते हुए एक आखरी बार हम मां के दर्शन के लिए गए। हम शहर छोड़ने से पहले मां काली का आशीर्वाद लेना चाहते थे। पर, दुर्भाग्य से जब तक हम मंदिर पहुंचे तब तक पट बंद हो चुका था। हम बाहर से ही शीश नवा कर वापस आ गए। और कोई चारा भी नहीं था। मैं जब से मुंबई आई मुझे यह कचोटता रहता। खुद को कितना भी समझाती पर बार-बार यह खयाल आता, मां काली ने शहर छोड़ते हुए मेरे परिवार को आशीर्वाद नहीं दिया। मुझे लगता मेरे बेटे पर आई विपत्तियों का कारण भी यही है। मैंने एक दिन सुशील से कहा-हम एक बार कोलकता चलें, मैं माता से क्षमाप्रार्थना करना चाहती हूं। अनजाने में यदि हमने कोई अपराध किया है तो मां उसका दंड मेरे बेटे को न दें। हम एक दिन के लिए कोलकता गए। एयरपोर्ट से हम सीधे दक्षिणेश्वर काली के लिए रवाना हो गए। पूजा के लिए वह पावन दिन था, दर्शनार्थियों की अपार भीड़ थी। लगभग दो घंटे हम भीड़ में पंक्तिबद्ध खड़े रहे। दो घंटे बाद भी जब हम दर्शन के लिए गर्भगृह में पहुंचे तो भारी भीड़ के कारण वहां क्षण भर से ज्यादा खड़ा रहना भी मुश्किल था। उसी एक क्षण में एक असहाय मां जगत-माता के समक्ष अपना आंचल फैला कर खड़ी हो गई। कांपते हृदय से मैंने मां काली से अपने बेटे के लिए स्वास्थ्य की भीक्षा मांगी। धीरे-धीरे मेरे आसपास पसरी भीड़ जैसे अदृश्य हो गई। मैं चुपचाप सर झुकाए खड़ी रही। मेरी आंखों से आंसू टपक कर माता के चरणों के समक्ष पवित्र भूमि पर जा पड़े। एक बेबस मां अपने आंसुओं के सिवा भला और क्या अर्पण करती ..! मंदिर परिसर में आकर हमने पवित्र पेड़ पर धागा बांधा। कहते हैं यहां धागा बांधने से देर-सबेर सारी मन्नतें पूरी होती हैं। उस रात मुंबई लौटते हुए मैंने अद्भुत शांति महसूस की। उड़ान के दौरान पूरे रास्ते मैं गहरे सुकून में सोती रही। मन हल्का होकर आसमान में उड़ता रहा।

# 2

# संकट के बादल

दिव्यांश विशिष्ट गुणों से संपन्न था, यह तो मैं उसके बचपन से ही समझने लगी थी। पर, दिसंबर 2009 और उसके बाद की घटनाओं के दौरान, जब वह केवल 12 वर्ष का था, उसका स्थितिप्रज्ञ व्यवहार और परिस्थितियों को स्वीकार कर सहज रुप से नए मार्ग तलाशने की उसकी अद्‌भुत क्षमता से मुझे आभास हुआ कि अपने नाम के अनुरूप वह एक दिव्य आत्मा है जो एक निहित उद्देश्य के साथ हमारे जीवन में आया। लोगों को बेशक यह एक मां का अतिरंजित भावोद्‌गार लग सकता है, और मैं ऐसा समझने के लिए उन्हें दोष भी नहीं देती, पर, आज बरसों बाद जब मैं 2009 से पहले और उसके बाद दिव्यांश के और उससे जुड़े अपने जीवन की घटनाओं के तंतु जोड़ती हूं तो मेरा यह विश्वास और भी दृढ़ हो जाता है।

अप्रैल या मई 1996 में वह मेरी कोख में आया। पूरे गर्भकाल में कई अत्यंत मुश्किल स्वास्थ्य समस्याएं आईं। डॉक्टरों के अनुसार, ये स्वास्थ्य समस्याएं इतनी गंभीर थीं कि पहले तीन महीने में ही मैंने उसे लगभग खो दिया था। जन्म के पश्चात भी आरंभ में वह बीमारियों से जूझता रहा। लेकिन शीघ्र ही वह स्वस्थ भी हो गया। थोड़े दिनों बाद ही स्थिति यह थी कि जो शिशु रोग विशेषज्ञ उसे देखने आते थे वह भी उसके विकास की गति को देखकर अचंभित हो जाते। उसका आना मेरी जिंदगी का सबसे आनंदपूर्ण क्षण था। हम दोनों जैसे एक दूसरे के लिए ही बने थे। मैं सोते समय उसे निहारती और अभिभूत होती रहती। वह हमारी जिंदगी में ऐसी खुशी लेकर आया जैसा मैने जीवन में पहले कभी महसूस नहीं किया था। हमारे सगे संबंधियों को तो वह प्यारा था ही, कोलकता में, जहां उसका जन्म हुआ, शीघ्र ही वह पूरी कॉलोनी का दुलारा बन गया। थोड़ा बड़ा हुआ तो उसने स्कूल जाना शुरू किया, और वहां भी वह प्रसन्नतापूर्वक

जाता जैसे उसे वहां आंनद आता हो। उसके व्यक्तित्व में एक जादू था, वह बरबस लोगों को अपनी ओर आकर्षित कर लेता। पढ़ाई में तो वह अच्छा था ही, पर खेलकूद, नृत्य-संगीत सस्वर पाठ, जैसी इतर विधाओं में भी वह बहुत सहजता से अच्छा करता। मुझे सबसे अनूठी बात यह लगती की इतनी छोटी उम्र में भी उसके व्यक्तित्व में एक सत्यनिष्ठा थी। अपनी बातें लिख कर बताना उसे बहुत पसंद था। चाहे उसे कुछ चाहिए हो या फिर अपनी कोई बात बतानी हो, वह छोटी से चिट पर लिख कर मुझे या सुशील को दे देता। मैं यह देखकर आश्चर्यचकित हो जाती की अनगढ़ अक्षरों और बालसुलभ भाषा में लिखी उस छोटे से बच्चे की बातों में भी एक बहुत ही स्पष्ट सत्य भाव होता था।

एक दिन की बात है, जब दिव्यांश केवल पांच साल का था, सुशील ने उसकी किसी गलती के लिए उसे एक थप्पड़ मार दिया। उस समय दिव्यांश ने कोई प्रतिक्रिया नहीं दिखाई। शाम में उसने चुपचाप अपने हाथों पेंसिल से लिखा एक नोट अपने पिता को थमा दिया, 'मुझे मारने से आपको कौन सी संतुष्टि मिली? भले आप गुस्से में ही हों पर, अगर आप कुछ कहना चाहते हैं तो क्या उसे प्यार से नहीं बता सकते? अगर मारना ही है तो स्केल से मारिए, मेरे सर के बाल गुस्से में क्यों खींचते हैं?'

एक और नोट का मुझे ध्यान आ रहा है जो उसने अपने पापा को उनके प्रोमोशन पर दिया था:

प्रोन्नति की हार्दिक बधाई। अब मुझे अपनी किताबों से कहना पड़ेगा कि वे तैयार रहें, अब तो मेरे सबसे अच्छे शिक्षक (जो आप हैं) के पास मुझे पढ़ाने के लिए, मेरे लिए, ज़्यादा वक़्त होगा। मैं वादा करता हूं कि बड़ा होकर मैं आप जैसा ही बनूंगा और आपका नाम रौशन करूंगा।

कभी-कभी वह ईश्वर को पत्र लिखकर उनसे अपनी भावनाओं को साझा करता। उसके व्यक्तित्व में जो एक सत्यनिष्ठा का भाव था, उसने मुझे हमेशा गौरवान्वित किया। सुशील के मुंबई तबादले के बाद दिव्यांश ने वहां एक नए स्कूल में दाखिला लिया, और इस नए वातावरण में भी वह बड़ी सरलता से घुल-मिल गया। पढाई में तो वह अपनी कक्षा के सबसे अव्वल छात्रों में होता ही, साथ ही दूसरी गतिविधियों में भी वह बढ़-चढ़ कर हिस्सा लेता और उन सब में भी उसका प्रदर्शन बेहतरीन रहता। मैं हमेशा 'पैरेंट-टीचर-मीट' की प्रतीक्षा करती, जब उसके शिक्षक खुले मन से उसकी तारीफ करते और मैं फूली नहीं समाती।

साल 2002 में हमारी बेटी अनन्या का जन्म हुआ। उसके तीन साल बाद सुशील का कोलकता से मुंबई तबादला हो गया। मुझे ऐसा लगा अनन्या के जन्म के बाद और विशेषकर मुंबई आने के बाद दिव्यांश थोड़ा अपने आप में रहने लगा था, पर, उस समय मैंने इस पर विशेष ध्यान नहीं दिया। इसका कारण मुझे 2009 में समझ आया जब हम हमारी जिन्दगी में आए सबसे बड़े झंझावात का सामना कर रहे थे।

2009 के उत्तरार्ध में दिव्यांश को कभी-कभी संक्रमण के कुछ लक्षण दिखने लगे, साथ में बुखार भी आ जाता, दवाओं से लेकिन वह ठीक भी हो जाता। पर, जब यही लक्षण तीन महीने के अंदर तीसरी बार दिखे और उसका वजन भी कम होने लगा तो, शिशु रोग विशेषज्ञ डॉक्टर मुकेश सांकलेचा, जो उसका नियमित इलाज कर रहे थे, ने कई सारी जांच करवाने की सलाह दी। एक के बाद एक जांच होती रही पर, अंत में जब उन्होंने 'बोन मैरो टेस्ट' की सलाह दी तो मेरा अंतर्मन कांप उठा। जांच की रिपोर्ट तो अभी नहीं आई थी लेकिन जो कैंसर रोग विशेषज्ञ थे उनके हाव-भाव से ऐसा लगता मानो उन्हें रिपोर्ट के नतीजे का अनुमान हो गया हो। मेरा मन आशंकाओं से घिर उठा। दिव्यांश के साथ भला ऐसा कैसे हो सकता है ..!! मैंने आखिर किसी का क्या बिगाड़ा है। ..!! ईश्वर मुझे ये किस गुनाह की सजा दे रहा है.....!! मेरे मन में रह-रह कर इस तरह के भाव आते। डरावनी आशंकाओं से घिरी हुई मैं बुरी तरह से उद्वेलित थी। इसके विपरीत, दिव्यांश अपने सुई बिंधे हाथों में रिमोट पकड़े अस्पताल में अपने बिस्तर पर पड़ा-पड़ा शान से टीवी पर अपना मनपसंद कार्यक्रम देखता रहता।

अगली सुबह डॉक्टर हमारे कमरे में आए, 'बोन मैरो टेस्ट' की रिपोर्ट हमें बताने। सुशील ने आसन्न संकट को भांप लिया, वह डॉक्टर को अपने साथ लेकर कमरे से बाहर चले गए। और फिर, मुझ पर जैसे वज्रपात हो गया। दिव्यांश को ल्यूकीमिआ था- रक्त का कैंसर। जिस भयावह रोग का नाम सोच कर ही मैं कांप उठती थी वही अब एक डरावनी सच्चाई बन कर मेरे सामने खड़ा था। मैं किसी गहरी खाई के अतल गहराई में जा पड़ी, जहां चारों तरफ अंधकार था- भयावह अंधकार। मुझे कुछ भी सूझ नहीं रहा था। मैं निर्जीव हो गयी, जैसे किसी अदृश्य शक्ति ने मेरी सारी ताकत निचोड़ दी हो। मैं खड़ी होती और कटे वृक्ष सी गिर पड़ती। मैंने अपने भाग्य को कोसा, ईश्वर के अस्तित्व पर भी प्रश्न खड़े किये। एक पल में मन आक्रोश से भर उठता, फिर अगले ही पल अंदर तक बेबसी

भर जाती। लगता कहीं से कोई आ कर, कोई डॉक्टर या कोई नर्स, कह दे कि यह रिपोर्ट गलत है, यह दिव्यांश की रिपोर्ट नहीं है। जी करता, दिव्यांश को वापस अपनी गर्भ की सुरक्षा में रख लूं, इस कैंसर की पहुंच से दूर उसे वापस अपने अंदर छुपा लूं। उस समय तो मुझे होश ही नहीं था, अब सोचती हूं सुशील का दुःख भी तो उतना ही बड़ा था, पर उनके पास तो रोने का भी समय नहीं था। एक ओर बेटे को यह भयंकर बीमारी होने की खबर दूसरी ओर मेरी हालत। उन्हें मुझे भी संभालना था और साथ ही डॉक्टर और इलाज की व्यवस्था भी देखनी थी। सबसे बड़ी बात यह कि उन्हें दिव्यांश के सामने इस तरह पेश आना था मानो कुछ हुआ ही न हो और सब कुछ जल्दी ही ठीक हो जाएगा। वह डॉक्टर, नर्स सबसे अद्‌भुत धैर्य के साथ मुस्कुरा कर मिलते, उनसे गम्भीरतापूर्वक इलाज के उपायों पर विचार-विमर्श करते। किसी गहरी नदी की तरह वह शांत दिखते, अंदर की हिलोरें किसी को दिखाई नहीं देती थी। इस असह्य दुःख की घड़ी में उनके पास रोने का न समय था न अवसर। उन्होंने अपने आंसुओं को चुपचाप अपने अंदर सहेज लिया। बाद में उन्होंने मुझे बताया कि इस भयावह दुःख को सहने की ताकत भी उन्हें दिव्यांश से ही मिली थी।

दिसंबर के मध्य से, बल्कि मुझे ठीक ठीक याद है- 14 दिसम्बर से, दिव्यांश का इलाज शुरू हुआ। दिव्यांश ने हमसे कभी नहीं पूछा कि उसे हुआ क्या है। हमने भी उसे यह नहीं बताया। हम चाहते भी नहीं थे कि उसे इस भयानक बीमारी के बारे में पता चले। पर, 12 बरस की अपरिपक्व उम्र में भी उसे आभास हो गया था कि वह किसी गंभीर बीमारी से जूझ रहा है, जिसका उपचार भी कठिनाइयों से भरा है। उस दौरान वह लगभग एक महीने अस्पताल में रहा। उसका नियमित उपचार चल रहा था, उसी में वह अपने सुई बिंधे हाथों से सोने से पहले नियमपूर्वक डायरी भी लिखता। मुझे जिज्ञासा होती- वह भला क्या लिखता होगा..? पर, उसे बताए बिना उसके नोट्स देखने की मैंने कभी कोशिश नहीं की। मुझे पता था, उसे यह अच्छा नहीं लगेगा। लेकिन, उसे इस प्रकार हर रोज नियमपूर्वक तन्मयता से लिखता देख कर मेरी जिज्ञासा और बढ़ती गई। उपचार से उसे आशा के अनुकूल लाभ हो रहा था, और लगभग दस दिनों में ही वह पूरी तरह से स्वस्थ दिखने लगा था। लेकिन, पूरे उपचार की प्रक्रिया लगभग ढाई साल की थी, जिसमें पहले छह महीने में कठोर नियमों के तहत निर्धारित उपचार प्रक्रिया का विधिपूर्वक पालन करना था। एक दिन जब वह हमेशा की तरह

सोने से पहले अपनी डायरी लिख रहा था, मैं खुद को रोक नहीं पाई। मैंने दिव्यांश से उसकी डायरी पढ़ने की इच्छा जताई। उसने हौले से मुस्कुरा कर जवाब दिया, "मम्मी, आप इसे कल पढ़ सकती हैं, आज मैं इसे पूरा कर लूंगा।" मेरे लिए प्रतीक्षा करना मुश्किल हो रहा था, मैं अचरज से सोचती, इतना ध्यानपूर्वक भला वह क्या लिखता होगा? क्या वह अपनी बीमारी की गंभीरता, अपनी संभावित लंबी लड़ाई के बारे में लिखता होगा...!! यह सोच कर ही मैं कांप उठती, कलेजा मुंह को आ जाता। अगली शाम, मिलने का समय समाप्त होने के बाद अस्पताल से घर जाते हुए मैने प्यार से उसका माथा सहलाया, उसे चूमा, गले लगाया फिर बहुत लाड़ से उसकी डायरी के बारे में पूछा। उसने मुस्कुराते हुए वह बहुमूल्य खजाना मेरे हाथों में रख दिया। उसके लेखन का शीर्षक पढ़ का ही मैं सन्न रह गई, शीर्षक था– "जब मैं अपनी मां के सबसे करीब था"

मैं एक क्षण को अपनी सांस थामे रुकी रही, फिर मैंने पढ़ना शुरू किया। निश्चित रुप से उसमें जो लिखा था उसका मुझे अनुमान तक नहीं था। एक बारह साल के बच्चे के लेखन के हिसाब से वह गूढ़ भावों से भरा था, दिल को अंदर तक छू जाने वाला गहरा अर्थपूर्ण लेखन.....! एक जगह तो उसने लिखा था, "मेरा लेखन इतना समृद्ध तो नहीं की मैं अपनी मां से मिली ममता और उसके अपार स्नेह को शब्दों में उतार सकूं, फिर भी मैं कोशिश करता हूं......" लेखन का प्रारम्भ एक प्रश्न से हुआ था, "मैं अस्पताल में हूं, किसी गंभीर रोग की चिकित्सा के लिए, क्रिसमस करीब आ रहा है- क्या सांता क्लॉस इस साल मेरे लिए कोई उपहार लेकर नहीं आएंगे....? पर नहीं, मैं गलत था, इस साल तो वह मेरे लिए सबसे खूबसूरत उपहार लेकर आए, शायद जीवन में मिला अब तक का सबसे बेहतरीन उपहार।" मेरा जी धक् से रह गया। दिव्यांश को अनुमान था कि उसका इलाज किसी गंभीर बीमारी के लिए हो रहा है, फिर भी वह यह देख पाया कि सांता क्लॉस उसके लिए इस साल सबसे बेहतरीन उपहार लेकर आए। उसने अंधकार के पार प्रकाश देखा- जीवन का प्रकाश। उसने जीवन की सुंदरता देखी। उस दिन मैंने दिव्यांश से पहला सबक सीखा। एक मां ने अपने बारह साल के बेटे से सीखा कि जीवन की सुंदरता अमूल्य है, कि विषम परिस्थियों में भी जीवन अपनी सुंदरता बिखेरता है, बस हमें अपनी आंखें खुली रखनी होती हैं। पर, सांता क्लॉस ने उसे क्या उपहार दिया था? मेरी जिज्ञासा और बढ़ गयी, मैंने आगे पढ़ना शुरू किया और

उसकी जिजीविषा, जीवन के प्रति उसका लगाव और उत्साह, परत दर परत मेरे सामने खुलता चला गया। उसने लिखा था-

> "मेरी बहन अनन्या के जन्म के बाद मुझे अपनी मां का साथ, उसका लाड़-दुलार पूरी तरह नहीं मिल पाता था। वह अनन्या में ज्यादा लगी रहती क्योंकि वह छोटी थी और उसे देखभाल की जरूरत थी। पर, अब जब मैं अस्पताल में हूं, वह अपना पूरा समय मुझे देती है। वह हर रोज अस्पताल आती है, प्यार से मुझे अपने हाथों से खिलाती है, मेरे साथ खेलती है, हम जी भर कर बातें करते हैं, वह सब जो मुझे पसंद है। मेरे छुटपन के बाद शायद यह पहली बार है कि वह मेरे साथ खेलती है। मुझे लगता है जैसे सदियों बाद यह प्यार का संसार फिर से मेरा हुआ है, मानो मैं एक नवजात शिशु हूं और वह फिर से अत्यंत कोमलता से मेरी देखभाल कर रही है। अपने इस नूतन शैशव काल में मां की ममता और देखभाल को फिर से महसूस करना मेरे जीवन का सबसे बड़ा आनंद है। इस अनमोल उपहार के लिए, सांता क्लॉस, आपका हृदय से धन्यवाद।"

उस रात मैं देर तक रोती रही। मैंने यह महसूस किया कि विषम परिस्थितियों में भी खुशियों के पल ढूंढे जा सकते हैं, कि उन पलों का आनंद अनुभव करने के लिए हमें जीवन के प्रति अपना नजरिया बदलने की जरूरत होती है। यह एक सबक था जो मैने अपने नन्हें से बेटे से सीखा। अपने बेटे से मिली वह अनमोल सीख सबसे खूबसूरत उपहार था जो उस साल सांता क्लॉस मेरे लिए लेकर आए थे। मैंने अनुभव किया कि खुद विपरीत परिस्थितियों से संघर्ष करता एक नन्हा बच्चा अपनी मां को सहारा देने की कोशिश कर रहा था, उसे हिम्मत बंधा रहा था। उसने मेरे मातृत्व को एक नई गरिमा दी जहां से जीवन के प्रति मेरा स्वयं का दृष्टिकोण बदलने लगा। और हां, मुझे एक पुराने प्रश्न का उत्तर भी मिल गया। मुझे अब समझ में आया, 2005 के बाद से दिव्यांश थोड़ा अपने आप में क्यों रहने लगा था।

2010 में, जनवरी के दूसरे सप्ताह में दिव्यांश को अस्पताल से छुट्टी मिली। अगले छह महीने तक उसे उपचार के लिए डॉक्टर के क्लीनिक पर, कभी सप्ताह में एक बार तो कभी दो बार, जाना पड़ता। पर, उसके अतिरिक्त कभी कोई परेशानी नहीं आयी, उपचार अपने नियम अनुसार सुचारु रुप से चल रहा था। हमने अपने घर में एक अलिखित सिद्धांत बना रखा

था- आपस में हम कभी भी इस असाध्य रोग की चर्चा नहीं करेंगे। हम केवल उपचार और आने वाले बेहतरीन दिनों की चर्चा करेंगे, हम केवल आगामी उज्ज्वल भविष्य के बारे में बातें करेंगे। इस सबके बावजूद, मैं लगातार आशंकाओं से घिरी एक डर के साये में जी रही थी। मैं मानसिक तौर पर कमजोर पड़ने लगी थी। दिव्यांश से जो सबक मैने सीखा था उसे स्वयं पर लागू करना मेरे लिए बेहद मुश्किल हो रहा था। जीवन की परीक्षाओं में मैं कमजोर पड़ती जा रही थी। उस दौरान हमसे मिलने आने वाले लोग अक्सर इस बीमारी की प्राणघातक प्रवृति की चर्चा कर बैठते और मैं असहज हो जाती। मैं भगवान से प्रार्थना करती- ऐसे लोग मिलने ना आएं। अपनी सदिच्छाओं के बावजूद वे लोग अपनी बातों से मेरा दिल दहला जाते। कभी-कभी मन करता उनसे चीख कर कहूं, "भगवान् के लिए मुझे अकेला छोड़ दीजिए, एक बेबस मां पर दया कीजिए।" हालांकि ऐसे मिलने वाले भी आते जो बीमारी की चर्चा नहीं कर दूसरे विषयों पर बातें करते, वैसी बातें जो मुझे पसंद होती। उसी दौरान मेरे कई जानने वालों ने कहना शुरू कर दिया- निधि किसी से मिलना नहीं चाहती, बातें करना नहीं चाहती। यहां तक कि मेरे कई सगे-संबंधी भी ऐसा ही सोचने लगे थे। लोग मेरा साथ छोड़ने लगे। मैं अकेली पड़ने लगी। लोग इसका दोष भी मुझ पर ही मढ़ देते। वे मेरी पीड़ा, मेरा संताप, मेरी मनोदशा समझने में पूरी तरह असमर्थ थे।

इन सब के विपरीत, दिव्यांश बहुत ही स्थितिप्रज्ञ था। इस छोटी सी उम्र में इन दुर्गम स्थितियों में भी वह स्थिरचित्त था, हिम्मत और हौसले से उनका सामना कर रहा था। मानसिक रुप से वह मुझे कभी भी कमजोर पड़ता नहीं दिखा। बल्कि, मुझे हमेशा ऐसा लगता जैसे उसका मन हर प्रकार की परिस्थितयों का सामना करने के लिए पूरी तरह से तैयार और सक्षम है। वह कभी भी बीमारी से संबंधित अपनी छोटी-मोटी परेशानियों की चर्चा नहीं करता। सुशील मेरी गन:स्थिति से वाकिफ थे, शायद इसीलिए वह मुझे उपचार की प्रक्रिया में पूरी तरह से शामिल नहीं करते थे। जब कभी मैं दिव्यांश से उसकी दवाओं के बारे में पूछती वह मुझे आश्वस्त करते हुए कहता- मम्मी आप बिल्कुल परेशान मत हों, मैं अपना ध्यान रखता हूं। वह खुद अपनी दवाइयां लेता और इस बात के लिए सजग भी रहता कि उसकी दवाइयों का डब्बा कभी मेरी नजर में नहीं आए। अब मुझे आभास होता है कि एक तेरह साल का बच्चा जो खुद एक बड़ी आपदा से गुजर रहा

था, उन परिस्थितियों में भी अपनी मां की भावनाओं, उसकी पीड़ा, उसकी मनोदशा को लेकर कितना सजग था। वह अपने स्तर पर हर संभव प्रयास कर रहा था कि उसकी मां इस मानसिक तनाव से उबर जाए, इस भावनात्मक संकट से वह टूटे नहीं। अब मुझे लगता है, उन दुःसाध्य परिस्थितियों में भी मेरे लिए उसकी फिक्र, उसके लिए मेरी चिंताओं से बड़ी थी। मैं जितना कमजोर पड़ती जाती, मुझे संभालने की उसकी सोच उतनी सजग होती जाती। मैं दुःख के सागर में डूब रही थी, वह अपनी असाध्य बीमारी के बावजूद मुझे इस भंवर से निकालने के लिए प्रयासरत था।

छह महीने का वह कठोर विधिपूर्वक उपचार का मुश्किल काल समाप्त हुआ। वह अब फिर से स्कूल जाने की तैयारी में था। कक्षा आठ की उसकी नियमित पढ़ाई शुरू होनी थी। अगले दो साल तक महीने में एक बार मुआयना और परामर्श के लिए उसे डॉक्टर के क्लीनिक पर जाते रहना था। दिव्यांश की पढ़ाई की कोई भी चर्चा उसके स्कूल, सेंट मेरिज, की प्रिंसिपल मिस एलिस करवाल्हो के अनेकों सहयोग और समर्थन का जिक्र किये बिना अधूरी होगी। दिव्यांश बीमारी के कारण अपने आखरी सत्र की परीक्षा नहीं दे पाया था। इसके बावजूद मिस करवाल्हो ने उसे अगली कक्षा में दाखिला दिया। पूरे स्कूल-काल में उन्होंने दिव्यांश का निजी तौर पर ख्याल रखा जो महज स्कूल के प्रिंसिपल होने की उनकी जिम्मेदारी से कहीं ज्यादा था। मिस करवाल्हो, आपने जिस प्रकार से उन कठिन दिनों में मेरे बच्चे का ध्यान रखा उसके लिए आपका हृदय से धन्यवाद। ईश्वर आपको हमेशा संसार की सर्वश्रेष्ठ खुशियां दें।

सुशील ने मुझे उस दिन का वाकया बताया जब लगभग सात महीने के लम्बे अंतराल के बाद दिव्यांश पहली बार स्कूल गया। अपनी सफेद स्कूल यूनिफॉर्म में सर पर काली टोपी पहने असेंबली हॉल के रास्ते पर बढ़ते हुए वह थोड़ा घबराया हुआ-सा लग रहा था। सुशील चिंतित थे, उसके मस्तिष्क में क्या चल रहा होगा..? इस लंबे अंतराल के बाद वह अपने साथियों, अपने शिक्षकों का सामना किस प्रकार से करेगा..? पिछले दिनों दिव्यांश पर क्या बीता था यह सबको पता था। उसके सर की टोपी कैंसर के इलाज का गवांह थी। सुशील ने बताया, हॉल में प्रवेश करने से ठीक पहले दिव्यांश ने आसमान की तरफ देखा और फिर पूरे आत्मविश्वास से सीना ताने वह हॉल के अंदर चला गया। सुशील उस दिन अपने आंसुओं को नहीं रोक पाए। एकांत में बहने वाले उनके आंसुओं के लिए वह जगह

भी मुफीद थी, वहां कोई गवाह नहीं था। उसे लेने ठीक तीन बजे सुशील स्कूल के गेट पर थे। मन थोड़ा आशंकित था, पता नहीं इतने अंतराल के बाद, इस बीमारी के बाद, स्कूल में उसका पहला दिन कैसा होगा...! छुट्टी की घंटी बजी और फिर जिस प्रकार से दिव्यांश हंसता-कूदता बाहर आया, ऐसा लगा वह बिल्कुल किसी और दिन कि तरह ही था, सात महीनों की अप्रिय अनुपस्थिति का वह व्यवधान जैसे उसके जीवन से निकल गया था।

स्कूल में दिव्यांश के कई नए दोस्त बने। उनमें से कुछ उसके बेहद करीब थे। डेलजाद के शब्दों में वे अलक्जैंडर ड्यूमस के 'तीन मसखरों' की तरह थे- एथोस, पौर्थोस और अरामिस- क्रमशः दिव्यांश, राव और डेलजाद। एथोस जो पथप्रदर्शक था- प्रबुद्ध और बुद्धिमता से पूर्ण। पैर्थोस हरफनमौला था तो अरामिस महत्वाकांक्षी। एक दिन जब तीनों साथ मिलकर होमवर्क कर रहे थे तो दिव्यांश ने पाया कि डेलजाद पूरे समय भुनभुनाता रहा था। पर उसे कुरेदने की बजाय दिव्यांश ने उसे अकेला छोड़ दिया। बाद में डेलजाद ने खुद ही बताया कि उसका ब्रेकअप हो गया है। दिव्यांश के बार-बार समझाने के बावजूद वह उसी बात की रट लगाए रहा। थोड़ी देर बाद दिव्यांश ने खीझ कर गुस्सैल आंखो से उसे देखते हुए कहा, "अबे, जो हो गया सो हो गया, जो नहीं हुआ वो कर।" डेलजाद थोड़ा सकपका गया, उसने अचरज से पूछा, "क्या नहीं हुआ?" उसी गंभीरता से पर थोड़ी तिरछी मुस्कान के साथ दिव्यांश बोला, "तुम्हारा हिन्दी का होमवर्क।" तीनों अनायास ठहाके लगाकर हंस पड़े। वातावरण सहज हो गया। वे फिर देर तक बातें करते रहे और उन्होंने समय पर होमवर्क भी पूरा कर लिया। सोच कर देखें तो यह "हिन्दी का होमवर्क" का सिद्धांत हम सब पर लागू होता है। हम अपने जीवन में अक्सर जो नहीं हुआ, नहीं हो पाया, जो बीत गया, उसे लेकर खीझते रहते हैं, पर आगे का रास्ता नहीं तलाशते। इन्हीं उलझनों में उलझ कर हम यह नहीं समझ पाते कि हमारा भविष्य इस पर निर्भर करता है कि हम वर्तमान की समस्याओं का किस प्रकार से सामना करते हैं। "हिन्दी का होगवर्क" जीवन के होमवर्क की तरह ही है, हम चाहें तो बैठे अपने भाग्य को कोसते रहें, और 'होमवर्क' न कर पाने की सजा भुगतें या फिर परिस्थितियों का सामना कर उत्तम भविष्य के निर्माण के लिए रास्ता तलाशें।

दिव्यांश के व्यक्तित्व में विनम्रता थी, आदरभाव था। पर, साथ ही वह अपने स्वाभिमान को लेकर बेहद सजग भी था। वह किसी को यह अवसर

नहीं देता था कि वो उसका मजाक उड़ाएं। मुझे स्कूल में घटी एक घटना याद आती है, जो उसने मुझे स्कूल से आकर बड़े उत्साह से सुनाया था। उसी के शब्दों में, "उस दिन क्लास में बहुत शोरगुल हो रहा था, मैं खिड़की के पास बैठा था। सर ने मुझे खड़े होकर किताब से एक कविता का पाठ करने को कहा। मेरे पढ़ने के क्रम में मुझे बीच में रोककर सर बोले-यार, थोड़ा जोड़ से पढ़ो, तुम्हारे शब्द हवा में तैर कर खिड़की से बाहर जा रहे हैं। उनका निर्देश मान कर जोड़ से पढ़ने के बजाय मैं अपने स्थान से उठा और एक-एक कर मैंने सारी खिड़कियां बंद करनी शुरू कर दी। जब लड़कों ने मुझे घूम-घूम कर खिड़कियां बंद करते देखा तो क्लास में एकदम से सन्नाटा छा गया। अपने स्थान पर आकर मैंने बहुत ही सहजता से पूछा- सर, अब ठीक है? अचानक से पूरा क्लास हंस पड़ा। लड़कों ने मेरे लिए तालियां बजाईं, मेज थपथपाए। खुद सर भी मुस्कुराने लगे और मुझे बैठ जाने को कहा।"

समय के साथ-साथ मैं भी भावनात्मक रुप से थोड़ा संभलने लगी। अपनी कॉलोनी के सामाजिक जीवन से भी मैं फिर से जुड़ने लगी। दिव्यांश की बीमारी फिर भी मुझे अंदर ही अंदर मथती रहती। उसी साल से मैंने छठ पूजा का प्रण लिया। मैं तब केवल तीस बरस की थी। सूर्योपासना का यह महान पर्व विशेष रुप से बिहार, झारखंड और पूर्वी उत्तर प्रदेश में अत्यंत श्रद्धापूर्वक मनाया जाता है। छठ पूजा सूर्यदेव और छठी मैया को पृथ्वी पर जीवनदायी तत्वों के लिए धन्यवाद स्वरूप समर्पित है। अपनी मनोकामनाओं की पूर्ति हेतु यह पर्व अत्यंत नियम निष्ठा से मनाया जाता है। पर्व का व्रत लेने वाली महिला को 'परवैतिन' कहते हैं। इस पर्व का विधान अत्यंत कठिन है, परवैतिन को लगभग तीन दिनों तक निर्जला उपवास और संयम-नियम का पालन करना होता है। अस्तांचलगामी और उदय होते सूर्य को अर्घ्य देते हुए मैं अपने बेटे की रक्षा के लिए प्रार्थना करती। मैं मन ही मन भगवान् सूर्य से प्रार्थना करती- जिस प्रकार अपने पुत्र कर्ण की सुरक्षा के लिए उन्होंने उसे कवच-कुंडल प्रदान किया, वैसे ही वे मेरे बेटे की रक्षा के लिए उसे अपना आशीर्वाद दें, उस पर आई विपत्तियों से उसकी रक्षा करें।

हमारी जिंदगी के तार अब फिर से सधते दिख रहे थे। दिव्यांश स्कूल में अच्छा कर रहा था, सभी शिक्षकों का वह प्रियपात्र था। पढ़ाई में हमेशा वह कक्षा के टॉपर्स में रहता। स्कूल के वार्षिक दिवस पर उसे ढेर सारे पुरस्कार और प्रशंसा-पत्र मिलते। मैं मन ही मन आशा संजोती की दसवीं की

परीक्षा में उसे सर्वश्रेष्ठ छात्र का पुरस्कार मिलेगा और गर्व से भरे उस पल की खुशियों में हमारे बीते समय का अवसाद घुल जाएगा। मैं जब इस बात की चर्चा दिव्यांश से करती तो वह कोमलता से मुस्कुरा-भर देता। तब उस मुस्कान का मायने मैं नहीं समझ पाती थी। पर कुछ सालों बाद मुझे यह समझ आया, जब एक दूसरे रुप में वह अपने स्कूल भर में पहचाना जाने लगा। उसने परांडकर सर की क्रिकेट की कोचिंग में सीखना शुरू किया। उसकी प्रतिभा और उसका रुझान देखकर सर ने उसे तेज गेंदबाज के तौर पर कोचिंग देना शुरू किया। शीघ्र ही वह अपनी कक्षा और अपने स्कूल के लिए एक उम्दा तेज गेंदबाज के रूप में जाना जाने लगा, और परोक्ष रूप से उसने मेरी मनोकामना पूरी कर दी।

सुशील अब पहले की तरह अपने दफ्तर के कार्यों में व्यस्त रहने लगे। अनन्या भी, जो दिव्यांश की बीमारी से थोड़ा सहम गई थी, अब भावनात्मक रुप से समान्य होने लगी। हम तेजी से एक सहज सामान्य जीवन की तरफ बढ़ने लगे थे। सुबह, दोपहर, शाम का एक सामान्य रूटीन जो हमारे जीवन से विलुप्त-सा हो गया था, अब वापस आ रहा था। हमारे जीवन में लगा ग्रहण छंटने लगा था। हम उन असह्य दिनों को एक दुःस्वप्न की तरह भूलने लगे थे।

पर, क्या प्रारब्ध को यह मंजूर था ...?

# 3

## उन्हीं रास्तों पर ........

मार्च 2012,

नौवीं कक्षा की वार्षिक परीक्षा का आखिरी पर्चा देकर दिव्यांश घर आया। उसके सारे पर्चे बहुत ही अच्छे हुए थे और अब जून से दसवीं में जाने की तैयारी थी। इस दौरान नियमित चल रही उसकी चिकित्सा भी मई में समाप्त होने वाली थी। इस लम्बी चिकित्सा-प्रक्रिया के पूरे होने का समय करीब आने से मैंने संतोष की सांस ली। उसके डॉक्टर भी चिकित्सा के परिणाम से संतुष्ट थे। अगले साल के बोर्ड की परीक्षा के लिए प्राइवेट ट्यूशन आरंभ होने में भी अभी दो महीने का वक्त था। हमने इस खाली समय में कुछ दिनों के लिए दिल्ली जाने का मन बनाया। उन दिनों दिल्ली में मेरी छोटी बहन शिखा रहती थी। दिव्यांश शिखा के भी बेहद करीब था। बल्कि यूं कहें कि वह भी दिव्यांश के लिए मां जैसी ही थी। मुझे विश्वास था दिव्यांश शिखा से मिलकर बहुत खुश होगा। शिखा के यहां हम करीब सप्ताह भर रहे। वहां से हम आगरा और फिर मथुरा और वृंदावन गए। आगरा में ताजमहल की सुंदरता देख कर दिव्यांश अभिभूत हो गया। दुनिया के सात आश्चर्यों में से एक, चिरस्थायी प्यार के उस नायाब स्मारक को देखने का उसका अनुभव अतुलनीय था। आगरा से हम मथुरा और फिर वृंदावन गए जो पूरी तहर से कृष्णभक्ति में डूबे थे। वहां की गलियों में भी सुबह-शाम कीर्तन की मधुर ध्वनि गूंजती रहती। विशेषकर, कृष्णभक्तों के ईश्वरीय प्यार में पगा रासलीला का नयनाभिराम दृश्य तो हम जैसे किसी सम्मोहन में बंधे देखते रह गए। पर, यात्रा के समाप्त होते-होते दिव्यांश थोड़ा थका हुआ सा लगने लगा। हमें लगा यह लगातार सफर की थकान की वजह से है।

दिव्यांश को फिर से कभी-कभी सरदर्द की शिकायत रहने लगी। हालांकि

किसी बीमारी के कोई अन्य लक्षण नहीं थे, और यह सरदर्द भी एनलजेसिक दवाओं से ठीक हो जाता था।

पर, नियति को शायद कुछ और मंजूर था। हमने तो कभी सपने में भी नहीं सोचा था कि जिस दीर्घकालीन इलाज की प्रक्रिया के अगले महीने समाप्त हो जाने के संतोष से हम सुख की नींद सो रहे थे, वही फिर से शुरू होने के कगार पर था.........।

मई 2012 में, जब दिव्यांश अपनी दसवीं की पढ़ाई शुरू करने वाला था, उसके डॉक्टर ने हमें यह दिल को दहला देने वाली खबर दी कि दिव्यांश फिर से बीमारी की चपेट में आ गया है। इस बार इस रोग ने उसके सेन्ट्रल नर्वस सिस्टम को प्रभावित किया था जिसे चिकित्सकीय भाषा में 'सी. एन. एस. रीलैप्स' कहते हैं। मैं सकते में थी, मानो काटो तो खून नहीं। मुझे तो यह समझने में भी समय लगा कि इसका मतलब होता क्या है और दिव्यांश के अभी चल रहे इलाज पर इसका क्या प्रभाव पड़ेगा। सुशील भी जैसे अवाक् रह गए थे। पूरी नदी पार कर जब हम किनारे पर ठौर ढूंढ रहे थे, तभी किसी ने जैसे हमारे पैरों के नीचे से जमीन खींच ली। सुशील सूनी आंखों से आगे का रास्ता, उपचार की आगे की प्रक्रिया, समझने का प्रयास करते। दिव्यांश की चिकित्सा की अवधि बस समाप्त होने वाली थी, वह पूरी तरह से ठीक भी लग रहा था, ऐसे में इस खबर ने हमें फिर से मझधार में धकेल दिया। दु:ख का एक अनंत महासागर फिर से हमारे चारों तरफ पसरा था। इलाज की इस लंबी प्रक्रिया के दौरान भी दिव्यांश ने चिकित्सा से संबंधित सभी नियमों और हिदायतों का पूरी निष्ठा से पालन किया था। बावजूद उसके हमारे सामने यह परिणाम था....। दु:ख में सराबोर मैं अपने भाग्य को कोस रही थी। ऐसा लगता मानो जब दिव्यांश अपनी पूरी ताकत बटोर कर जिदगी की दौड़ में उत्साह से आगे बढ़ने की तैयारी में था, एक ऊंची उड़ान भरने को तत्पर था, तभी किसी निर्दयी ने उसके पंख काट दिए। अपने स्कूल में वह हमेशा एक उदाहरण की तरह प्रस्तुत किया जाता-एक ऐसा व्यक्ति जिसने अत्यंत विषम परिस्थितियों में भी असाधारण धैर्य और मानसिक शक्ति का प्रदर्शन किया था। मेरे सामने जैसे एक अनंत अंधकार था, रौशनी का एक कतरा भी कहीं दूर-दूर तक नजर नहीं आ रहा था। मुझे ऐसा लगता मानो किसी ने मेरी पूरी ताकत निचोड़ ली हो। मैं जैसे एक बुत बन गई थी, जिस पर अब दु:ख के किसी और आघात का कुछ भी असर पड़ने वाला नहीं था। पर, फिर मैं दिव्यांश के

बारे में सोचती। यह खबर सुनकर उसे कैसा लगेगा..!! वह अब बच्चा नहीं रहा था। मुझे समझ नहीं आता था मैं उसका सामना कैसे करूंगी। पर, वह तो अपने नाम के अनुरूप 'दिव्यांश' था। अपने शारीरिक कष्ट के बावजूद जैसे वह अपनी आंखों से मुझे धीरज बंधाता रहता, मानो वह कहना चाहता हो, "*मम्मी, यह वक़्त भी गुजर जाएगा.....।*"

इस 'सी. एन. एस. रीलैप्स' की खबर से भी दिव्यांश टूटा नहीं था। उसे बस इतना अफसोस था कि वह स्कूल नहीं जा पाएगा और यह भी कि बोर्ड की परीक्षा से पहले की महत्वपूर्ण पढ़ाई से वह वंचित रह जाएगा। उसके अगले ढाई महीना अस्पताल में बीते। इस दौरान उसे कीमोथेरेपी दी गई और वह उससे उत्पन्न संक्रमण और उसके दुष्प्रभाव से भी जूझता रहा। ल्यूकीमिया के दुबारा होने का सीधा मतलब था कि अब कहीं और ज्यादा और सघन कीमोथेरेपी की आवश्यकता थी और इस अतिशय कीमोथेरेपी का यह भी मतलब था कि उसकी रोग प्रतिरोधक क्षमता बहुत कम हो जाने वाली थी और इसके पार्श्व-दुष्परिणाम भी अधिक थे। अगस्त के मध्य में उसे अस्पताल से छुट्टी मिली। पर, अगले दो साल तक उसे सप्ताह में दो बार डॉक्टर की क्लीनिक पर कीमोथेरेपी के लिए जाते रहना था। बीमारी ने फिर से उसे अपनी दिनचर्या में बांध लिया था। मुझे लगता, दसवीं की बोर्ड परीक्षा में उत्साहपूर्वक शामिल होने का उसका सपना जैसे किसी टूटे कांच की तरह बिखर गया। मैं ठगा-सा महसूस करती। उसके सपनों का इस तरह टूट जाना मेरे हृदय को वेध जाता। डॉक्टरों ने उसे स्कूल न जाने की सलाह दी थी, क्योंकि उसकी रोग-प्रतिरोधक-क्षमता कम हो जाने के कारण संक्रमण का खतरा था। फिर, लगातार चलने वाली इस कीमोथेरेपी के कारण उसकी पढ़ाई में निश्चित तौर पर बाधा आनी थी। दिव्यांश का दसवीं की बोर्ड परीक्षा में बैठ पाना हमें अब दूर का सपना लगने लगा था। डॉक्टरों की सलाह थी कि हम बोर्ड की परीक्षा भूल कर उस पहलू पर ध्यान दें जो उस वक्त सबसे जरूरी था- उसकी जीवन-रक्षक-चिकित्सा।

पर, दिव्यांश ने कहां कभी हालात से हार मानी थी। वह तो जैसे किसी और मिट्टी का बना था। प्रतिकूल स्थितियों की अनवरत लहरें उसकी चट्टान-सी हिम्मत से टकरा कर लौट जाती। उसने हम दोनों से आग्रह किया कि उसे घर से ही बोर्ड की परीक्षा की तैयारी करने की अनुमति दें। यह अगस्त के आखरी सप्ताह की बात है। तब तक वह एक दिन के लिए भी स्कूल नहीं गया था। डॉक्टरों की सलाह के अनुसार वह अभी आगे भी

स्कूल नहीं जा सकता था। लेकिन उसके निश्चय को देखकर हमने भी उसे घर से ही पढ़ाई करने और परीक्षा की तैयारी के लिए प्रोत्साहित किया। हमें लगा इस कठिन चिकित्सा-प्रक्रिया के दौरान पढ़ाई उसका संबल बनेगी, उसका हौसला बना रहेगा। पर, जैसी परिस्थितियां थीं, उसमें मुझे कतई विश्वास नहीं था कि वह अपनी पढ़ाई भी पूरी कर पाएगा, परीक्षा तो अभी दूर की बात थी। पर, दिव्यांश ने पूरे मनोयोग से परीक्षा की तैयारी शुरू कर दी। घर पर तो वह पढ़ाई करता ही, कई बार चिकित्सा के क्रम में डॉक्टर के क्लिनिक पर बैठे रहते हुए भी वह पढ़ाई करता रहता। अगले छह महीने तक सुशील उसके लिए जैसे गुरू भी थे और शिष्य भी। गुरू इसलिए कि वह दिव्यांश की पढ़ाई में उसकी हर संभव मदद करते और शिष्य इसलिए कि वे दिव्यांश की जगह प्रतिदिन स्कूल जाते, शिक्षकों से मिलते और हर विषय की उस दिन की पढ़ाई का ब्यौरा जुटाते और फिर वह सब दिव्यांश को बताते-समझाते। तब व्हाट्सऐप का जमाना नहीं था। मैं भी अपने स्तर पर कोशिश करती कि उसका हौसला बना रहे। मैं उसकी छोटी-छोटी बातों का ध्यान रखती। उसे इस कठोर शारीरिक यंत्रणा के बावजूद इस प्रकार पढ़ाई में जुटा रहते देख कर मेरा दिल भर आता। जब भी मैं कॉलोनी के दूसरे बच्चों को स्कूल ड्रेस में सज कर स्कूल जाते देखती तो मुझे दिव्यांश के लिए अफसोस नहीं बल्कि गर्व होता कि इन विपरीत परिस्थितियों में भी वह सही मायने में अपनी शिक्षा 'अर्जित' कर रहा है। जीवन में सदैव आगे बढ़ने, परिस्थितियों को स्वीकारने, पर उनसे हार न मानने का उसका जज़्बा मुझे जीवन भर याद रहेगा। एक दुर्गम स्वास्थ्य समस्या के साथ, लगातार चल रही चिकित्सा और उसके दुष्प्रभावों के साथ, असह्य शारीरिक और मानसिक दबावों को झेलते हुए, जिस प्रकार पूरे लगन से वह अपनी पढ़ाई जारी रख रहा था वह अप्रतिम था, अविश्वसनीय था। उसकी इस हालत के दुष्परिणामस्वरूप उसके जीवन में एक और बड़ा नुकसान हुआ। उसका स्कूल जाना बंद होने से उसके दोस्त धीरे-धीरे उससे दूर होने लगे। हालांकि दिव्यांश ने कभी इस खालीपन का अक्स अपने चेहरे पर दिखने नहीं दिया, पर हमें आभास था कि ऐसे नाजुक वक्त में दोस्तों का साथ कितना मायने रखता है। पर, कहते हैं जो जगह खाली होती है, उसे कोई न कोई भर भी देता है। दिव्यांश के जीवन में भी कुछ ऐसा ही हुआ। उसके अपने चचेरे भाई मृदुल और अंशु इस नाजुक वक्त में उसके सगे बन गए, बल्कि यूं कहें कि उनका अपनापन किसी दोस्ती से कहीं ज्यादा था। उनके आपसी

स्नेह और लगाव को देखकर मुझे दिल से तसल्ली होती। कोई तो है जिनसे दिव्यांश वह सब बातें कर सकता है जो वह अपने दोस्तों से करता।

और फिर वह दिन आया जब दिव्यांश बिना एक दिन भी स्कूल गए, परीक्षा में बैठा। परीक्षा के साथ-साथ ही उसके उपचार की प्रक्रिया भी लगातार चल रही थी। मैं ईश्वर से प्रार्थना करती कि वह बस भली-भांति अपनी परीक्षा सम्पन्न कर ले। उस समय उसके परीक्षा में अच्छा या बुरा करने का ख्याल भी मन में नहीं आता था। उसने इस बीमारी की हालत में अनवरत चल रहे इलाज के बावजूद जिस प्रकार परीक्षा की तैयारी की थी वही आश्चर्यजनक था। जीवन के युद्ध क्षेत्र में उसका संघर्ष बहुत बड़ा था, उसके समक्ष यह परीक्षा बहुत छोटी थी। इन कठिन परिस्थितियों में भी अद्‌भुत आत्मशक्ति का परिचय देते हुए, जिस प्रकार वह इस परीक्षा में बैठ रहा था, यही उसकी सबसे बड़ी सफलता थी। जहां एक-एक कदम उठाना भी हिम्मत और ताकत की परीक्षा थी वहां भला हम तय की गई दूरी क्या मापते.....।

पर मैं तो मां थी। उसकी अद्‌भुत प्रतिभा और उसकी पिछली सफलताओं को देखते हुए मैं मन ही मन उम्मीद संजोती। दिल के किसी कोने में हल्के उजाले के आलोक में उसे मंच पर जाकर सर्वश्रेष्ठ छात्र का पुरस्कार ग्रहण करते हुए देखती। अनचाहे ही तालियों की गड़गड़ाहट मेरे कानों में गूंजने लगती। अपने सपनों के संसार में मैं देखती कि सभी छात्र और अभिभावक खड़े होकर तालियों से उसका स्वागत कर रहे हैं, उसकी सफलता को नमन कर रहे हैं। फिर मुझे उसकी बीमारी का ध्यान आता। जिन परिस्थितियों में उसने अपनी पढ़ाई की थी वो चलचित्र सी मेरे आंखों के सामने घूम जाती। उसका दिन-दिन का संघर्ष मेरी नजरों में उतर आता। रेत पर लिखी इबादत सा फिर मेरे सपने भी गुम हो जाता। हकीकत की बेतहाशा उमड़ती लहरें उन्हें अपने साथ समेट ले जाती।

मई 2013 में दसवीं की बोर्ड परीक्षा का परीणाम आया। दिव्यांश ने 94 प्रतिशत अंक पाए थे और अपने विद्यालय में उसका स्थान छठा था। हमने उसका संघर्ष देखा था। हर दिन उसे अपने हालात से लड़ते, जूझते देखा था। परिस्थितियां ऐसी थीं, जिसमें कोई और शायद अपनी पढ़ाई जारी रखने के बारे में सोचता भी नहीं। उन परिस्थितियों में हमने उसे पूरी लगन से अपनी

पढ़ाई करते देखा था। पर स्थितियां इतनी विकट थीं कि उन परिस्थितियों में उसका रिजल्ट किसी चमत्कार से कम नहीं था। हमने तो सपने में भी नहीं सोचा था कि उसका रिजल्ट इतने अप्रत्याशित रूप से अच्छा होगा। मैं तो बस उसके पास हो जाने के लिए प्रार्थना कर रही थी, पर उसकी मेधा, उसका जज्बा, उसकी हिम्मत, उसका हौसला सब इकट्ठा होकर उसकी रिजल्ट के शक्ल में हमें खुशियों से सराबोर कर रहे थे। सुशील, जो आमतौर पर अपनी भावनाओं को जाहिर नहीं करते, उन्होंने दिव्यांश को उसके मोबाइल पर एक संदेश भेजा-

> "मैंने तुम्हारे प्रिंसिपल के कमरे के दरवाजे पर राल्फ वाल्डो एमरसन की एक उक्ति देखी थी-वह जो तुमने पीछे छोड़ा है और वह जो तुम्हारे सामने है, उन दोनों से बड़ा है वह जो तुम्हारे अंदर है-तुम्हारा आत्मबल।
>
> दिव्यांश, तुमने इस उक्ति को चरितार्थ कर दिया। तुमने अपने जज्बे से अपना कद इतना बड़ा कर लिया कि आज तुम्हें बधाई देते हुए मैं खुद को छोटा महसूस कर रहा हूं। फिर भी मैं तुम्हें बधाई देता हूं, तुम्हारे हौसले को नमन करता हूं, तुम्हारे अंदर जो चट्टानी ताकत बसी है उसे सलाम करता हूं। तुम्हें धन्यवाद देता हूं कि तुमने हमें भी जीवन में परिस्थितियों से हार माने बिना आगे बढ़ते रहने का भाव सिखाया। मेरे लिए तुम जीवन की परीक्षा में अव्वल आए। आज मुझे एहसास हुआ कि दिसंबर 2009 से, जब से हमें तुम्हारी बीमारी का पता चला, तब से इस संघर्ष में हमनें तुम्हें नहीं, तुमने हमें सहारा दिया। तुम हमारा संबल बने, तुमने हमें दिशा दिखाई- मुझे तुम्हारा पिता होने पर गर्व है। परमात्मा की कृपा हमेशा तुम्हारे साथ रहे।"

जब दिव्यांश ने मुझे यह संदेश दिखाया, मुझे सुशील का लिखा एक-एक शब्द सत्य प्रतीत हुआ। उसने हर बार मेरे कमजोर पड़ते आत्मविश्वास को नई ताकत दी थी। मैं जब भी अपने दु:ख के रेगिस्तान में भटक जाती वह किसी फरिश्ते-सा हाथ बढ़ा कर मुझे संभाल लेता, रास्ता दिखाता।

'मदर्स डे' करीब था। दिव्यांश ने अपने विशिष्ट अंदाज में मुझे एक लंबा पत्र लिखा। पत्र की शुरूआती पंक्तियों से ही मुझे आभास हो गया कि वह एक दैवीय संयोग से मेरी जिदगी में आया। अभी भी मुझे समझ नहीं आता उसने ऐसा क्यों लिखा था। वह पत्र कुछ इस प्रकार था:

12 मई 2013,

सृष्टि के निर्माता भगवान ब्रह्मा एक दिन चिंताग्रस्त बैठे थे। सभी ग्रह-नक्षत्र उनकी परिक्रमा कर रहे थे। उसी समय महादेव उनके पास आए और चिंता का कारण पूछा। भगवान ब्रह्मा ने कहा, "एक सृष्टा के तौर पर मुझे एक शिशु को पृथ्वी पर भेजना है, जिसका जन्म एक स्त्री की कोख से होना है। इस शिशु को अपने आरंभिक दिनों में कुछ कठिनाईयों का समाना करना पड़ सकता है। मुझे एक ऐसी ममतामयी मां कि आवश्यकता है जो इस शिशु का उसकी समग्रता में पालन-पोषण करने में सक्षम हो, जो न केवल उसे प्यार दे अपितु उसके लिए त्याग करने में भी सक्षम हो, जो उसे अपने स्नेह और सुरक्षा के आवरण से संभाल सके। मुझे अभी तक ऐसी क्षमतावान स्त्री नहीं मिली है।" उसी समय भगवान् शिव को ढूंढते हुए माता पार्वती वहां अवतरित हुईं। उन्होंने समस्त वार्तालाप को गंभीरता से सुना। माता पार्वती ने सृष्टि के निर्माता भगवान ब्रह्मा से कहा, "आप चिंतामुक्त रहें। इस शिशु के साथ मैं अपने मातृत्व का एक अंश उसकी माता तक भेजुंगी। वह आपके इस शिशु की देखभाल में पूर्णतः सक्षम होगी। वह मेरे ही मातृत्व का स्वरूप होगी।"

मम्मी, तुम मेरे मातृत्व के लिए ईश्वर द्वारा चुनी गई हो। शायद इसीलिए मेरा नाम 'दिव्यांश' है......।"

उसी पत्र का कुछ और अंश इस प्रकार है-

"मम्मी, सच कहूं तो तुम्हारे साथ समय बिताना मुझे बेहद पसंद है। तुम्हारा साथ एक निर्बाध नदी की तरह है, जहां कोई सीमा नहीं होती। तुम्हारे साथ मैं बिल्कुल सहज रहता हूं, एक निर्झर बहते झरने सा उन्मुक्त रहता हूं। तुम्हारा साथ मुझे तरोताजा कर देता है जैसे पहली बारिश में धुली हुई हवा की ताजगी होती है। मुझे तुमसे एक नई आशा से भर देने वाली ऊर्जा मिलती है। मैं एक अद्‌भुत शांति महसूस करता हूं, जैसा गहन ध्यान में या ईश्वर के समक्ष महसूस होता है। तुम्हारी मुस्कुराहट भरी नजरों से मुझे दुनिया बेहद खूबसूरत लगती है। तुम सच में माता पार्वती का स्वरूप हो। उनका ही अंश हो- एक ऐसी माता जो अपने बच्चों के लिए कुछ भी कर सकती

> है। कहते हैं माता-पिता ईश्वर का स्वरूप होते हैं। मेरे लिए तुम साक्षात ईश्वर हो।''

मजे की बात यह थी कि पत्र का अंत उसने एक टिप्पणी से किया था-

> ''यह कहानी तुम्हारी महानता को रेखांकित करने के लिए मेरी कल्पनाशीलता से जनित है।''

मैं आज भी सोचती हूं यह उसकी कल्पना भर थी या उसके किसी गंभीर चिंतन का परिणाम था....।

जून के अंतिम सप्ताह में दिव्यांश के साथ हमें, उसके माता-पिता के तौर पर, स्कूल में होने वाले पुरस्कार समारोह के लिए बुलावा आया। मैं सोचती उसे भला कौन सा पुरस्कार मिलेगा। जुलाई में हम सब उस पुरस्कार समारोह में शामिल हुए। स्कूल के प्राध्यापक फादर मिस्कीटा ने अकादमी-साल 2012-13 की अपनी आरंभिक प्रस्तुति के बाद बोर्ड की परीक्षा में स्कूल के टॉपर्स के नामों की घोषणा करना प्रारंभ किया। उन्होंने बारी-बारी से पहले पांच टॉपर्स के नामों की घोषणा की, फिर वे थोड़ा रूक गए। उन्होंने सभी छात्रों, अभिभावकों और शिक्षकों से अनुरोध किया कि वे ध्यानपूर्वक अगली 'पावर पांइट प्रेजेन्टेशन' को देखें जो 'दिव्यांश आत्मन्' की अनोखी यात्रा की छोटी सी प्रस्तुति थी। एक ऐसा छात्र जो एक दिन भी अपनी कक्षा में शामिल नहीं हो पाया, जिसके जीवन में पढ़ाई से कहीं बड़ी चुनौतियां थीं, जो उन बाधाओं से हारा नहीं, बल्कि उनका बहादुरीपूर्वक सामना करते हुए आज यहां है- स्कूल के टॉपर्स के साथ, उसी पायदान पर, उनके साथ कंधे से कंधा मिलाकर खड़ा है। जब दिव्यांश पर केन्द्रित यह प्रेजेन्टेशन चल रहा था, मेरा दिल जोरों से धड़क रहा था। मैं किसी अनहोनी की आहट महसूस कर रही थी। और तभी प्राध्यापक महोदय ने वह घोषणा की। स्कूल उसी साल से अपने छात्रों के लिए एक नया पुरस्कार आरंभ कर रहा था- अपंगता के बावजूद उत्कृष्टता के लिए सेंट मेरीज स्कूल विशिष्ट पुरस्कार- और इस विशेष पुरस्कार को पाने वाला, अपने स्कूल के इतिहास में पहला छात्र था- दिव्यांश आत्मन्। जब दिव्यांश अपना पुरस्कार ग्रहण करने मंच पर पहुंचा तो पूरा हॉल तालियों के शोर से गूंज रहा था। लोग उत्साह में खड़े होकर उसका अभिवादन कर रहे थे। उसके मंच तक जाने और पुरस्कार लेकर वापस आने तक तालियों का शोर लगातार गूंजता रहा। जब उस हॉल

में उपस्थित सारे लोग खड़े होकर जोश से भरे ताली बजा रहे थे, तब दो लोग थे जो चुपचाप अपनी जगह पर बैठे थे-एक मैं और दूसरे सुशील। हमें समझ नहीं आ रहा था हम क्या करें.....। तभी मुझे ध्यान आया कि मेरे लगातार बहते आंसुओं से मेरे कपड़े गीले हो गए थे और मेरे समीप बैठे लोगों को इसका आभास हो रहा था। हालांकि मेरी आंखों से चुपचाप बहते आंसू उस माहौल में बहुत अलग नहीं लग रहे थे। वहां उपस्थित लोगों में से कई लोग अपने हाथों से अपनी आंखों के कोर से आंसू पोंछते नजर आ रहे थे। वे सब हमारी तरफ गौरव के भाव से देख रहे थे। एक असाधारण क्षमताओं वाले छात्र के माता-पिता के तौर पर हम अचानक से विशिष्ट हो गए थे। मुझे अपना सपना याद आया, जिसमें मैं उसे सर्वश्रेष्ठ छात्र का पुरस्कार लेते हुए देखती। और अपने इस सपने की चर्चा करने पर हर बार उसका मंद-मंद मुस्कुराना भी याद आया। और आज तालियों के उस शोर में, मुझे उसकी उस मुस्कान का मतलब समझ आया। मैंने मन ही मन जो सपना कभी संजोया था, दिव्यांश ने आज उससे कहीं ज्यादा पूरा कर दिया। उस दिन उस पुरस्कार समारोह में दिव्यांश आत्मन् सबसे अलग था, सबसे विशिष्ट, अपनी अद्भुत सफलता की तेज में चमकता इकलौता सितारा जिसकी चमक सबसे खास थी। वह सफलता जो उसने अपनी दृढ़ इच्छाशक्ति और जिजीविषा से पाई थी। उस दिन मैंने अपने जीवन में एक और महत्वपूर्ण सीख पाई- आदमी को कभी उम्मीद का दामन नहीं छोड़ना चाहिए। उस दिन अपने अनोखे अंदाज में दिव्यांश ने मेरे सपनों को साकार किया। बल्कि यूं कहें कि मेरे सपनों को साकार करते हुए उसने उन्हें एक नई भव्यता दी, जो मेरी हर सोच, मेरे हर अनुमान के परे थी।

उस दिन पुरस्कार समारोह में मृदुल भी हमारे साथ था। वह भी अपनी आंखों के सामने घटित हो रहे इस अद्भुत दृश्य को देखकर भावुक हो गया। समारोह की समाप्ति के बाद उसने दिव्यांश को मोबाइल पर संदेश भेजा-

> "तुम्हारे गौरव के उस अद्भुत क्षण में मैं ऑडीटोरियम में अपनी सीट पर शब्दहीन बैठा था। मेरे चारों तरफ आवाजें थी-तालियों के शोर से गूंजती आवाजें। खड़े होकर तुम्हारा अभिवादन करते, भावों से भरे, विह्वल लोग थे-कुछ संयम में अपने आंसुओं को रोकते, कुछ अपने आंसुओं को निर्बाध बहने देते हुए। रूंधे गले से तुम्हें शाबासी देते एक दूसरे का हाथ थामे लोग, गर्वभरी चमकती आंखों से तुम्हें निहारते

तुम्हारे शिक्षकगण-यह चमत्कारिक दृश्य तुम्हारे कारण था। मेरे भाई, तुमने वह कर दिखाया। ऑडीटोरियम के अंधेरे कोने से उठाकर तुमने हम सब को मंच पर, आलोक के घेरे में, खड़ा कर दिया। मैंने तुम्हें बहुत करीब से लड़ते हुए देखा है। इस दिन के लिए, इस पल के लिए तुम्हारे हर संघर्ष को देखा, महसूस किया है। आज जब तुम्हें ऑडीटोरियम में उपस्थित हर व्यक्ति प्यार और सम्मान भरी नजरों से निहार रहा था तो मैं कितना गौरवान्वित हो रहा था यह बता नहीं सकता। बस इतना कहना चाहता हूं कि निश्चित रूप से मेरे जीवन का यह सबसे अनूठा अनुभव था। हार्दिक बधाई......।"

*अपनी संभावनाओं का सतत् अन्वेषण वही कर पाता है जो अपनी बाधाओं का पुल पार करने का जोखिम उठाता है..........*

-टिम फार्गो

आगे की पढ़ाई के लिए दिव्यांश को अब कॉलेज जाना था। मैंने जब दिव्यांश से उसकी आगे की पढ़ाई की योजनाओं के बारे में पूछा तो उसका जवाब सुनकर मैं दंग रह गई। जूनियर कॉलेज के बाद वह अमरीका जाकर एम. आई.टी. में कम्प्यूटर साईंस की पढ़ाई करना चाहता था। सच कहूं तो जब उसने ऐसा कहा तो मैं इस संस्थान का नाम और उसके विश्वस्तरीय महत्ता के बारे में जानती तक नहीं थी। जब दिव्यांश ने मुझे उसके बारे में बताया तो मन ही मन मैंने उसके हौसले को सलाम किया। ऐसी परिस्थितियों में भी उसकी इच्छाशक्ति ने उसका साथ नहीं छोड़ा है। वह अभी भी विश्व के श्रेष्ठतम संस्थानों में से एक में नामांकन पाने और पढ़ाई करने के सपने संजो रहा था। उसे अपने पंखों पर भरोसा था। उसने अपनी उड़ान को किसी सीमा में बांधने की मजबूरी से खुद को मुक्त रखा था। मैं यह देख कर दंग थी कि उसने अपनी बीमारी और अपने इलाज की लगातार चलती कष्टकारक प्रक्रिया को अपने सपने, अपने हौसले के आड़े नहीं आने दिया। उसके हौसले की ताकत से हर बार उसकी मुसीबतों ने हार मानी थी। उसने हारना नहीं सीखा था। सच कहूं तो उसके इस हौसले से मुझे भी जीवन और उसकी चुनौतियों का बेहतर ढंग से सामना करने की सीख मिल रही थी, बल्कि इस प्रक्रिया में वह मेरी सहायता कर रहा था। उसके सपने मेरे

हो रहे थे। वह मेरे सपनों को संभाल रहा था। मुझे बड़े सपनें देखने का जज्बा सिखा रहा था। यह उसकी सोच, उसकी मानसिकता थी, जो एक मां को विपरीत स्थितियों में भी बड़े सपने देखने, संजोने का हौसला दे रही थी।

दिव्यांश ने मुंबई के के.सी. कॉलेज में विज्ञान के विषयों के साथ दाखिला लिया। जिंदगी ने फिर से रफ्तार पकड़ ली। वह कॉलेज जाता। बीच-बीच में उसकी चिकित्सा के सेशन्स भी चलते रहते। उसे डॉक्टर के क्लीनिक पर हर हफ्ते दो बार जाना होता था। साथ ही वह इंजीनियरिंग की प्रवेश परीक्षा के लिए कोचिंग क्लासेज में भी जा रहा था। उसके हालात को देखते हुए यह व्यस्तता थोड़ी ज्यादा लगती। बल्कि मेरे लिए भी उसकी यह व्यस्तता थोड़ी ज्यादा ही थी। एक और बात थी जो मुझे मन ही मन खाए जाती थी। दिव्यांश अब सोलह साल का था। आमतौर पर हम सबके जीवन में 'कॉलेज लाइफ' का एक विशेष महत्व होता है। नए दोस्त बनते हैं। कॉलेज के वातावरण में स्कूल की अपेक्षा औपचारिकता थोड़ी कम होती है, एक खुलापन होता है। दोस्तों के साथ मिलना-जुलना, हंसना-बोलना यौवन की दहलीज पर उछलते-कूदते पहला कदम रखने जैसा होता है। पर दिव्यांश की चिकित्सा प्रक्रिया और उसके दुष्प्रभाव ने उसकी शारीरिक सुंदरता को प्रभावित किया था। उसका वजन थोड़ा बढ़ गया था और कुछ अन्य रूपों में भी उसका शारीरिक सौष्ठव प्रभावित हुआ था। मुझे लगता जैसे कॉलेज के अपने हमउम्र लड़के-लड़कियों से मेल-जोल बढ़ाने में वह बहुत सहज नहीं था। उसके साथ जो कुछ हो रहा था, ऐसा शायद उस कारण था। हर मां की तरह मुझे भी लगता कि यौवन की दहलीज पर कदम रखते एक नवयुवक के तौर पर मेरा बेटा भी कॉलेज की जिदगी का अपनी तरह से आनंद ले, इस नए अनुभव का उल्लास महसूस करे। पर, दिव्यांश क्लास खत्म होने के बाद कभी भी कॉलेज में नहीं रुकता था। मुझे लगता, कक्षाओं के बीच के खाली समय में वह या तो कहीं एकांत में बैठा होगा या फिर पुस्तकालय में बैठा कोई किताब पढ़ रहा होगा। जबकि आमतौर पर बच्चों का यह समय दोस्तों के साथ गप्पे मारने, हंसने-खेलने में बीतता है। दिव्यांश ने हालांकि इस संबंध में कभी बात नहीं की, पर मैं उसके चेहरे के भाव से समझ जाती। अगर मैं पूरी तरह से सही ना भी होऊं तो भी यह तय था कि दिव्यांश उस तरह का कॉलेज-जीवन नहीं जी पा रहा था, जैसा उसकी उम्र के लड़कों का होता है। मैं यह सोच कर मन ही मन दुःखी होती। अरसा बाद, दिव्यांश के एक मित्र ध्रुव ने सुशील को

एक ई-मेल लिखा जिसमें उसने दिव्यांश की मनोदशा का बहुत ही सटीक चित्रण किया था। वह ई-मेल पढ़ कर आज भी मेरा हृदय द्रवित हो जाता है। उसने लिखा था,

> "मैं और दिव्यांश एक अनोखे रिश्ते से जुड़े हैं- हम दोनों कैंसर से लड़ रहे थे। कई लोग शायद यह समझ भी न पाएं कि एक जवान लड़के के लिए अपने बालों को खो देना कितना बड़ा संताप होता है...। जिन्होंने इसे स्वयं नहीं भुगता है, वे इसे मामूली बात समझ कर नजरअंदाज कर सकतें हैं। पर, एक युवा के तौर पर मैं, जो स्वयं इसका भुक्तभोगी है, आपको बता सकता हूं कि यह घाव नासूर बन जा सकती है, अगर आप इसका ध्यान न रखें।
>
> कुछेक साल पहले, जब हम पहली बार सेंट मैरी स्कूल में मिले थे, दिव्यांश आपके साथ मेरे घर आया था। वह किशोरावस्था से यौवन की ओर बढ़ रहा था। अपनी उम्र के अन्य लड़कों की तरह उसे भी चिंता थी कि वह कैसा दिखता है। उसने मुझसे पूछा था- क्या सर पर बाल न होने के बावजूद लड़कियों से मिलना, उनसे रोमांटिक तौर पर जुड़ना संभव है......? यह बहुत ही स्वाभाविक चिंता थी। स्वयं मैंने भी ऐसी ही दुश्चिंताएं झेली थी। मैंने उसे आश्वस्त किया, "बहुत सारी लड़कियां उससे मिलना चाहेंगी। हमारी उम्र में लड़कियों के लिए सर पर बाल होना ही आकर्षण का कारण नहीं होता। जरूरी यह है कि हम अपनी प्रतिभा को निखारें ताकि भीड़ से अलग दिखें।"

अगर भीड़ से अलग दिखना है तो अपनी प्रतिभा पर काम करो, उसमें और निखार लाओ। पर, दिव्यांश जिन परिस्थितियों में था उसमें यह इतना सरल था क्या...! दिव्यांश के नजरिये से तो उत्तर 'हां' में ही होगा, पर निश्चित तौर पर यह बहुत कठिन था। उसने अपने जीवन से ही यह सबक सीखा था कि जब परिस्थितियां पूरी तरह प्रतिकूल हों तो अपना सर्वश्रेष्ठ देना है। उसने पहले भी यह कर दिखाया था तो अब क्यों नहीं....?

कभी-कभी जीवन में कोई अभाव, कोई रिक्तता, हमें स्वयं में या अपने आस-पास कुछ नया तलाशने का अवसर दे जाती है। उस कठिन समय में ही दिव्यांश के जीवन में दो नई कलाओं का समावेश हुआ- एक मेरे आग्रह पर, दूसरा स्वयं उसकी प्रेरणा से। हमारी सोसायटी में एक अत्यंत

भद्र महिला, श्रीमती राजी, योगा के क्लासेज करवाती थीं। मैं उनके योगा सेशन्स में नियमित रूप से जाती। मुझसे और दूसरों से भी उन्होंने दिव्यांश की अद्भुत जीवन-यात्रा और उसकी उपलब्धियों के बारे में सुन रखा था। संयोगवश, उनका घर दिव्यांश के कॉलेज के बिल्कुल पास था। मुझे लगा उनके साथ नियमित योगाभ्यास दिव्यांश के लिए, शारीरिक और मानसिक, दोनों तरह से लाभदायक होगा। राजी मैडम कॉलेज के बाद उसे अपने घर पर योगाभ्यास करवाने को सहर्ष तैयार हो गईं। थोड़ा ना-नुकर के बाद दिव्यांश भी वहां जाने को तैयार हो गया। राजी मैडम ने मुझे बाद में बताया कि जब मैं दिव्यांश को लेकर पहली बार उनके घर गई थी, तभी उसे देखकर उनका मन मातृस्नेह से भर गया था। तब से ही उनका वह स्नेहपूर्ण संबंध बना जिसमें अत्यंत लाड़ से वह दिव्यांश को 'हनुमान' बुलाती, क्योंकि उन्हें लगता कि दिव्यांश में हनुमान की तरह ही हर बाधाओं, हर चुनौतियों से लड़ने, उसे पार करने की अतुलनीय क्षमता है। राजी मैडम का आध्यात्मिक लेप जिस प्रकार से दिव्यांश के शारीरिक और मानसिक जख्मों को भर रहा था वह देख कर मुझे आत्मिक संतोष होता। दिव्यांश को हमेश राजी मैडम का अपार स्नेह मिलता रहा। एक बार दिव्यांश ने राजी मैडम को एक पत्र लिख कर दिया, जिसमें उसने अत्यंत दार्शनिकता से लिखा, "मुझे विश्वास है ईश्वर सबके आस-पास होता है, बस हमें उन्हें अपने अंदर, अपने आस-पास ढूंढ़ना होता है।"

राजी मैडम का उत्तर भी उतना ही अप्रतिम था। उन्होंने लिखा, "मेरे बाल-हनुमान, 63 साल की मेरी जीवन-यात्रा में तुम्हारा यह पत्र मेरा सबसे बहुमूल्य उपहार है। तुम, मेरे जीवन की अंतिम सांस पर्यन्त मेरे विजेता हनुमान रहोगे।" राजी मैडम हमेशा उसके साथ रहीं, उसके अच्छे दिनों में भी और उन दिनों में भी जो उसके जीवन में कठिन चुनौतियां बन कर आए, -ठीक ईश्वर की तरह, जैसा दिव्यांश ने सोचा था।

एक और नया हुनर, जो दिव्यांश ने स्वयं की प्रेरणा से और अत्यंत उत्साह के साथ सीखा- वह था गिटार बजाना। दरअसल, उसमें संगीत के प्रति एक विलक्षण जन्मजात लगाव था। बचपन में उसने मुंबई में पंडित विजयप्रभाकर ठोमरे से शास्त्रीय संगीत सीखा था। लेकिन दिसंबर 2009 में, उसके जीवन में आए झंझावात में, उसकी संगीत-यात्रा भी जैसे पटरी से उतर गई। अब वह अपनी संगीत-यात्रा एक नए रूप में आरंभ करना चाहता था। और तभी उसके जीवन में सैवियो आए, उसका संगीत शिक्षक बन कर,

जिन्होंने उसके जीवन को जैसे संगीत से झंकृत कर दिया। पहले एकॉस्टिक गिटार, फिर बेस गिटार के तार उसके जीवन को संगीत के आनंद से भरने लगे। सैवियो स्वयं एक असाधारण गिटार-वादक थे। एक शिक्षक के तौर पर उनमें गिटार के तारों की सूक्ष्म झंकार को सिखाने-समझाने का स्वाभाविक गुण था। इसके अलावा एक और बात थी, जो गुरू-शिष्य संबंधों से भी परे, दिव्यांश को सैवियो के बहुत करीब लेकर आई। वह बात थी- सैवियो का बात-चीत के क्रम में उत्कृष्ट मानवीय व्यवहार। दोनों एक-दूसरे से इतना घुले-मिले दिखते कि कई बार तो मेरा उनकी संगीत-कक्षा में शामिल होने का दिल कर जाता। सैवियो ने दिव्यांश को गिटार के तारों को साधना तो सिखाया ही, पर उससे भी महत्वपूर्ण बात यह थी कि उन्होंने जीवन में संगीत की महत्ता से उसका परिचय कराया। क्या पता, दिव्यांश को शायद उस समय इसकी आवश्यकता भी थी.....? क्या संगीत की प्रेरणा से ही उसने जीवन के सुरों को भी साधना सीखा....? मैं इस बारे में निश्चित तौर पर कुछ कह नहीं सकती, उसे ही पता हो शायद....!!

मिस रति वाडिया, क्वीन मैरीज स्कूल, मुंबई की पूर्व-प्रधानध्यापिका थीं, जो सन् 2002 में रिटायर हुईं। जब दिव्यांश का दसवीं की बोर्ड परीक्षा का समय करीब आया तो किसी ने अंग्रेजी-ट्यूशन के लिए उनका नाम सुझाया। शुरू में, मुख्यतः अपनी उम्र के कारण, वह कोई ट्यूशन लेना नहीं चाहती थीं। पर जब सुशील ने उन्हें दिव्यांश की जीवन-यात्रा, उसकी परिस्थितियां और उन परिस्थितियों में भी दसवीं की बोर्ड परीक्षा में शामिल होने के उसके असाधारण निर्णय के बारे में बताया तो वह सहर्ष उसकी भाषा-क्षमता को उत्कृष्ट बनाने में उसकी मदद करने को तैयार हो गईं। मिस वाडिया ने उसे परीक्षा से पहले लगभग दो महीने अंग्रेजी पढ़ाया। उन्हीं दो महीनों में मिस वाडिया का दिव्यांश से, और हम सब से, जीवन भर का घनिष्ठ नाता बन गया, जो दिव्यांश के जाने के बाद भी वैसा ही बना रहा। दिव्यांश मुझसे कहता मिस वाडिया ने अंग्रेजी भाषा के कुछ ऐसे बारीक पहलुओं से उसका परिचय कराया, जो बस वही कर सकती थीं। उन्होंने उसे सिखाया कि भाषा का प्रयोग चाहे जिस रूप में करना हो, उसके प्रति आदर और समर्पण होना चाहिए। वह अक्सर उन 9 जीवन-मूल्यों की बातें करतीं, जिनका पालन उनके स्वर्गीय पिता ने हमेशा किया। वे थे- प्यार, सत्यनिष्ठा, संतुष्टि, मानवीय गरिमा, हर परिस्थिति में आनंदपूर्वक रहना, विश्वसनीयता, पैसे का सम्मान, स्वावलंबन और ईश्वर में अडिग विश्वास। वह अक्सर दिव्यांश से गर्व से

कहती- "तुम मेरे उन कुछ छात्रों में से हो जिन्होंने इन जीवन-मूल्यों को सही मायने में अपनाया, उनका पालन किया।" दिव्यांश के जीवन के बाद के सालों में मिस वाडिया द्वारा सिंचित ये जीवन-मूल्य उसके साहित्यिक-जीवन को दिशा देने में भी महत्वपूर्ण भूमिका निभाते रहे।

एक और बात जो मैं यहां बताना चाहती हूं, 2012 में इस बीमारी की पुनरावृत्ति के बाद दिव्यांश काफी ज्यादा किताबें पढ़ने लगा। वह अलग-अलग विषयों जैसे साहित्य, विज्ञान यहां तक कि महाकाव्य और पौराणिक विषयों पर भी किताबें पढ़ता। वह लेखन की लगभग हर विधा जैसे उपन्यास, कविताएं, कथेत्तर साहित्य की पुस्तकें अत्यंत चाव से पढ़ता। उसकी बुक सेल्फ में डॉन ब्राउन, अमीश, मारियो पूजो और खालिद होसनैनी जैसे लेखक एक साथ सजे मिलते। वहां जवाहरलाल नेहरू की 'डिस्कवरी ऑफ इंडिया' थी तो साथ ही 'महाभारत', हॉबिट और 'हैरी पॉटर' भी थी। उसकी पढ़ने की गति अद्‌भुत थी। वह मोटी-मोटी किताबें देखते-देखते पढ़ डालता। मैं उसके पढ़ने की गति और लगन देख कर अचंभित रह जाती। मेरे घर के कैबिनेट में अलग-अलग विषयों की किताबों की भरमार, उसके संक्षिप्त भौतिक जीवन में भी एक लंबे बौध्दिक यात्रा की साक्षी है। तब मुझे इसका बिल्कुल आभास नहीं था कि जो कुछ वह पढ़ता है उसे अत्यंत गहनता से आत्मसात् करता है, और जीवन में उतारता भी है, और यह बहुआयामी अध्ययन ही उसके जीवन का दिशा-निर्धारण करने वाला है। मैंने उसके संक्षिप्त जीवन-यात्रा के उन महत्वपूर्ण पड़ाओं को देखा जहां पुस्तकों से प्राप्त सूचना ज्ञान में, और ज्ञान बुद्धिमता में बदलती गई। यहां से भी वह एक कदम और आगे गया। उसने इस बुध्दिमता का अपने जीवन के स्वरूप-निर्धारण में बहुत ही विवेकपूर्वक प्रयोग किया।

लगभग उसी समय दिव्यांश पाक-कला की विविधताओं एवं विशिष्टताओं में भी गहरी रूचि लेने लगा। वह 'ऑस्ट्रेलियन मास्टर शेफ शो' और उसका भारतीय संस्करण, दोनों ही नियमित रूप से देखता। थोड़े समय में ही अलग-अलग देशों, क्षेत्रों के व्यंजन और उनकी विशिष्टताओं की उसे गहरी समझ हो गई। एक बार मृदुल ने मुझे बताया, "दिव्यांश कभी किचन में तो गया नहीं, पर मैं यह देख कर चकित रह जाता हूं कि खाने में यदि कुछ भी कमी हो तो वह बड़ी स्पष्टता से यह बता देता है कि किस चीज की कमी है। एक बार हम दोनों रेस्टोरेंट में खा रहे थे। हमनें पालक-पनीर ऑर्डर किया था। पर उसका स्वाद बहुत अच्छा नहीं था। दिव्यांश ने बड़ी

सहजता से बता दिया कि उसमें कौन सा मसाला थोड़ा ज्यादा था और यह भी कि पालक को थोड़ा और पकाना था।"

सच कहूं तो अलग-अलग व्यंजन बनाने की मेरी जो काबिलियत है उसमें दिव्यांश का खासा योगदान है। मैं जो भी पकाती उसमे कौन सा मसाला या सॉस थोड़ा कम या थोड़ा ज्यादा होना चाहिए, उसका स्पष्टता से विश्लेषण कर उसने मेरी पाक-कला को निखारने में बड़ी भूमिका निभाई।

मन से खाना बनाने वाला हर व्यक्ति चाहता है कि उसके बनाए व्यंजन की सच्ची तारीफ हो, कोरी वाह-वाही न हो। बनाने वाले को यह पता चले कि कौन सा व्यंजन सच में अच्छा बना है और कौन सा उतना अच्छा नहीं बन पाया। मेरे लिए वह दिव्यांश था। उसने मुझे महज 'एक खाना बनाने वाले' से 'शेफ' होने का बारीक फर्क सिखाया। उसने अपने स्पष्ट, निरपेक्ष और बहुत ही बारीक विश्लेषण से धीरे-धीरे मुझे एक शौकिया तौर पर खाना बनाने वाले व्यक्ति से 'शेफ' बना दिया। हममें एक समानता थी। जब भी मैं किसी तनाव में होती, तो किचन में जाकर अपने परिवारजनों के लिए कोई विशिष्ट व्यंजन बनाने में जुट जाती। यह मेरे लिए बड़ा सहारा था जो तनाव को कम करने में मेरी मदद करता। उसी प्रकार दिव्यांश भी अपने तनाव का सामना करते हुए, मनोयोग से बने उन व्यंजनों को चटखारे लेकर खाता। हमारे तनाव के कारण अक्सर एक से होते- उनसे राहत पाने के लिए हम दोनों के लिए ही ये व्यंजन बहुत ही कारगर उपाय थे। 14 जुलाई, 2013 को, मेरे जन्मदिन पर, दिव्यांश ने मुझे एक पत्र लिखा। उसके ही शब्दों में, "तुम्हारी पाक-कला का सबसे खूबसूरत पहलू यह है कि तुम नएपन की तलाश करती हो। नई तरकीबें आजमा कर अपने खाने में विशिष्टता लाने की कोशिश करती हो। अगर मेरे सामने सौ लोगों द्वारा बनाए गए अलग-अलग व्यंजन हों और मुझे उसमें से तुम्हारा बनाया हुआ व्यंजन पहचानना हो, तो मैं केवल चख कर चुटकी में, तुम्हारा बनाया हुआ व्यंजन पहचान लूंगा।"

मेरे लिए दिव्यांश का जीवन असाधारण परिस्थितियों का विस्मयकारी सामंजस्य था। एक तरफ एक दुष्कर बीमारी से उपजी गंभीर शारीरिक यंत्रणा थी तो दूसरी तरफ उसके जीवनदायी गुण थे- कुछ जो जन्मजात थे, और कुछ जिन्हें उसने अपनी मेहनत और लगन से पैदा किए, संवारे थे। मुझे लगता उसके अंदर लगातार एक समुद्र-मंथन चल रहा है, जिसमें सारा विष वह स्वयं पी रहा है और अमृत दूसरों में बांट रहा है।

कॉलेज की नियमित क्लास और अपनी कठोर-उपचार-प्रक्रिया के साथ-साथ दिव्यांश ने राजी मैडम के साथ बाकायदा योग और आध्यात्म की यात्रा शुरू की। सैवियो के साथ उसके संगीत के सुर भी फिर से सजने लगे। और, लगातार विविध विषयों की किताबें पढ़कर उसने अपने ज्ञान के संसार को विस्तार दिया। मिस वाडिया ने उसे भाषा की महत्ता से भली-भाँति अवगत कराया। इन सब के समन्वय से उसके जीवन में एक नई और बेहद खूबसूरत यात्रा का आरंभ हुआ- वह थी कविता-लेखन। वह हर समय अपनी क्षमताओं को नए सिरे से तलाशता था, तराशता था। अब वह अपनी भावनाओं को एक साहित्यिक आयाम देकर उन्हें कविताओं में ढाल रहा था।

हालांकि आत्मिक रूप से दिव्यांश हर वक्त मेरे करीब होता, पर सच यह था कि उसके आदर्श उसके पिता सुशील थे। उनके प्रति दिव्यांश के मन में अगाध आदर भाव था। पिता के क्रियाकलापों का चुपचाप अवलोकन करते हुए दिव्यांश ने उनसे सीखा कि अपने हर कार्य को अपेक्षित दक्षता से कैसे करना है। चाहे वह घर-परिवार से संबंधित दायित्व हों या दफ्तर की जिम्मेदारी हों, या कोई भी अन्य कार्य हो, वह सुशील को हर जिम्मेदारी का निर्वाह निपुणता से करते देखता। सुशील की अपने पहनावे के प्रति सजगता उसे बेहद पसंद था। वह उनके धैर्य की भी सराहना करता। विशेषकर उन परिस्थितियों में भी जब दिव्यांश की गंभीर स्वास्थ्य समस्याओं को लेकर हम सब बेहद परेशान रहते, सुशील अत्यंत धैर्य से सारी व्यवस्था संभालते, साथ ही घर और दफ्तर संबंधी कार्यों को भी उसी धैर्य और कुशलता से निपटाते। दिव्यांश अपने पिता कि यह खूबी अपनाना चाहता था। अचरज की बात नहीं कि दिव्यांश का जो पहला साहित्यिक कदम था, उसके केन्द्र में भी उसका आदर्श, उसके पिता थे।

उसने 15 जुलाई 2014 को अपने जीवन की पहली कविता लिखी। कविता अंग्रेजी में थी और शीर्षक था- "हिज नेम परसनोफाइज हिम"। जब कोई अपने आदर्श के बारे में लिखता है तो आमतौर पर वह लंबी विवेचना या लंबी कविता होती है। दिव्यांश की यह कविता भी कुछ वैसी ही थी। उस कविता का यह संक्षिप्त खंड है, जो सुशील के गुणों और उन गुणों के प्रति दिव्यांश के मन में जो आदर था उसे बखूबी वर्णित करता है:

विचरता हूं मैं निर्बाध
उन्मुक्त

उस वटवृक्ष की छाया में
भयमुक्त
इतना कुछ है कहने को
उस पूज्य देवतुल्य संबल के लिए
कि बस शब्दहीन हूं ...।

जब दिव्यांश ने मुझे अपनी यह कविता दिखाई तो मैं उसके लेखन की कुशलता, और उसमें वर्णित पिता के लिए अगाध स्नेह और आदर का भाव देखकर आश्चर्यचकित रह गई। हालांकि मुझे याद है, उस कविता को पढ़कर सुशील ने दिव्यांश के इस साहित्यिक प्रयास की तो प्रशंसा की थी, पर अपनी इतनी तारीफ पढ़ कर वह झेंप गए थे। उनके जैसे विनम्र व्यक्ति के लिए यह स्वाभाविक भी था।

दिव्यांश, मृदुल और अंशु के बेहद करीब था। कठिन परिस्थितियों में भी मृदुल ने हमेशा उसका दामन थामे रखा। उन दिनों मृदुल सिंगापुर में था। बाद में वह दुबई शिफ्ट हो गया। विदेश में रहकर भी कोई दिन ऐसा नहीं बीतता जब मृदुल दिव्यांश से फोन पर बात नहीं करता। जिस उत्साह और आह्लाद से दिव्यांश मृदुल से फोन पर बातें करता वह मुझे तसल्ली से भर देता। वे एक दुसरे के लिए भाइयों से कहीं बढ़कर थे। उनका आपसी लगाव, एक दूसरे के लिए स्नेह और अपनत्व का भाव मुझे अलौकिक लगता। जब मेरी शादी हुई, मृदुल बचपन से तरूणाई की ओर बढ़ रहा था। मैंने तब से उसे बड़े होते देखा और उसने अपने सौम्य और परिपक्व व्यवहार से मुझे हमेशा प्रभावित किया। अपने अंतर्मन में गहरे कहीं मैं दिव्यांश को वैसे ही बड़ा होते, एक समझदार युवक बनते देखना चाहती। उन दोनों का एक दूसरे के लिए अगाध स्नेह देखकर मैं कभी दिव्यांश में मृदुल को देखती, कभी मृदुल में (भावी) दिव्यांश को। पर अब जब मैं अपनी उन स्मृतियों को शब्दों में ढाल रही हूं तो मुझे लगता है कि तब मैं कितना गलत थी। समय के साथ दिव्यांश का एक अलग व्यक्तित्व निखर कर आया- एक अलग और विशिष्ट व्यक्तित्व। एक ऐसा व्यक्तित्व जिसने अपने जीवन में आई विषम परिस्थितियों का अत्यंत जीवट से सामना किया, जिसने दूसरों पर भी अपने व्यक्तित्व की अमिट छाप छोड़ी। मुझे उसके व्यक्तित्व में महात्मा बुद्ध के अष्टांग मार्ग का सहज समायोजन दिखता, जो अंततः परिनिर्वाण का मार्ग प्रशस्त करता है। उसने अपने जीवन को दूसरों

के लिए एक उदाहरण बना दिया। एक ऐसा अनुकरणीय जीवन जिसमें स्वयं उसकी मां उसका अनुकरण करने लगी।

उस साल फरवरी में मृदुल और महिमा की शादी थी। अपनी उपचार-प्रक्रिया की लाचारी के कारण उसमें शामिल न हो पाना दिव्यांश के लिए स्वाभाविक तौर पर बड़ी निराशा का कारण था। मुझे पता था मृदुल को भी उतना ही दु:ख हुआ होगा। मृदुल की शादी के लिए उसे पटना नहीं ले जा पाना मुझे अंदर ही अंदर कचोटता। वह शायद शादी में जाना चाहता था पर मेरी चिंताओं को ध्यान में रखकर चुप रह गया। उनकी शादी से लौटते हुए मैंने मृदुल और महिमा से मुंबई आने का आग्रह किया। मेरे मन में एक ऐसे अवसर की कल्पना थी जो मृदुल और दिव्यांश दोनों को ही खुशियों से भर देती। उसी साल बाद में मृदुल और महिमा मुंबई आए। दिव्यांश की खुशी देखते बनती थी। 12 सितंबर 2014 को हमने मुंबई में मृदुल और महिमा के लिए एक छोटी सी 'रिसेप्शन' पार्टी रखी, जिसमें हमारे अधिकांश मित्र सपरिवार शामिल हुए। पार्टी हमारी आशा के अनुरूप रही। उस खूबसूरत शाम में हमारे परिवार ने खुशियों को करीब से महसूस किया। सबने मस्ती में झूम कर डांस किया। दिव्यांश भी खुशी से भरा मस्ती में झूमता डांस करता दिखा। मैंने अरसा बाद दिव्यांश को डांस करते देखा। मैंने भी शायद जीवन में पहली बार अपने बेटे के साथ डांस किया, और आखिरी बार भी.....। उस दिन मैंने बस दिव्यांश के लिए, उसकी खुशियों के लिए डांस किया था। मैं चाहती थी वह मृदुल की शादी की खुशियां महसूस करे, जो किसी बेबसी में उससे छूट गई थी। मुझे लगा इन खुशियों पर दिव्यांश का हक है। जिस निष्ठुरता से जीवन उससे खुशियों के अवसर छीन लेती है, उसमें ऐसे कुछ पलों पर, जो उसकी कठिनाईयों से भरी जिंदगी में खुशियों की सौगात लेकर आए, उसका हक था।

समय के साथ अपने भाई मृदुल और उसकी गुणवान पत्नी महिमा से मिलने की उसकी उत्कंठा बढ़ती गई। वे लोग दुबई में बस गए थे और धीरे-धीरे अपनी नई बसाई गृहस्थी में व्यस्त हो गए। अंशु भी दिल्ली चला गया और 'कॉरपोरेट-जीवन' के अपने आरंभिक वर्षों के संघर्ष में व्यस्त हो गया। दिव्यांश फिर से अपनी नियति के साथ अकेला था। बुद्ध के अष्टांग मार्गों में से एक है- सम्यक् संकल्प, उसी का उसने इन परिस्थितियों में पालन किया।

एक सुबह दिव्यांश को मैंने गहरे चिंतन की मुद्रा में देखा। मैंने कारण पूछा तो वह टाल गया। नाश्ते के बाद मैंने उसे अंग्रेजी में एक कविता टाइप

करते देखा। शीर्षक था- "द एक्स्टैसी ऑफ एक्सपेक्टेशन"। इस कविता में उसने अपनी कल्पनाओं को एक मार्मिक और उदात्त शब्दचित्र बनाकर प्रस्तुत किया। एक ऐसा कल्पनालोक जिसमें उसके अपने प्रिय-पात्रों से मिलने का सुयोग यथार्थ के धरातल पर उतर आता है।

4 अगस्त 2014 को लिखी गई उस कविता के कुछ अंश का भावानुवाद इस प्रकार है-

"शांतचित्त था मैं
झपकियों की गोद में
हिंडोले लेता
मन था एक गहरी नींद के आगोश में
उस क्षण में जब
मन संजोता है सपने
जो इतने सुंदर होते हैं कि
क्षणभंगुर होते हैं
पर, उस विशिष्ट क्षण में
भावशून्य था मस्तिष्क मेरा
एक भाव था, अज्ञात सा,
एक तरल सा एहसास था
बस.....एक एहसास....,
स्नेह भरे पुनर्मिलन का।"

मुझे लगा यह कविता उसके अपने संबंधों की सटीक विवेचना थी। दिव्यांश ने जिस काव्यात्मकता से अपनी भावनाओं को व्यक्त किया था, वह उन्हें भी गहरे छू गई थी। उन्होंने भी यह कविता पढ़कर वैसा ही भावपूर्ण उत्तर दिया था। यद्यपि अब मैं यह विश्वासपूर्वक नहीं कह सकती जिन गहन भावनाओं के साथ वह कविता लिखी गई थी, वे उनके जीवन से कितनी घनिष्ठता से जुड़ पाए। अब तो मुझे लगता है जैसे वह बीत ही गया हो।

अपनी नियमित चिकित्सा-प्रक्रिया के दौरान एक दिन दिव्यांश, सुशील के साथ डॉक्टर के क्लीनिक से लौट रहा था। सुशील ने महसूस किया वह जैसे किसी गहन चिंतन में था। वह एकाग्रचित्त होकर कार की खिड़की के बाहर देख रहा था, मानो ब्रह्मांड के उस घटक से, जिससे वह निकटता महसूस करता था, अपने किसी प्रश्न का उत्तर तलाश रहा हो। वह 12 अगस्त, 2014

का दिन था। उसी एकाग्रता से बाहर देखते हुए, गहन चिंतन में डूबे, उसने अपने पिता से प्रश्न किया, "मेरे इलाज में और कितना समय लगेगा?" सुशील को लगा जैसे दिव्यांश की ठहरी हुई आवाज कहीं दूर से आ रही है। उन्होंने जैसे दिलासा देते हुए कहा, "समझ लो हमने आधा सफर तय कर लिया है। परेशान मत हो, समय बीतते क्या देर लगती है।" दिव्यांश ने और कुछ नहीं पूछा। सुशील को लगा वह दिव्यांश को समुचित उत्तर नहीं दे पाए। दिव्यांश ने भी निश्चित तौर पर अपने पिता की मनःस्थिति को समझ लिया और चुप रहा। वह उतनी एकाग्रता से बाहर बेवजह नहीं देख रहा था। उसके पिता ने एक विशेष शब्द-युग्म से उस स्थिति को वर्णित किया था- 'आधा सफर'। ब्रह्मांड के अपने जिस प्रिय घटक से दिव्यांश संवाद कर रहा था, उसके माध्यम से शायद उसने इस शब्द-युग्म का विस्तार पाया। घर पहुंचने तक उसके चेहरे के भाव बदल गए थे। वह शांतचित्त और सामान्य लग रहा था। ऐसा लग रहा था मानो जो प्रश्न उसके मन को आकुल कर रहा था, उस का उत्तर उसने पा लिया था। उस रात उसने अपने जीवन की तीसरी कविता लिखी। शीर्षक था- "हाफवे डाउन द पाथ नॉट अनटेकेन" दो महीने से भी कम समय में लिखी गई उसकी यह तीसरी कविता अपने लिए थी। अपने उन प्रश्नों को उकेरते हुए जिनका उत्तर भी सिर्फ वही दे सकता था। एक गहरा आत्मचिंतन, आत्ममंथन, स्वयं को संबोधित एक विचारशील अभिव्यक्ति, जिसने उसकी बौद्धिकता को एक नई दिशा दी, और जिसने हमारी विचारशीलता को भी प्रेरित किया। उसने अपनी इस विशिष्ट काव्याभिव्यक्ति से फिर से हमें संबल दिया। उस नई दृष्टि के आलोक में, हम भी अपने कई अनुत्तरित प्रश्नों को समझने की दिशा में एक नई सोच के साथ अग्रसर हुए। उस कविता के कुछ अंश का अनुवाद यहां साझा कर रही हूं:

अपरिमेय हैं
दृष्टान्त सारे स्रष्टा के
हमारी समझ से परे
एक मनमौजी कलाकार है वह
रचता है चित्र नित नए-नए
अपनी इच्छानुसार ही
तत्पर था मैं एक नई यात्रा को

हरी-भरी राह पर पग धरने को
उत्साह से भरा
पर, मेरी यात्रा के लिए
उसने चुनी कोई और दिशा
पथ ही बदल दिया उसने
...
...
अब जब मैं खड़ा हूं
उन्हीं रास्तों पर फिर से
अनजाना-सा आधा सफर तय कर
तब मैंने जाना उसे
लोग कहते हैं जिसे विपदाओं की प्रवृत्ति
...
...
सच कहूं तो,
विपदाएं जहर हैं
पर उनका निदान भी स्वयं वही हैं।
एक कांटा-जिसका खूबसूरत-सा गुलाब भी वही है
एक भूल,
जिसका सबक भी वही है
यही मूल है, यही चरित्र है,
यही सार है
सीमा भी यही है
उसकी अतल गहराइयों की।

मैं जब भी यह कविता पढ़ती हूं, इसके भावों की गहनता मुझे कहीं गहरे छू जाती है। उसने अपने भावों से मेरे जीवन के, बल्कि यूं कहें हमारे जीवन के, उद्देश्य को समझने में हमारी सहायता की। उसने जीवन के मूल में बसे सौंदर्य से हमारा परिचय कराया। वह एक बेहद कोमल एहसास था जिसने हमारे जीवन में घटित हो रही घटनाओं को समझने का एक नया परिप्रेक्ष्य दिया। जो प्रत्यक्ष है वह जरूरी नहीं कि वास्तविक हो। जो वास्तविक है उसे समझने, स्वीकार करने, आत्मसात् करने की आवश्यकता होती है। वह

पहली बार था जब मैंने महसूस किया-दिव्यांश हमारे जीवन में एक निश्चित उद्देश्य से आया था।

मृदुल और महिमा के रिसेप्शन के बाद दिव्यांश फिर से अपनी पुरानी जिदगी में लौट आया। वह अगले साल के शुरू में होने वाली अपनी बारहवीं की परीक्षा की तैयारी में व्यस्त रहने लगा। उसके इलाज की प्रक्रिया भी साथ-साथ नियमित रूप से चलती रहती। पढ़ाई पर पूरा ध्यान होने के कारण उसकी साहित्यिक गतिविधियों पर भी अल्पविराम लग गया। अगले साल 27 जनवरी को वह 18 साल का होने जा रहा था। वह खास उम्र जिसमें एक किशोर वयस्क हो जाता है! दिव्यांश इसे लेकर बहुत उत्साहित था। इसके कई कारण थे। सबसे पहला तो यह कि वह मतदान की अर्हता प्राप्त कर लेगा। अपने स्कूल के दिनों में उसने भारतीय संविधान को बड़े ही मनोयोग से पढ़ा और समझा था। उसे हमेशा लगता कि जनतंत्र के मूल में सरकार बनाने के निर्णय में जनता की भागीदारी है। वह लम्बे समय से मन-ही-मन इस प्रक्रिया में भागीदारी की आकांक्षा पाल रहा था। दूसरा यह कि वह 'केवल वयस्कों के लिए, 'ए' श्रेणी वाली, फिल्में देख सकता है। उसे अंग्रेजी की कई सारी बेहतरीन फिल्में 'ए' श्रेणी का होने के कारण अब तक ना देख पाने का मलाल था। हालांकि सुशील, मृदुल और अंशु ने उससे कई बार कहा कि ऐसी अच्छी फिल्में वह देख सकता है, क्योंकि कई बार भारत में वह तकनीकी कारणों से 'ए' श्रेणी में रखी जाती हैं। पर उसने तब तक इंतजार करना बेहतर समझा, जब तक वह वैध तौर पर उन फिल्मों को देख पाने की उम्र तक नहीं पहुंचता। इस कारण, मुझे यह लगता है कि वह हमेशा न केवल कानूनी बल्कि नैतिक तौर पर भी सही तरीके से कार्य करने में विश्वास करता था। मुझे याद है, एक बार उसने मुझसे कहा था कि 18 वर्ष का होते ही सबसे पहले वह एक क्लासिक अंग्रेजी मूवी देखेगा जो 'ए' श्रेणी की है, और इसी कारण वह इसे पहले नहीं देख पाया। तीसरा कारण यह था कि उसके बहुत सारे दोस्त 'फेसबुक' पर थे और वह भी अट्ठारह का होने पर अपना फेसबुक प्रोफाइल बनाने को उत्सुक था। उन दिनों 'फेसबुक प्रोफाइल' के लिए भी वयस्क होना अनिवार्य था। उसके कई मित्रों ने गलत उम्र लिखकर पहले ही अपना 'फेसबुक अकाउंट' बना लिया था। पर नैतिक मूल्यों में अपनी गहरी आस्था के कारण दिव्यांश ने ऐसा करना उचित नहीं समझा। लेकिन चौथा और शायद सबसे महत्वपूर्ण कारण यह था कि वह अपने नाम के आगे 'मास्टर' लगा-लगा

कर वह ऊब गया था। उसे लगता 'मास्टर दिव्यांश' बुलाया जाना उसकी समझ और परिपक्वता के साथ न्याय नहीं करता। उसकी लंबी चलने वाली इलाज-प्रक्रिया के दौरान अनेकों प्रिसक्रिप्शन, जांच-रिपोर्ट इत्यादि में उसका नाम 'मास्टर दिव्यांश आत्मन्' ही लिखा होता था। वे दिन अब गिनती के थे। वह उत्साहित था कि शीघ्र ही उसका नाम 'मि. दिव्यांश आत्मन्' या 'श्री दिव्यांश आत्मन्' लिखा जाने लगेगा। उसने तो सुशील से यह भी कह रखा था कि 18वें जन्मदिन पर उसके केक पर भी उसका नाम 'मि. दिव्यांश' लिखवाएं। हम सब उसके 18वें जन्मदिन पर उसे 'हैप्पी बर्थडे मि. दिव्यांश आत्मन्' कहने को उत्साहित थे। हम सब बड़े उल्लास से से उस दिन की प्रतीक्षा में थे जब दिव्यांश उम्र की उस दहलीज पर कदम रखेगा जहां से सब उसे 'मास्टर दिव्यांश' की जगह मि. दिव्यांश' कह कर पुकारेंगे।

पर क्या यह इतना आसान था.........?

दिव्यांश के चुनौतीपूर्ण जीवन में छोटी-छोटी आकांक्षाएं भी महत्वाकांक्षा बन जाती थीं। हमारी उम्मीद के ठीक विपरीत, 2015 का साल दिव्यांश के लिए और हमारे लिए भी, अप्रत्याशित चुनौतियां लेकर आया। क्या फिर से मेरी कुछ आशंकाएं स्याह सच्चाई में बदलने वाली थी? मुझे खतरे की स्पष्ट आहट सुनाई दे रही थी। शत्रु फिर से दबे पांव हमारे जीवन की खुशियों में सेंध लगाने की फेर में था। दिव्यांश को फिर से सरदर्द की शिकायत शुरू हो गई, जबकि उसका कोई प्रत्यक्ष कारण नहीं था। मुझे लगा उसका उपचार अभी चल ही रहा था, इस कारण बीमारी के लौट आने की संभावना नहीं थी। डॉक्टर हमेशा थोड़ा सधा हुआ जवाब देते। दिव्यांश का बहुप्रतिक्षित 18वां जन्मदिन बिल्कुल करीब था। मुझे अगले साल के पूर्वार्द्ध में होने वाली उसकी बोर्ड परीक्षा की भी चिंता थी। दुस्सह्य शारीरिक और मानसिक स्थितियों में भी दिव्यांश ने इस परीक्षा के लिए जी-तोड़ मेहनत की थी। जैसा मैंने पहले भी कहा, गए कई महीनों में उसने अपनी पढ़ाई को अपनी दृढ़ इच्छाशक्ति और कठिन परिश्रम से लगभग 'अर्जित' किया था। ये सारी चिंताएं, आशंकाएं मेरे मस्तिष्क में लगातार चल रही थी। मैंने और सुशील ने आपस में विचार कर डॉक्टर से दिव्यांश के 18वें जन्मदिन के अगले दिन का समय लिया। हमें आशंका थी कि डॉक्टर शायद कुछ ऐसा न कह दें जो हमारे उत्साह पर पानी फेर देगा। हम नहीं चाहते थे कि दिव्यांश का 18वां जन्मदिन, जिसे लेकर वह इतना उत्साहित था, और जिस के लिए हम सब उत्साहित थे, किसी चिंताजनक सूचना के बोझ तले

दब जाए। हम नहीं चाहते थे कि दिव्यांश से यह खुशी छिन जाए। हमने दिव्यांश के जीवन में बड़ी कठिनाई से खुशी के ऐसे कुछ पल सहेजे थे। अब इस खुशी के सामने भी आशंकाएं चुनौती बनकर खड़ी हो गईं थीं। हम लंबे समय से एक कठिन डगर पर चल रहे थे। पर, सावधानी से कदम रखने का हुनर ही हमें चलते रहने की ताकत और हिम्मत दे सकता था। समय ने हमें यह सिखाया था। और उससे भी ज्यादा मैंने दिव्यांश से ही यह सीखा था। हम अपनी जिदगी में कांच के टूटे टुकड़ों की तरह खुशियां चुन रहे थे। दिव्यांश के वयस्क होने की खुशी ऐसा ही एक टुकड़ा था जिसे चुनकर हम अपनी जिदगी में सजाना चाहते थे। हम एक मुकम्मल जिंदगी तलाश रहे थे, खुशियों के बिखरे टुकड़ों को समेटकर जोड़ी हुई जिंदगी, जो कहीं से भी प्रत्यक्ष तौर पर टूटी और बिखरी हुई न लगे....। दिव्यांश उस दिन बहुत ही खुश था। हमने पूरी कोशिश की थी कि वह दिन उसके जीवन के सर्वश्रेष्ठ दिनों में से एक हो। पर मुझे पता था, और मुझसे भी ज्यादा सुशील को यह पता था, कि अपने खाली हाथों से मैंने जो कांच का टुकड़ा उठाया था उसमें तेज धार थी और अपनी उस तेज धार से वह हमारी खुशियों को लहुलुहान करने वाला था।

रुक-रुक कर पर अक्सर आने वाला भयंकर सरदर्द दिव्यांश के जीवन में वापस आ गया था। एक-के-बाद-एक घटनाक्रम इतनी तेजी से बीता कि फरवरी के पहले सप्ताह में दिव्यांश एक अस्पताल के 'आई. सी. यू.' में था। 16 फरवरी से उसकी बोर्ड की परीक्षा शुरू होने वाली थी। अब हमें यह लगभग असंभव लग रहा था कि वह यह परीक्षा दे पाएगा। उसका 'सी. एस. एफ.' टेस्ट हुआ और 'फ्लूइड' को एक दूसरे अस्पताल में परीक्षण के लिए भेजा गया। अगर रिपोर्ट पॉजिटिव हुई तो ल्यूकीमिया का यह उसका दूसरा 'रिलैप्स' होगा। मेरे लिए ऐसे किसी समाचार को बर्दाश्त करना जितना कष्टदायक था उतना ही कठिन था दिव्यांश को वह बताना। मैं किस हिम्मत से उसे यह बता पाती, जो बड़े ही धैर्य और जीवट से अपने जीवन को गति दे रहा था, अपने लगातार चल रहे इलाज की प्रक्रिया के साथ अद्‌भुत तारतम्य बैठाकर, जीवन के रास्ते पर गर्व से सर उठाकर चल रहा था।

दिसंबर, 2009 से, जबसे दिव्यांश के इस बीमारी से ग्रसित होने की बात पता चली थी, हमने कभी भी उससे इस संबंध में कोई चर्चा नहीं की थी। हम बस इलाज के बारे में बातें करते, बीमारी के बारे में नहीं। हमारे बीच यह एक मूक समझौता था। मुझे पता था कि दिव्यांश भी

इस बात से अवगत था कि मुझे उसके सामने इस बीमारी का नाम लेना, उसकी चर्चा करना पसंद नहीं। पर उसे यह भी पता था कि वह किस गंभीर बीमारी से जूझ रहा था। फिर भी मेरी भावनाओं का ध्यान रखते हुए उसने कभी भी मेरे सामने इस बीमारी का नाम नहीं लिया, न ही उसकी चर्चा की। मेरे लिए यह भी दिल दहलाने वाला था कि सुशील एक तरफ इस संभावित दु:खदायी खबर को मुझे बताने और फिर उसके बाद के मेरे भावनात्मक विस्फोट को संभालने के लिए दोहरा संघर्ष कर रहे थे। उनके संघर्ष की परीक्षा और भी कठिन थी। एक ओर उन्हें दिव्यांश के, अपने बेटे के, समक्ष यह अत्यंत कष्टप्रद सत्य उद्‌घाटित करना था तो दूसरी ओर उन्हें इस खबर से बुरी तरह विचलित एक मां की भयावह मानसिक स्थिति को भी संभालना था। इन सब के बीच वे खुद को किस तरह संभालेंगे? ये सारे विचार एक दूसरे से उलझ कर मेरे दिमाग को मथ रहे थे। रिपोर्ट शाम को आनी थी। मुझे अब लगाता है कुछ लोग निश्चित ही आपके जीवन में निहित उद्देश्य से आते हैं। कुछ साल पहले, डॉ अर्चना जाधव, जो सी.जी.एच.एस. की डॉक्टर थीं, सुशील से मिली थीं। वे सुशील के दफ्तर में किसी मरीज को देखने आई थीं। मुझे याद आया, उन्होंने सुशील को बताया था कि उनके बेटे का इजरायल में सफलतापूर्वक 'बोनमैरो प्रत्यारोपण' हुआ था। उसी दिन दोपहर में सुशील ने उन्हें फोन किया और उनसे मिलकर प्रत्यारोपण संबंधी जानकारी पर विमर्श करने की इच्छा जताई। उन्हें दिव्यांश के अस्पताल में होने की खबर थी। वह न केवल तत्काल मिलने को राजी हो गई बल्कि हरसंभव मदद करने का आश्वासन भी दिया। शाम से पहले ही सुशील ने दिव्यांश के डॉक्टर से 'सी.एस.एफ.' रिपोर्ट पॉजिटिव होने की स्थिति में 'बोनमैरो-प्रत्यारोपण' की बात छेड़ी। डॉक्टर ने भी 'सी.एस.एफ.' रिपोर्ट पॉजिटिव आने की स्थिति में, इस प्रक्रिया को सर्वोत्तम उपाय बताया। और इस तरह, शाम से पहले, रिपोर्ट आने के भी पहले, उसके पॉजिटिव होने की स्थिति में, आगे के इलाज के लिए हम एक अपेक्षाकृत बेहतर विकल्प के साथ तैयार थे। जब आप तूफानों से घिरे हों तो उसके बाहर कुछ भी सोच पाना मुश्किल होता है। उन परिस्थितयों में एकमात्र उपाय होता है पूरे हौसले से तूफान का सामना करना और उम्मीद करना कि जल्द ही यह तूफान थम जाएगा और आपके आस-पास फिर से शांति होगी-तूफान के बाद की शांति, जिसमें तूफान के गुजर जाने का सुकून शामिल होता है।

शाम सात बजे 'सी.एस.एफ.' रिपोर्ट आ गई। जैसे कि आशंका थी, वह नर्वस-सिस्टम में मैलिग्नेंट कोशिकाओं की उपस्थिति बता रही थी। यह हमारे लिए बेहद दुःखद था, पर ऐसा भी नहीं था कि इस नए आघात से हम टूट गए हों। हमारे सामने एक नया द्वार खुला था जहां से उम्मीद की रौशनी दिख रही थी। उस नए रास्ते ने हमें हौसला दिया। सुशील उसी शाम डॉ. अर्चना से जाकर मिले। डॉ अर्चना ने 'डॉ रूबेन ऑर' से सुशील की वार्तालाप की व्यवस्था कर दी। ये वही डॉक्टर थे जिन्होंने डॉ अर्चना के बेटे का सफलतापूर्वक इलाज किया था। डॉक्टर ऑर अंतर्राष्ट्रीय ख्याति के इजरायली चिकित्सक थे और उतने ही विनम्र व्यक्ति भी थे। डॉ अर्चना ने सुशील को बताया कि डॉ रुबेन ऑर एक धर्मप्राय यहूदी थे और वे औपचारिकताओं में बहुत विश्वास नहीं करते थे। डॉ अर्चना ने सलाह दी कि सुशील उनसे सीधे ही फोन पर बात करें। सुशील ने मुझे बाद में बताया कि वह शनिवार का दिन था जो इजरायल में साप्ताहिक छुट्टी का दिन है। डॉ रुबेन ने अभी-अभी शबात (यहूदियों के लिए प्रार्थना का दिन) की प्रार्थना संपन्न की थी। उन्होंने सुशील के फोन का जवाब हिब्रू-मिश्रित-उच्चारण से सराबोर अंग्रेजी में दिया-

> "मि. पोद्दार, शबात शालोम....। (यहूदियों द्वारा किया जाने वाला अभिवादन)। मुझे आपके बेटे की स्थिति की जानकारी है। डॉ अर्चना ने मुझे इस बारे में बता दिया है। आप कृपया उसकी सारी मेडिकल रिपोर्ट्स मुझे मेल कर दें। मैं अपनी तरफ से पूरी कोशिश करूंगा। आज शबात है जो एक पवित्र दिन है। मैंने अभी-अभी अपनी शबात की प्रार्थना संपन्न की है। आप शीघ्र इजरायल आने की तैयारी करें। आप सब लोग यहां मेरे परिवार का हिस्सा होंगे। और हां, किसी भी समय यदि आपको मेरी सलाह की जरूरत लगे या मेरी किसी राय से आपको मानसिक संतोष मिले तो बेहिचक मुझे फोन कर लें। मैं हमेशा ही उपलब्ध हूं।"

यह हमारे लिए किसी सपने के साकार होने जैसा था। डॉ रूबेन ऑर जैसे ख्यातिलब्ध विशेषज्ञ के इन अपनत्व भरे और ढाढस बंधाने वाले शब्दों ने हममें नई ऊर्जा भर दी। अंधेरे के पार हमें आशा की किरण दिखने लगी। उस समय हमें इसकी बेहद जरूरत थी।

आमतौर पर लोग ऐसी बीमारी के इलाज के लिए अमेरिका या फिर

किसी यूरोपीय देश के बारे में सोचते हैं। सच कहूं तो हमारे मन में भी पहले पहल यही खयाल आया था। पर, डॉ ऑर से बात करके हमें ऐसी संतुष्टि मिली कि हमने इसी रास्ते पर आगे बढ़ने का निर्णय किया।

अगले दिन सुबह-सुबह सुशील 'आई.सी.यू.' में जाकर दिव्यांश से मिले। दिव्यांश को आभास था कि उसे क्या समाचार मिलना था। सुशील ने बिना किसी लाग-लपेट के, स्पष्टता से, उसे बोनमैरो-प्रत्यारोपण और इस विषय में डॉ रूबेन ऑर से हुई उनकी बातचीत के बारे में बता दिया। आमतौर पर स्थितियां ऐसी होती हैं कि माता-पिता सहारे के लिए अपने बच्चे का कंधा तलाशते हैं। पर, तब क्या करें जब बच्चे को ही सहारे की अधिक आवश्यकता हो.....। पर हम उस दिन भाग्यशाली थे। दिव्यांश ने मुस्कुराकर कहा, "पापा, हम यह मुसीबत हमेशा कि लिए खत्म करते हैं। मैं प्रत्यारोपण के लिए बिल्कुल तैयार हूं। आप चिंता न करें।" दिव्यांश के इस एक कथन से बीमारी को लेकर हमारे बीच जो रहस्यमयता बनी हुई थी वह एक झटके में समाप्त हो गई।

उसने फिर से हमें अपने मजबूत कंधों का सहारा दिया। अपने अथाह कष्ट को परे हटाकर, दुःख के इस महासागर में वह बहादुरी से हमारा हाथ थामे खड़ा था।

अनन्या तब सातवीं कक्षा में थी। उसकी वार्षिक परीक्षा शुरू होने वाली थी। सुशील ने सलाह दी कि वे दिव्यांश के साथ इलाज के लिए जाएंगे और मैं अनन्या को लेकर मुंबई में ही रहूं। व्यावहारिक तौर पर देखें तो उनकी यह सलाह उचित थी, पर एक मां के लिए इसे स्वीकार करना बेहद मुश्किल था। अपने बेटे को मैं इस नये सिरे से शुरू होने वाली इलाज की कठिन प्रक्रिया के दौरान अकेला कैसे छोड़ दूं? उसे क्या अपनी मां के लाड़-दुलार, स्नेह, आलिंगन की जरूरत नहीं होगी? और भला मैं यहां कैसे जी पाऊंगी जब मेरे प्राण उसके अंदर बसे होंगे? मेरे मन में हजारों प्रश्न चल-चित्र की तरह आ-जा रहे थे, और मैं उनका उत्तर ढूंढ़ पाने में सर्वथा असमर्थ थी। दिव्यांश के लिए भी मुझे और अनन्या को छोड़कर जाना उतना ही मुश्किल था। पर, हमेशा की तरह दिव्यांश ने ही उपाय सुझाया। वह मेरी मनोदशा को समझ रहा था। वह यह भी समझ रहा था कि कौन सी चिंता मुझे खाए जा रही है। उसने मुझे गले लगाया और रास्ता दिखाया जो उन परिस्थितियों में सबसे उचित था। कहते हैं समझौता करना कमजोरी की निशानी है और जो लोग मजबूत होते हैं वे समझौता नहीं करते। पर उस दिन ऐसा नहीं था। मैंने और दिव्यांश ने एक समझौता किया था-हम एक दूसरे की अनुपस्थिति

से अपने लिए ताकत जुटाएंगे। दरअसल, मैं यह भी चाहती थी कि दिव्यांश जल्दी से जल्दी, बिना समय गंवाए इजरायल के लिए रवाना हो जाए। चाहे मैं साथ जा पाउं या नहीं, पर इस कारण से कोई विलम्ब न हो। मुझे लगने लगा था कि वह इजरायल जाकर सुरक्षित रहेगा। इस बीमारी के साथ उसकी लंबी यात्रा का वहां समापन होगा। वह हंसता-मुस्कुराता स्वस्थ, निरोग लौटेगा। उसकी यथाशीघ्र यात्रा हमारे लिए एक बड़ी उम्मीद का आधार थी। मैंने स्थिति को समझ कर उसे स्वीकार किया और दिव्यांश की मेरे बगैर इजरायल जाने की सलाह मान ली। उसने अनन्या को भी ढांढस बंधाया। उससे अपनी परीक्षा के बाद गर्मी की छुट्टियों में इजरायल आने को कहा। जब वह सुशील के साथ मुंबई से रवाना हुआ तो मेरा सर्वस्व जैसे उसके साथ ही जा रहा था। मैं और कर भी क्या सकती थी......।

फरवरी में दिव्यांश को बोर्ड की परीक्षा देनी थी, जो वह नहीं दे पाया। आमतौर पर जब वह परीक्षा के लिए जाता, मैं उसके ललाट पर तिलक लगाती और उसे शुभकामनाएं देती। वह अवसर तो आया पर पूरी तरह से एक दूसरे रूप में। वह अब एक बड़ी परीक्षा के लिए इजरायल जा रहा था। मैंने भरे मन से उसके ललाट पर तिलक लगाया और इस बड़ी परीक्षा में उसकी सफलता के लिए प्रार्थना के शब्द पढ़े। मैंने स्वयं को विश्वास दिलाया-जीवन की हर परीक्षा में वह अव्वल रहा है, इस परीक्षा से भी वह जरूर सफल होकर लौटेगा। प्रतिदान की अवधारणा हमेशा संबल देती है, चाहे उसके लिए कितना बड़ा त्याग क्यों न करना पड़े। मुझे विश्वास था दिव्यांश अपने जीवन में लगे इस ग्रहण से पूरी तरह मुक्त होकर लौटेगा।

28 मार्च 2015 को, इजरायल के लिए उड़ान भरने से ठीक पहले, दिव्यांश ने मुझे मोबाइल पर संदेश भेजा,

> "मम्मी प्लीज अच्छे से रहना। बी स्ट्रांग। अनन्या के लिए और अपने लिए एकदम चियरफुल रहना। और अपने आप को व्यस्त रखना। और प्लीज रोना मत। अपनी और अनन्या की सेहत का ध्यान रखना। अनन्या को कल वाक पर ले जाना। कभी-कभी रेस्टोरेंट भी। और प्लीज अच्छे से रहना। अनन्या को ज्यादा मत डांटना। लव यू मम्मी।"

दिव्यांश अपने खोए हुए मित्र 'स्वास्थ्य' की तलाश में जब उस पवित्र भूमि के लिए उड़ान भर रहा था, मैं उसके ही विचारों को याद कर रही थी, जो उसकी एक बेहद भावपूर्ण कविता का अंश है:

सच कहूं तो,
विपदाएं जहर हैं
पर उनका निदान भी स्वयं वही हैं।

बॉन वोयेज, दिव्यांश,
ईश्वर तुम्हारी रक्षा करें।

# 4

# एक नया जन्म

*"…. तुम्हें याद है, कांच का एक टुकड़ा तुम्हारे दाहिने हाथ में गहरा चुभ गया था। डॉक्टर ने तुम्हें आराम करने की हिदायत दी थी, पर फिर भी तुम रोजमर्रा के कामों में जुटी थी। उस घायल दाहिने हाथ से ही तुम्हे खाना बनाते, कपड़े धोते, झाड़-पोछा करते, यहां तक की भारी बैग उठाते देख कर मेरी आंखें भर आयी थीं……."*

28 मार्च 2015 को जब दिव्यांश अपने पिता के साथ इजरायल के लिए रवाना हो गया, तो सबसे पहले मुझे यह घटना और मेरे लिए उसका बेहद चिंतित हो जाना याद आया। उसे मेरी इतनी चिंता थी कि उसने मेरे अगले जन्मदिन पर एक पत्र लिखकर इसका जिक्र किया।

मैं सोचती, क्या वह मुझे और अनन्या को याद करता होगा। क्या वह सोचता होगा कि मैं उसके बिना कैसे सब कुछ संभाल रही होउंगी। उसको लेकर जो मेरी चिंताएं थीं उसका दर्द और बढ़ जाता जब मैं मेरे लिए उसकी फिक्र के बारे में सोचती। पर मुझे ख्याल आया, वहां रहकर उसे हमारे चिंता नहीं सतानी चाहिए। मैंने मन ही मन निश्चय किया मुझे अपना दिल कड़ा करना पड़ेगा, ताकि जब भी दिव्यांश से बात हो मैं सामान्य लगूं। पर निश्चय कर लेने भर से यह भला संभव था क्या! मुझे अपनी मनोदृष्टि बदलने की जरूरत थी।

आमतौर पर ऐसी परिस्थितियों में मेरी मां या फिर मेरी छोटी बहन हमारे पास आ जाती, ताकि मेरा मनोबल बना रहे। पर इस बार मैंने निश्चय किया की उन्हें नहीं बुलाऊंगी। इस बार मैं अपना सहारा खुद बनना चाहती थी। मैं अपनी सोच में, अपने रवैये में बदलाव लाना चाहती थी। मैं खुद

को नए सिरे से, एक मजबूत इरादे के साथ, पाना चाहती थी। यह एक तरह की तपस्या थी और मैंने दिव्यांश को कई बार ऐसा करते देखा था। मैंने जी कड़ा कर अपनी मां और बहन को इस बार हमारे साथ आ कर रहने से मना कर दिया। मैं जानती थी उन्हें मेरी फिक्र होगी, खासकर जब सुशील और दिव्यांश मेरे साथ नहीं थे। पर मेरे लिए हौसले की बात यह थी कि दिव्यांश अब सुरक्षित हाथों में था। मुझे भरोसा था कि उसकी अनवरत चलने वाली इस कष्टप्रद स्वास्थ्य समस्या का अंत हो जाएगा। यही मुझे अपनी रोजमर्रा की जिन्दगी में सामान्य रहने की ताकत देता। सच कहूं तो इजरायल में दिव्यांश का इलाज शुरू होने से पहले ही मैंने खुद को समेटा और अपनी ऊर्जा बटोरकर उन जख्मों को भरने में लगाया जो सालों के उसके अशांत और व्याकुलता से भरे इस जीवन से उभर आए थे। दिव्यांश की अंग्रेजी शिक्षक, मिस रति वाडिया, तब मेरे जीवन में एक आरोग्यसाधक की तरह आयीं। मेरे जख्मों को तब ऐसे मरहम की बेहद जरूरत भी थी। उन्होंने मुझे अपने घर पर सप्ताह में दो बार बुलाना शुरू किया। उन्होंने जीवन में प्रार्थना के महत्व से मेरा परिचय कराया। मैं उनके अंग्रेजी साहित्य के विराट अनुभव से भी बेहद लाभान्वित हुई।

जब सुशील और दिव्यांश इजरायल पहुंचे तब वहां लोग पासोवर का त्यौहार मना रहे थे। इस त्यौहार के पीछे स्वतंत्रता की प्रबल भावना है। यह यहूदियों के मिस्र से पलायन और बंधनों से आजादी के उपलक्ष में मनाया जाता है। मुझे लगा इजरायल पहुंचने का उनका इस से बेहतर समय नहीं हो सकता था। मुझे यकीन हो रहा था कि पासोवर का यह त्यौहार दिव्यांश के जीवन में भी दुःखों से मुक्ति लेकर आएगा।

मैंने उनके साथ खाने-पीने का काफी सामान दिया था, पर बना-बनाया खाना भला कितने दिन टिकता! यह कुछ दिनों की बात तो थी नहीं, उन्हें वहां महीनों रहना था। कितने महीने, यह तो इलाज करने वाले डॉक्टर को भी पता नहीं था। सुशील ने अपने जीवन में कभी खाना नहीं पकाया था। उन्होंने मुझे बताया, दिव्यांश के लिए जो पहला व्यंजन उन्होंने बनाया वह खिचड़ी था, पर उनका वह प्रयास बुरी तरह असफल रहा। उन्होंने खिचड़ी में नमक की जगह चीनी डाल दिया। उस दिन दिव्यांश को दिन भर की जांच की प्रक्रिया के बाद हल्का भोजन दिया जाना था। दिव्यांश ने बिना किसी मीनमेख के चुपचाप वह खाना खा लिया। पर सुशील शायद पाक-कला के क्षेत्र में अपने इस पहले प्रयास के लिए तारीफ की उम्मीद कर

रहे थे। उन्हें पता था, दिव्यांश आमतौर पर अपनी मां के बनाए अच्छे खाने की तारीफ करता है। उन्हें भी अपने लिए कुछ वैसी ही उम्मीद थी। पर ऐसा कुछ नहीं हुआ। पर, जब उन्हें अपनी गलती का एहसास हुआ तो पहले कभी खाना नहीं पकाने का बेहद अफसोस भी हुआ। उन्हें लगा वे दिव्यांश को अपनी मां से हजारों मील दूर लेकर आ गए हैं तो उसके स्वाद का ध्यान रखकर कम-से-कम मातृत्व की छांव का आभास तो उसे करवा सकें। उन्हें यह अपनी जिम्मेदारी भी लगी। सुशील ने फोन पर मुझसे अपनी यह चिंता व्यक्त की और हमने आपस में विचार कर इसका एक समाधान भी ढूंढ निकाला- अचानक मेरे मन में एक विचार कौंध गया।

हर दिन खाना बनाने से पहले सुशील मुझे बताते की वह आज क्या पकाना चाहते हैं, और मैं उन्हें फोन पर उसकी पूरी प्रक्रिया समझाती। अपना हर कार्य तन्मयता से करने की उनकी आदत यहां भी काम आई। धीरे-धीरे वे मेरे निष्ठावान शिष्य बन गए। मेरे सैद्धांतिक ज्ञान को वह भली-भांति प्रयोग में ले आते और अपना बनाया व्यंजन दिव्यांश को परोसने से पहले व्हाट्सएप्प पर मुझे दिखाते। उस खाने के रंग-रूप को तस्वीर में देखकर मेरी स्वीकृति से ही जैसे उसे मातृस्पर्श मिल जाता। दूर देश में, घर से हजारों मील की उस दूरी पर, उसके खाने तक मेरा स्नेह पहुंचाने का भला और क्या उपाय हो सकता था! पर हमारी यह तरकीब काम कर गयी। इस तरह दिव्यांश को मां के हाथों की खुशबू से भरा अपने पिता के कर्मठ और ईमानदार प्रयासों से बनाया हुआ लगभग सुरुचिपूर्ण भोजन मिलने लगा।

कुछ दिनों बाद अंशु अपने दफ्तर से छुट्टी लेकर वहां जा पहुंचा। मेरे लिए यह बड़ी राहत की बात थी। दिव्यांश को अपने प्रिय भाई का साथ मिल गया था और सुशील को कोई खाना बनाने में सहयता करने वाला। अंशु की नयी नौकरी थी और उसका वहां एक महीने की छुट्टी लेकर जाना हमारे लिए बड़ी बात थी। मुझे पता नहीं उसने यह कैसे संभव किया पर, ऐसे हालात में दिव्यांश और सुशील के साथ होने के लिए मैं उसका दिल से एहसानमंद थी।

शुरू-शुरू में इजरायल के अधिकांश प्रतिष्ठान आठ दिवसीय पासोवर के त्यौहार के लिए बंद थे। वह अस्पताल जहां डॉ. रुबेन ऑर काम करते थे, वह भी थोड़े से स्टाफ के सहारे ही चल रहा था। इस कारण डॉ. ऑर ने दिव्यांश को इस दौरान इजरायल की महत्वपूर्ण जगहों को देखने की सलाह दी। अंशु, दिव्यांश और सुशील ने ध्यानपूर्वक यात्रा-प्रोग्राम बनाया ताकि

इस संक्षिप्त अवकाश में अधिक से अधिक स्थानों का भ्रमण कर सकें। वे सबसे पहले बेथलहम गए, जहां ईशा मसीह का जन्म हुआ। वहां से वे नजरथ गए, जहां कहते हैं यीशु को दिव्य ज्ञान की प्राप्ति हुई। उन्होंने गैलिली के समुद्र पर चल कर यात्रा की जहां ईशा मसीह प्रवचन देते थे। और आखिर में, इलाज की प्रक्रिया प्रारम्भ होने से पहले, वे इजरायल में ओल्ड सिटी गए जहां ईशा मसीह को सूली पर चढ़ाया गया था और जहां उनकी समाधि है। दिव्यांश को पता था अब तक उसने किन परिस्थितियों का सामना किया है, और यह भी कि आगे का रास्ता भी दुर्गम है, जिसमें एक नए सिरे से उसकी बुद्धिमता और उसके धैर्य की परीक्षा होगी। उसने अत्यंत मनोयोग से उन पवित्र स्थलों की प्राणशक्ति को आत्मसात किया। वहां कई यहूदियों से भी उसकी अच्छी-खासी दोस्ती हो गई जो उसे अलग-अलग धार्मिक त्योहारों पर अपने घर बुलाते रहते। पासोवर के गहरे धार्मिक चिंतन को समझने के लिए दिव्यांश उसके कर्मकांडों में भी अत्यंत श्रद्धा-भाव से सम्मिलित होता था।

12 अप्रैल 2015 को सुशील ने मुझे फोन पर एक शुभ समाचार दिया। उस दिन वे डॉ. ऑर से मिलने अस्पताल गए थे। बोन-मैरो-प्रत्यारोपण में सबसे बड़ी चुनौती एक ऐसे व्यक्ति का मिलना है जो स्वेच्छा से बोन-मैरो दान करने का इच्छुक हो और जिसके रक्त का 'एच.एल.ए. टाइपिंग' रोगी से मैच कर रहा हो। इसमें स्वाभाविक तौर पर समय लगता है। मुझे शुरू से चिंता थी, दिव्यांश को डोनर मिलेगा भी या नहीं और मिल भी गया तो उसमें कितना समय लगेगा। उन्हें तब तक वहां बिना इलाज के शुरू हुए ही रहना पड़ेगा। पर, पासोवर के त्यौहार के तुरंत बाद जब डॉ. ऑर ने हमें एक मैचिंग इच्छुक डोनर के मिल जाने की सूचना दी तो मेरी जान में जान आई। जब सुशील ने यह समाचार दिया तो मेरी खुशी का ठिकाना नहीं था। यह सोच कर की दिव्यांश अब पूर्णतः रोग मुक्ति के एक कदम और करीब आ गया है, मैं अनायास रो पड़ी। पर वे ख़ुशी के, संतोष के आंसू थे, जो दुःखों की धार काटकर बह चले थे। अब बस प्रत्यारोपण की प्रक्रिया शेष थी। जब मैंने दिव्यांश से फोन पर बातें करते हुए अपनी खुशी का इजहार किया तो उसने धीमे स्वर में और थोड़े से शब्दों में जवाब दिया। मेरे अंदर की मां ने उन थोड़े से शब्दों में छुपी उसकी अगाध खुशी को शिद्दत से महसूस किया। शायद उन थोड़े से शब्दों ने अप्रत्यक्ष रूप से मुझे यह भी संकेत दिया कि मैं अपना सामान बांध कर इजरायल जाने की

तैयारी करूं। ताकि उस चुनौती भरे वक्त में मैं अपने बेटे का हाथ थामे खड़ी रहूं, जब उसे इसकी सबसे ज्यादा जरुरत थी।

इजरायल जाने की तैयारी करते हुए अनन्या की खुशी का ठिकाना नहीं था। अपने पिता और प्रिय भाई दिव्यांश से जल्द ही मिल पाने की खुशी उसके चेहरे पर साफ झलकती थी। पर, मेरे लिए यह सब इतना आसान नहीं था। कई सारी चुनौतियां थीं जिनसे मुझे अब रूबरू होना था। पहली चुनौती तो भाषा की थी। एक हिंदी भाषी क्षेत्र के सामान्य मध्यवर्गीय परिवार की लड़की, जिसने जीवन में कभी अंग्रेजी नहीं बोली, उसके सामने अकेले विदेश यात्रा करते हुए अंग्रेजी में बातचीत करना सबसे बड़ी चुनौती थी। मेरी स्कूली शिक्षा हिंदी माध्यम से हुई थी, यहां तक की कॉलेज में भी बोलचाल की भाषा हिंदी ही थी। जब शादी हुई तो सुशील ने भी इसे कभी मेरी अक्षमता की तरह नहीं लिया। शायद इसलिए भी की सुशील स्वयं भी ऐसे परिवार से आते हैं जहां बोलचाल की मुख्य भाषा हिंदी ही थी। जब दिव्यांश को हमने अंग्रेजी माध्यम के स्कूल में डाला तो उसके शिक्षक हमसे कहते कि हम दिव्यांश से अंग्रेजी में बातचीत करें ताकि उसकी अंग्रेजी बोलने की क्षमता समृद्ध हो। पर तब भी मैंने कभी अंग्रेजी बोलना जरूरी नहीं समझा। दरअसल, हमारे परिवार में इसकी कभी आवश्यकता ही नहीं हुई, होती तो शायद मैं इस दिशा में प्रयास भी करती। पहली बार मैंने अंग्रेजी अच्छे से जानने-समझने की आवश्यकता तब महसूस की जब दिव्यांश ने कविता लिखना शुरू किया। उसकी अंग्रेजी भाषा की क्षमता उच्च कोटि की थी और उसका लिखा, खासकर अंग्रेजी में लिखी उसकी कविताएं, पढ़ने-समझने के लिए उत्तम भाषिक क्षमता की आवश्यकता थी। तब मैंने अपने अंग्रेजी भाषा के ज्ञान पर कार्य करने का निश्चय किया और तभी मिस रति वाडिया मेरे जीवन में आयीं। एक शिक्षक, जिसने मेरे बेटे के भाषिक क्षमताओं को धार दी, अब मेरी सहायता को तत्पर थीं, और मुझे तब इसकी बेहद जरुरत भी थी। मुझे इस बात का भय था कि शायद मेरी अंग्रेजी बोल पाने की क्षमता उतनी अच्छी नहीं है कि मैं सहजता से विदेश यात्रा के दौरान लोगों से बातचीत कर पाऊं। पर, सच कहूं तो अंग्रेजी भाषा की मेरी समझ उतनी कम भी नहीं थी, पर मुझमें अंग्रेजी बोलने को लेकर आत्मविश्वास की कमी थी और मुझे स्वयं को विश्वास दिलाना था कि मैं अकेले भी अंग्रेजी में जरूरी बातचीत संभाल सकती हूं। दिव्यांश और अपने पति से मिलने की खुशी के लिए मेरे लिए यह चुनौती मुश्किल भरी नहीं थी।

दूसरी चुनौती पहनावे की थी। यात्रा करते हुए मुझे पश्चिमी कपड़े पहनने थे, खासकर जींस और टी-शर्ट या फिर शर्ट। मुझे बताया गया था कि इजरायली प्रत्यावर्तन अधिकारी मुस्लिम देशों से आनेवाले या मुस्लिमों जैसे पहनावे वाले यात्रियों को संदेह की दृष्टि से देखते हैं। उन से ज्यादा पूछताछ की जाती है। सलवार-कुर्ता या साड़ी में इस बात का पूरा खतरा था कि मेरी संभल-संभल कर बोली जाने वाली अंग्रेजी पर मेरे भेष-भूषा के कारण ज्यादा पूछताछ का दबाव आ पड़ेगा। पर, मैंने अपने जीवन में कभी जींस या पश्चिमी परिधान नहीं पहना था। मेरे परंपरागत परिवार का संस्कार मुझे परिधान के रूप में सलवार-कुर्ता या साड़ी के अलावा कुछ भी पहनने की इजाजत नहीं देता था। जींस पहनना तो खैर दूर की बात थी। शादी के बाद भी मैंने कभी जींस या कोई और पश्चिमी परिधान पहनने की कोशिश नहीं की। हालांकि सुशील मुझे प्रोत्साहित करते की मैं इस बारे में अपनी मानसिकता बदलूं। अब वक्त था, मेरे लिए पहनावे को लेकर अपनी सोच बदलने का और स्वयं के बनाए इस दायरे से बाहर निकलने का।

एक तीसरा पहलू भी था, जो मेरे सामने चुनौती बनकर खड़ा था। दरअसल, मैंने अपने जीवन में कभी भी अकेले यात्रा नहीं की थी। शादी के पहले मैंने हमेशा अपने माता-पिता के साथ यात्रा की थी और शादी के बाद हर यात्रा में सुशील मेरे साथ होते। मुझे एयरपोर्ट जैसी जगहों पर पर कुछ भी समझने-संभालने की कभी जरुरत नहीं पड़ी। पर, मुझे विश्वास था, आजकल एयरलाइन्स के कर्मचारी-परिचारक जिस प्रकार से यात्रियों की मदद करने को तत्पर रहते हैं, उसमे यह कोई बड़ी समस्या नहीं होगी।

सच कहूं तो मेरी इन सब दुविधाओं, आशंकाओं के लिए थोड़े जिम्मेदार सुशील भी हैं। अपनों का बेहद ध्यान रखना उनके स्वाभाव में है। हम जब भी कहीं बाहर जाते, वह सहजता से सारी व्यवस्था संभाल लेते, सारा इंतजाम अपने सर ले लेते। मुझे उनके साथ यात्रा करते हुए कभी किसी से कुछ पूछने, बात करने तक की आवश्यकता नहीं होती थी। जब दिव्यांश को ल्यूकीमिया होने का पता चला, उन्होंने चुपचाप इलाज से सम्बंधित सारी व्यवस्थाएं स्वयं ही संभाल लीं। पर बाद में, इलाज के दौरान ऐसी परिस्थितियां हुई, जब उन्हें लगा की अब यह सब संभालने की बारी मेरी है, तो उन्होंने न केवल मुझे प्रोत्साहित किया बल्कि मेरे प्रयासों की सराहना भी की। जिस प्रकार मैंने स्थितियों को संभाला यह उनके लिए भी एक सुखद आश्चर्य था। पर, यह सब बाद की बात है, जिसके बारे में मैं बाद में ही बताउंगी।

इन तीनों ही चुनौतियों का सामना करते हुए, अपने दायरों के बाहर कदम रखते हुए, मैं अपने जीवन के पहले अकेले यात्रा के लिए तैयार थी- वह भी एक दूर देश की यात्रा।

दिव्यांश और अपने पति से मिलकर मैंने जैसे स्वयं को फिर से पा लिया। संतोष और आह्लाद के भाव मुझमें घुलकर एकाकार हो गए। एक अरसे के बाद हमारा परिवार साथ था। मैंने सुशील को खाना बनाने और अपार्टमेंट की साफ-सफाई, और देखभाल के भार से मुक्त किया। पर, मैंने देखा तब तक सुशील को खाना पकाना भाने लगा था। वह हर समय खाना बनाते हुए मेरा हाथ बटाने का आग्रह करते।

मैं सही समय पर इजरायल पहुंची थी। इलाज की प्रक्रिया अब शुरू होने वाली थी। मैंने ओल्ड सिटी के 'वेलिंग दीवार' के बारे में बहुत सुन रखा था। यह यहूदियों का एक पवित्र स्थल है जहां वे अपने पूजा-स्थल के टूटने का शोक मानते हैं और उसके पुनर्निर्माण की कामना करते हैं। शबात के दिन वहां का दृश्य अद्‌भुत होता है। हर उम्र के यहूदी दीवार के साथ खड़े होकर तोराह (यहूदियों का धर्मग्रंथ) पढ़ते हैं। बड़ी संख्या में पर्यटक भी इस चमत्कारिक दृश्य को देखने, महसूस करने के लिए वहां जमा होते हैं। यहां आने वाले लोग छोटी-छोटी पर्चियों में अपनी मन्नत, अपनी प्रार्थनाएं लिखकर 'वेलिंग दीवार' की दरारों में पत्थरों के बीच दबा देते हैं। ऐसी मान्यता है कि यहां मांगी गयी मन्नत सदा पूरी होती है। दिव्यांश फिर से एक कठिन किन्तु महत्वपूर्ण चिकित्सा-प्रक्रिया से गुजरने वाला था, इस कारण मैंने उस से पहले इस पवित्र स्थल के दर्शन का मन बनाया। हम वहां शबात के दिन ही गए। मैं वहां का वातावरण देख कर चमत्कृत रह गयी। पवित्रता जैसे वहां की हवा में खुशबू की तरह बसी थी। सुशील और दिव्यांश ने दीवार के परिसर में जाने से पहले स्थानीय परंपराओं के अनुरूप सर पर किप्पाह पहना। औरतों के लिए यह आवश्यक नहीं होता। हमने अपने हाथ जल से शुद्ध किये, फिर वहां रखी टोकरी से छोटी-छोटी पर्चियां उठाई। हम सब ने अपनी-अपनी मन्नतें लिखी और एक दूसरे से नजरें मिलाए बिना चुपचाप अपनी-अपनी पर्चियों को दीवार की दरार में दबा दिया। हम में से किसी ने एक दूसरे से इस सम्बन्ध में कोई बात नहीं की। हम में आपस में इस बारे में बात करने की हिम्मत भी नहीं थी, डर था कि कहीं हमारी प्रार्थनाएं फलीभूत ही न हो। पर कहते हैं, आंखें कभी झूठ नहीं बोलतीं। मैंने सुशील की आंखों में पढ़ लिया की हम दोनों की प्रार्थनाएं

एक जैसी थीं। हम दोनों ने एक ही मन्नत मांगी थी। दिव्यांश का मुझे पता नहीं चला। हालांकि मेरी जानने की इच्छा थी। मुझे आज भी अनुमान नहीं है की उसने उस दिन कागज की पर्ची पर कौन सी मन्नत लिख कर उस पवित्र दीवार को समर्पित की थी। आज जब मैं उसकी कहानी लिख रही हूं, मुझे धीरे-धीरे यह आभास हो रहा है कि प्रत्यक्षत: शायद ऐसा लगे की हमारी मन्नत पूरी नहीं हुई, पर, अगर हम ईश्वरीय इच्छाओं के आलोक में अपने और दिव्यांश के जीवन को, विशेषकर जीवन के बाद की घटनाओं को एक दूसरे परिप्रेक्ष्य से देखें तो शायद हमारी मन्नतें पूरी हो गयीं। यह शायद महत्वपूर्ण नहीं की आप जो मांगे वह उसी रूप में फलित हो जाए। जीवन की गति और नियति का विधान यह कहता है कि जो अवश्यम्भावी है, वह अवश्य घटित होगा। जीवन शायद इसी रूप में निर्धारित होता है। यही हमारी इच्छाओं, हमारी प्रार्थनाओं की चरम परिणति है। कौन जानता है, उस दिन पवित्र 'वेलिंग दीवार' ने अपनी दरार में संजोई हमारी मन्नतों को अचेतन में किसी और ही स्तर पर जाकर पूरा कर दिया....! यह हम पर है की हम उन्हें किस नजरिये से देखते हैं।

दिसंबर 2009 से ही दिव्यांश ने अपने जीवन में बहुत सहा था। उसकी मुश्किलों से भरे हालात के एक-एक दिन मेरी आंखों के सामने दर्पण की तरह चमकते रहते। मैं उसके दु:खों को देख-देख कर जैसे पथरा-सी गयी थी। मैं मन ही मन उसे एक नया जन्म देने की कामना करती, एक ऐसा नया जीवन जो इन दु:खों से पूरी तरह मुक्त हो, एक ऐसा जीवन जिसमें इन कष्टों की परछाई तक न हो। मैं इजरायल की इस पवित्र भूमि पर उसे नया जन्म देने से पहले मदर मेरी की पवित्रता अपने में समाहित कर लेना चाहती थी। मुझे अनुमान था कि यह पवित्र भूमि दिव्यांश के जीवन में उम्मीदों का एक नया संसार लेकर आयी है। हमने इसीलिए बेथलहम जाने का निर्णय लिया जहां 'मदर मैरी' ने ईसा मसीह को जन्म दिया था। मैंने पूरी श्रद्धा से स्वयं को मदर मैरी को समर्पित कर दिया। एक अबला मां ने पूरी श्रद्धा और आतुरता से मदर मेरी से अपने बेटे के लिए उनके आशीर्वाद की प्रार्थना की। अपने बेटे के इस नए जन्म के लिए उनकी कृपा की कामना की। ईसा मसीह का सांसारिक जीवन छोटा था, पर वे ईश्वर के स्वरुप की तरह पूजे गए। उन्होंने भी इस ईश्वरीय स्वरुप की प्राप्ति से पहले असंख्य कष्ट सहे। शायद 'मदर मैरी' ने मेरे बेटे को मेरे माध्यम से एक नया जन्म देकर विशिष्ट बनने का आशीर्वाद भी दिया। आज मुझे इसका

आभास हो रहा है, जो मैं तब समझ भी नहीं सकी थी। सालों बाद, जब भी मुझे वैटिकन सिटी के सेंट पीटर्स वैसिलिका में शूली पर चढ़ाए जाने के बाद 'मदर मैरी' की गोद में ईसा मसीह की माइकल एंजेलो की उस महान मूर्ति का ध्यान आता, मैं अपने पुत्र को संभालते हुए वैसा ही दिव्यता का अनुभव करती। बेथलहम ने मेरे मातृत्व को नए मायने दिए, मुझे अपने मातृत्व को समझने की एक नयी दृष्टि दी। बेथलहम ने मुझे जीवन और मृत्यु के परे जीवन को अनुभव करने की समझ दी।

पता नहीं क्यों मुझे इजरायल में हमेशा ही सकारात्मकता की अनुभूति होती थी। धूसर पीले रंग में इजरायल के पत्थर से एक लय में बनी यहां की इमारतें और शहर का पूरा स्वरूप मुझे अत्यंत आकर्षक लगता। बदली वाले दिनों में भी इजरायल पत्थरों की चमक में पूरा शहर उजालों से भरा लगता। मुझे यह उजाला बहुत भाता था, यह जैसे मुझे उम्मीद और ऊर्जा से भर देता। यहां के लोग मुख्य तौर पर परम्परानिष्ठ, अर्ध-परम्परानिष्ठ और उदारवादियों की तीन प्रकार की श्रेणियों में बांटे जा सकते हैं। परम्परानिष्ठ हमेशा काला सूट, लम्बे बालों वाले और सर पर काला हैट धारण किये होते हैं। वे यहूदी सिद्धांतों के अनुरूप तोराह या हेलाखा का नियमित पाठ करते हैं। मैं उन्हें उनके कपड़ों से ही पहचान लेती। डॉ ऑर जैसे अर्ध-परम्परानिष्ठ पुरुष सामान्य कपड़े पहनते, पर उनके सर पर हमेशा किप्पाह होता। वे परम्परानिष्ठों की तरह सारे कर्मकांडों का रूढ़िवादी तौर पर पालन नहीं करते थे। पर, वे भी शबात के दिन सभी धार्मिक नियमों का अत्यंत निष्ठा से पालन करते थे। उदारवादी वे थे, जो किप्पाह भी नहीं पहनते थे और यहूदी धर्म को मानते हुए भी उसके धार्मिक कर्मकांडों से नहीं बंधे थे। ऐसे लोग अक्सर परम्परानिष्ठों की आलोचना का पात्र होते। मेरे इजरायल पहुंचने से पहले ही दिव्यांश और सुशील की कई स्थानीय लोगों से मित्रता हो गयी थी, उनमें से कुछ तो यहूदी थे और कुछ भारतीय। उनसे हमें जो स्नेह और सहयोग मिला वह मेरी यादों का एक बेहद खूबसूरत हिस्सा है।

इजरायल में भारतीय खाद्यान्न का मुश्किल से मिल पाना मेरे लिए एक बड़ी मुसीबत थी। सवदास, जो वैसे तो भारतीय मूल के थे, पर अब इजरायल के नागरिक थे, तेल अवीव में एक ग्रॉसरी स्टोर चलाते थे, जो हमारे अपार्टमेंट से करीब 70 किलोमीटर दूर था। वे अक्सर हमारे यहां आते और हमें भारतीय खाद्यान्न और मसाले दे जाते। यह बहुत ही बड़ी राहत थी। उनका एक प्यारा सा परिवार था और उनकी पत्नी हमें अक्सर अपने

यहां खाने पर बुला लेती। एक और भारतीय नवदीप सिंह, जो संयुक्त राष्ट्र के इजरायल कार्यालय में पदस्थापित थे, हमारा बड़ा सहारा थे। वह हमेशा हमारी सहायता को तत्पर रहते और जरूरत के वक्त सदैव उपस्थित रहते। मार्च में जब सुशील और दिव्यांश का इजरायल जाना निश्चित हुआ, उन्होंने न केवल उनके लिए अपार्टमेंट का इंतजाम किया बल्कि अग्रिम किराया भी दिया। शायद हमारे वहां पहुंचने से पहले ही उन्होंने हमारी इस लंबी और कठिन यात्रा का दर्द महसूस कर लिया था। अपनी अत्यधिक व्यस्तता के बावजूद वे हमेशा हमसे मिलने और हमारी हरसंभव सहायता के लिए समय निकाल लेते। उनका हमारे लिए अत्यधिक स्नेह और सहानुभूति का भाव और हरदम सहायता को तत्पर रहना मानवीय मूल्यों में मेरे विश्वास को और भी पक्का कर गया। सवदास की तरह वह भी अक्सर हमें अपने घर ले जाते, जहां उनकी खूबसूरत पत्नी दीपा उत्साह से हमें स्वादिष्ट भोजन परोसती। इनके अलावा हमारी कई सारे यहूदियों से भी दोस्ती हो गई, जो सबके सब उत्तम मानवीय गुणों से सम्पन्न बेहद खूबसूरत इंसान हैं। सोशी, कैरन, जेनी और उसके पति जफी, मिशेल और ल्यूमा और उसके पति गिदियोंन, ऐसे इंसान हैं जिन्होंने हमारे इजरायल के दिनों को अपने निश्छल स्नेह के प्रकाश से रौशन कर दिया। यहां मैं दिव्यांश की एक कविता 'रीबर्थ' की कुछ पंक्तियों का हिंदी अनुवाद उद्धृत करती हूं, जो उसने अपने प्रत्यारोपण के बाद लिखा था, जिसके बारे में मैं बाद में विस्तार से बताऊंगी:

"प्रकाश-पुंज की तरह थे
निवासी कई सारे
रहबर बने
मेरे रास्तों पर ज्योति जलाते
दिशा दिखाते ..."

हम जब अपने जीवन-पथ पर समय और भाग्य से लड़ते हुए एक अत्यंत कठिनाई भरी यात्रा पर थे, ये लोग थे जिन्होंने हमें विश्वास का आधार दिया। दिव्य मानवीय गुणों से संपन्न ये लोग हमारी राह से कांटे हटाने में जुटे रहे, हमारी यात्रा की जलती धूप में अपनी प्यार का छांव लेकर आए। सुशील ने इन में से कुछ के लिए अपनी असीम कृतज्ञता का भाव रेखांकित किया है जो इस पुस्तक के अंत में है। ये सब हमारे पथप्रदर्शक, प्रिय पात्र हैं, जिनके प्रति कृतज्ञता शब्दों में व्यक्त नहीं की जा सकती।

10 मई 2015, मदर्स डे का दिन, दिव्यांश ने मुझे एक अनमोल उपहार दिया, जबकि वह स्वयं अपने जीवन के सबसे अनिश्चित, सबसे अधिक कठिनाई भरे दिनों से गुजर रहा था। उसने मेरे लिए एक लंबी कविता लिखी, शीर्षक था, "द ट्री ऑफ प्योरिटी"। दिव्यांश छंदमुक्त कविताएं लिखता था, उसकी कविताओं में तुकांत नहीं होता था। उसे लगता तुक उसके विचारों को बांधते हैं, जबकि छंद से मुक्ति उसके विचारों को निर्बाध होकर विचरने का अवसर देती थी। इस कविता का हर एक शब्द मां-बेटे के संबंधों को एक नई गरिमा देता है, नई ऊंचाई देता है, एक नया आयाम देता है। और केवल शब्द ही नहीं, शब्दों के बीच रची-बसी अनकही पंक्तियां वह सब कह जाती हैं, जो उसने शब्दों में व्यक्त नहीं किया। कविता के बस एक खंड का हिंदी अनुवाद यहां उद्धृत कर रही हूं:

"तोड़ दी शाखाएं तुमने कई सारी अपनी, अपने अरमानों की,
बढ़ सकूं मैं ताकि, इस जीवन के आकाश में निर्बाध, निर्विघ्न,
मजबूत और तन्यक यह आधार तुम्हारा,
सामर्थ्य है मेरा।
मां, मैं करता हूं वादा यह
कि बड़ा होकर जब अनंत आकाश तक होगा विस्तार मेरा
झुक जाऊंगा मैं ऐसे कि रक्षा करूंगा
छत्र बनकर
संभाल लूंगा तुम्हें
संबल बनकर।"

इस कविता में बसे खूबसूरत भाव ने मुझे जीवन में विपरित परिस्थितियों में भी आगे बढ़ने की हिम्मत दी। अपने सबसे कठिन समय में भी मुझे भरोसा था कि जरूरत पड़ने पर दिव्यांश मेरे साथ मेरा हाथ थामे खड़ा रहेगा।

दिव्यांश बोन-मैरो-प्रत्यारोपण के लिए मानसिक तौर पर पूरी तरह तैयार था। चिकित्सा-प्रक्रिया के दौरान वह अपने अनुभवों को कविताओं और आलेखों के माध्यम से व्यक्त करने लगा। बोन-मैरो-प्रत्यारोपण की पूरी प्रक्रिया को मुख्यतः चार भागों में बांटा जा सकता है। पहला भाग प्रत्यारोपण से ठीक पहले की प्रक्रिया है जिसमें ढेर सारी जांच, 'एब्लेशन कीमो' और रेडिएशन शामिल होता है। यह शरीर की अपनी कोशिकाओं को मृत करने के लिए किया जाता है, जिससे वह 'डोनर' की कोशिकाओं को स्वीकार कर पाए।

इसमें करीब डेढ़ महीने का वक्त लगता है। इस समय में मरीज की रक्त के तीन प्रमुख अवयव हिमोग्लोबिन, प्लेटलेट्स और श्वेत रक्त कोशिकाएं लगभग शून्य हो जाते हैं, और इसीलिए मरीज को संक्रमण से बचाने के लिए पूरी तरह से अलग-थलग रखते हैं। यह समय अत्यंत कष्टदायक होता है जहां आपके शरीर का अपना ही रक्षातंत्र नष्ट हो जाता है। दूसरे भाग में डोनर की कोशिकाओं का मरीज के शरीर में प्रत्यारोपण किया जाता है। तीसरे भाग में डोनर की कोशिकाएं मरीज के शरीर में रोपित (इंग्राफ्टमेंट) होती हैं। और फिर चौथा भाग है जो 'ग्राफ्ट वर्सेज होस्ट डिजीज' (GvHD) कहलाता है, जो फिर से एक कष्टप्रद प्रक्रिया है, क्योंकि इस प्रक्रिया के दौरान आपकी अपनी कोशिकाएं डोनर की कोशिकाओं को शत्रु समझकर उसपर प्रहार करना शुरू कर देती हैं।

मैं जब इजरायल पहुंची तब रेडिएशन की प्रक्रिया प्रारंभ होने वाली थी। दिव्यांश ने तीन सप्ताह के इस रेडिएशन की प्रक्रिया को भली-भांति सहन कर लिया। उसने इसके दुष्प्रभाव को सहन करने के लिए संगीत का सहारा लिया। वह लगातार अपनी 'प्ले लिस्ट' सुनता रहता। जहां तक मुझे याद आता है उसके प्रिय संगीतज्ञ थे- लिंकिन पार्क, कोल्ड प्ले, जस्टिन टिंबरलेक, एरिक क्लैप्टन, लुई आर्मस्ट्रांग, पिंक फ्लॉयड, द बीटल्स, और बॉब डायलों। मोहम्मद रफी के गाने भी उसे बेहद पसंद थे। एक और कलाकार जो उसके खास पसंदीदा थे, वे थे नीलाद्री कुमार, खासकर उनका एक एल्बम 'प्लक्ड' उसे बहुत ही प्रिय था। वह रेडिएशन के सत्र में कान में ईयर प्लग लगाए हुए जाता और वैसे ही वापस आता। मैने साक्षात देखा कि संगीत किस प्रकार एक थेरेपी की तरह कार्य करता है और किस प्रकार दिव्यांश ने इसका सफलतापूर्वक प्रयोग कर रेडिएशन के कष्टप्रद दुष्प्रभावों को सहने की शक्ति पाई। कहते हैं हमारा मस्तिष्क, हमारे शरीर को नियंत्रित करता है। पर कभी-कभी मस्तिष्क को भी नियंत्रित करने की आवश्यकता होती है और यह कार्य हमारी आत्मा करती है, जो मस्तिष्क को शरीर की बदलती स्थितियों को समझने, स्वीकारने, के लिए प्रेरित करती है। दिव्यांश का अपने मस्तिष्क और आत्मा के बीच एक घनिष्ठ और आत्मीय संबंध था। उसके मस्तिष्क और आत्मा की एकनिष्ठता हम सब के लिए प्रेरणा का विषय था। जब रेडिएशन के दुष्प्रभाव से दिव्यांश के बाल गिरने लगे तो उसने मुझसे मुस्कुराकर कहा कि वह अपना सर मुंडवा लेगा। शरीर की बदलती स्थितियों को स्वीकारने के उसके मस्तिष्क और आत्मा के नियंत्रण का यह

अनुपम उदाहरण था। यह पहली बार नहीं था जब उसके बाल गिर गए थे, यह मुंबई में उसकी चिकित्सा के दौरान पहले भी हुआ था। हर बार यह देख कर मैं उदास हो जाती। मुझे याद आया दिव्यांश की ल्युकीमिया के पहले रिलैप्स के बाद जब उसका सर मुंडाया गया था, मैं अपने कपबोर्ड में बेतहाशा उसकी टोपी ढूंढ रही थी, जिसे मैंने उसके पहली बार ठीक हो जाने के बाद अपनी नजरों से दूर छुपा दिया था। और जब मुझे वह मिला था मैं उसे देख कर ही दु:खी हो गयी। उस टोपी का दिव्यांश के जीवन में वापस आने में मुझे उस बीमारी का वापस आना दिख रहा था। उसे हाथ में लेकर मैं रो पड़ी थी। पर, समय के साथ दिव्यांश ने कभी कभार अपने बालों के जाने को चिकित्सा प्रक्रिया का अंग मान कर स्वीकार कर लिया था। उसके पास अलग-अलग रंगों और डिजाइन के अनेकों टोपियों को देखकर मुझे इसका भान हुआ। उसकी सबसे पसंदीदा टोपी एक काले रंग की रोजर फेडरर की लोगो वाली टोपी थी। दिव्यांश ने टोपी पहनने को अपना 'स्टाइल स्टेटमेंट' बना लिया। जीवन में आए परिवर्तनों को न केवल स्वीकार करने बल्कि उसके साथ कदमताल मिलाकर चलने का यह उसका अनूठा तरीका था। जीवन के प्रति उसका जोश, उसका उत्साह अद्‌भुत था। मैं मन ही मन उसे फिर से अपने पूरे बालों के साथ देखने का सपना संजोती। बाद के आखिरी महीनों में उसके बाल वापस भी आ गए थे। मैं उसे देख कर बुरी नजरों से बचाने की प्रार्थना करती। पर, इस बार उसके बालों को जाते देखकर मैं दु:खी नहीं हुई। मैंने सर मुंडवाने के उसके निर्णय को मुस्कुरा कर सहमति दी। यह शायद इस कारण था कि मैं प्रत्यारोपण के बाद उसका उज्ज्वल भविष्य देख रही थी, और इसीलिए उसके बालों का जाना मुझे इस बार मानसिक तौर पर उतना कष्ट नहीं पहुंचा रहा था।

अंतत: साल 2015 के मई महीने के आखिर में दिव्यांश प्रत्यारोपण के लिए अस्पताल में भर्ती हुआ। इस चिकित्सा-प्रक्रिया के प्रथम भाग में उसे अभी भी 'एब्लेशन कीमो' दिया जाना था। डॉ. एवनी बैटिया ने सुशील को 'एब्लेशन कीमो' के दुष्प्रभाव के बारे में बताया जो मरीज की प्रजनन क्षमता पर प्रतिकूल प्रभाव डालता है। उन्होंने बताया कि आमतौर पर भी कीमोथेरेपी प्रजनन क्षमता को कम कर देती है, और 'एब्लेशन कीमो' इसे और ज्यादा प्रभावित करती है। उन्होंने सलाह दी कि ऐसी परिस्थितियों में वीर्य को किसी शुक्राणु बैंक में सुरक्षित कर लेना श्रेयस्कर होता है। यह सुनकर सुशील स्तब्ध रह गए। मुंबई में डॉक्टरों ने कभी कुछ ऐसा नहीं बताया था। अब मुझे

लगता है, उन्हें यह सब बताना चाहिए, ऐसा नहीं करके वे अपने मरीजों के साथ अन्याय करते हैं। क्या कैंसर पीड़ितों को संतानोत्पत्ति का अधिकार नहीं है? वे इस बारे में क्यों नहीं सोचते? डॉ. बैटिया ने हमें यह समाचार देकर स्तब्ध तो कर दिया था, पर उन्होंने ही अस्पताल के शुक्राणु बैंक में दिव्यांश का वीर्य सुरक्षित करने का रास्ता भी सुझा दिया था। मैं तब अस्पताल में नहीं थी। यह सारी बातचीत मेरे परोक्ष में हुई। सुशील ने इस बारे में दिव्यांश से विमर्श किया और उसने सहर्ष अपनी सहमति दे दी। जब तक मैं अस्पताल पहुंची यह प्रक्रिया पूरी भी हो चुकी थी। जब दिव्यांश ने मुझे कमरे में प्रवेश करते हुए देखा तो उसने मुझसे कहा, "मम्मी, मैंने अपनी भावी संतति को सुरक्षित कर लिया है।" मैं उसके कहे का मतलब नहीं समझ पाई। फिर सुशील ने मुझे सारी बात समझाई। हम जिस तरह के परंपरागत मान्यताओं वाले परिवार से आते हैं, उसमें सेक्स से संबंधित बातें परिवारजनों के साथ नहीं की जाती। और बेटे के साथ तो बिल्कुल भी नहीं। दिव्यांश ने मेरे साथ यह बात कर पहली बार इस बंधन को भी तोड़ा। शुरू में तो उसकी बात सुनकर मैं सकुचाहट-वश कोई प्रतिक्रिया नहीं दे पाई, पर बाद में मैंने मुस्कुरा कर उसका अनुमोदन किया। मैंने उस दिन तहेदिल से डॉ. बैटिया को धन्यवाद दिया।

इजरायल के उस अस्पताल का वातावरण खुशनुमा था। अस्पताल से लगे एक मॉल में अक्सर मरीज दिख जाते, यहां तक की 'आई-वी-लाइन' के स्टैंड के साथ भी वे दिख जाते। अस्पताल के दूसरी तरफ एक बड़ा बागीचा भी था जो मरीज और उनके परिचारकों का तनाव कम करने में सहायक होता। और इन सबसे बढ़कर, अस्पताल के अंदर ही एक सिनेगॉग (यहूदी पूजा-स्थल) था, जहां लोग नियमित रुप से प्रार्थना के लिए जमा होते। हालांकि हमें उनके धार्मिक कर्मकांडों की अधिक जानकारी नहीं थी, फिर भी मैं और सुशील अक्सर अपने एकांत में वहां चले जाते, और अपने बेटे के स्वास्थ्य के लिए प्रार्थना करते। हमने वहां महसूस किया कि ईश्वर के समक्ष उपस्थित होकर किसी भी धार्मिक कर्मकांड को जाने बिना भी आप अपनी प्रार्थना के स्वर उन तक पहुंचा सकते हैं। उस अस्पताल का हर डॉक्टर, हर नर्स, यहां तक की दूसरे कर्मचारी भी इस तरह कार्य करते मानो मानवीय मूल्य और गरिमा ही उनके लिए सर्वोच्च है। मुझे पता था यहूदी लोग आमतौर पर धार्मिक होते हैं, और उनके लिए मनुष्य की सेवा भी ईश्वर की सेवा के समान ही है। पर, मुझे इसका आभास तब

हुआ जब हम अस्पताल में रहे। मरीजों के छोटे-छोटे कार्य भी वे अद्‌भुत संवेदना के साथ चेहरे पर मुस्कान लिए अंजाम देते। खुशी की बात यह थी कि दिव्यांश वहां के वातावरण में खुश था, संतुष्ट था। जब वह 'एब्लेशन कीमो' के दौरान वहां था, मैंने एक दिन उसे थोड़ा कुरेदा। मैने उससे पूछा, "दिव्यांश, तुम्हें मुंबई और यहां की चिकित्सा-प्रक्रिया के अनुभव में क्या अंतर लगता है?" दिव्यांश ने मुझे तुरंत उत्तर नहीं दिया। वह थोड़ी देर तक स्थिरचित्त होकर खिड़की के बाहर एक छोटी-सी पहाड़ी की तरफ देखता रहा। फिर मेरी तरफ मुड़ कर मेरी आंखों में देखते हुए मद्धम स्वर में बोला, "मम्मी, मुंबई में मुझे लगता था मैं रोगग्रस्त हूं, यहां इजरायल में ऐसा लगता है कि मुझे बस एक रोग है" उसने इस छोटे से वाक्य से बड़ी बात कह दी। उस पुण्यभूमि की अनुभूति उस पर अपना पवित्र प्रभाव डाल रही थी। उसमें धीरे-धीरे एक आध्यात्मिक बुद्धिमता विकसित हो रही थी, जिसके कारण उसने अपनी बीमारी को केवल एक शारीरिक समस्या की तरह देखा। उसने इस बीमारी का अपने मन और अपनी आत्मा पर कोई भी दुष्प्रभाव नहीं पड़ने दिया।

'एब्लेशन कीमो' की प्रक्रिया से गुजरना किसी के लिए भी कष्टकारी है। दिव्यांश भी अपवाद नहीं था। पर, उसने इस प्रक्रिया के दौरान असाधारण धैर्य और सहनशीलता का परिचय दिया। ऐसा शायद इसलिए संभव हो पाया की उसके मस्तिष्क और आत्मा के बीच एक अलौकिक सामंजस्य था, जिसके कारण यह कष्टप्रद प्रक्रिया जैसे उसे छू कर निकल गयी। मेरे लिए तो यह बहुत ही बड़ी सांत्वना थी। जिस प्रकार से नर्सिंग स्टाफ ने मुझे संभावित कष्टप्रद स्थितियों के प्रति चेताया था, उसमें दिव्यांश का धैर्य और उसकी सहनशीलता हमारे लिए वरदान की तरह थी। अस्पताल ने कई तरह के स्वयंसेवकों की भी व्यवस्था रखी थी जो मरीजों को उनकी रूचि के अनुसार व्यस्त रखते। ऐसी ही एक स्वयंसेवक एला थी जो गिटार बजाती थी। वह तब चालीस के आसपास की होगी। संगीत, विशेषकर गिटार बजाना, दिव्यांश का दूसरा बड़ा प्यार था। वैसे तो एला कई प्रकार के वाद्ययंत्र बजा लेती थी पर दिव्यांश के लिए वह गिटार बजाती। वह सप्ताह में तीन बार आती और लगभग घंटा भर का समय उसके साथ बिताती। जिस प्रकार दिव्यांश उसके साथ मिलकर गिटार बजाता, मुझे उसकी बात याद आ जाती कि उसे बस एक रोग है, वह रोगग्रस्त नहीं है। एला ने उसकी चिकित्सा- प्रक्रिया में संगीत का सुर जोड़ दिया। इस नए वातावरण में जिस प्रकार से वह घुलमिल

गया उसने उसके इस चिर-शत्रु को छोटा बना दिया। फिर, कुछ बहुत ही युवा स्वयंसेवक भी थे, जो दिव्यांश से मिलकर बातें करते और उसके साथ दोस्ताना तौर पर पेश आते। कई बार वे मिलकर समूह में गीत गाते। उनमें से एक, जिसका नाम मैं दुर्भाग्यवश भूल गयी, अक्सर दिव्यांश से मिलने आ जाता और घंटों उससे बातें करता। अपने पूरे जीवन में, विशेषकर दिव्यांश की लम्बी चिकित्सा-प्रक्रिया के दौरान, मैंने कभी भी ऐसा दृश्य नहीं देखा जिसमे डॉक्टर और नर्स मरीज के शरीर की देखभाल करते हैं और स्वयंसेवकों के रूप में ऐसी पुण्यात्माएं उनके मन और आत्मा का ध्यान रखती हैं।

9 जून का दिन  करीब आ रहा था, वह दिन जो दिव्यांश के शारीरिक तंत्र में 'डोनर' की कोशिकाओं के आरोपण के लिए निर्धारित किया गया था। जैसे जैसे यह दिन करीब आ रहा था, दिव्यांश के महत्वपूर्ण रक्त अवयव नीचे जाते दिख रहे थे, इतना नीचे की उसे किसी भी प्रकार का संक्रमण होने का खतरा था। इस कारण हर मिलने आने वाले से उसे सुरक्षित रखना निहायत जरूरी था। उसकी देख-रेख करने वाले लोगों, यानी की मुझे और सुशील को भी न केवल पूरी तरह स्वस्थ रहने की जरुरत थी बल्कि हमें चुस्त दुरुस्त भी रहना था, ताकि हम हर समय उसके साथ रह पाएं, तब भी जब 'एब्लेशन कीमो' के कारण उसके महत्वपूर्ण रक्त अवयव शून्य तक पहुंच गए हों। सुशील योग और प्राणायाम करते और मैं दिव्यांश और अनन्या के साथ व्यस्त रहती। मुझे पता था यह मेरे बेटे के लिए एक नए जन्म की तरह है, और इसका श्रेय उस 'डोनर' को जाता था जिसने दिव्यांश के लिए अपनी रक्त कोशिकाओं का दान किया था। हम उसे नहीं जानते थे और जान भी नहीं सकते थे। गोपनीयता का एक नियम था, जिसके अनुसार प्रत्यारोपण के दिन से अगले तीन साल तक मरीज या उसके माता-पिता 'डोनर' के बारे में नहीं जान सकते थे।

9 जून को मैं सुबह जल्दी उठ गई। मैंने उन सभी देवताओं का, जिनकी मैं हमेशा पूजा करती हूं, ध्यान-अर्चना किया। सुशील ने योग के पश्चात् बौद्ध प्रार्थना 'नम म्यो हो रेंगे क्यो' का पाठ किया। सुबह के दस बजे डॉ. ऑर आ गए। उनके पास एक बैग में डोनर की स्टेम सेल थी। उस बैग में, दो छोटे-छोटे पाउच में, इतना कुछ था जो दिव्यांश को एक नया जीवन दे सकता था। उन पाउचों को दिव्यांश के साथ 'आई वी लाइन' के माध्यम से जोड़ा गया। मैं ध्यानपूर्वक इस प्रक्रिया को देखती रही, मानो यह केवल दिव्यांश को ही नहीं बल्कि मुझे भी एक नई प्राण शक्ति देने

जा रही हो। मैं एकटक उस जीवनदायी तत्व को बूंद-बूंद कर दिव्यांश के शरीर में समाहित होते देखती रही। मुझे लगा मानो मेरा जीवन-संगीत मेरे सामने बज रहा है- एक बेहद खूबसूरत, बेहद सुरीला संगीत, जो बेआवाज है। कुछ ही घंटों में, दोपहर तक डोनर की कोशिकाएं बिना किसी समस्या के दिव्यांश के शरीर में आरोपित हो गई। मैं चिंतित थी कि कहीं कोई अप्रत्याशित बाधा या कठिनाई न आ जाए, जैसा कि मैंने कई मामलों में सुन रखा था। पर ऐसा कुछ नहीं हुआ, मेरी आशंकाएं गलत साबित हुई। हम सब ने संतोष की सांस ली। शाम तक दिव्यांश को होश आ गया। हम दोनों ने एक दूसरे के चेहरे पर वह भाव देखा जो हमें ढाढस बंधाता था। मैंने प्यार से दिव्यांश का गाल सहलाया, और उसे नजरों से ही चूम लिया। उसके आंखों में जो भाव थे वह मेरे अंदर की मां ने पढ़ लिया। वह पिछले साल अपनी कॉलेज की परीक्षा नहीं दे पाया था। शायद वह मेरी नजरों में यह थाह पाना चाहता था कि उसने जीवन के इस बड़ी परीक्षा में कैसा प्रदर्शन किया। मैंने उसे अपनी नजरों से चूमकर उत्तर दे दिया था।

शाम को मैं और सुशील अस्पताल के सिनेगॉग में गए और वहां देर तक बैठे रहे। हमने उनके मसीहा की अपनी भाषा में और अपने तरीके से आराधना की और अपने बेटे के पूर्ण स्वास्थ्य लाभ के लिए उनका आशीर्वाद मांगा। उस रात मैं दिव्यांश के साथ अस्पताल में ही रुक गई। बार-बार नर्सों के आवाजाही से मेरी नींद खुल जाती, पर उस रात जो थोड़ी-सी भी नींद मुझे मिली वह ऐसी थी मानो मैं सदियों बाद सो पाई हूं। एक सुकून भरी नींद, जिसमें भविष्य के प्रति आशाएं थी, जिसमें उम्मीद की शांति थी। मेरा मन उस अनजान डोनर के प्रति अपार कृतज्ञता से भर गया जिसने स्वेच्छा से मेरे बेटे को नया जीवन देने के लिए अपनी स्टेम सेल दान की थी। मैं उससे मिलकर उसके प्रति अपनी गहरी कृतज्ञता व्यक्त करना चाहती थी, पर यह संभव नहीं था। उसकी पहचान हमें नहीं बतायी गयी थी। बाद में मैंने महसूस किया कि उस अनजान फरिश्ते के प्रति अपनी कृतज्ञता व्यक्त करने का सबसे उत्तम उपाय यह था कि मैं ऐसे जरूरतमंद मरीजों के लिए संभावित स्टेम सेल डोनर के रुप में खुद को रजिस्टर करवा लूं। मुंबई आकर मैंने और सुशील ने अपने रक्तसमूह की जांच करवाई और हमने खुद को संभावित डोनर के रुप में रजिस्टर करवाया। क्या पता हम भी कभी किसी मां को उसके दिव्यांश के लिए वैसी खुशियां दे पाएं, जैसी उस अनजान फरिश्ते ने दिव्यांश का डोनर बनकर हमें दी थीं।

वार्ड का हर नर्स उत्साहपूर्वक दिव्यांश की देखभाल करता। पर, उन सब में एक नर्स जिनका नाम डेविड था उसके सबसे करीब थे। वह अपना खाली समय भी दिव्यांश के साथ बिताते और वे तन्मयता से उन विषयों पर बातें करते जो दोनों को ही पसंद थीं, और संयोगवश ऐसे अनेक विषय थे जिनमें उनकी समान रुचि थी। जब दिव्यांश इजरायल के हदस्साह अस्पताल में भर्ती हुआ था तब डेविड सेवानिवृति के कगार पर थे। शायद सात या आठ महीने बाद ही उनका रिटायरमेंट था। पर उम्र के इतने अंतर के बावजूद उनकी दोस्ती गजब की थी। डेविड इतने मस्तमौला थे कि वे अक्सर दिव्यांश के कमरे में ब्लूटूथ स्पीकर पर बजते संगीत की धुन पर नाचने लगते। डेविड उसे 'दिव' बुलाते, और कमरे में घुसते ही एक अलग ही अंदाज में "हाय बड..!!" कह कर पुकारते। दिव्यांश उनका यह संबोधन सुनकर हौले से मुस्कुरा देता। मैं खुश थी कि दिव्यांश को एक नया दोस्त मिल गया है और दिव्यांश उसके साथ प्रसन्न रहता है। सुशील ने दोनों के इस खूबसूरत रिश्ते के बारे में एक प्यारा-सा संस्मरण लिखा है, जो इस पुस्तक के आखिर में उद्धृत है।

'डोनर सेल्स' के 'ट्रांसफ्यूजन' के बाद मरीज के शरीर में उनके समावेश (इंग्राफ्टमेंट) में लगभग दो हफ्ते का वक्त लगता है। बेहतर होता है कि प्रत्यारोपण के दो से तीन सप्ताह के बाद ब्लड-काउंट्स आरंभ हो जाए। 'ब्लड-काउंट्स' का बढ़ना इंग्राफ्टमेंट की सफलता का लक्षण है। हर दिन मैं सोचती-क्या दिव्यांश का ब्लड-काउंट वृद्धि दिखलाएगा, और कहीं ऐसा नहीं हुआ तो क्या होगा..! इस तरह के चिंताजनक खयाल मुझे परेशान करते रहते, हालांकि डॉक्टर और नर्स इसके बारे में आश्वस्त दिखते। जब तक दिव्यांश का ब्लड-काउंट सामान्य नहीं हो जाता उसे संक्रमण के हर संभावित स्रोत से बचाना जरूरी था। उसके रक्त की सभी प्रकार की सामान्य जांच और 'सीबीसी' प्रतिदिन की जाती। प्रत्यारोपण के चौदहवें दिन से दिव्यांश का ब्लड-काउंट बढ़ना शुरू हुआ, जो हमारे और डॉक्टरों के लिए भी राहत का विषय था। पंद्रहवें दिन वह और बढ़ा और उसके बाद लगातार बढ़ने लगा। इसका सीधा मतलब था कि इंग्राफ्टमेंट सफल रहा और हम सब ने संतोष की सांस ली। दिव्यांश के इस नए जन्म से हमें अरसा बाद किसी गहरे आंनद की अनुभूति हुई। वैसे भी चिकत्सा की भाषा में प्रत्यारोपण के दिन को 'डे जीरो' कहा जाता है। दिव्यांश के लिए वह दिन 9 जून था और इसके बाद वे 'प्लस वन डे', 'प्लस टू डे', की तरह आगे के दिन गिनते हैं। यह एक

नए जीवन-चक्र का आविर्भाव था और इसीलिए यह एक नया जन्म भी था। दिव्यांश ने 22वें दिन ('प्लस 21 डे' को) अपना सामान्य ब्लड काउंट पा लिया। उसे अब अस्पताल से छुट्टी दी जानी थी। उसके डॉक्टर उसके परिणामों से प्रसन्न थे और यहां तक कहते कि यह उम्मीद के अनुरूप, अमूमन टेक्स्ट बुक परिणामों जैसे थे। वे दिव्यांश की इच्छा शक्ति की भूरी-भूरी प्रशंसा करते। उसने अब तक जिस हिम्मत और हौसले का परिचय दिया था उसके कारण वह अपने डॉक्टरों की भी प्रशंसा का पात्र बन गया था। कई डॉक्टरों ने तो यहां तक कहा की प्रत्यारोपण की इस अत्यंत कष्टप्रद प्रक्रिया के दौरान शायद ही कभी दिव्यांश के चेहरे पर दर्द का भाव आया, शायद ही कभी उसने निराशा या खिन्नता का भाव जाहिर किया, जो विरले होता है। दर्द से उपजा कष्ट हर बार उसके दृढ़ संकल्प के सामने कमजोर पड़ जाता और इसीलिए हर बार उसने अपने दर्द को ही अपनी ताकत बना लिया, जो उसे स्वस्थ होने की राह पर आगे बढ़ने का हौसला देती।

अब इस चिकित्सा प्रक्रिया के चौथे भाग की बारी थी जिसे अस्पताल के 'डे केयर सेंटर' में किया जाना था। मतलब यह कि अब अस्पताल में रहने की आवश्यकता नहीं थी। डिस्चार्ज के दिन हम सब प्रफुल्लित थे। दिव्यांश अभी भी कमजोर था। नर्सों ने तो उसे हमेशा अस्पताल के गाउन में ही देखा था। जब उन्होंने उसे जींस और टी-शर्ट में देखा तो एक हर्ष-मिश्रित आश्चर्य उनके चेहरे पर झलक आया। दिव्यांश सच में बेहद अलग लग रहा था। एक नर्स टैक्सी तक उसे ले जाने के लिए व्हीलचेयर लेकर आ गया। आमतौर पर सभी मरीज इसका प्रयोग करते हैं क्योंकि प्रत्यारोपण के बाद वे बहुत कमजोर हो जाते हैं। पर, दिव्यांश ने विनम्रतापूर्वक मना कर दिया। वह कॉरिडोर में खुद से चलकर टैक्सी तक जाना चाहता था। हमें पता था कि यह उसके आदत में ही शुमार है, जब परिस्थितियां कठिन होती हैं, तब वह अपने हौसलों को तौलता है, अपने आत्मिक सामर्थ्य से उन विकट परिस्थितियों का सामना करता है। मुश्किलें जितनी बड़ी होतीं, उसका इरादा भी उतना ही मजबूत होता। हमने कभी भी किसी भी तूफान में उड़ान के सपने संजोते उसके हौसले भरे पंखों को कमजोर पड़ते नहीं देखा। उस दिन भी वैसा ही हुआ। उसका शरीर तो कमजोर था, पर उसका मन, वह कहीं से भी कमजोर नहीं था, उसके हौसले की बुलंदी उसके शरीर की कमजोरी को फिर से हरा गयी।

जब दिव्यांश अस्पताल से डिस्चार्ज हुआ तो दुबई से मृदुल भी एक

महीने के लिए हमारे पास आ गया। दिव्यांश उसके बहुत करीब था और ऐसे समय उसका आना हमारे लिए बड़ी राहत की बात थी। प्रत्यारोपण के पहले लगभग एक महीने अंशु उसके साथ रहा था और अब मृदुल कम से कम एक महीने उसके साथ रहने वाला था। हमने समय से सीखा था कि ऐसी परिस्थितियों में केवल माता-पिता का साथ होना काफी नहीं होता। खासकर युवा होते बच्चों के लिए ऐसी कठिनाई के वक्त हर प्रकार की सहायता और समर्थन की जरूरत होती है। अंशु और मृदुल दिव्यांश के इस कठिन वक्त में खुशियों की चमक बनकर उसके साथ रहे। उनकी उपस्थिति दिव्यांश के निर्मम संसार में शीतलता लेकर आयी। तब तक जुलाई का पहला हफ्ता आ गया था और हमें अब गर्मी की छुटियों के बाद अनन्या के स्कूल खुलने की भी चिंता सता रही थी। सुशील की राय थी कि मैं उसे लेकर मुंबई चली जाऊं, ताकि उसकी पढाई में भी बाधा न पड़े। हमें उम्मीद थी की कुछेक महीनों में दिव्यांश भी अपनी चिकित्सा-प्रक्रिया पूरी कर इजरायल से मुंबई आ जाएगा। चूंकि मृदुल दिव्यांश के साथ था, सुशील ने भी मेरे साथ मुंबई जाने का निर्णय लिया। वह भी लगभग तीन महीनों से अपने दफ्तर से दूर थे और वहां भी कई जरूरी कार्य अटके पड़े थे। वह सप्ताह भर में सब निपटा कर इजरायल वापस आने वाले थे, ताकि दिव्यांश के साथ उसके इलाज के पूरे होने तक रह सकें। मृदुल ने हमें भरोसा दिलाया कि हम निश्चिंत होकर जाएं और सुशील के वापस आने तक वह दिव्यांश की देखभाल कर लेगा। मेरे लिए इस वक्त दिव्यांश को छोड़ कर जाना बहुत ही मुश्किल निर्णय था। मुझे लगता उसे अभी मेरी खास जरुरत है। मैं एक मुश्किल दोराहे पर खड़ी थी। एक तरफ मेरी बेटी की शिक्षा सम्बन्धी विवशता थी तो दूसरी तरफ मेरे बेटे को इस कठिन समय में मेरे साथ और प्यार की बेहद जरुरत थी। पर, सब कुछ सोच विचार कर, बेहद भारी मन से आखिरकार मैं सुशील और अनन्या के साथ मुंबई वापस आ गयी। जैसा हमने निर्णय किया था, सुशील सप्ताह भर में वापस चले गए। एक मां के तौर पर बाद में मुझे लगा मुझे अनन्या की पढ़ाई के लिए दिव्यांश को छोड़ कर वापस नहीं आना चाहिए था। मैं पछताती रही। दु:ख और ग्लानि के भाव मुझे अक्सर घेर लेते। मुंबई आने के तुरंत बाद मुझे अपनी इस भयंकर भूल का एहसास हो गया।

# 5

## खोए हुए 'मित्र' का मिलना, फिर से

*हमें लगता है अतीत बड़ा ही सुंदर है क्योंकि हम वर्तमान का एहसास उस समय पूरी तरह महसूस नहीं कर पाते। वह बाद में, हमारी स्मृतियों में विस्तार पाता है। इसीलिए कोई भी एहसास उसके अपने वर्तमान में पूर्ण नहीं होता, बल्कि अतीत का एहसास बाद में कभी किसी वर्तमान में पूर्णता पाता है।*

–वर्जीनिया वुल्फ

आज लिखते हुए मुझे इस उक्ति की गहराई का एहसास हो रहा है। जैसा कि मैंने पहले भी कहा, जीवन हमें प्रतिदान का अवसर देता है, मुझे भी वह अवसर मिला, जिसके बारे में मैं बाद में विस्तार से बताऊंगी।

फॉलोअप और 'जी.वी.एच.डी.' के लिए दिव्यांश सुशील और मृदुल के साथ नियमित रूप से अस्पताल जाता। अब तक के परिणाम संतोषप्रद थे। धीरे-धीरे डॉ. ऑर ने उसे दी जा रही विभिन्न प्रकार की दवाओं की मात्रा में कमी करनी शुरू कर दी, जो एक अच्छा संकेत था कि दिव्यांश की शारीरिक स्थिति सामान्य होने के करीब आ रही थी।

14 जुलाई 2015, मेरा जन्मदिन था, और यह पहली बार था जब मेरे जन्मदिन पर दिव्यांश मेरे साथ नहीं था। मुझमें कभी भी अपना जन्मदिन मनाने का कोई खास उत्साह नहीं रहा। पर मेरे बच्चे, दिव्यांश और अनन्या, जब मेरी जिंदगी में आए तो उन्होंने इसे एक नया मायने दे दिया। इस बार, दिव्यांश से दूर अपने जन्मदिन पर मैं उसके साथ न होने के बारे में ही सोच रही थी। इससे पहले कि इस बारे में मैं कुछ विचार कर पाती, मेरे मोबाईल पर एक व्हाट्सऐप संदेश आया। दरअसल, वह संदेश नहीं

पत्र था, दिव्यांश का पत्र, जिसमें न केवल उसके अपने विचार प्रतिबिंबित थे बल्कि मेरे प्रति मेरे अपने विचार भी उसमें रचे-बसे थे। उस पत्र में सन्निहित विचार बड़ी स्पष्टता से बता रहे थे कि एक मां और उसके बेटे की विचार-प्रक्रिया परस्पर अलगाव की दिशा में नहीं होते। वे साथ मिलकर चलते हुए पूर्णता को प्राप्त करते हैं। उस पत्र के एक अंश का अनुवाद यहां उद्धृत कर रही हूं:

> "तुम शायद स्वयं को उतना विशिष्ट महसूस न करो, पर जैसा कि तुम्हारे लिए अपनी हाल की कविता में मैंने कहा है, कुछ लोग इतने खास होते हैं कि जीवन में उनकी परीक्षाएं भी थोड़ी ज्यादा होती हैं, पर वे हमेशा ही रास्ता निकाल लेते हैं, कभी-कभी, इसके लिए भावनात्मक नुकसान भी सह लेते हैं। तुम वैसी ही हो। मैं तुम्हारी यह खूबी अपनाना चाहता हूं। मैं जानता हूं कि कोई भी संदेश, कोई भी उपहार तुम्हारे लिए मेरी अनुपस्थिति को नहीं भर सकता। तुम्हारे जन्मदिन पर मेरा तुम्हारे साथ होना, केक काटते हुए मेरा ताली बजाना, तुम्हारे लिए जन्मदिन का गीत गाना, तुम्हें गले लगाना, मिलकर खुशियां मनाना, इसकी कोई भरपाई नहीं हो सकती। यह सोचकर दिल भर आता है, पर शायद, जैसा मैंने पहले भी कहा, मम्मी, हम खास लोग हैं, जिन्हें वह विशेष क्षमता हासिल है कि नियति जो भी परीक्षा ले उसका हिम्मत से सामना करें, हर परिस्थिति का सामना हौसले से खुशी-खुशी करें।
>
> सच कहूं मम्मी तो मुझे तुम्हारी कमी बहुत खलती है। जब रातों को मेरी नींद खुल जाती है और पैर बुरी तरह दुःखते हैं, मैं मन ही मन 'मम्मी' कहकर चीख पड़ता हूं। जब मैं खाना खाता हूं, तो पापा के बनाए खाने से तुम्हारे हाथों के स्वाद की खुशबू आती है, जब पापा 'लोशन' से मेरे पेट और पीठ की मालिश करते हैं तो मैं तुम्हारे हाथों का कोमल स्पर्श ढूंढता हूं। मैं हर घड़ी, हर वक्त तुम्हारी कमी महसूस करता हूं। जब तुम पास होती हो तो पता नहीं क्यों तुम्हारे मातृस्नेह में कुछ ऐसा चमत्कार महसूस होता है कि मैं फिर से एक बच्चा बन जाता हूं- तुम्हारी गोद की कोमलता और सुरक्षा में छुपने को आतुर एक छोटा बच्चा।
>
> जन्मदिन की ढेर सारी शुभकामनाएं मम्मी।"

पत्र पढ़ते हुए मैं रो पड़ी। उसके साथ न होने का खालीपन और गहरा हो गया। यह बेहद कष्टप्रद था। एक असहायता का भाव अंदर तक पीड़ित कर गया। उस दिन मैंने केक तो काटा, पर मेरी कांपती लरजती पहली तीन उंगलियां दिव्यांश की उंगलियों का कोमल स्पर्श तलाशती रही जो हर साल साथ मिलकर केक काटती थीं।

जुलाई के आखिर में मृदुल को अपने काम पर दुबई लौटना पड़ा। उसकी छुट्टियां खत्म हो रही थी और उन्हें अब और बढ़ाना संभव नहीं था। हमने निर्णय लिया कि सुशील वहां, जब तक संभव है, अकेले संभालेंगे। संयोग भी कुछ ऐसा था कि जिस रात मृदुल को देर रात की उड़ान से दुबई के लिए रवाना होना था, उसी रात दिव्यांश को 'सीएमवी इंफेक्शन' के कारण अस्पताल में भर्ती करना पड़ा, जिसके इलाज के लिए नशों में आई.वी.लाइन के माध्यम से एंटीवायरल दवाइयां दी जानी थीं। इसके लिये उसे लगभग दो सप्ताह अस्पताल में रहना था। अस्पताल में दिव्यांश की देखभाल और साथ में अपार्टमेंट की साफ-सफाई और खाना पकाना सुशील के लिए अकेले संभालना बेहद मुश्किल था। वे शायद मन ही मन चाहते थे की मृदुल रुक जाए, पर उसकी नौकरी की विवशता को समझते हुए उन्होंने उसे जाने को कहा। सुशील से भी ज्यादा यह दिव्यांश के लिए मानसिक रूप से कष्टदायक था, खासकर जब उसे फिर से अस्पताल में भर्ती होना था और मैं भी उसके साथ नहीं थी। मैं जानती हूं तब मृदुल के लिए भी वहां से जाना बेहद मुश्किल था, विशेषकर जब वहां उसकी बहुत जरूरत थी।

एक कहावत है- *मैं थक कर नहीं थमने वाला, मैं थमूंगा जब सब कुछ पूरा हो जाएगा... पर सब कुछ कभी पूरा कहां होता है... मतलब, मैं कभी नहीं थमने वाला।*

मृदुल की अनुपस्थिति में भी सुशील सब कुछ भलीभांति संभाल रहे थे, पर उनके लिए भी यह बहुत ही कठिन था। सुबह-सुबह दिव्यांश को नाश्ता खिलाकर, कुछ घंटों के लिए उसे नर्सों के भरोसे छोड़कर वे अपार्टमेंट वापस जाते। थोड़ी बहुत साफ-सफाई, बर्तन धोना इत्यादि निपटाकर वह दिन और रात के लिए खाना बनाते और उसे लेकर अस्पताल वापस आते। अस्पताल में रात बिताकर अगली सुबह फिर उनका वही रूटीन होता। हालांकि अस्पताल में खाना मिलता था, पर इजराइली लोगों का खाना बिल्कुल अलग था जो दिव्यांश को रास नहीं आता था। मृदुल के जाने से जो भावनात्मक कमी महसूस हुई उसे दिव्यांश ने अपने अगले साल की बारहवीं की बोर्ड परीक्षा

के लिए पढ़ाई में ध्यान लगा कर पूरा किया। अपने 'आईवी लाइन' लगे हाथों से उसे मनोयोगपूर्वक भौतिकी का सवाल हल करते देखकर वहां के डॉक्टर और नर्स भी अचंभित रह जाते। जिंदगी चलते रहने का नाम है- यही विचारधारा उसने जीवनभर अपनाई, और इसी पर वह वहां भी अमल कर रहा था। वह न केवल नर्सों और डॉक्टरों के लिए प्रेरणास्रोत बन गया था बल्कि वार्ड के दूसरे मरीजों को भी नर्स अक्सर दिव्यांश की असाधारण जिजीविषा के बारे में बताते। मुझे इस बात का बेहद अफसोस था कि साल के शुरू में इस बीमारी के दुबारा आघात के कारण दिव्यांश अपनी बारहवीं की परीक्षा नहीं दे पाया था। जब उसने अस्पताल से पढ़ाई करते हुए अपनी सेल्फी भेजी, तो मेरी कमजोर पड़ती आशा को मानो बल मिल गया। हमेशा की तरह उसने मेरी आशाओं, मेरी उम्मीदों को सहारा दिया। जो आज नहीं हो पाया, वह कल हो जाएगा- उसने मुझे फिर से इस भरोसे का संबल दिया। मैं सोचती, दिव्यांश के उम्र में लड़के कॉपी-किताबों से भरा बैग लेकर घूमते हैं, पर दिव्यांश ऐसे दो-दो बस्तों का बोझ उठाता रहा है, एक तो कॉपी-किताबों का, दूसरा उसकी दवाइयों और इलाज से संबंधित दूसरे उपकरणों का भारी बोझ, जो सदा उसके साथ चलता है। पर, मैं यह देख कर चमत्कृत रह जाती कि वह इन दोनों ही बस्तों का बोझ किस खूबी से संयमित रूप से उठा कर अपने जीवन के रास्ते पर चलता है, साथ ही हमें भी रास्ता दिखलाता रहता है कि जीवन पथ पर कैसे हमेशा और हर परिस्थिति में बिना थके-हारे चलते रहना है।

करीब सप्ताह भर बाद मेरी छोटी बहन शिवांगी अपने दफ्तर से छुट्टी लेकर उनके पास आ गई। उसके वहां जाने से मैंने संतोष की सांस ली। सुशील को अकेले घर संभालने से थोड़ा विराम मिलेगा, और दिव्यांश को भी उसका साथ मिल जाएगा। दिव्यांश की उससे बनती भी बहुत थी। आखिरकार, अगस्त के दूसरे सप्ताह में दिव्यांश को अस्पताल से छुट्टी मिल गई। डॉ. ऑर से विचार-विमर्श के बाद 9 सितंबर को उन्होंने मुंबई वापस आने का निर्णय लिया, क्योंकि दिव्यांश को अब केवल फॉलोअप की आवश्यकता थी, जो मुंबई में भी अपने जानकार डॉक्टर तपन सैकिया की देख-रेख में डॉ. ऑर के निर्देशानुसार संभव था। मेरे लिए अपनी खुशी बयान करना भी मुश्किल था, अरसा बाद हमारा परिवार फिर से साथ होगा और वह दिन अब करीब था।

दिव्यांश एक नया जन्म लेकर लौटने वाला था। उसने शायद खुद ही

इस नए जन्म को महसूस किया था। एक बार उसने स्वयं के बारे में लिखा था कि वह बाहर से अंतर्मुखी और अंदर से बहिर्मुखी स्वभाव का है। प्रत्यारोपण के बाद जिस प्रकार उसने अपनी चिकित्सा-प्रक्रिया का सामना किया उससे जाहिर था वह स्वयं से बातें करता रहा था, उसके अंदर लगातार विचारों का मंथन चल रहा था। इस सबने उसे अपनी भावनाओं को जीवन के कहीं बड़े कैनवस पर अभिव्यक्त करने की क्षमता और मंशा दी। और, इन्हीं सब के बीच 19 अगस्त को उसने अपनी अगली कविता लिखी जिसका शीर्षक था 'रीबर्थ'। यह कविता न केवल उसके मुश्किल दिनों को प्रतिबिंबित करती है, बल्कि यह भी बताती है कि उसने किस प्रकार अपने हौसले और इच्छाशक्ति से उनका सामना किया। साथ ही उसने उन सभी को स्नेहपूर्वक याद किया, धन्यवाद दिया, जिन्होंने इस कठिनाई भरी यात्रा में उसका साथ दिया, उसकी सहायता की। उस कविता के एक अंश का हिंदी अनुवाद यहां दे रही हूं:

समय के तुंग शिखर पर
खड़े होकर
जाना मैंने क्षणभंगुरता को
जैसा वह है अपनी प्रकृति में सदैव

हर एक अस्त का निश्चित है उदय
सूर्य भी होता है उदित फिर से
अस्त होकर
खंडित होता है जो
होता है वह निर्मित फिर-फिर
होता है क्षय नव-निर्माण के लिए
नाजुक धागों से बंधे संबंधों जैसा है
वेदना का तंतु भी
टूट जाता है समय के मजबूत प्रहार से

यह भी एक सबक है
जो सीखा है मैंने
झूलते हुए इस दिव्य पालने में जीवन के
मेरे पैरों में ताकत है

एक अभिनव परिप्रेक्ष्य की
मेरे जूतों में फिर से एक चमक है
नयी यात्रा के लिए

इस अविराम यात्रा में
क्षणिक विश्राम है
एक शाश्वत सौहार्द्र और शांति के साथ
बढ़ना है फिर मुझे इस पथ पर
जो है दीर्घ
पर दिशाहीन नहीं है।

सच कहें तो यह केवल दिव्यांश के लिए ही नहीं, बल्कि हम सब के लिए एक नया जन्म था। हमारे लिए जीवन हमेशा वैसा नहीं रहा, जैसा हमने चाहा। अक्सर इसने हमारे सामने बड़ी चुनौतियां रख दीं। कभी-कभी ये चुनौतियां इतनी कठिन होती हैं कि जीवन पथ पर वे हमारी दिशा ही बदल देती हैं। यह हम पर निर्भर करता है कि हम उनका सामना कैसे करते हैं और कैसे आगे बढ़ते हैं। कई बार कठिनाइयों से भरा रास्ता ही प्रतिदान का मार्ग बनकर आता है, जिसमें हम एक नए सिरे से स्वयं को ढूंढते और पाते हैं। उन रास्तों पर ही हमारा स्वयं से साक्षात्कार होता है। यही नया जन्म है। दरअसल एक ही जीवन चक्र में मृत्यु से पहले हम कई जन्म लेते हैं, कई जीवन जीते हैं। यह कविता और दिव्यांश का जीवन अनुभव, जो उसकी कविताओं में प्रस्फुठित, पल्लवित हुआ, ने मुझे अपने जीवन को और इसमें आने वाली बाधाओं को समझने, परखने, की एक नई दृष्टि दी।

मुंबई लौटने से पहले सुशील दिव्यांश को पास के एक मल्खा मॉल में खरीदारी के लिए ले गए। पिछले कुछ सालों में स्टेरॉएड्स के लगातार प्रयोग के दुष्प्रभावों से दिव्यांश का वजन काफी बढ़ गया था। स्टेरॉएड्स, जीवन रक्षक तो हैं, पर उनका दुष्प्रभाव भी है। वह रोग प्रतिरोधक क्षमता को घटाता है और मोटापा भी बढ़ाता है। इस दवा के लगातार प्रयोग से उसका वजन इतना बढ़ गया था की स्टोर में उसे अपनी माप का टी-शर्ट मिलनी मुश्किल हो रही थी। सुशील मुझे बताते कि किस प्रकार स्टोर में अपनी माप का टी-शर्ट ढूंढने में दिव्यांश को अक्सर मशक्कत करनी पड़ती और यह परेशानी उसके चेहरे पर दिखने लगती। आखिरकार तो वह एक किशोर वय का लड़का था। जब उसे कुछ अपनी माप का मिल जाता तो वह

जैसे संतोष की सांस लेता। दिव्यांश से भी ज्यादा सुशील के लिए यह सब देखना, महसूस करना, कष्टकारी था। मैंने पहली बार महसूस किया कि 'डबल एक्सेल साइज' के कपड़े ढूंढना कितना मुश्किल होता है और उसका मिल जाना कितनी बड़ी राहत होती है। सामान्य नहीं होना भी सामान्य है, बस आपको हार नहीं माननी होती है। 'डबल एक्सेल साइज' एक साथ राहत देने वाला और आकर्षक भी हो सकता है, यह भी मैंने पहली बार जाना। इस पूरी प्रक्रिया में दिव्यांश इसलिए भी परेशान रहता कि सुशील को उतनी देर तक प्रतीक्षा करनी होती थी। इसीलिए सुशील दिव्यांश के कपड़े खरीदने के लिए मुझे कभी साथ लेकर नहीं गए। शायद, वह हम दोनों, मुझे और दिव्यांश को, इस मानसिक कष्ट से बचाना चाहते थे। कपड़े खरीद कर लौटते हुए मैंने कभी भी उनके चेहरे पर खुशी का भाव नहीं देखा। मुझे पता था उन पर क्या गुजरा होगा, और इसीलिए मैं इस बारे में कभी कुछ नहीं पूछती थी। दिव्यांश की अलमारी में वैसे तो ढेर सारे कपड़े थे, पर उनमें से कुछ ही उसे फिट आते। और इसीलिए वह उन्हीं कुछ कपड़ों को पहने रहता, बाकी तो स्टेरॉएड्स की भेंट चढ़ गए थे। इस कारण मुझे अक्सर दिव्यांश को एक जैसे कपड़ों में देखकर चिड़चिड़ापन होता। हालांकि, अब उस बारे में सोचती हूं तो अफसोस से भर जाती हूं।

प्रत्यारोपण के बाद दिव्यांश ने अपना शारीरिक सौष्ठव वापस पा लिया। उसका वजन लगभग तीस किलो कम हो गया। सुशील चाहते थे उसे किसी फैशन स्टोर में ले जाएं जहां वह साइज की चिंता किए बगैर दिल खोलकर कपड़े पसंद करे। ऐसी छोटी-छोटी खुशियां फिर से महसूस करे। बल्कि, मैंगो स्टोर में जब उसने उत्साहपूर्वक सुशील से कहा कि, "पापा, मेरा साइज अब मीडियम है..!" तो उसके चेहरे की खुशी देखते बनती थी। उसकी यह बात सुनकर सुशील की आंखें नम हो गईं। भावों से भरे, वह कुछ भी जवाब नहीं दे पाए, दिव्यांश की आवाज में जो खुशी और संतोष का भाव था, वह सुशील के लिए अनमोल था। 'डबल एक्सेल' से 'मीडियम' तक की दिव्यांश की इस महायात्रा के हर्ष और संतोष को शब्दों में बयां करना बेहद मुश्किल है। जब वह मुंबई वापस आया और मैं उसकी अलमारी से सारे 'डबल एक्सेल साइज' के कपड़े हटा रही थी तो आखिरी कपड़ों को हटाते हुए उसने मेरा हाथ थाम लिया। मेरे हाथ में उसका एक नारंगी रंग का टी-शर्ट थी। दिव्यांश ने मुझसे कहा, "मम्मी, इसे मत हटाओ, इसे मैंने सबसे ज्यादा पहना है और इसने कई बार मुझे शर्मिंदगी से बचाया है।"

28 अगस्त 2015 को रक्षाबंधन था। दिव्यांश अपनी बहन अनन्या के साथ नहीं था। दोनों भाई-बहन एक दूसरे के बेहद करीब थे। हालांकि दोनों के बीच उम्र का लगभग साढ़े पांच साल का फासला था, पर हाल के दिनों में दिव्यांश उसके लिए केवल एक़ बड़े भाई से कहीं बढ़कर हर कदम हाथ थामे एक प्यारा बड़ा भाई हो गया था। अनन्या अंतर्मुखी है, और आमतौर पर अपने में ही रहती है। खुशी हो या गम वह हमारे सामने भी अपने भावों को बहुत खुलकर अभिव्यक्त नहीं करती है। यही उसका स्वभाव था और हमने भी उसके इस स्वभाव को समझ लिया था। अपने छुटपन में, मम्मी और पापा के बाद जो पहला शब्द उसने बोला वह था 'अय्या', जो दिव्यांश के लिए 'भैया' का उसका बाल्य-संबोधन था। धीरे-धीरे जब वह बड़ी हुई तो उसने अपनी भावनाओं को दिव्यांश के सामने व्यक्त करना शुरू किया, पर ऐसा वह बस दिव्यांश के सामने ही करती। समय के साथ दिव्यांश 'अय्या' से 'भैया' बन गया। इस रक्षाबंधन पर अपनी प्यारी बहन के प्रति अपनी भावनाओं को व्यक्त करते हुए उसने एक कविता लिखी, जिसका शीर्षक था 'अय्या'। इस कविता में उसने 'अय्या' से 'भैया' तक की उन दोनों की इस यात्रा के बारे में बेहद खूबसूरती से लिखा है, जिसे उसने स्वयं ही अनन्या को फोन पर पढ़ कर सुनाया। रक्षाबंधन के उस पवित्र अवसर पर एक भाई की तरफ से अपनी नन्ही प्यारी बहन के लिए यह सबसे अनमोल उपहार था। उस कविता के एक अंश का अनुवाद कुछ ऐसे है:

एक ही साथ बड़े हुए हम
बस छह वसंतों की दूरी पर
खेलते-कूदते, हंसते-बोलते,
लड़ते-झगड़ते, साथ-साथ
सीखते-पढ़ते, सोते-जागते

मनोहारी था देखना
बोलते उसे 'अय्या' से 'भैया'
एक गुप्त खजाना है
उसकी भावनाओं का
कीमती हीरे मोतियों-सा संजोया है उसने उन्हें

अंतर में अपने
कभी-कभी चुपके से वह खोलती है
कीमती पिटारी अपनी
बस मेरे लिए ही
क्योंकि मेरे पास भी है चाबी उस खजाने की
वही शब्द है, चाबी,
बुलाया था जिससे उसने मुझे पहली बार ।

एक भाई के जीवन में छोटी बहन का होना एक वरदान की तरह है, उसी प्रकार एक बहन के लिए एक ज्येष्ठ भाई से बड़ा संरक्षक और मार्गदर्शक भला कौन हो सकता है...!!

# 6

# सफेद फरिश्ते

*कृतज्ञता आत्मा से खिलने वाला सुन्दरतम पुष्प है।*

–हेनरी व. बीचर

दिव्यांश और सुशील के मुंबई लौटने के दिन करीब आ रहे थे। डॉ ऑर ने उन्हें शहर की सीमा पर स्थित एक रेस्तरां में डिनर के लिए निमंत्रित किया। यह कितना अद्‌भुत था की एक अनजान देश में एक डॉक्टर अपने मरीज और उसके परिजन को डिनर पर बुला रहा था। इतना ही नहीं डॉ ऑर खुद ही ड्राइव कर अपार्टमेंट तक दोनों को साथ लेकर जाने के लिए आए। दिव्यांश ने अपने स्वाभाव के अनुरूप डॉ ऑर को एक पत्र लिखकर वह सब जो उन्होंने उसके लिए किया, उसके लिए अपनी गहरी कृतज्ञता जताई। तब तक डॉ ऑर और दिव्यांश के सम्बन्ध एक मरीज और डॉक्टर के संबंधों की सीमाओं के पार किसी और स्तर पर परिभाषित होने जैसा हो चुके थे। डिनर के बाद दिव्यांश ने वह पत्र उन नेकदिल डॉक्टर और उनकी पत्नी हानी को पढ़ कर सुनाया, फिर उन्हें समर्पित किया। वह पत्र एक मरीज द्वारा उस सहृदय डॉक्टर के लिए अत्यंत मार्मिकता से लिखा गया था, जिसने न केवल अत्यधिक सहृदयता से उसका उपचार किया था बल्कि हर शबात को उसके लिए सिनेगॉग में प्रार्थना भी की थी। डॉ ऑर वह पत्र पढ़कर अभिभूत हो गए। उनहोने दिव्यांश और सुशील से कहा कि उनके लगभग चालीस सालों के चिकित्स्कीय कार्यकाल में अपने किसी मरीज से मिला यह सबसे खूबसूरत उपहार था। उस रात डिनर के उपरांत डॉ ऑर ने पहले उन दोनों को अपार्टमेंट तक छोड़ा, फिर वे अपने घर गए।

इजरायल छोड़ने से पहले दिव्यांश ने दो और काम किए। सबसे पहले

उसने वार्ड के सभी नर्सों के लिए एक पत्र लिखा जिसमें उनके ईश्वरीय सेवा भाव की प्रशंसा थी और उनके प्रति कृतज्ञता की अभिव्यक्ति थी। उन नर्सों के लिए भी यह पहला अनुभव था कि कोई मरीज अस्पताल छोड़ने से पहले इस प्रकार पत्र लिखकर उनके सेवाभाव की सराहना कर रहा था और उनका कृतज्ञतापूर्वक धन्यवाद ज्ञापन कर रहा था। दिव्यांश और सुशील ने उनके साथ समय निश्चित कर रिटायरिंग रूम में एकत्रित होकर उनके सम्मान में एक केक काटा। फिर दिव्यांश ने उन सब को वह पत्र पढ़कर सुनाया। अस्पताल के मुख्य नर्स येवगेनि ने उस पूरे प्रक्रिया की वीडियो रिकॉर्डिंग की और उसे न केवल कई लोगों को फॉरवर्ड किया बल्कि उसने उस वीडियो को अस्पताल के वेबसाइट पर भी अपलोड कर दिया। देखते देखते वह वीडियो अत्यधिक लोकप्रिय हो गया। दिव्यांश ने जो पत्र उन्हें लिखा था, उसका अनुवाद इस प्रकार है:

> *"उम्मीद अच्छा शय है, शायद सबसे अच्छा शय। और जो कुछ भी अच्छा होता है वह कभी भी नष्ट नहीं होता।"*
>
> –एंडी डुफ्रेन ('शाओशंक रिडेम्पशन' नामक 'मूवी' से)

जब मैं ल्यूकीमिया के अपने दूसरे रिलैप्स के बाद यहां आया तो मैंने बिल्कुल ऐसा ही महसूस किया। मेरा अवसाद उसके सामने क्षीण पड़ गया जो सबसे बड़ी नेमत है, और वह है उम्मीद। उम्मीद–जो आप सब ने मुझे दी।

मेरे लिए यह एक यात्रा थी- एक लम्बी और कठिन यात्रा। पर यह सफर इतना आसान बन गया कि मैंने इसकी कठिनाई कभी महसूस ही नहीं की। यह सब आप लोगों के कारण संभव हुआ- आप नर्सों के कारण। एक मरीज को दो बातों की आकांक्षा होती है, पहली कि उसके साथ रोगियों जैसा नहीं बल्कि एक सामान्य मानवीय व्यवहार हो, और दूसरी यह कि उसके आसपास ऐसा वातावरण हो जो उसकी सकारात्मकता को बनाए रखे। अगर इन दो बातों का ध्यान रखा जाए तो इलाज की कठिनाई भरी यात्रा थोड़ी सरल हो जाती है। आप लोगों ने अपने भावपूर्ण सत्कार (श्लेष भाव सहित) से न केवल इसे पूर्ण किया बल्कि कुछ इस तरह से इनका पालन किया कि यह अत्यंत स्वाभाविक प्रतीत होता है। अपने डर और घबराहट को खुद में समेटे

सहमे घबराए मरीज और उनके रिश्तेदार जब आपके वार्ड में आते हैं तो अत्यंत कठिन स्थितियों को भी जिस धैर्य से आपलोग संभालते हैं और जिस प्रकार मुस्कान से खिले चेहरे से उनका स्वागत करते हैं वह मरीज की चिंता, उसके दु:ख को हर लेता है। सच कहूं तो उन्हें उस वक्त सबसे ज्यादा उसी की जरुरत होती है। आप सब की यह अद्‌भुत निष्ठा और सदा प्रोत्साहन का भाव मरीज को यह धैर्य प्रदान करता है कि, "कोई है जो सब कुछ संभल लेगा, चिंता करने की आवश्यकता नहीं। कम से कम मुझे तो हर वक्त यही महसूस हुआ।

येवगेनि, बेला, डेविड, नेता, मरीना, अलिसा, नसरिन, वरॉनिका, खाना ऐप्टर, खाना एफरात, खाना बुदिन, शोशि, आएलेट (मुझे सपरिप्रेक्ष्य ड्रॉइंग सिखाने के लिए), एला (मेरे उपचार में संगीत का सुर भरने के लिए), रुत, एसा, नाओमी, जखारी, अबिटेल, ओरीट, इलाना, एलिशेवा, एड्वर्ड, शिरा, रिनात, खाना स्पीरो, जूफ, मारिया, एस्थर, हेलेना, ऐलेग्जैंडर, (अगली बार जब हम मिलेंगे तो मैं आप से हिब्रू में बात करूंगा), कार्मेल, ओरि (मुझे आपकी बालों की सज्जा हमेशा खूबसूरत लगी), योखि, हदास, अखमद शेबेर, अखमद अबु डीयब, लीमोर, शदाह, माइकल, खाबा (आपने जांच के लिए पहली बार मेरा रक्त लिया), और ऐडेन और ऐसे अनेक स्वयंसेवक जिन्होंने राष्ट्र के प्रति कर्तव्य निभाते हुए स्वास्थ्य सेवाओं में सहभागिता को चुना- आप सब का दिल से शुक्रिया। आप सब सच में अपने देश की, बल्कि सही अर्थों में कहें तो मानवता की सेवा कर रहे हैं। यह सही मायने में "मेरे जीवन का सबसे खूबसूरत दिन था।''

सदैव अनुगृहीत,

6 सितंबर 2015 दिव्यांश आत्मन्

पत्र पढ़कर उनमें से कइयों की आंखों में आंसू आ गए। ऐसा लगा मानो वह दिव्यांश के ही नहीं बल्कि उनके जीवन का भी सर्वश्रेष्ठ दिन था।

उसके बाद उसने सभी डॉक्टरों के लिए एक पत्र लिखा, जिसे उसने पहले उनके कांफ्रेंस हॉल में उन्हें पढ़कर सुनाया, और फिर उन्हें सौंप दिया। डॉक्टरों ने दिव्यांश के इस भाव की खुल कर सराहना की, और कुछ ने तो यह भी कहा कि विरले ही कोई ऐसा मरीज होता है जो उन्हें फीस से इतना ज्यादा कुछ दे जाता है। दिव्यांश का उनके लिए लिखे पत्र का अनुवाद निम्नवत है:

"स्वास्थ्य ही संपदा है"

और इसका महत्व समझ में तब आता है जब वह खोने लगता है। आप कितने भी प्रतिभावान हों, धन संपदा से पूर्ण हों, आपके पास जीवन में हर अवसर हो, पर अवसन्नता सब कुछ व्यर्थ कर देती है।

प्रिय डॉक्टर गण,

मरीजों को देखना, उनकी शिकायत पर गौर करना और उनके लिए चिकित्सा-प्रक्रिया निर्धारित करना आपका रोज का काम हो सकता है। बोन मैरो प्रत्यारोपण विभाग में रहकर, बोन मैरो प्रत्यारोपण आपके लिए अक्सर किया जाने वाला सामान्य कार्य हो सकता है। वह बैग जिसमें बोन मैरो स्टेम सेल होती है, किसी सामान्य हिमोग्लोबिन बैग की तरह लग सकता है। आपको लग सकता है कि आप तो 'बस अपना काम' कर रहे हैं। मैं आपको बताता हूं कि एक मरीज के रुप में मैं इन सब को कैसे देखता हूं:

स्टेम सेल से भरा बैग एक नया जीवन है जो आपने मुझे दिया है, जो मेरे लिए समुचित था उसे ढूंढकर, प्रत्यारोपण की प्रक्रिया को ध्यानपूर्वक संभालकर। आपने मुझे एक नया जीवन दिया- एक ऐसा जीवन जो कीमोथेरेपी की अनवरत प्रक्रिया और उसके कष्टदायक दुष्परिणामों, दर्द भरी सुइयों से छलनी हुए, निराशा, अवसाद और अनिश्चितताओं की राख में दबे एक पुराने जीवन से एक उम्मीद की लौ बनकर बनकर निकला है। अब आप सबके कारण, मैं एक नए जीवन से भरी सांसों को महसूस कर सकता हूं, उसे खुल कर जी सकता हूं, अपने सपनों को पूरा कर सकता हूं। वे कपड़े जिन्हें मैं किसी तरह खींच तान कर अपने शरीर पर बैठा पाता था, अब मेरे शरीर पर तरतीब से सजेंगे। मैं हल्का और बेहतर महसूस कर रहा हूं। मेरा मस्तिष्क जो अपनी चिंताओं के कारण शायद आधा ही काम कर पाता था, अब हमेशा कुछ करने को तत्पर रहता है। कैंसर सभी बीमारियों का शहंशाह है। आपने अपनी विराट शक्ति से इस शहंशाह को पराजित कर दिया, और मुझे उसके क्रूर हाथों से बचा लिया। 'यह है' जो आप 'अक्सर' करते हैं, यह है जो आपका नियमित कार्य है, जो आप हर दिन करते हैं।

डॉ. रूबेन ऑर, डॉ. मिशेल शापिरा, डॉ. एलेक्स, डॉ. सीगाल, डॉ. विपुल (जो सौभाग्यवश एक दूर देश में अपने देशवासी हैं) और आप सब जिन्होंने यह 'रोज का काम' मेरे लिए किया- आप सबका हार्दिक धन्यवाद। परमात्मा सदैव आप सब के लिए कृपालु रहें। कृपा करके रेडियोलॉजिस्ट डॉ. मेहरोविच को भी मेरा धन्यवाद प्रेषित कर दें।

आपका सदैव अनुगृहीत
दिव्यांश आत्मन्
6 सितंबर 2015

इजरायल की दिव्य भूमि की पवित्रता से संप्रिक्त एक नवोदित आत्मा के साथ दिव्यांश इजरायल से प्रस्थान कर रहा था।

9 सितंबर 2015 को जब वे अपार्टमेंट से विदा हो रहे थे, दिव्यांश ने मीडियम साइज के कपड़ों में अपने नए अवतार में सेल्फी ली और मुझे भेज दी, नीचे लिखा था- ये मैं हूं, जो आ रहा है वापस फिर से..."

*"लोग इजरायल जाते नहीं, वहां लौटते हैं।*
*यह वहां का एक चमत्कारिक रहस्य है"*

# 7

# पहले से कहीं ज्यादा मजबूत

दिव्यांश बड़े ही मनोयोग से एक कविता लिख रहा था। मैं जानने को उत्सुक थी कि वह क्या लिख रहा है। जब से वह इजरायल से लौटा था, बस पढ़ाई में जुटा रहता था। वह पूरे जी-जान से अपनी बारहवीं की परीक्षा और इंजीनियरिंग की प्रवेश परीक्षाओं की तैयारी में लग गया था। वह अब भी कमजोर था और उसे इतनी मेहनत करते देखकर मुझे चिंता होती। इसीलिए उसे कविता लिखते देखकर मुझे संतोष हुआ। पढ़ाई लिखाई की इस जी तोड़ मेहनत से अलग वह अपने मन का कुछ कर रहा था। ऐसा लगता था जैसे वह अपने मुश्किल अतीत को भूल कर, प्रत्यारोपण के बाद एक नई ऊर्जा के साथ जीवन से रूबरू था। कुछ दिनों पहले उसने मोबाइल पर मुझे एक संदेश भेजा जो उसकी इस नई मन:स्थिति को बखूबी बयान करता है:

> ''आज मुझे अपने वॉलेट में डेकमैक्स टैबलेट मिली, पूरी तरह से कुचली और पाउडर बनी हुई, मेरे जीवन के संदर्भ में कितना प्रतीकात्मक है, है ना...!!''

डेकमैक्स एक स्टेरॉएड था, जो उसे लंबे समय तक लेना पड़ा था और जिसकी चर्चा मैंने पहले की थी।

डिनर के बाद मैंने उत्सुकतावश पूछा, "दिव्यांश, तुम शायद एक कविता लिख रहे थे, पूरी हो गई हो तो मुझे दिखाओ" उसने कहा, "मम्मी, मैंने अभी-अभी एक कविता पूरी की है, शीर्षक है 'ब्लेज़'। 18 अक्टूबर को मुंबई के ''किताबखाना'' में एक काव्य-उत्सव है, जिसका आयोजन '100 थाउजेंड पोएट्स फॉर चेंज' के अंतर्गत हो रहा है। मिस वाडिया ने प्रकृति के पांच मूलभूत तत्वों में से एक पर एक कविता लिखने को कहा है, जो

मुझे वहां पढ़नी है। मैंने 'अग्नि' पर लिखा है।

'100 थाउजेंड पोएट्स फॉर चेंज (100 टीपीसी)' एक अंतर्राष्ट्रीय आंदोलन है, जो अलग-अलग देशों से कवियों को कविता के माध्यम से शांति और सद्भावना के भाव को प्रसारित करने के लिए आमंत्रित करता है। अलग-अलग कवियों द्वारा वहां पढ़ी गई कविताओं को एक पुस्तक के रुप में संग्रहित कर उसे स्टैनफोर्ड विश्वविद्यालय के संग्रहालय में रखा जाता है। मिस वाडिया ने दिव्यांश की कुछ कविताएं पढ़ीं थीं और वे उन कविताओं में विचारों की अभिव्यक्ति की मौलिकता और उसके लेखन कौशल से बेहद प्रभावित हुई थीं। वह दिव्यांश का लिखा और अधिक पढ़ना चाहती थीं। और हो भी क्यों न? दिव्यांश उनका सबसे प्रिय शिष्य जो था! वह चाहती थी कि उसके प्रतिभा को '100 टीपीसी' जैसे बड़े मंच पर प्रस्तुति का अवसर मिले। यह पहली बार था कि दिव्यांश के लेखन को ख्याति मिलने की संभावना थी, साथ ही विश्व के सर्वाधिक सम्मानित विश्वविद्यालयों में से एक के संग्रहालय में स्थान मिलने का गौरव भी मिलने वाला था। हरी टोपी और सफेद और भूरे रंग के स्ट्राइप वाली टी-शर्ट में दिव्यांश सुशील के साथ 18 अक्टूबर को ''किताबखाना'' पहुंचा। जब उसकी बारी आई, वह पूरे आत्मविश्वास से मंच पर गया और अपनी कविता 'ब्लेज़' पढ़ी। उसके अंतर्मन का तेज, उसके आत्मा का प्रकाश, बड़ी खूबसूरती से कविता में उतर आया था। जब वह काव्यपाठ कर रहा था तो मिस वाडिया उसके करीब आकर उसे अत्यंत लाड़ से निहार रहीं थीं। उसके काव्यपाठ की समाप्ति पर पूरा हॉल तालियों की गड़गड़ाहट से गूंज उठा। वह कविता एक पुस्तक में संकलित हुई जिसका शीर्षक था 'आई बिलीव', और वह स्टैनफोर्ड विश्वविद्यालय के संग्रहालय के लिए भेजी गई। यह पहली बार था कि दिव्यांश के किसी साहित्यिक प्रयास को पहचान और ख्याति मिली। शायद इजरायल की पवित्रता ने उसके अंतर्मन के तेज को जागृत किया, और सांकेतिक तौर पर शायद वह अपनी कविता में उसी दिव्य ज्वाला की बात कर रहा था। जिसे हमें अपने अंदर जगाना होता है ताकि हम अपने हौसले को बुलंद रखें। कविता के आखिरी अंश में उसने जो लिखा उसका अनुवाद यहां दे रही हूं:

लौह इरादे<br>
समुत्थानशक्ति चट्टान-सी

दृढ़ प्रतिज्ञ दीप्तिमान छवि
खासियत यह सब
गुजरती है उस अग्निपरीक्षा से
जो करता है ईश्वर निर्धारित
सोच कर, विचार कर,
कुछ भस्म हो जाते हैं उस अग्नि की ज्वाला में
कुछ कुंदन बन जाते हैं तप कर उसी में
और पाते हैं मजबूती
ठोस हो जाते हैं इरादों में अपने

इस अग्नि को देखो
देखो इसके अप्रतिम आलोक को
ज्योति जगाओ
अंतर में अपने
तप कर लौह बन जाएं जिससे
इरादे मन के
पहले से सुदृढ़
पहले से कठोर।

बीतते समय के दौरान, अपनी पढ़ाई-लिखाई के साथ-साथ दिव्यांश ने कविताओं के माध्यम से स्वयं का अधिकाधिक अन्वेषण किया। उसकी कविताओं में मुझे सबसे प्रभावी लगती विचारों की मौलिकता, उत्कृष्ट शब्द संयोजन और शब्दों के बीच अंतर्निहित भावों की गहन अभिव्यक्ति।

दिवाली करीब थी। यह चार सालों में पहली बार था कि हम प्रसन्न मन से दिवाली मनाने के लिए उत्साहित थे। मैं दीवाली के लिए घर सजाने-संवारने में जुटी थी। जहां मैं अपने द्वार पर रंगोली बनाने में जुटी थी, दिव्यांश अपने साहित्यिक कैनवस पर शब्दों की रंगोली बनाने में मशगूल था। वह दिवाली पर ही एक कविता लिख रहा था। मैं सोचती दीवाली के बारे में भला वह नया क्या लिखेगा। पर, मुझे फिर से चकित करते हुए उसने दिवाली के आयोजन और उत्सव को एक नए दृष्टिकोण, एक नए परिप्रेक्ष्य से प्रस्तुत किया। उसे लगा कि दिवाली का त्यौहार, जो बुराई पर अच्छाई की विजय का प्रतीक है, क्या उसे केवल दिया जलाने, पटाखे चलाने और मिठाई बांटने तक सीमित कर देना उचित है? इस त्यौहार का

वास्तविक अर्थ यह है कि हम अपने अंदर ज्ञान, सत्यवादिता, और आदर्शों की ज्योति किस प्रकार जागृत करते हैं, और इसे किस प्रकार फैलाते हैं। इस दुनिया को इसकी आवश्यकता है। इसीलिए दिवाली का यह त्यौहार केवल प्रकाश पर्व के सीमित दायरे से कहीं अधिक विस्तृत और विराट होना चाहिए। इन्हीं विचारों के साथ उसने अपने शब्दों का आवाहन किया और उन्हें एक सुंदर कविता के स्वरूप में प्रस्तुत कर दिया। उस कविता का अनुवाद निम्नवत है:

इस कलियुग में
दिन है यह गवाह
कि अंधकार पा नहीं सकती विजय
कभी प्रकाश पर
ज्ञान का प्रकाश,
ज्योति सत्यनिष्ठा की,
मूल्यों की लौ, तिकड़ी हैं
जो होंगे उद्भासित
देदीप्यमान रहेंगे सदा
अंधकार के पार अनंत आलोक बन कर

इस दिवाली
इस तिकड़ी को अपने अंदर जगाएं हम मिल-जुल कर
सर्वशक्तिमान बनाएं
दया का प्रकाश आलोकित करे हर पथ को
अच्छाई गूंजे पटाखों का स्वर बन कर
प्रसन्नता का ताप महसूस करें सब
संतोष का सुख पसरे हर तरफ
श्रेष्ठता को प्राप्त हो हर आत्मा
ज्योति जगे हर तरफ
इन्हीं गुणों से पाकर ईंधन
अग्नि हो प्रज्वलित
हर मनुष्य को, हर चेतन को
अपने ताप से छूती
उद्भासित करती ।

जब मैंने यह कविता पढ़ी तो उसके निहितार्थ को समझने में मुझे थोड़ा वक्त लगा। उसकी उम्र में मेरे लिए दिवाली केवल एक उत्सव था। दिव्यांश ने जब यह कविता लिखी तब वह मुश्किल से 18 साल का होगा। मेरे लिए तो यह विश्वास करना भी मुश्किल था कि इस छोटी सी उम्र में ही उसके विचारों में कितनी परिपक्वता थी। क्या वह उस मुश्किल लड़ाई के कारण था जो उसने अपनी पूरी किशोरावस्था में लड़ी थी, जिसके कारण वह इतनी बुद्धिजीविता से पूर्ण था, जो उस उम्र में विरले ही किसी में होता है? वैसे तो मुझे हमेशा ही उसके विचारों की परिपक्वता पर गर्व होता, पर मैं यह देख कर दुःखी भी हो जाती कि वह अपनी उम्र के बच्चों की तरह व्यवहार नहीं करता था। मैं चाहती थी वह अपने उम्र के लड़कों की तरह जीवन का आनंद ले, दोस्तों (जिस में लड़कियां भी हों) से मिले-जुले, घर देर से आए और मैं इसके लिए उसे डांट लगाऊं। दूसरे शब्दों में कहूं तो वैसा व्यवहार जो उसकी उम्र में लोग आमतौर पर करते हैं। जैसे दिव्यांश अपनी उम्र के इन मस्ती भरी हरकतों से वंचित था, मैं भी उसकी ऐसी हरकतों के लिए उसे प्यार भरी झिड़की लगाने को तरसती थी। मैं वैसे अनुभव के लिए तरसती जो एक मां अपने किशोर उम्र के बेटे के साथ महसूस करती है, जिसमें वह चिढ़ती है, गुस्सा होती है, और उसे डांटती भी है। पर, उसने मुझे कभी ऐसा अवसर नहीं दिया। वह इन सब हरकतों के लिए कहीं अधिक समझदार, अधिक जिम्मेदार हो गया था। समय के साथ मैंने इस पीड़ा के साथ जीना सीख लिया।

दिव्यांश की स्टडी टेबल पर उसके दो आदरणीय गुरुओं द्वारा दिए गए उपहार हमेशा सजे होते। एक पीतल का नृत्यरत नटराज, जो उसकी योग गुरु राजी मैडम ने दिया था और दूसरा मिस वाडिया द्वारा दिया गया लाफिंग बुद्धा। नृत्यरत नटराज हिंदू धर्म की मान्यताओं का एक सुंदर संश्लेष है। यह सृजन और विनाश के ब्रह्मांडीय चक्र का प्रतीक है, साथ ही यह जन्म और मृत्यु के दैनिक आयाम को भी इंगित करता है। सृजन, विनाश, संरक्षण, मोक्ष और माया रूपी ऊर्जा के पांच शाश्वत स्रोतों का संशलेष है यह नृत्य। इसके विपरीत, लाफिंग बुद्धा धन-धान्य, संतोष और प्रसन्नता की विपुलता का द्योतक है। लाफिंग बुद्धा ने दिव्यांश को जिन धन संपदाओं के संग्रहण के लिए प्रेरित किया वे थे ज्ञान, संतुष्टि, कृतज्ञता, दृढ़ता और सहनशीलता। पर इनके साथ-साथ ही भौतिक जीवन के आनंद का भी उसने अपने तरीके

से उपभोग किया, जैसे कि फैशनेबल कपड़े और गैजेट्स। यहां तक कि उसे दुनिया की बेहतरीन कारों के बारे में पता था, जबकि उस समय उसके पिता के पास एक छोटी सी सैंट्रो कार थी। स्पष्टत: उसे धन के इन दोनों अर्थों की बारीकियों और उनके सम्यक संतुलन की समझ थी। दिव्यांश ने इन दोनों ही तत्वों द्वारा प्रतिपादित जीवन मूल्यों को हमेशा अपने जीवन में अपनाने की चेष्टा की। एक बार उसने मुझसे कहा कि नटराज को देखना उसे एक अद्‌भुत शक्ति बोध से भर देता है। समय के साथ लाफिंग बुद्धा के संकरे कोनों और किनारों में धूल बैठ गई जिसे साफ करना मुश्किल था। दिव्यांश ने लाफिंग बुद्धा के उन धूल बैठे स्वरूप में भी सुंदरता और जीवन का संदेश ढूंढ लिया। एक दिन उसने मिस वाडिया को लिखा:

> "हैलो मैडम, आपको याद है, जब मैं अपके पास पढ़ने आता था, आपने मुझे एक लाफिंग बुद्धा दिया था? कहते हैं, लाफिंग बुद्धा हमेशा उपहार में ही आते हैं। अब करीब तीन साल बाद, इसके निचले भाग की पॉलिश थोड़ी निकल गई है और इस में धूल बैठने लगी है। पर अब भी इसकी मुस्कुराहट वैसी ही दीप्तिमान है जैसे मैंने इसे पहली बार देखा था। यह आपकी पांचवी सीख का प्रत्यक्ष उदाहरण है-किसी भी परिस्थिति में खुश रहना।"

मेरे लिए वह इन दोनों ही प्रतीकों द्वारा प्रतिपादित जीवन दर्शन की वास्तविक मिसाल थी। मुझे भरोसा था कि वह अपनी परीक्षा के लिए जो भी पढ़ाई कर रहा था, उसने अपने ज्ञान को इस स्तर पर लाने की सप्रयास चेष्टा की।

एक दिन दिव्यांश ने विचारशील मुद्रा में अपने पिता से पूछा, "आपको क्या लगता है, मैं अंतर्मुखी हूं या बहिर्मुखी?"

"तुम ऐसा क्यों पूछ रहे हो?" सुशील ने उत्तर में प्रश्न किया।

"कुछ खास नहीं, बस यूं ही, इस बारे में आपकी राय जानना चाहता था।" दिव्यांश ने भी अनिश्चित सा जवाब दिया।

"मुझे लगाता है तुम पूरी तरह से अंतर्मुखी हो न बहिर्मुखी, तुम में दोनों का ही सुंदर समागम है।" सुशील ने भी बस यूं ही अनिश्चित सा जवाब दिया। बात वहीं नहीं थमी। वह सुशील की स्पष्ट राय जानना चाहता था, जो उसे नहीं मिल रही थी। सही उत्तर तलाशते हुए उसने आत्मनिरीक्षण किया, फिर उस पर विचार किया और परिणाम स्वरूप उसने एक कविता लिखी, 'द इंट्रोवर्ट', जहां कविता के आखिर में उसके प्रश्न का उत्तर भी था।

बहिर्मुखी के लिये
अंतर्मुखी
होता है एक घमंडी अजनबी
जिसे सताया जा सकता है
जिस पर कोई भी तरकीब शैतानी की
आजमाई जा सकती है
पर, कोई भ्रम न पालें
वैसा ही नहीं होता सब कुछ
जो दिखता है

अंतर्मुखी एक पूरी दुनिया है
खुद में बसी
एक अनोखी दुनिया,
स्वयं में ही पूर्ण और प्रगाढ़...
अंतर्मुखी, गर्व से रहो (अपने शर्मीलेपन में)
तुम एक जर्रा हो चमकता हुआ (अपनी छाया में सुरक्षित)
बेहिचक, बेधड़क (अपनी झिझक, अपने संकोच में व्यवस्थित)
एक बहिर्मुखी (अपने अंतर में)
एक अंतर्मुखी (अपने बाहर)

इतना ही है..बस!

देर शाम जब दिव्यांश ने सुशील को वह कविता दी, तो सुशील को भी शायद स्पष्ट उत्तर मिल गया जो वह दिन की उस बातचीत में नहीं दे पाए थे- बाहर से अंतर्मुखी और अंदर से बहिर्मुखी।

12वीं की बोर्ड परीक्षा के साथ-साथ इंजीनियरिंग की प्रवेश परीक्षाओं की तैयारी के लिए दिव्यांश ने एक कोचिंग सेंटर में भी दाखिला ले लिया। पर, वह अभी हाल ही में इजरायल से आया था और उसके लिए कोचिंग सेंटर पर जाकर क्लास में शामिल होना उचित नहीं था, क्योंकि वह अभी भी कमजोर था और संक्रमण का खतरा भी था। उस कोचिंग संस्थान के प्रमुख श्री प्रवीण त्यागी ने हम पर बड़ा एहसान किया, उन्होंने दिव्यांश को हमारे घर पर ही आकर पढ़ाने के लिए शिक्षकों की व्यवस्था कर दी। श्री त्यागी एक बेहतरीन इंसान थे, उन्हें लगा कि दिव्यांश जैसे निष्ठावान छात्र

की हरसंभव सहायता की जानी चाहिए। इतना ही नहीं, सुशील के आग्रह के बावजूद उन्होंने इसके लिये हम से कुछ भी अतिरिक्त फीस लेने से इंकार कर दिया। लगभग सभी शिक्षक, जो दिव्यांश को पढ़ाने आते, वे अलग-अलग आई. आई. टी. से हाल फिलहाल डिग्री लेकर आए हुए लड़के थे, जिन्होंने व्यवसाय जगत में कार्य करने की जगह शिक्षा का क्षेत्र चुना था। उनके और दिव्यांश के बीच उम्र का बहुत फासला नहीं था। दिव्यांश की पढ़ाई के प्रति लगन और युवा शिक्षकों द्वारा उत्साहपूर्वक पढ़ाया जाना, पढ़ाई के लिए बिल्कुल समुचित परिवेश था। पढ़ाई के साथ-साथ, शिक्षकों और छात्र को हंसी मजाक करते, हंसते-मुस्कुराते देखकर मैं उनके आपसी तारतम्य को स्पष्टता से महसूस कर सकती थी। शिक्षक अक्सर हमें बताते उन्हें दिव्यांश को पढ़ाने में कितना आनंद आता था। उसने जितनी कठिनाइयां झेली थीं, उसके बावजूद जिस लगन और तन्मयता से वह पढ़ाई में जुटा रहता उसे देखकर उसके शिक्षक भी आश्चर्य मिश्रित प्रसन्नता से भर जाते। जब भी कोई शिक्षक उसे पढ़ाने आते, मैं उनके लिए स्वादिष्ट खान-पान की व्यवस्था करती, मैं यह भी सुनिश्चित करती कि हमारे यहां उनका समुचित ध्यान रखा जाए। पता नहीं क्यों पर उन्हें स्वादिष्ट खाना परोसकर मुझे आत्मिक संतोष होता। मैंने कभी उन्हें दिव्यांश से अलग नहीं समझा और उनके लिए स्नेह से खाने पीने की चीजें परोसकर मुझे लगता मैं दिव्यांश को ही खिला रही हूं। शुरू-शुरू में उन्होंने चाय नाश्ते के लिए मना किया पर धीरे धीरे उनका संकोच कम हो गया, और उन्हें मेरा खाना पसंद आने लगा। मैं किसी भी शिक्षक के आने से पहले ही खाने-पीने की व्यवस्था की तैयारी कर लेती। सौरव, जो उसे भौतिकी पढ़ाते थे, ने एक दिन दिव्यांश को संदेश भेजा, "तुम्हारे मम्मी के हाथ का खाना अद्भुत है, उन्हें बताने का मौका नहीं मिला, तुम बता देना।" इस संदेश का उत्साहपूर्वक उत्तर देते हुए दिव्यांश ने लिखा, "मैं बताऊं, मेरी मम्मी हमेशा आप सब के लिए हर बार कुछ खास बनाने की व्यवस्था में लगी रहती है।" दिव्यांश का उन सब से गहरा अपनापन हो गया था। मेरा उन्हें स्नेहपूर्वक खिलाना पिलाना शायद उस अपनापन को और गाढ़ा कर गया।

साल 2016 शुरू होने वाला था। मेरी बस इतनी अभिलाषा थी कि नया साल दिव्यांश के लिए एक नया जीवन लेकर आए। पर, ऐसा मैंने पिछले कई सालों में भी चाहा था, लेकिन हर एक नए साल ने मुझे बस निराश किया था। जनवरी के पहले सप्ताह में हदस्साह अस्पताल के बोन मैरो

प्रत्यारोपण विभाग के मुख्य नर्स येवगिनि ने दिव्यांश को फोन किया, उनका आग्रह था कि डेविड के सेवानिवृति समारोह के लिए दिव्यांश अपने वक्तव्य का एक वीडियो बनाकर भेजे। इजरायल से वापस आकर भी दिव्यांश डेविड और अन्य इजराइली मित्रों के संपर्क में रहा था। उसे डेविड की सेवानिवृति का ध्यान था और उसने सोच भी रखा था कि उसे इस अवसर पर क्या करना है। और तभी येवगिनि का संदेश भी आ गया। उसने तुरंत वादा किया कि दो एक दिन में वह अपना वीडियो भेज देगा। जब सुशील शाम को दफ्तर से घर आए तो दिव्यांश ने येवगिनि के उस आग्रह के बारे में हमें बताया। सुशील आश्चर्यचकित थे कि डेविड के हजारों ऐसे मरीजों में से उन्होंने इस विदाई समारोह के वक्तव्य के लिए दिव्यांश को ही क्यों चुना..! उन्होंने दिव्यांश से कहा कि यह अत्यंत गर्व का विषय है कि येवगिनि ने दिव्यांश को इस विदाई समारोह में डेविड के संबंध में वक्तव्य के लिए चुना है। लेखन तो दिव्यांश की ताकत थी ही, उसने डेविड के लिए एक अत्यंत भावपूर्ण वक्तव्य लिखा, और उसे उतनी ही संजीदगी से पढ़ा भी। सुशील ने उसे रिकॉर्ड किया और वह वीडियो येवगिनि को भेज दिया गया। येवगिनि ने जवाब में एक वीडियो भेजा जिसमें डेविड के सेवानिवृति समारोह में दिव्यांश के उस भावपूर्ण वक्तव्य का वीडियो बड़े पर्दे पर दिखाया गया। हमने डॉक्टर्स, नर्स और अन्य सहायक कर्मचारियों को जिन्हें हम अच्छे से जान गए थे, नम आंखों से वह वक्तव्य सुनते देखा। डेविड को, जो वह प्रत्यक्ष देख रहा था, उस पर विश्वास नहीं हो रहा था। और केवल वही नहीं वहां उपस्थित सभी लोग दिव्यांश की सराहना कर रहे थे। वहां गूंजते तालियों के स्वर अस्पताल के लिए डेविड के सराहनीय योगदान के लिए तो थे ही, साथ ही वे दिव्यांश के लिए भी थे, जिस सुंदरता से उसने डेविड के सेवाभाव और उनके अतुलनीय योगदान को अपने वक्तव्य में प्रस्तुत किया था। डेविड, ईश्वर आपको सदा प्रसन्न रखें, आप एक बेहतरीन इंसान हैं, जो हमेशा दिव्यांश के दिल के बहुत करीब थे।

27 जनवरी 2016, दिव्यांश का उन्नीसवां जन्मदिन। हम उत्साह से उसे एक बड़े अवसर की तरह मनाने की योजनाओं में जुटे थे। दिव्यांश भी बेहद खुश था। ऐसे महत्वपूर्ण दिनों को उत्साह से मनाना उसके स्वभाव में था। इसी तरह वह हमेशा कोशिश करता कि हमारा जन्मदिन और शादी की सालगिरह उत्साहपूर्वक मनाई जाए। वैसे अवसरों पर हमारे लिए सबसे बड़ा उपहार उसके पत्र होते जो वह हमें समारोह के अंत में देता। वे पत्र

हमारी धरोहर हैं। जब वह मेरे बारे में लिखता तो कभी-कभी ऐसा लगता मानो मुझसे भी ज्यादा अच्छे से वह मुझे जानता है। हम मुंबई के प्रसिद्ध पलेडियन मॉल में उसके पसंदीदा रेस्त्रां पंजाब ग्रिल में उसे लेकर गए। खाने के बाद सुशील ने यूं ही उस से बीते हुए सालों के बारे में उसके विचार पूछे। दिव्यांश ने बड़े ही संजीदगी से जवाब दिया, "आज मेरी किशोरावस्था समाप्त हुई। अब तक के इस जीवन में मैंने अनवरत संघर्ष किया है। पर, सच कहूं तो मुझे कोई शिकवा नहीं है। मैं जीवन में आगे निकल आया हूं और ऐसे ही आगे बढ़ते रहने के बारे में विचार करता रहता हूं।" उसके विचार सुनकर सुशील भावुक हो गए, वह बोले, "दिव्यांश, तुम सही कह रहे हो, तुमने अपनी किशोरावस्था का चटपटा स्वाद शायद नहीं पाया, पर उसकी भरपाई उस अपार बुद्धिमत्ता से हो गई जो नियति ने तुम्हें बख्शी और जिसका लाभ हमें भी मिला" जब सुशील ड्राइव कर हमे लेकर घर आ रहे थे, मैंने गाड़ी की खिड़की से हाजी अली दरगाह को देखा, जहां समुद्र की लहरें दिव्यांश के जीवन की तरह ही अशांत थीं।

हमारी तरह ही मृदुल भी दिव्यांश के जन्मदिन का इंतजार कर रहा था। वह हर बार एक प्यारे से नोट के साथ दिव्यांश की पसंद का कोई उपहार भेजता। इस बार भी उसने वैसा ही किया। उसने जन्मदिन की शुभकामनाओं के साथ मोबाइल पर संदेश भेजा। इस संदेश में उसने दिव्यांश और उसके व्यक्तित्व का इतना खूबसूरत चित्रण किया है कि मैं उसे यहां साझा करने का लोभ संवरण नहीं कर पा रही हूं। संदेश का अनुवाद कुछ इस प्रकार है:

> "कैसा अद्‌भुत साल था यह..!! तुम्हारी वयस्कता का पहला साल.. और जीवनदायी इलाज के बाद तुम्हारे इस नए जीवन का भी पहला साल। और जब तुम अपनी तरुणाई के आखिरी साल में हो तो मैं तुम्हें बताना चाहता हूं कि तुमने अपने इस किशोरावस्था के जीवनकाल को कितनी गरिमा से जिया है। कहने की आवश्यकता नहीं कि इस जीवन के इस खंड में अक्सर लोग बहक जाते हैं।
>
> पर, तुम वैसे कभी नहीं रहे!! तुम सर्वश्रेष्ठ थे, एक ऐसा किशोर जो किशोरावस्था की चंचलता से कहीं आगे किसी गहरी नदी के धैर्य का प्रतिरूप बना रहा...शांत और गंभीर।
>
> माता-पिता और अभिभावकों के लिये तुम आदर्श पुत्र रहे, सभी नियमों का सचेत होकर पालन करते हुए।

तुम्हारे व्यक्तित्व में बस एक छोटा सा परिवर्तन जो मैंने चाहा था वह था तुम्हारा थोड़ा स्वयं में सिमट कर रहना। तुम्हारे व्यक्तित्व का मस्ती भरा आयाम थोड़ा और खुल कर बाहर आता और तुम्हारे पिछले जन्मदिन पर भी मैंने इस तरफ इशारा किया था।

आज एक साल बाद, मैं गर्व से कह सकता हूं कि तुम्हारा चंचल और विनोदपूर्ण स्वभाव अब निखर कर आया है ठीक उसी तरह जैसे तुम अपने बचपन में थे। मुझे नहीं पता तुमने यह प्रयासपूर्वक किया या यह अनायास हुआ, पर जो भी कारण हो, और चाहे जिस भी प्रेरणा से यह हुआ हो, मैं चाहूंगा तुम ऐसे ही रहो। मेरी मानो तो यह सबसे खूबसूरत तोहफा है जो तुम्हारी वयस्कता ने तुम्हें दिया है। मैं तुम्हारे इस रूप को हमेशा देखना चाहता हूं, जो खुल कर बाहर आता है, थोड़ा अधिक चंचल, थोड़ा कम गंभीर, जीवंतता से भरपूर।

और तुम्हारे जन्मदिन पर मैं यह प्रार्थना करता हूं कि तुम्हारा यह स्वरूप हमेशा यूं ही कायम रहे, हंसता खिलखिलाता, मौज मस्ती करता, कभी-कभी मजाक मजाक में हमारी खिंचाई करता, और जीवन के इस खेल में सृजनात्मकता से आगे बढ़ता, अपने अद्‌भुत आकर्षण में इस दुनिया को बांधता...उन्नीसवां जन्मदिन बहुत बहुत मुबारक हो दिव्यांश!!"

दिव्यांश ने भी इस बेहद सुंदर संदेश का उत्तर दिया, उसका अनुवाद भी यहां लिख रही हूं:

"प्यारे भैया,

सबसे पहले तो आपकी शुभकामनाओं के लिये धन्यवाद। पहले शायद मैं इसलिए थोड़ा अपने आप में सिमटा रहता था क्योंकि मैं अपने मन में प्रसन्नता महसूस नहीं करता था, और मैं कितना भी प्रयास करता, पर अपने अंतर में आनंद का भाव कभी अनुभव नहीं कर पाता था। मेरी पूरी ही किशोरावस्था एक दुर्भाग्य के साये में बीती, संघर्षों का एक कठिन सिलसिला था जो लगातार मेरे साथ बना रहा।

पिछले साल लगभग इसी समय मैं एक भयंकर सरदर्द और बुखार की चपेट में था। मुझे याद है अपने जन्मदिन के रोज ही मैं दसियों बार रोया। और आपको पता है कि उसके बाद क्या हुआ...मेरा इलाज और मेरी बीमारी पर यह विजय इस साल का मेरा सबसे खूबसूरत

उपहार है। और मेरे इस रूपांतरण के उन महत्वपूर्ण क्षणों में मेरे साथ रहकर आपने मुझे अपनी ओर से सबसे बड़ा उपहार दिया। और आपको अब मेरी टोपी की चिंता करने की भी जरूरत नहीं रही।

जैसा कि आपने मेरे बचपन के दिनों में जैसा था फिर से वैसा ही हो जाने के बारे में कहा, मैं कहूंगा यह सच है, इस यात्रा ने मेरे पूरे व्यक्तित्व को बदल कर रख दिया है, न केवल शारीरिक रूप से बल्कि मानसिक और आध्यात्मिक रूप से भी। मैं स्वयं को अब ज्यादा खुल कर अभिव्यक्त कर पाता हूं। इजरायल की इस यात्रा में मैं वह सब आत्मसात् कर पाया जो मेरे व्यक्तित्व से विलग था। मैं कह सकता हूं, यही प्राप्य है, एक नए दिव्यांश का, एक नयी रोग प्रतिरोधक शक्ति, एक अधिक कुशल, अधिक सौम्य व्यक्तित्व।''

उन दोनों के विचारों के इस आदान-प्रदान को पढ़कर मुझे लगा जैसे दिव्यांश के इस जन्मदिन समारोह में अब कोई खालीपन नहीं रहा।

# 8

# चट्टानी इरादे

अपने जन्मदिन के कुछ दिन पहले से दिव्यांश अपने बाएं पैर में तेज दर्द महसूस कर रहा था। सुशील ने फोन पर डॉक्टर ऑर से बात की और उन्होंने उसे आराम पहुंचाने के लिये कुछ दवाइयां सुझाईं। पर दर्द वापस आ जाता। डॉ. तपन सैकिया ने कहीं ज्यादा चिंताजनक स्थिति की संभावनाओं की ओर संकेत किया और "सी.एस.एफ." और बोन मैरो टेस्ट करवाने का सुझाव दिया। चूंकि दिव्यांश की बोर्ड की परीक्षाएं करीब थी, उन्होंने परीक्षा के बाद जांच करवाने का सुझाव दिया। बीच बीच में हो रहे इस असहनीय दर्द के बावजूद दिव्यांश धैर्यपूर्वक अपनी पढ़ाई में लगा रहा। पर, पिछले अनुभवों के कारण दिव्यांश का इस प्रकार दर्द अनुभव करना मुझे बुरी तरह डरा रहा था।

सुशील की माता जी (दिव्यांश की दादी) पिछले कुछ महीनों से अस्वस्थ चल रही थीं। उन्होंने लगभग बिस्तर पकड़ लिया था। यरूशलम से लौटने के बाद मैं और सुशील अक्सर उनसे मिलने पटना जाते। मैं बहुत चाहती थी कि उनके साथ अधिक समय बिता पाऊं, पर, यरूशलम से लौटने के बाद दिव्यांश का ध्यान रखना भी मेरे लिए बेहद जरूरी था। अपनी हार्दिक आकांक्षा के बाद भी मैं उनके साथ समय व्यतीत नहीं कर पायी। मैं यदा कदा सुशील के साथ थोड़े समय के लिये ही पटना जा पाती, वह भी इस कारण कि दिव्यांश जिद करता कि मैं उसकी दादी से मिलने जाऊं। समय के साथ मुझे विश्वास हो गया कि वह मेरी अनुपस्थिति में अनन्या का ध्यान रख सकता है, जो की उसने बहुत अच्छे से रखा भी। सुशील के लिये भी इस प्रकार दोनों जगह संभालना कष्टप्रद था। सुशील के बड़े संयुक्त परिवार में वे पांच भाई और एक बहन थे। उनके चारों बड़े भाई और उनका परिवार सुशील के पिताजी की छत्रछाया में एक ही छत के नीचे रहते थे। सुशील के पिताजी डॉ. केदारनाथ पोद्दार, बिहार के जाने-माने

विधिज्ञ थे। वे पटना लॉ कॉलेज में प्रोफेसर थे जहां से वह प्रिन्सिपल बनकर रिटायर हुए। वह सामाजिक रूप से बेहद सक्रिय थे और अपने छात्रों और समवर्ती शिक्षकों में समान रूप से समादृत थे। उनका व्यक्तित्व इतना चमत्कारी था कि पटना के घर में उनकी उपस्थिति मात्र से ताजगी और स्नेह का भाव महसूस होता। कई लोग कहते दिव्यांश बिल्कुल अपने दादा जी का प्रतिरूप है। उसकी सौम्य मुस्कान मुझे उसके दादा जी की याद दिलाती। घर में परिजनों की इस उपस्थिति से सुशील को थोड़ा संतोष था कि उसकी अनुपस्थिति में भी मां का ध्यान रखने के लिये लोग हैं। पर, मां के लिये जहां पांच बेटे और एक बेटी थी और उन में से चार बेटे उनके साथ रहकर उनका ध्यान रख रहे थे, सुशील के लिये तो वह उनकी इकलौती मां थीं, जिनकी सेवा और देखरेख वह करना चाहते थे, खासकर तब जब उन्हें इसकी जरूरत थी। सुशील अब भी वहां उपस्थित रह कर उनका ध्यान न रख पाने के अपराधबोध से भर जाते हैं। पर हमारी जिंदगी कुछ ऐसी ही रही। पिछले सात सालों से हम जीवन के साथ एक अनवरत संघर्ष में थे, फिर भी हमने सभी पारिवारिक और सामाजिक जिम्मेदारियों के सम्यक् निर्वाह का हमेशा प्रयास किया। सुशील के भीतर अत्यंत विपरीत परिस्थितियों में भी अपनी जिम्मेदारियों का भलीभांति निर्वाहन करने की अद्‌भुत क्षमता है। यह सब था और उनकी अपनी कार्य संबंधी जिम्मेदारियां भी थीं, उन्होंने सब कुछ गंभीरता से निभाया। एक बार दिव्यांश ने उन्हें लिखा,

'पापा,

कभी-कभी मुझे आपके लिए बहुत दु:ख होता है। मुझे पता नहीं हर बार इन कठिन चुनौतियों का सामना आप कैसे करते हैं। और तब जबकि कोई आपको सहायता, संबल देने वाला भी नहीं है। हम आपकी अपार इच्छाशक्ति का बस एक अंश भर हैं। जिस प्रकार आपको हर बार सब कुछ संभालना पड़ता है...नियति का यही निर्णय है, शायद। पर आप चिंता मत कीजिए। मैं बड़ा होकर अपने पांव पर खड़ा हो जाऊं, फिर मैं वादा करता हूं आपकी हमेशा सहायता करूंगा और आपको कुछ भी चिंता करने की जरूरत नहीं रहेगी। आप बस आराम और शांति से अपना जीवन बिताएंगे। यह मेरा वादा है आपसे, बस आपको थोड़ा इंतजार करना है।'

सुशील ने हर परिस्थितियों का हिम्मत से सामना किया, कठिनाइयों में भी आगे का रास्ता तलाशा, हमें भी दिशा दिखाई, संबल दिया।

7 फरवरी 2016, सुबह-सुबह सुशील के बड़े भाई शंकर भैया (मृदुल और अंशु के पिताजी) का सुशील को फोन आया-मां नहीं रहीं। दिव्यांश की परीक्षाएं अभी शुरू ही हुई थीं, रह रह कर उसका पैर का वह असहनीय दर्द भी होता रहता। इन परिस्थितियों में हम दोनों में से एक का उसके पास रहना आवश्यक था। मैंने दिव्यांश से पूछा क्या वह हमारी अनुपस्थिति में हमारे पटना से लौटने तक खुद की और अनन्या की देखभाल कर पाएगा। उसने न केवल मुझे निश्चिंत होकर सुशील के साथ जाने को कहा बल्कि अपनी दादी के लिये एक पत्र भी दिया जो उनके दाह संस्कार से पहले उन्हें पढ़ कर सुनाने के लिये कहा। मैंने महसूस किया वह दिल से उनके दाह संस्कार में शामिल होना चाहता था, पर उसकी परीक्षाओं के कारण यह संभव नहीं था। अपने बचपन के बाद वह अपने दादा-दादी के साथ ज्यादा समय नहीं बिता पाया, पिछले सात साल से तो वह अपनी समस्याओं से ही जूझ रहा था। उनसे मिलने की उसकी हमेशा प्रबल इच्छा होती पर वह यह जाहिर नहीं करता था। उसे पता था उसने उनके साथ समय बिताने का अपने जीवन का एक महत्वपूर्ण अध्याय खो दिया, जैसा की उसके चचेरे भाई बहनों ने जिया। कभी-कभी सच्चाई किसी भी अनुभव से ज्यादा गहरी होती है। हम उसका अनुमान भी नहीं लगा सकते। दिव्यांश का अपने दादा-दादी के लिये जो आत्मीय स्नेह था, हम पूरी तरह से कभी उसका अनुमान भी नहीं लगा सके। और उसके इस सत्य को पूरी तरह समझने का एक मात्र माध्यम यह है कि मैं उसे यहां साझा करूं। तब तो मैं बस इतना ही महसूस कर पायी थी कि वह वहां नहीं जा पाने के कारण उदास था।

हम मां की अंतिम क्रिया में शामिल होने पटना गए। सुशील ने दाह संस्कार से पहले मां को दिव्यांश का पत्र पढ़ कर सुनाया। उसने लिखा था,

"प्यारी दादी मां,

आखिरी समय में आप से न मिल पाने का दुःख मुझे हमेशा सालता रहेगा। मेरे हालात कुछ ऐसे हैं कि चाह कर भी मैं आप से नहीं मिल पाया। अब आपके साथ बिताया समय याद कर दिल भर आता है। काश! किसी तरह आप से मिल पाता। आप पापा और मम्मी की

उपस्थिति में मेरी भी उपस्थिति समझना। मैं आपकी चिर-शांति के लिये ईश्वर से प्रार्थना करूंगा। आप हमेशा मेरी यादों में जीवित रहेंगी।

दिव्यांश''

जब मैं यह पत्र पढ़ती हूं तो अपनी प्यारी सास के संस्कार में अपने बच्चों के साथ शामिल न हो पाने के दुःख से भर जाती हूं। दिव्यांश और अनन्या के हिस्से के आंसू भी रोने के अलावा मेरे पास और चारा भी क्या था।

जब हम कुछ दिनों बाद फिर से माताजी के श्राद्ध के लिये पटना गए तो मैंने दिव्यांश और सुशील के बीच मोबाइल पर संदेश का एक सूत्र देखा।

दिव्यांश: श्राद्ध में आप सर भी मुंडवाएंगे?

पापा: हां

दिव्यांश: आप मूंछ मत मुंडवाना, सर के बाल जल्दी ही आ जाएंगे।

पापा: लगता है तुम्हें मेरे बालों की खूबी का ज्यादा पता है।

दिव्यांश: मुझे आमतौर पर बालों की इन खूबियों का ज्यादा पता है, सात सालों का अनुभव जो है।

मैं यहां इस संदेशालाप के बारे में इसलिए लिख रही हूं कि किस खूबसूरती से दिव्यांश ने बार-बार अपने बालों के जाने और फिर से उगने, उनके न होने के मानसिक कष्ट को मजाकिया बनाकर प्रस्तुत किया।

पैर में भीषण दर्द के बावजूद दिव्यांश ने अपनी बोर्ड परीक्षा संपन्न की। मैं आशंकित थी कि वह परीक्षा दे भी पाएगा या नहीं। दिव्यांश के पास चट्टानी इच्छाशक्ति थी। यह मुहावरा उसने खुद ही अपने लिए अपनी एक कविता में प्रयुक्त किया था। जिस दिन उसने अपनी परीक्षा संपन्न की, सुशील ने उसे संदेश भेज कर अपने हर्ष और संतोष का इजहार किया:

"प्रिय दिव्यांश,

24 जुलाई 2015, क्या तुम्हें यह दिन याद है?

शायद याद हो, एक अरसा बाद तुमने फिर से इसी दिन हदस्साह अस्पताल से अपने बोर्ड परीक्षा की तैयारी शुरू की थी, जब तुम्हें वहां 'सी.एम.

वी. इन्फेक्शन' के कारण फिर से भर्ती होना पड़ा था। तुमने इस दिन से दुबारा पढ़ाई शुरू करने का निर्णय लिया था और अस्पताल में भर्ती होने की बाध्यता भी तुम्हारे इस निर्णय को डिगा नहीं पाई थी। "इस बार मैं परीक्षा देकर रहूंगा", तुमने इस विश्वास के साथ शुरुआत की थी। तुम्हारा विश्वास अडिग था, और मुझे यह दिख रहा था। पर, मुझे लगा इस बार तुम शायद परीक्षा दे लोगे। मेरी और तुम्हारी मान्यताओं में यही अंतर था। "पूर्ण विश्वास" और "कदाचित" का अंतर। मैंने सोचा एक-एक कर देखते हैं। जैसा भी होगा समय अनुसार निर्णय लेंगे। वहां से हम एक-एक कदम आगे बढ़े। मैं हर समय शंकाग्रस्त था, जबकि तुम पूरी दृढ़ता से अपने निर्णय पर अडिग रहे। तुम्हें जब भी मेरी यह शंका महसूस हुई तुमने मुझे आश्वस्त किया। आज जब तुमने कष्टप्रद और मुश्किल घड़ियों को पार करते हुए अपनी परीक्षा संपन्न कर ली, मैं खुशी से फूला नहीं समा रहा, केवल इसीलिए नहीं कि तुम इस परीक्षा में शामिल हो पाए बल्कि इसीलिए भी कि पिछले कुछ महीनों में अपने इस उद्देश्य की प्राप्ति के लिये तुमने अतुलनीय दृढ़निश्चयता का परिचय दिया। सफलता, जो निश्चित किया उसे केवल पाने भर में नहीं है, बल्कि जिस प्रकार से वह प्राप्त किया गया उसमें भी है। तुम्हारी इस सफलता में जिस प्रकार तुमने यह संकल्प पूरा किया वह मुझे अधिक महत्वपूर्ण लगा। जहां तक परिणाम की बात है, वह तो मुझे पता है। आज, मैं, मम्मी और अनन्या तुम्हारे साथ विजेता की तरह गर्व महसूस करते हैं, उन सब के लिये जो तुमने किया, अपने लिए और हमारे लिए भी, हमारी भावनाओं का ध्यान रखकर, हमारे विश्वास को बल देकर।

"वह जो तुमने पीछे छोड़ा है और वह जो तुम्हारे सामने है, उन दोनों से बड़ा है वह
जो तुम्हारे अंदर है- तुम्हारा आत्मबल।"
इस कथन में मेरा विश्वास दृढ़ हो गया ।
दिव्यांश, शाबाश,
ईश्वर सदा सहाय रहें।"

मार्च के शुरुआत में हमें डॉ. रूबेन ऑर का संदेश मिला, वे अपनी पत्नी ख़ानी के साथ मुंबई आ रहे थे। बोन मैरो प्रत्यारोपण पर वक्तव्य के लिये

किसी दवा कम्पनी ने उन्हें आमंत्रित किया था। सुशील ने उनसे हमारे घर आने का आग्रह किया। यह हमारे लिए सर्वथा अविश्वसनीय था कि डॉक्टर रूबेन ऑर, जो हम सब के लिये, विशेष कर दिव्यांश के लिये अत्यंत सम्माननीय थे, किसी दिन इजरायल से मुंबई हमारे घर आएंगे। सुशील ने इस अप्रत्याशित अवसर का लाभ उठाकर उन्हें हमारे घर आकर हमें अनुगृहीत करने का अनुरोध किया। डॉक्टर ऑर ने खुशी खुशी हमारा अनुरोध स्वीकार किया। उनके इस दौरे की समाप्ति के समय वे हमारे घर आए और लगभग तीन घंटे हमारे साथ गुजारे।

मैंने उनके लिए अलग अलग तरह के भारतीय व्यंजन बनाए। मैंने इजरायल में रहते हुए जाना कि उन्हें भारतीय व्यंजन बहुत पसंद थे। उन्हें भोजन बहुत ही सुरुचिपूर्ण लगा। भोजन के बाद हमने उनसे हाल में दिव्यांश के पैर में होने वाले दर्द के बाबत बात की। ऊपरी तौर पर तो उन्हें यह कोई बहुत गंभीर मसला नहीं लगा, फिर भी उन्होंने अगले महीने, दिव्यांश के प्रवेश परीक्षाओं की समाप्ति के बाद एक बार संपूर्ण फॉलो अप के लिये इजरायल आने को कहा। मैंने उनकी दयालुता देखी कि वे न केवल दिव्यांश से उसके भविष्य की योजनाओं के बारे में पूछ रहे थे बल्कि उसकी इन योजनाओं में यथासंभव सहायता का वचन भी दे रहे थे। यहां तक की उन्होंने दिव्यांश से इजरायल में भविष्य बनाने की भी सलाह दी, जहां वे हर संभव सहायता करने में सक्षम थे। अगले दिन हमने उनके सम्मान में पास के एक बैंक्वेट हॉल में एक छोटा सा समारोह रखा जिसमें हमने डॉ. ऑर के अन्य मित्रों को भी, जिनमें से कुछ हमारे भी परिचित थे, निमंत्रित किया।

आनेवाली प्रवेश परीक्षाओं के लिये दिव्यांश की तैयारी जोर शोर से चल रही थी। उसके शिक्षक जो उसे घर पर पढ़ाने आते थे, उसकी तैयारी से पूरी तरह संतुष्ट थे। जिस प्रकार दिव्यांश ने अपने इलाज के कारण लगभग नौ महीने का समय खोने के बावजूद इन परीक्षाओं के लिए तैयारी पूरी की, और इजरायल से आकर जिस तन्मयता से वह पढ़ाई में ज़ुट गया, उसे देख कर उसके शिक्षक भी उसकी प्रशंसा करते। वे अक्सर हम से कहते कि दूसरे छात्रों के समक्ष वे दिव्यांश को अपने लगन और समर्पण के लिए उदाहरण की तरह प्रस्तुत करते हैं। ऐसा लगता था उसकी सफलता निश्चित थी, और उसमें केवल नियति ही बाधा बन सकती थी। भागवत् गीता पढ़ने के बाद उसने उसकी सीख को आत्मसात् कर लिया था, और अपने कर्म में उसका अडिग विश्वास था। उसका यह विश्वास, उसके जीवन के बड़े

परिदृश्य में नियति उसके लिए चाहे जो भी निर्धारित करे, वह उस से परे था। उसके शिक्षकों का प्रशंसा भाव देखकर मैं उसे किसी आई.आई.टी. में पढ़ते हुए देखने का सपना बुनने लगती। दरअसल तो मैं उसे केवल आई. आई.टी. मुंबई में अपना प्रिय विषय कम्प्यूटर इंजीनीयरिंग पढ़ते हुए देखने का सपना संजोती, क्योंकि उसके जैसे हालात थे उसमें हम उसे अपने से कहीं दूर रखने की सोच भी नहीं सकते थे। जब भी मैं दिव्यांश से अपने इस सपने के बारे में बात करती, वह बिना कुछ बोले मुस्कुरा भर देता। मैंने दिव्यांश जैसे कम ही लोग देखे हैं जो अपनी सफलता में भी विनम्र रहते हैं, और अपने दोस्तों की सफलता से ईर्ष्या नहीं करते, जबकि कइयों को मैंने उसकी सफलता से जलते देखा है। दूसरों लोगों का यह ईर्ष्या भाव मुझे तकलीफदेह लगता। मैं जब दिव्यांश के साथ यह घटित होते देखती तो मुझे गहरी पीड़ा होती। दिव्यांश अपनी कठोर मेहनत के बल पर अपनी स्वास्थ्य संबंधी चुनौतियों के बावजूद हर दिन एक एक कदम बढ़ाते हुए सफलता की सीढ़ियां चढ़ रहा था। उसकी भला दूसरों से तुलना कैसे हो सकती थी और दूसरे भी उस से अपनी तुलना कैसे कर सकते थे! नियति ने उसके लिए अलग रास्ता चुना था, जो दुष्कर बाधाओं और अनगिनत कठिनाइयों से भरा था। दिव्यांश ने अपनी पढ़ाई के साथ-साथ उनका भी सामना किया था और उनपर विजय भी पाई थी। दिव्यांश मुझसे अक्सर कहता वह अपनी तुलना केवल स्वयं से ही करता है, अपना प्रतियोगी वह स्वयं है। उसने सफलता के अपने प्रतिमान निर्धारित किए थे, जिसके मूल में परिणाम की चिंता किए बिना कठोर परिश्रम और कर्तव्य के प्रति पूर्ण समर्पण का भाव था। अपने कर्म में इस अडिग विश्वास की सफलता वह हर दिन महसूस करता। शायद यही कारण था कि उसमें अपनी उपलब्धियों को लेकर विनम्रता थी, क्योंकि अपनी उपलब्धियों की परिणति से पहले ही वह लगनपूर्वक अपना कर्म करने के आनंद, उसकी संतुष्टि को हर दिन अनुभव करता था।

अप्रैल के पूर्वार्ध में तीन-चार परीक्षाएं थीं। पहली तो सबसे ख्याति प्राप्त जे.ई.ई. (मेंस) ही थी। इस परीक्षा के लगभग सप्ताह भर पहले से उसके पैर में रह रह कर होने वाला दर्द अब अक्सर होने लगा। साथ ही उसके चेहरे पर कुछ रहस्यमय 'न्यूरोलॉजिकल डिस्टरबेंसेस' भी दिखने लगे। डॉक्टरों को इसके बारे में कुछ भी समझ नहीं आ रहा था। उन्होंने कई सारी जांच करवाने का सुझाव दिया। हम इसके लिए तैयार थे, पर चाहते थे कि वह परीक्षाओं के बाद हो। उसके चेहरे के उस आश्चर्यजनक

न्यूरोलॉजिकल डिस्टरबेंसेस' के कारण वह कभी-कभी जैसे थोड़े समय के लिये स्थितिशून्य हो जाता। मुझे पूरी आशंका थी की प्रत्यारोपण के बाद कुछ ऐसी जटिलताएं उत्पन्न हुईं हैं जिसके परिणामस्वरूप ऐसा हो रहा है। हमारे पास परीक्षाओं के समाप्त होने तक प्रतीक्षा करने और उसके बाद ही फॉलो अप के लिये इजरायल जाने के अलावा और कोई चारा नहीं था। जे.ई.ई. (मेंस) के एक दिन पहले उसके गणित के शिक्षक श्री महावीर गोधरा उसे शुभकामनाएं देने घर आए। उन्होंने कहा कि दिव्यांश ने जिसके लिए इतना अथक परिश्रम किया है, वह उसे अवश्य मिलेगा। पर, उस दिन शाम तक चेहरे का न्यूरोलॉजिकल डिस्टरबेंसेस' और उसके कारण उसका स्थितिशून्य (ब्लैंक) हो जाना बढ़ गया। मुझे जिस प्रकार की दुश्चिंताओं ने घेर लिया था, दिव्यांश उस से अछूता लग रहा था। वह बिल्कुल स्थितिप्रज्ञ था। अगली सुबह जब दिव्यांश उठा तो उसकी तबियत भली चंगी नहीं थी, पर उसी हालात में वह परीक्षा देने गया। सुशील भी उसके साथ गए। रास्ते में कार में उसे बार-बार झपकी लेते देख कर सुशील चिंतित हो उठे। उन्हें लगा कुछ है जो चिंताजनक है। जब वे लोग चले गए तो मैंने अनन्या को स्कूल छोड़ा और वहां से पास ही बाबुल नाथ मंदिर चली गयी। वहां घंटों बैठकर मैं अपने बेटे की सफलता के लिये प्रार्थना करती रही। आज के दिन यदि कुछ अप्रत्याशित हो गया तो दिव्यांश पूरी तरह हतोत्साहित हो जाएगा। उसने अपना कर्म किया था, और पूरी लगन और निष्ठा से किया था। मैं बाबुलनाथ मंदिर में बैठी अपना कर्म कर रही थी। अब यह ऊपरवाले का दायित्व था कि मेरे बेटे को अपने आशीर्वाद की छाया दे। मैं तब तक वहां बैठी प्रार्थना करती रही जब तक सुशील ने परीक्षा के बाद फोन नहीं किया।

जब दिव्यांश परीक्षा के लिये अंदर गया, सुशील बाहर बैठ कर उसकी प्रतीक्षा करते रहे। जब दिव्यांश परीक्षा दे कर बाहर आया तो इससे पहले कि वह कुछ पूछते, दिव्यांश ने दु:खी होकर बताया कि परीक्षा से पहले जैसे उसे मानसिक जड़ता हो गयी और वह कुछ ही प्रश्नों का उत्तर लिख पाया। उसे भयंकर नींद आ रही थी और वह चाहकर भी उससे उबर नहीं पाया। सुशील ने शांत भाव से उसकी बातें सुनी, उसकी पीठ थपथपायी और बोले, "बेटे तुम चिंता न करो, तुम्हारे जीवन में इस से भी बड़ी सफलताएं तुम्हारी राह देख रही है।" दिव्यांश ने सुशील से परीक्षा के बाद घर लौटते हुए सिद्धिविनायक मंदिर ले चलने का आग्रह किया था। हालांकि उसकी परीक्षा अच्छी नहीं हुई थी, फिर भी उसने मंदिर जाने का अनुरोध किया। वे

सिद्धिविनायक गए और ईश्वर को नमन किया। दिव्यांश का धर्म से, ईश्वर से, एक अनोखा रिश्ता था, सर्वथा आंतरिक और वैयक्तिक।

जब वे वापस आए तो दिव्यांश के साथ परीक्षा के दौरान जो कुछ हुआ वह सब सुनकर मैं दुःख और निराशा की अतल गहराई में डूब गयी। जिन देवताओं की प्रार्थना मैं अगाध श्रद्धा भाव से करती रही थी उनके प्रति फिर से मेरे मन में शंका का भाव भर गया।

ऐसा लगा बाबुलनाथ मंदिर के जगतविधाता भगवान शंकर ने दिव्यांश को अपने आशीर्वाद से वंचित रखा।

पर, क्या उन्होंने अपना यह आशीर्वाद किसी और अवसर के लिये सुरक्षित कर दिया था?

दूसरी प्रवेश परीक्षाओं में दिव्यांश ने बेहतर किया, पर किसी ने जैसे मेरी चेतना ही हर ली थी।

# 9

# भय पर विजय

अप्रैल के तीसरे सप्ताह में जब दिव्यांश और सुशील डॉ. रूबेन ऑर के पास फॉलो अप के लिये इजरायल गए तो अंशु भी उनके साथ गया। मैंने उनके प्रस्थान से पहले उनकी यात्रा की सफलता के लिये प्रार्थना की। पर, उस से भी ज्यादा मैंने जांच के बाद दिव्यांश के स्वास्थ्य के संबंध में अच्छे समाचार के लिये दुआ मांगी। जिस दिन वे इजरायल पहुंचे, वहां तूफान के साथ तेज बारिश हो रही थी। नवदीप सिंह सुबह उनके अपार्टमेंट आए। साथ में नाश्ता किया, फिर वे उन्हें लेकर अस्पताल गए और शाम तक साथ रहे। दिव्यांश को देखते ही डॉक्टर ऑर ने चिंतातुर स्वर में किसी बड़ी समस्या की आशंका जतायी। सुन कर सुशील का दिल बैठ गया। पहला सवाल जो उनके मन में आया वह यह था कि क्या प्रत्यारोपण सफल नहीं रहा? अगर ऐसा था तो फिर अब क्या उपाय था? दिव्यांश की भी कुछ समझ में नहीं आ रहा था। वह समझ नहीं पा रहा था कि अब उसे यह क्या हो गया था। यहां मुंबई में मैं भी परेशान थी। मैं केवल फॉलो अप के नतीजे को लेकर सुशील के संदेश की प्रतीक्षा कर रही थी। सुशील ने मुझे दिन में दो तीन मर्तबा फोन किया पर तब तक जांच में कुछ भी स्पष्टता से सामने नहीं आया था। पर, उनके बात करने का हाव-भाव बता रहा था कि सब कुछ ठीक नहीं था। मैं दिव्यांश के जीवन के बारे में सोच रही थी जहां एक के बाद एक निरंतर बाधाएं थीं, और जो खत्म होने का नाम ही नहीं ले रही थी। पर फिर भी मुझे ईश्वर के साथ साथ दिव्यांश और डॉक्टर ऑर पर भी भरोसा था। मुझे विश्वास था, चाहे जो भी हो, डॉक्टर ऑर उसे संभाल लेंगे और आगे का रास्ता भी सुझाएंगे।

सी.एन.एस. और बोन मैरो जांच की गयी और यह अत्यंत संतोष की बात थी कि उनका परिणाम 'नेगेटिव' था, वरना तो प्रत्यारोपण के सारे फायदे

पूरी तरह समाप्त हो जाते। डॉक्टर ऑर लेकिन फिर भी संतुष्ट नहीं थे। दिव्यांश के पैर का वह दर्द और चेहरे का 'न्यूरोलॉजिकल डिस्टरबेंसेस' कुछ संकेत दे रहा था जो संतोषप्रद नहीं था। एक सी.टी. स्कैन से प्रत्यारोपण के बाद की कुछ गंभीर जटिलताओं का पता चला जिसका तत्काल निदान आवश्यक था। डॉक्टर ऑर ने जिन जटिलताओं की पहचान की वह विरले ही किसी को होता था। बल्कि बहुत ही कम प्रकाश में आए मामलों में ऐसी जटिलताओं की पहचान की गयी थी। जब डॉ. ऑर ने दिव्यांश को उन परिस्थितियों के बारे में और आगामी इलाज की प्रक्रिया के बारे में बताया तो उसने ध्यानपूर्वक सब सुन कर शांत भाव से पूछा," क्या इसका अर्थ यह है कि मेरा प्रत्यारोपण असफल रहा?" डॉक्टर ऑर ने उत्तर दिया," ऐसा नहीं है, पर यह जो कुछ भी है इसका सम्यक् इलाज आवश्यक है और साथ ही भविष्य में फॉलो अप की भी जरूरत होगी।" यह सुनकर सुशील ने डॉक्टर ऑर से कहा कि दिव्यांश की बेहतरी के लिये वे हर संभव प्रयास को तैयार हैं। सुशील का निश्चय और दिव्यांश का स्थिति को स्वीकार कर उसका सामना करने का भाव देखकर डॉक्टर ऑर ने मुस्कुराते हुए कहा कि वे चिंतित न हों, वे हर संभव प्रयास करेंगे कि इस समस्या का निदान हो जाए। उन्होंने उनसे तीन दिन बाद आने को कहा, तब तक वे इलाज का सबसे बेहतर विकल्प निर्धारित कर लेंगे। शाम में सुशील ने मुझे पहले तो सी.एन.एस. और बोन मैरो जांच के नेगेटिव होने की सांत्वना देने वाली खबर बतायी फिर डॉक्टर ऑर ने जो चिंताजनक बात कही थी वह बतायी। दिव्यांश के दिमाग में इस वक्त क्या चल रहा होगा वह सोचकर मैं अधिक चिंतित थी। ओह..! मुझे वहां उसके साथ होना चाहिए था..! अगर कुछ गलत हो गया तो मैं उसका सामना कैसे कर पाऊंगी? पर, जैसा कि मैंने उसे पहले देखा था, मुझे उससे भरोसा भी मिलता। वह विपरीत परिस्थितियों में हमेशा अद्‌भुत धैर्य दर्शाता था। ऐसे भयानक समाचारों को सुनकर भी वह अपना धीरज बनाए रखता था। वह चाहे कितने भी मुश्किल परिस्थितियों में रहे मुझे ऐसा कभी नहीं लगा कि मैं उसे खो दूंगी। अपने व्यक्तित्व की दृढ़निश्चयता से वह ऐसी स्थितियों में न केवल स्वयं धैर्यपूर्वक उनका सामना करता बल्कि यह भी सुनिश्चित करता कि हमारा भी विश्वास बना रहे ताकि हम भी उनका हिम्मत और धीरज से सामना कर पाएं। जिस प्रकार हमने दिव्यांश की चुनौती भरी परिस्थितियों का सामना किया उसके लिए कई बार हमारे दोस्तों ने हमारी तारीफ की। पर शायद वे गलत थे।

यह दिव्यांश था जो उन चुनौतियों का सामना करते हुए हमारा भी दिशानिर्देश करता था। मुझे लगा, सुशील के लिये वहां अकेले सब कुछ संभालना बेहद मुश्किल होगा। जब मैंने दिव्यांश से बात की तो उसने ऐसा जताया जैसे उसे कुछ भी न हुआ हो। जब भी मैं परेशान होती, व्यथित होती, तो दिव्यांश से बात कर के मेरे हृदय को हमेशा संतोष मिलता, मुझे अद्‍भुत ढाढ़स और सांत्वना का भान होता। उसने मुझे तो ढाढ़स बंधाया पर उसके अपने मन में कुछ गहरे विचार सृजित हो रहे थे जो उसके अंतर्मन से प्रेरणा पाते थे।

22 अप्रैल 2016, अगली सुबह उसने स्वयं के लिये एक कविता लिखी। शीर्षक था "कथार्सिस"। कविता में ईश्वर के साथ उसका संवाद था, मन के भावनाओं की भावपूर्ण अभिव्यक्ति थी, और वही उसका कथार्सिस था- उसकी भावनाओं का मोचन। अपने जीवन में आई अनवरत बाधाओं का सामना करते हुए दिव्यांश फिर से ईश्वर के सामने नतमस्तक था, उनकी सर्वोच्च सत्ता को स्वीकार करते हुए, उनके नियमों, विधानों का सम्मान करते हुए, पर, स्वयं में ईश्वरीय भाव जगा कर अपने कर्म के मार्ग पर अग्रसर होने, अपने जीवन की बागडोर मजबूती से थामने के निश्चय के साथ। इस कविता के माध्यम से उसने अपनी क्षमताओं में अडिग विश्वास दर्शाया, यह भी जताया कि हर बार जब स्थितियां उसके प्रतिकूल होंगी, वह राख से चिंगारी बनकर उभरेगा। उस कविता के एक अंश का अनुवाद यहां दे रही हूं:

आपके वृहत विधानों में
अडिग है विश्वास मेरा
दोष नहीं दूंगा मैं
कभी भी
न आपको, न नियति को,
उस दुर्भाग्य के लिये जो मेरा है

अपना हल मैं बनाऊंगा अपने ही हाथों से
अपने प्रारब्ध की फसल उपजाऊंगा स्वयं ही
अपने सारे कर्म मैं करूंगा अविकल
और फिर करूंगा स्वीकार वह सब
जो होगा भाग्य में मेरे
खुले दिल से

मैंने पा ली है विजय भय पर
आशाओं पर, उम्मीदों पर,
यहां से अब सोपान है मेरी यात्रा का
स्तब्धता मेरे निश्चय की,
हिम्मत, धैर्य, और दृढ़ता,
मेरे अस्वीकार्य से परिमार्जित

गाता मुस्कुराता मैं बढ़ूंगा आगे
अपनी पूरी ताकत से
खड़ा होऊंगा हथियार लेकर
संकटों के दुर्निवार शत्रु के समक्ष
मैं सिंहनाद करूंगा,
युद्ध में रहूंगा मैं
जय पराजय से परे होकर ।

यह कविता दिव्यांश के उस संकल्प का प्रतीक है, जो उसने अपने दुर्भाग्य से लड़ने के लिये लिया था, दुर्भाग्य, जिसने कभी उसका पीछा नहीं छोड़ा। इसने हमारे संकल्प, हमारे निश्चय को भी ताकत दी। समय के साथ यह कविता बहुत ही लोकप्रिय हुई और कई अवसरों पर पढ़ी गई, जिसके बारे में मैं बाद में बताऊंगी। जब दिव्यांश ने सुशील को यह कविता पढ़ने के लिये दी तो सुशील ने विनीत भाव से उसे पढ़ा और महसूस किया। इस कविता ने दिव्यांश को ताकत दी, हौसला दिया, उम्मीद का चमकता उजाला दिखाया, जब वह जीवन पथ पर बाधाओं और विपदाओं से जूझता हुआ बढ़ रहा था। हर एक संघर्ष के बाद वह और अधिक ताकत से उभरा, और अधिक निश्चय से उसने हर कठिनाई का सामना किया। कविता का हर शब्द, हर भाव उसके अपने जीवन अनुभवों से उभरा था। इसमें उसका वह कभी भी हार न मानने वाला जज़्बा भी था जो उसने अपने पिता से विरासत में पाया था। हालात कैसे भी हों, सुशील कभी हार नहीं मानते थे। हर स्थिति में वे आगे का रास्ता तलाशते थे। हर अंधेरे के पार वह उजाले की किरण ढूंढने का हरसंभव प्रयास करते थे। दिव्यांश की इतनी कठिनाइयों के बावजूद उन्होंने हर बार धैर्यपूर्वक आगे का रास्ता तलाशा, इलाज का उपाय ढूंढा। वह चट्टान की तरह धैर्य से अपने शांत स्वभाव के अनुरूप हर बार जहां कुछ भी दिखाई नहीं देता था, वहां से भी रास्ता बनाते रहे। अब

भी जब डॉक्टर ऑर ने नई स्वास्थ्य सम्बंधी जटिलताओं के बारे में बताया, वे निराश नहीं हुए बल्कि डॉ. ऑर के साथ इलाज के सभी विकल्पों पर विचार विमर्श में लग गए। पर, दिव्यांश के समान उन्हें अपनी भावनाओं के मोचन का अवसर कभी नहीं मिला- उन्हें अपना 'कथॉर्सिस' नहीं मिला। वह सारे गम पीकर भी मुस्कुराते हुए जीवन पथ पर आगे बढ़ते रहे। एक तरह से कहें तो दिव्यांश और सुशील एक दूसरे के पूरक थे, और इसीलिए वे मुझे पिता-पुत्र के सम्बंधों की आदर्श प्रतिमूर्ति लगते।

पिछली बार जब हम इजरायल आए थे तो दिव्यांश ने यहां की लगभग सभी जगहों का भ्रमण किया था। पर दक्षिण का एक शहर एलात, जो और चीजों के अलावा, 'रेड सी' में अपनी कोरल लाइफ के लिए जाना जाता है, वहां उसका जाना नहीं हो सका था। सुशील ने सवदास से एलात की यात्रा के बारे में विमर्श किया, और वे खुशी-खुशी उन्हें ड्राइव कर वहां ले जाने को राजी हो गए। वे सड़क मार्ग से एलात के लिये रवाना हुए, रास्ते में उन्हें लाल सागर और रेगिस्तान में खिली वनस्पतियों का बेहद खूबसूरत नजारा दिखाई पड़ा। अगले दो दिन तक बीमारी की समस्याओं और इलाज की अनिश्चितताओं और उनसे उपजे मानसिक तनावों को भूलकर वे यात्रा और उसके आनंद में मशगूल रहे। दिव्यांश ने एलात यात्रा की जो तस्वीरें भेजी उन्हें देखकर कुछ पल को मैं भी कुछ दिनों पहले डॉ. ऑर की बतायी स्वास्थ्य सम्बंधी चिंताओं और आशंकाओं को भूल गयी। जो बीत गयी सो बात गयी। दिव्यांश के लिये बीते दिनों का अवसाद कभी उसके वर्तमान पर दुःख का साया नहीं डाल पाया। उसके लिए हर दिन एक नई शुरुआत था और वह पूरे उत्साह से उस दिन में आगे बढ़ता। एलात में भी उन्होंने यही किया। कष्ट से भरे पिछले और अनिश्चय से भरे आनेवाले दिनों को भूलकर उन्होंने एलात की, और जिंदगी की, खूबसूरती को दिल से महसूस किया।

"आज
जीवन पथ के इस गह्वर में
मैंने महसूस किया
क्षणभंगुरता को
जैसी की उसकी प्रकृति है।"

(रिबर्थ)

एलात से आकर वे डॉक्टर ऑर से मिले जो आगामी चिकित्सा के लिये एक अपेक्षाकृत संतोषप्रद विकल्प के साथ तैयार थे। योजनानुसार कुछ ऐसी दवाइयां दी जानी थी जिससे तत्काल लाभ मिलता और कुछ अन्य दवाएं थी जो लम्बे समय तक दी जानी थी और जो प्रकारांतर में लाभदायक होतीं। तत्काल लाभ पहुंचाने वाली दवाएं और चिकित्सा मुंबई में भी उपलब्ध थीं और इसीलिए उन्होंने सलाह दी कि हम उन्हें वहीं से लें। पर लंबे समय तक दी जाने वाली दवाएं भारत में उपलब्ध नहीं थीं। बल्कि हमारे देश में किसी भी डॉक्टर को इन दवाओं के प्रयोग का अनुभव भी नहीं था। इसके लिए दिव्यांश को एक महीने के अंतराल पर एक-एक महीने के लिये दो बार इजरायल में रहने की सलाह दी गयी। डॉक्टर ऑर ने बताया कि इस दवा को सफल परीक्षण के बाद हाल ही में 'एफडीए' से मान्यता मिली थी। पर, मुश्किल यह था कि दवा बहुत ही महंगी थी। सुशील ने ज्यादा सोच विचार किए बिना कहा कि वह दिव्यांश के लिये हर संभव प्रयास के लिये तैयार हैं। उसके बाद वे मुंबई आ गए, जहां डॉक्टर तपन सैकिया की निगरानी में तात्कालिक प्रभावों वाली दवाएं दी जानी थीं।

इजरायल से आकर दिव्यांश थोड़ा बेहतर लग रहा था। पिछले कुछ दिनों की वे बार-बार की स्वास्थ्य समस्याएं जैसे खत्म हो गयी लगती थीं। बिना समय गंवाए, सुशील ने डॉक्टर ऑर के सुझाव अनुसार डॉक्टर तपन सैकिया की देख-रेख में तात्कालिक चिकित्सा प्रारंभ करवा दिया। इलाज का प्रभाव भी अच्छा दिख रहा था, और जांच की रिपोर्ट्स में भी स्थिति में सुधार दिख रहा था। इन सब के बीच ही दिव्यांश ने बाकी की प्रवेश परीक्षाएं भी दे ली और अब वह बारहवीं की बोर्ड परीक्षा के परिणाम की प्रतीक्षा कर रहा था। मैं यह सुन कर आश्चर्यचकित रह गयी कि वह साथ ही सी.एल.ए.टी. की परीक्षा भी देना चाहता था, जिसके माध्यम से नेशनल लॉ स्कूल्स के पांच साल के कोर्स में दाखिला मिलता है। जब हमने उस से पूछा की इंजीनियरिंग की प्रवेश परीक्षा के साथ-साथ वह नेशनल लॉ स्कूल में दाखिले के लिये परीक्षा क्यों देना चाहता है तो उसने तत्काल कोई उत्तर नहीं दिया। फिर मुझे उसकी 'करियर काउन्सलिंग' का ध्यान आया जो हमने मिस स्वाति सालुंखे के साथ चेम्बुर में उनके ग्रोथ सेंटर पर किया था। उन्होंने अपने मूल्यांकन के आधार पर कहा था कि दिव्यांश हर एक क्षेत्र में अच्छा कर सकता है, चाहे वह इंजीनियरिंग हो, मेडिकल हो, कॉमर्स हो, लॉ हो या फिर एक्चुनियल साइंस हो। उन्होंने तो यहां तक कहा कि

उनकी टीम के मूल्यांकन में जिस प्रकार के अंक दिव्यांश को मिले वैसा उन्होंने विरले ही किसी को पाते देखा है।

मई के आखिरी सप्ताह में बारहवीं का नतीजा आया। इस बार भी दिव्यांश ने हमें चौंकाने वाला परिणाम दिया। रिजल्ट के पहले मुझे उन परिस्थितियों का ध्यान आया जिनमें इजरायल से लौटकर उसने अपनी परीक्षा की तैयारी की थी। शिक्षा का सबसे महत्वपूर्ण परिणाम सहिष्णुता और लगनशीलता है जो आप उस दौरान दिखाते हैं जब आप अपेक्षित परिणाम की आशा में परिश्रम कर रहे होते हैं। दिव्यांश ने अपनी लगन और अपने अथक परिश्रम से हमेशा अपनी सफलता को साबित किया। उसके प्रयासों में जो परिश्रम था, जो लगन थी, लक्ष्य तक पहुंचने का जो जज्बा था उसे किसी भी अंकतालिका पर नहीं मांपा जा सकता था। वह किसी भी अकादमिक परीक्षा की सफलता से बड़ा था। मानसिक संतोष भी सफलता का एक रूप है, जब हमें लगता है कि हमने अपना श्रेष्ठतम प्रयास किया। दिव्यांश जैसे लोग परीक्षाओं में मिले अंकों की चिंता नहीं करते। मुझे हमेशा लगा कि परीक्षाओं में मिलने वाले अंकों के प्रति उसमें एक अनासक्तिपूर्ण समर्पण का भाव था। यह रिजल्ट भी कुछ अलग नहीं था। हम सब और के. सी. कॉलेज के उसके शिक्षक यह देखकर चकित रह गए कि अपने विषय क्षेत्र में वह कॉलेज के शीर्ष पांच छात्रों में था। उसकी यह असाधारण सफलता देख कर मैं खुशी से फूली नहीं समायी। यह सफलता भी उसने कदम कदम संघर्ष कर पायी थी।

इसके बाद हमें एक और खुशखबरी मिली। जे.ई.ई. (मेन) के दौरान हुई उस दु:खद घटना के बाद, दिव्यांश मुंजी द्वारा संचालित मुंबई के एक इंजीनियरिंग कॉलेज में अपने प्रिय विषय, कम्प्यूटर साइंस, में दाखिला पाने में सफल हो गया। उसकी जैसी परिस्थितियां थी उसमें उसका मुंबई में रहना आवश्यक था, यह देखते हुए उसे एक अपेक्षाकृत संतोषप्रद कॉलेज में दाखिला मिल गया जहां मूलभूत सुविधाएं और शिक्षक दोनों ही अच्छे थे। यह मेरे लिए एक अद्भुत संतोष का क्षण था जहां वह सफलता की जो सामान्य अवधारणा है उसके अनुरूप भी सफल रहा था। मेरी हमेशा से इच्छा थी कि वह मुंबई में रहकर ही कम्प्यूटर साइंस की पढ़ाई करे, वह कुछ हद तक पूर्ण हो गयी, हालांकि कॉलेज मेरी अभिलाषा के अनुरूप आई.आई.टी. नहीं था। आज के इस प्रतियोगिता के माहौल में दिव्यांश जैसे व्यक्ति को अपनी प्रतिभा दिखाने के लिये एक समुचित आधार चाहिए था, जो उसे यहां मिला।

एक दिन मुझे मोबाइल पर उसके फेसबुक मैसेज से एक संदेश मिला। जिसने सबसे पहले मेरा ध्यान आकर्षित किया वह था उसका 'फेसबुक प्रोफाइल मैसेज'। इसने मुझे जैसे हिला कर रख दिया। हालांकि उसने लगभग साल भर पहले अपना फेसबुक प्रोफाइल बनाया था पर मैं पहली बार ही उसका प्रोफाइल देख रही थी। प्रोफाइल मैसेज का अनुवाद कुछ इस प्रकार है:

जीने में व्यस्त हो जाओ या व्यस्त हो जाओ मरने में

मुझे समझने में थोड़ा वक्त लगा कि इस संदेश के माध्यम से वह कहना क्या चाहता है। इस संदेश में शब्द तो थोड़े से ही हैं पर इसका अर्थ इतना गहरा है कि अनायास उस व्यक्ति के बारे में जानने की उत्सुकता होती है जिसने इसे अपने जीवन का ध्येय बना रखा है। मुझे जरा भी संदेह नहीं था कि दिव्यांश ने किस प्रकार इस संदेश को उसकी समग्रता में अपने जीवन में आत्मसात् किया था, अपने कृत्यों में इसे चरितार्थ किया था। इसे पढ़कर मुझे उसकी वॉल पर पहले के प्रोफाइल मैसेज पढ़ने की उत्सुकता हुई। मेरा अनुमान था कि उसके मैसेज भी, जैसा कि एक बेपरवाह युवा के होने चाहिए, वैसे ही होंगे। पर यहां भी मैंने अलग-अलग विषयों पर उसकी समझ, उसके विचारों की परिपक्वता को एक अलग ही धरातल पर पाया। किसी अखबार की एक क्लिपिंग थी जिसमें एक डॉक्टर गर्व से एक नवजात शिशु के साथ फोटो में था, जो एक दुर्लभ विकार से ग्रसित था। दिव्यांश ने इसके बारे में लिखा:

> "मेरी समझ से इस डॉक्टर ने यहां जो किया है उसकी भर्त्सना की जानी चाहिए। जिस प्रकार वह इस शिशु को गोद में लेकर गर्व से मुस्कुराते हुए फोटो खिंचवा रहे हैं, वह सर्वथा निंदनीय है। यह न केवल असंवेदनशीलता है बल्कि अवसरवादिता का शर्मनाक रूप है।
>
> अंतिम पैराग्राफ में डॉक्टर साहब उस नवजात शिशु के विकार की दुर्लभता की बात करते हैं। अगर यह सच भी है तो उन्हें बच्चे को इस तरह उसकी यह स्थिति बताते हुए सार्वजनिक तौर पर प्रस्तुत करने से पहले उसके अभिभावकों की अनुमति लेनी चाहिए थी। और तब भी यह फोटो और खबर शायद किसी मेडिकल जर्नल के लिये उचित होती। पर, सोशल मीडिया पर इसका प्रचार, दुनिया के सामने इस प्रकार इसे अपनी उपलब्धि बताकर पहचान करना पूरी तरह से निंदनीय है।

आमतौर पर हमारी सोच ऐसी ही है, हम बिना हस्तक्षेप किए सड़क पर खड़े होकर झगड़ा देखते हैं, उसमें कुछ भी असामान्य नहीं लगता! चल देखते हैं! अरे देख यह बच्चा कितना काला/गोरा/मोटा/पतला/अजीब है। यही असंवेदनशीलता अपनी पूरी निर्लज्जता से इस मामले में दृष्टिगत है।

अच्छा ही है कि तीन दिन बाद ही वह शिशु दूसरे लोक में चला गया वरना यहां उसे शर्म, बदनामी, बहिष्कार और कौतूहल और अस्वीकार्यता के सिवा भला और क्या मिलता।"

दिव्यांश जिस ओर इशारा कर रहा वह यह था कि उस शिशु और उसके माता-पिता की निजता की रक्षा की जानी चाहिए थी, उनकी भावनाओं का ध्यान रखा जाना चाहिए था। इस तरह के कृत्य अपेक्षित नहीं हैं और खासकर एक डॉक्टर को तो अपने मरीज और उसके अभिभावकों की मर्यादा का विशेष ध्यान रखना चाहिए, और उन्हें सस्ती लोकप्रियता के लिये दूसरों के सम्मान से नहीं खेलना चाहिए। एक दूसरे अखबार के विज्ञापन के संदर्भ में उसकी वॉल पर एक दूसरा 'मैसेज' भी था। यह विज्ञापन एक कैन्सर के मरीज की देखरेख के लिये एक घरेलू विशेषज्ञ का था जिसमें कैन्सर के मरीज को गंजा, शरीर से कमजोर और बिछावन में अशक्त भाव से सिमटा दिखाया गया था। अपने संदेश के माध्यम से वह इस बात की ओर ध्यानकर्षित कराना चाह रहा था कि क्या एक कैन्सर के मरीज को इस प्रकार निरीह दिखाना उचित है। क्या एक कैन्सर के मरीज की यही पहचान बची है। उसने लिखा था:

"आज के टाइम्स ऑफ इंडिया का यह विज्ञापन कुत्सित, और सर्वथा निंदनीय है। अपने ब्रांड के प्रचार प्रसार के लिए वे बेहतर तरीका अपना सकते थे। इसके लिए किसी व्यक्ति को इस प्रकार निरीह बनाकर प्रस्तुत करने की जरूरत नहीं थी।

यह केवल यह दर्शाता है कि कुछ लोग अपने फायदे के लिए किस हद तक गिर सकते हैं। यह डर का घिनौना व्यापार है।

और मैं दावे से कह सकता हूं ऐसे ब्रांड, ऐसे अखबार, मरीजों की, उनके परिवारजनों की बिल्कुल परवाह नहीं करते, उनकी मनोदशा के बारे में नहीं सोचते, वे बस अपने फायदे की सोचते हैं, और कुछ नहीं सोचते।"

सच कहें तो एक मरीज और वह भी एक कैन्सर के मरीज की पीड़ा, उसके क्लेश को दिव्यांश से ज्यादा भला कौन समझ सकता था! ऐसा भी नहीं था कि वह केवल इस तरह के विज्ञापनों की भर्त्सना करता था। उसने अपनी वॉल पर एक सन्देश में मुंबई के जसलोक अस्पताल के एक विज्ञापन की प्रशंसा भी की थी, जिसमें एक पार्किन्सन के मरीज के इलाज का संदर्भ था। उस विज्ञापन का टैगलाइन कुछ इस प्रकार था:

> एक आदमी तसल्ली से बैठा अपने हाथों से चाय की चुस्की ले रहा है, यह एक महत्वपूर्ण सार्वभौमिक चिकित्सकीय उपलब्धि है ।

यह पढ़कर दिव्यांश इतना अभिभूत हो गया कि उसने लिखा:

> "चिकित्सकीय विज्ञापन बिल्कुल ऐसे होने चाहिए... अप्रत्यक्ष, लेकिन स्पष्ट और अपने संदेश से विश्वास जगाता, मरीजों में भी और उनके रिश्तेदारों में भी।
>
> मानवीय गरिमा और उसके प्रति सम्मान का भाव विशेषकर एक मरीज के प्रति गरिमापूर्ण व्यवहार का गूढ़ भाव सभी को समझने, पालन करने, की आवश्यकता है।"

इंजीनियरिंग कॉलेज में दाखिला लेकर दिव्यांश ने अपनी पढ़ाई शुरू कर दी। पर डॉक्टर ऑर के सुझाव अनुसार दीर्घ कालीन चिकित्सा के लिये इजरायल जाने का समय भी करीब आ रहा था। नए कॉलेज में पढ़ाई के छूटने को लेकर दिव्यांश थोड़ा असहज था।

यहां मैं उसके कॉलेज के उप-कुलपति डॉ. शरद म्हैसकर का जिक्र करूंगी जिन्होंने दिव्यांश को थोड़े समय के लिए छूट रही पढ़ाई की चिंता किए बिना अपनी चिकित्सा को प्राथमिकता देने की सलाह दी। पढ़ाई के संबंध में उन्होंने आश्वासन दिया कि उसके शिक्षक अपने-अपने क्लास ग्रुप में कॉलेज की वेबसाइट पर प्रतिदिन के 'अपडेट्स' और 'असाइनमेंट्स' अपलोड करेंगे। वह उन्हें इजरायल में रहकर भी पढ़ सकता है और हल कर सकता है। उन्होंने उसे उपस्थिति की चिंता नहीं करने के लिये भी आश्वस्त किया। उन्हें आज यहां आदरपूर्वक स्मरण करते हुए लिखना चाहती हूं कि उनका यह सहयोग, यह उपकार हम उम्र भर नहीं भूलेंगे।

# 10

# मासूम सपने कांपते हाथ

अगली समस्या यह थी कि सुशील और दिव्यांश के साथ इस बार कौन इजरायल जाएगा। उन्हें वहां कम से कम एक महीना रहना था। सुशील ने मुझे साथ आने से मना किया, क्योंकि अगर मैं साथ जाती तो अनन्या की पढ़ाई लम्बे समय तक छूट जाती। अंशू और मृदुल भी साथ जाने कि स्थिति में नहीं थे, उनकी अपनी दफ्तर संबंधी और पारिवारिक जिम्मेदारियां थीं। ऐसे समय में मेरी छोटी बहन शिखा, जिसे हम प्यार से मीनू बुलाते हैं, हमारी मदद को आगे आयी। उसने स्वेच्छा से उनके साथ जाने और मेरी अनुपस्थिति में दिव्यांश का ध्यान रखने का प्रस्ताव रखा। मैंने पहले भी लिखा है कि शिखा और दिव्यांश के बीच एक दूसरे के लिये स्नेह का भाव अपार था। शिखा के पति अरविंद उस समय सी.आई.एस.एफ. में कमांडेंट थे। उनका एक पांच साल का बच्चा था। शिखा का अपने उस छोटे से बच्चे को पति की देखरेख में छोड़ कर इतने लम्बे समय के लिये बाहर जाना आसान नहीं था। पर, अरविंद ने शिखा से निश्चिंत होकर दिव्यांश के साथ जाने को कहा। दिव्यांश के लिये अपने अगाध स्नेह के कारण शिखा ने यह कठिन निर्णय लिया। एक मां के रूप में मैं सदा उसकी ऋणी रहूंगी।

एक और जो बड़ी चिंता की बात थी, वह थी इलाज का खर्चा। लंबे परीक्षण के बाद इस दवा को हाल ही में मान्यता मिली थी, और जैसा कि डॉक्टर ऑर ने संकेत दिया था दवा अत्यधिक महंगी थी। हम जब इस महंगे इलाज के लिये साधन जुटाने का उपाय सोच ही रहे थे, तभी सुशील को डॉक्टर ऑर का ईमेल मिला। उन्होंने जर्मनी की एक दवा कंपनी से अनुरोध किया था कि वे दिव्यांश के लिये बिना कीमत के यह दवा उपलब्ध करवा दें। डॉ. ऑर ने लिखा था कि दिव्यांश की पृष्ठभूमि को देखते हुए उस कंपनी ने बिना किसी कीमत के दवा की आपूर्ति करना स्वीकार कर लिया

था। सदाशयता की कोई सीमा नहीं होती, वह किसी भी दिशा से, किसी भी रूप में अपनी सादगी और सुंदरता में प्रकट हो सकती है, खासकर तब जब वह किसी मतलब से निर्धारित न हो। जब वे इजरायल में थे तो डॉक्टर ऑर ने कोई संकेत नहीं दिया था कि वे ऐसी किसी व्यवस्था में लगे थे। सुशील को यह उम्मीद भी नहीं थी कि वे हमारे लिए ऐसा कुछ करेंगे, न ही सुशील ने उनसे ऐसा कभी अनुरोध किया था। हमने जीवन भर, जो कुछ भी किया अपने दम पर, अपने साधनों के भरोसे किया। पर वह कौन सा भाव था जिसने डॉक्टर ऑर को, बिना किसी अनुरोध के, स्वयं ही बिना कीमत के यह दवा हमें उपलब्ध करवाने के लिये प्रेरित किया? जो एक मात्र कारण हमारी समझ में आता है वह है, डॉक्टर ऑर का दिव्यांश के साथ बना वह अनोखा रिश्ता, जो एक डॉक्टर और मरीज के रिश्ते से कहीं आगे मानवीय भावनाओं की उच्चता में प्रतिपादित होता है। जहां ऐसी मदद दूसरे को लाभ पहुंचाने के साथ ही स्वयं के आत्मिक संतोष के लिये होती है।

ऐसा लगने लगा था जैसे समय, अपने धीरे कदमों से ही सही पर, अब दिव्यांश की तरफ आ रहा था। सबसे पहले बारहवीं का परीक्षा परिणाम, जो हमारी आशाओं से भी कहीं बेहतर था, फिर इंजीनियरिंग कॉलेज में उसका अपने इच्छित विषय में दाखिला मिलना, और अब इजरायल यात्रा की तीनों बाधाओं का एक साथ समाधान मिल जाना। कॉलेज के लेक्चर्स, जो छूटने वाले थे उसका उपाय हो गया, शिखा साथ जाने को तैयार हो गयी और अब दवा के खर्चे का समाधान भी मिल गया। मैं यह नहीं कहूंगी कि हमारा भाग्य अब पलट रहा था। बीते कई सालों से जिंदगी ने हमें जो कुछ दिया, दिखाया उस कारण भाग्य जैसी किसी नेमत में मेरा विश्वास शेष नहीं रहा था। और अगर यह था भी तो कम से कम हमारे लिए नहीं था। कहते हैं सही समय पर, सही जगह पर होना ही भाग्य है। दिव्यांश के जीवन में जो अब घटित हो रहा था वह उसके अपने मोहक, प्रेरणादायक व्यक्तित्व के कारण था, जहां उसे उन लोगों से उचित तरीके से महत्वपूर्ण सहयोग मिल रहा था जिन्हें उसने अपने व्यक्तित्व से, व्यवहार से प्रभावित किया था। चाहे वह डॉ. म्हैसकर हों, शिखा हो, डॉक्टर ऑर हों या कई सारे ऐसे और लोग जो उसके जीवन में आए। यही शायद भाग्य और प्रेरणा के बीच का सूक्ष्म अंतर है। इन सब घटनाओं का इस रूप में एकाकार हो जाना, मेरे उस विश्वास को और दृढ़ कर गया कि दिव्यांश धरती पर इस

जीवन में, हमारे जीवन में, निहित उद्देश्य के साथ आया था।

प्रत्यारोपण के बाद जब दिव्यांश की इन नई स्वास्थ्य संबंधी जटिलताओं का पता चला तो हमने सोच-विचार कर निश्चित किया कि इस बार हम अपने परिवारजनों को इसके बारे में नहीं बताएंगे। मैंने हमेशा चाहा कि मेरे माता-पिता के जीवन में खुशियां हों। कई बार मैंने उन्हें वह खुशियां दी भी। पर, अब पिताजी रिटायर हो गए थे और इस ऊम्र में मैं उन्हें हमारे कारण कोई मानसिक संताप देना नहीं चाहती थी। मैंने सोचा अगर मैं चाह कर भी उन्हें वह खुशियां नहीं दे पायी जिसके वे हकदार थे, तो कम से कम उन्हें मानसिक क्लेश से तो मुक्त रखूं।

इस बार भी वे लोग उसी अपार्टमेंट में ठहरे जहां वह पिछली बार प्रत्यारोपण के समय रुके थे। जगह साफ सुथरी और अस्पताल के करीब थी, स्टाफ भी अच्छे थे और अब हमारे परिचित भी हो गए थे। उन्होंने हर प्रकार की सुविधा प्रदान करने का हर संभव प्रयास किया। इलाज की शुरुआत में डॉक्टर ऑर अपने किसी पेशेवर कार्य से इटली में थे। पर, जाने से पहले उन्होंने दिव्यांश के अस्पताल में भर्ती होने से लेकर चिकित्सा संबंधी सारी व्यवस्थाएं सुनिश्चित कर दी थी। डॉ. शापिरा, डॉ. बैटिया, डॉ. सिगल आदि सभी डॉक्टर जो उनके साथ थे, उन्हें डॉ. ऑर ने चिकित्सा से संबंधित स्पष्ट निर्देश दे रखे थे। यह दवा जो एक तरह की इम्यूनोथेरेपी है, हदस्साह अस्पताल में दी जानी थी और इस चमत्कारिक दवा का लाभ पाने वाला दिव्यांश वहां का पहला मरीज था। यह दवा आई.वी.लाइन के माध्यम से लगातार 28 दिनों तक दी जानी थी। जुलाई के पहले सप्ताह से बिना किसी विशेष समस्या के यह चिकित्सा प्रारंभ हुई। कुछ छोटी-मोटी अपेक्षित प्रतिक्रिया के अलावा दिव्यांश को इस दवा से कोई अन्य परेशानी नहीं हुई। सप्ताह भर बाद उसे अस्पताल से छुट्टी भी मिल गयी, बस एक स्लिंग बैग उसके साथ बंधा था जिसमें एक छोटा पंप और दवा का एक पाउच था जो आई.वी. लाइन के माध्यम से दवाओं के लगातार प्रयोग के लिये उसके साथ जुड़ा था। अगले तीन सप्ताह तक वह स्लिंग बैग जैसे उसके शरीर का एक अंग बन गया था, यहां तक की टॉयलेट जाते या नहाते हुए भी यह उसके साथ ही जुड़ा रहता। हर तीसरे दिन दवाओं को फिर से भरने और फॉलो अप के लिये उसे अस्पताल जाना पड़ता। इस नए विधान में दिव्यांश का नया जीवन शुरू हुआ, जहां उसने किसी भी स्थिति को मजबूरी की तरह नहीं लिया, किसी भी बाध्यता के कारण अपने जीवन को रुकने नहीं

दिया। वह पढ़ाई करता, शाम को टहलने जाता, मॉल घूमने जाता, नवदीप और सवदास के घर डिनर पर और मिलने जुलने भी जाता। हम यह देख कर चकित रह जाते कि वह अपनी कॉलेज संबंधी पढ़ाई और 'असाइनमेंट्स' आराम से पूरा कर लेता। वह अपने क्लास के दोस्तों से भी लगातार संपर्क में था। और अधिक आश्चर्य की बात यह थी कई दफा शिक्षकों द्वारा दिए गए 'असाइनमेंट्स' में वह अपने सहपाठियों से अधिक अंक पा जाता। वह इसका प्रत्यक्ष उदाहरण बन गया था कि इंजीनियरिंग कॉलेज की पढ़ाई इतनी आसान भी हो सकती है। हालांकि वह इतनी आसान भी नहीं होती, जितनी वह दिव्यांश की लगन और क्षमता के कारण लगती थी।

उसी दौरान एक और अत्यंत कष्टप्रद समाचार मिला। सुशील के पिताजी को, जिन्हें हम सब बाबूजी कहते थे, पटना में स्वास्थ्य संबंधी जटिलताओं के कारण अस्पताल में भर्ती किया गया था। हालांकि वहां सुशील के चार भाई और उनके बच्चे थे जो उनका ध्यान रख सकते थे, पर सुशील को लगा उन्हें वहां उनके साथ होना चाहिए। सुशील इस मानसिक ऊहापोह में ही थे कि तभी बाबूजी को आपात स्थिति में आईसीयू में भर्ती कर दिया गया। अगले कुछ दिनों में ही उन्हें निमोनिया के कारण लाइफ सपोर्ट पर रख दिया गया। सुशील कुछ भी निर्णय नहीं ले पा रहे थे। उनके समक्ष कठिन नैतिक दुविधा थी। एक तरफ ऐसी स्थिति में दिव्यांश को इजरायल में अकेले छोड़ना मुश्किल था, दूसरी तरफ वह किसी तरह से भी अपने बीमार पिता से मिलने को आतुर थे, जो लगभग मृत्युशैय्या पर थे। उनके सामने नैतिक दुविधाओं का पहाड़ था। ईश्वर किसी को भी ऐसी विकट परिस्थिति में न डाले। दिव्यांश ने इसे तत्काल महसूस किया। उसने सुशील से आग्रह किया कि वह पटना जाएं, यह भरोसा भी दिलाया कि वह यहां खुद से सब कुछ संभाल लेगा। पर, सुशील के लिये यह निर्णय इतना आसान नहीं था। दिव्यांश को जो दवाएं दी जा रही थी उसने कुछ लोगों में परीक्षण के दौरान गंभीर न्यूरोलॉजिकल जटिलताएं पैदा कर दी थीं। दिव्यांश के लिए भी यह खतरा था और सुशील को इसका भान था। हर दिन सुशील पटना में अपने भाइयों से फोन पर बाबूजी का समाचार पूछते। पर वहां भी हालात अच्छे नहीं थे। बाबूजी की स्थिति दिन ब दिन बिगड़ रही थी। पता नहीं कितनी बार वह अपनी इस विवशता पर चुपचाप रोए होंगे, और फिर अपने आंसुओं को खुद ही पोंछ लिया होगा। छह भाई बहनों में सुशील सबसे छोटे थे, और अपने पिता के सबसे करीब भी थे। 27 जुलाई की सुबह बाबूजी

का देहांत हो गया। सुशील ने उनकी अंतिम क्रिया में शरीक होने के लिये तत्काल पटना जाने का निर्णय लिया। नवदीप सिंह फिर से हमारी मदद को आगे आए, उन्होंने न केवल सुशील के हवाई यात्रा की तत्काल व्यवस्था कर दी, बल्कि यह भी आश्वासन दिया कि सुशील कि अनुपस्थिति में वे दिव्यांश का हर संभव खयाल रखेंगे। उनकी मदद से सुशील पहले मुंबई आए, फिर यहां से हम साथ में बाबूजी की अंतिम क्रिया में सम्मिलित होने पटना गए। हमारे लिए यह गहरा सदमा था। हमने केवल छह महीने के अंतराल में सुशील की माता और फिर उनके पिता को खो दिया था। बाबूजी की अंतिम क्रिया के बाद सुशील इजरायल लौट गए। तब तक डॉक्टर ऑर भी इटली से लौट आए थे। दिव्यांश की प्रगति से वे संतुष्ट थे। उन्होंने उसकी चिकित्सा का अगला दौर सितम्बर अक्तूबर में प्रारंभ करना निर्धारित किया। पहले दौर की चिकित्सा की प्रक्रिया संपन्न कर सुशील उन सब के साथ मुंबई वापस आए।

6 अगस्त को हमारा परिवार फिर से एकजुट हुआ, जब वे लोग इजरायल से वापस आए।

जब हम बाबूजी की अंतिम क्रिया के लिये पटना में थे, उस दौरान दिल्ली में जरूरतमंदों के प्रति प्रशासनिक अक्षमता और उस से सम्बंधित कुछ ऐसे राजनीतिक निर्णय थे जिसने दिव्यांश को अत्यधिक उद्वेलित किया। 'कथॉर्सिस' लिखने के लगभग तीन महीने बाद उसने अगली कविता लिखी, शीर्षक था 'द पावर एंड द पावर्ड'। मानवीय समाज अपने हर रूप में चाहे वह प्रजातंत्र हो या अधिनायकवाद, राजशाही हो या निरंकुशता हो या फिर कोई भी पुरातन शासन पद्धति हो, हमेशा शासक वर्ग और शासित के दो समुदायों में बंटा रहा है। जो शासक हैं उन्हें यह अधिकार है और साथ ही उनका यह कर्तव्य है कि वे विधि द्वारा स्थापित पद्धति से शासन करें। पर उनका अधिकार बिना किसी शर्त नहीं होता, वह जनता की इच्छाओं उनकी आकांक्षाओं से मर्यादित होता है। सत्ता हमेशा उसके साथ ज़ुड़े दायित्व के साथ होती है, जो यह निर्धारित करे कि शासन का आधार न्यायपूर्ण व्यवस्था है। पर, क्या हमेशा ऐसा हो पाता है? क्या यह आशातीत नहीं कि सत्ता और सत्ताप्राप्ति का दायित्व उनके कर्तव्यों के साथ जुड़ कर एक दूसरे के साथ सम्यक् निर्वाह कर आगे बढ़ें। इस कविता के माध्यम से उसने इन्हीं प्रश्नों को उठाने की कोशिश की। कविता के एक अंश का अनुवाद यहां दे रही हूं, जिसमें उसके यह विचार स्पष्टता से परिलक्षित होते हैं:

धूप में बुद्धिमत्ता से सफेद हुए
लम्बे बालों के साथ
खड़ा होते हुए हमेशा तन कर
सच के साथ

सदचरित्रता भरी आंखो से
उसने अपना सर हिलाया बेचौनी से
"कितने दुःख की बात है"
बस शब्द हैं ये, म्लान से,
आह भरे निःश्वास से सोचा उसने
सत्ता और दायित्व
जुड़वां हैं दोनों
और संचालन के लिये इनके हैं
कांपते हाथ और मासूम सपने।

जिस प्रकार से इजरायल से आकर दिव्यांश सीधे कॉलेज की पढ़ाई में जुट गया, ऐसा लगा जैसे उसने कितनी सहजता से फिर से अपने जीवन की गाड़ी को पटरी पर डाल दिया। वह नियमित रूप से सारी कक्षाएं, ट्यूटोरियल्स और सेमिनार में सम्मिलित होता। बीते कई महीनों में उस पर जो गुजरा था उसका कोई भी चिन्ह, कोई भी दुष्प्रभाव उसके जीवन आचार में नहीं दिखता, न ही उसमें सितम्बर-अक्टूबर से शुरू होने वाली अगले दौर की चिकित्सा को लेकर कोई आशंका दिखती। उसके लिए तो जीवन का एक-एक क्षण मानो एक-एक साल की तरह था, जिसे वह अपनी सम्पूर्णता में जीने के लिये कटिबद्ध था। जीवन यदि लम्बा नहीं तो गहरा हो, अतल गहराई से भरा विशिष्ट हो। मैं आश्चर्य में पड़ जाती कि इन स्थितियों में भी उसके दोस्तों की संख्या अब दिन प्रतिदिन बढ़ती जा रही थी। समय के साथ उसके सहपाठी उसके बारे में और अधिक जानते गए, और उसके प्रशंसकों की संख्या में वृद्धि होती गयी।

एक दिन दिव्यांश ने सुशील से अपनी इच्छा जाहिर की कि वह अपने लेखन को डिजिटल प्लैट्फॉर्म पर आजमाना चाहता है, वह ब्लॉग लिखना चाहता था। अभी तक वह केवल कविताएं लिखता था। अब वह अपने विचारों को अपने स्वयं के ब्लॉग वॉल पर प्रस्तुत करना चाहता था। अपने ब्लॉग स्पेस के लिये उसे क्रेडिट कार्ड से सहयोग राशि का भुगतान करना

था। सुशील ने दिव्यांश को इस कार्य के लिये खुशी-खुशी प्रोत्साहित किया। मैं सोचती सब से पहले वह किस बारे में लिखेगा। वह अक्सर नवीन और स्फूर्त विचारों से भरा होता और उनके प्रतिपादन का उपाय भी बताता। लेखन के अलावा उसके दो और प्रिय शगल भोजन और संगीत थे। क्या भोजन और संगीत में कोई प्रत्यक्ष समानता थी? केवल दिव्यांश जैसा जोशीला व्यक्ति ही ऐसी किसी समानता को देख और महसूस कर सकता है, क्योंकि उसने भोजन और संगीत दोनों के प्रति अगाध प्रेम को अनेक स्तरों पर अनुभव कर उनका अपने जीवन में समावेश किया था। अत: अपने ब्लॉग स्पेस http://divyanshatman.blog पर जो पहला आलेख उसने लिखा वह था "मेलीफ्लुअस म्यूजिक एंड मोरेइश मील्स"। उसके विचार इतने अमूर्त पर विचारों को उद्वेलित करने वाले थे कि इस ब्लॉग को पढ़ने के बाद संगीत और भोजन के प्रति हमारा नजरिया ही बदल जाता है। दिव्यांश के उस पहले ब्लॉग का का अनुवाद कुछ इस प्रकार है:

> "ऐसा कम ही है जो संगीत जितना अमूर्त हो और अपने आनंद में प्रगाढ़ता से वैसा ही परिपूर्ण हो। भोजन भी वैसा ही है।
>
> दोनों अपने प्रत्यक्ष स्वरूप में एक दूसरे से बिल्कुल विलग हो सकते हैं, भोजन थाली में आंखों के समक्ष होता है, जबकि संगीत की सुंदरता उसकी श्रव्यता में अनुभव होती है, पर, उनकी इंद्रियगोचर व्यवस्था और उनका "अनुभवदायी सूत्र" एक सा है। थोड़ा विस्तार से बताता हूं।
>
> संगीत के हर टुकड़े में बेस का एक खंड होता है जो उस संगीत का आधार होता है। बेस का यह खंड पर्कशन, सेलो/ बेस गिटार/ डबल बेस और ऐसे ही दूसरे वाद्ययंत्रों से निर्धारित होता है, जो अपने हेवी बैरिटोन से संगीत को नेपथ्य से आधार देते हैं, जिस पर संगीत के अन्य स्वर बनाए जाते हैं। उन्हें हटा दें तो संगीत अपना सौंदर्य खो देगा। बल्कि, यहां तक पाया गया है कि किसी सिम्फनी में उसके बेस का भाग मानव मस्तिष्क में ऐसी भावनात्मक रचनाक्रिया करता है जो अनायास हमारी प्ले-लिस्ट के चयन को प्रभावित करती है। मतलब किसी कॉन्सर्ट में जो आरम्भिक धूम धड़ाका आप सुनते हैं, जो आपको आमंत्रित करता सा महसूस होता है, वह संगीत का अभिन्न अंग होता है।

भोजन के साथ भी कुछ ऐसा ही होता है। मैं आपको एक आसान उदाहरण देता हूं। एक पिज़्ज़ा को ही लीजिए (किसी गणितीय प्रमेय की तरह)। पिज़्ज़ा का आंटा भली भांति सेंके जाने के बाद पिज्जा का आधार बनता है, जिस पर सही अर्थों में पूरा पिज़्ज़ा तैयार किया जाता है। सही अर्थों में इसीलिए कि आप केवल चीज और टॉपिंग्स नहीं खा सकते यदि, चबाने को ही कुछ न हो। अगर आप ऐसे उन्हें खा भी लें तो पिज़्ज़ा खाने की संतुष्टि उसमें नहीं होगी। उस व्यंजन का कोई स्वरूप नहीं होगा। और, स्वाद के स्तर पर कहें तो गाढ़ा मलाईदार चीज, खट्टा चटपटा सॉस और विशिष्ट स्वाद और स्वरूप वाले टॉपिंग, इन सब को एक मजबूत और तटस्थ आधार चाहिए, जिस पर वे अपने सुस्वादिता का नृत्य संचालित कर सकें। यह सह-सम्बंध हरेक प्रकार के भोजन पर लागू होता है।

अब लय की बात आती है। ड्रम, तबला जैसे 'पर्कशन यंत्र' संगीत की गति और उसकी धड़कन का निर्धारण करते हैं। वे ही संगीत की गति निर्धारित करते हैं, कब इसकी गति बढ़नी है, कब स्वर मद्धम होने हैं, कब ताल को ऊपर जाना या नीचे आना है। कार के दिशा निर्देशक की तरह ही वे संगीत की दिशा उसकी गति का निर्धारण करते हैं।

खाने में कुछ ऐसी चीजें होती हैं जो खाने का स्वाद निर्धारित करती हैं और जो आपके खाने का मुख्य अंश होता है, जैसे कि सैंडविच में सलाद और पैटी, पिज़्ज़ा में उसका चीज और मरीनारा बेस, और स्टर फ्राई में नूडल्स का स्वरूप। आपके मुंह में और नथुनों से होकर कंठ तक किस जायके की खुशबू फैलेगी यह वही निर्धारित करते हैं। वह इन्हीं के कारण है कि खट्टे तीखे स्वाद जिह्वा पर तीखा स्पंदन पैदा करते हैं, तो ठंडा और हिमवत पदार्थ ठंडक का एहसास देते हैं, जबकि उमामी स्वाद थोड़ा उष्ण और चटपटा एहसास से भर जाते हैं। ऐसे अनेकों उदाहरण हैं, जैसा कि बदलती लय के साथ होता है।

उसके बाद कंठ स्वर आता है। वे बेस और लय के द्वारा निर्मित आधार पर सबसे ऊपर अवस्थित होते हैं और किसी भी संगीत आयोजन का मुख्य अंश बनकर उभरते हैं। वे चालक की तरह होते हैं, कार के विभिन्न यंत्रों को संचालित करते हुए गति और दिशा निर्धारित करते हुए। वे व्याख्याकार की तरह हैं, जो भिन्न-भिन्न वाद्य

यंत्रों और उनके संयोजन से उत्पन्न संगीत की अमूर्तता को जैसे मूर्त बनाकर हमारे समक्ष प्रस्तुत करते हैं।

आपकी पिज़्ज़ा के टॉपिंग, सैंडविच का 'ऐडऔंस', आपके सूप का वह विशिष्ट स्वाद, गेलाटो की वह अलग सी मिठास, आपके कॉफी में बसी वह सोंधी खुशबू, यह सब उन स्वर लहरियों, खटके और मुरकियों के समान हैं जो गायक अपनी संगीत में लाकर आपके श्रवण के अनुभव को समृद्ध करता है, ये भी कुछ उसी प्रकार आपके स्वदानुभव को समृद्ध करते हैं।

ट्रेबल और बेस संगीत में रुक-रुक कर आते हैं, पर हर बार वे आपको एहसास की थिरकन से भर जाते हैं। वे आमतौर पर संगीत के प्रारंभ और अंत और एकाध बार बीच-बीच में आते हैं।

आपके 'अल डेंटे पास्ता' पर फ्रेश बेसिल और रोजमैरी का वह कतरा, या फिर आपके पिज़्ज़ा पर ओरिगैनो और टोबैस्को का छिड़काव, आपकी दाल में धनिया का तड़का, आपके बेक किए हुए बिस्किट पर सेसमी सीड्स की मनभावन उपस्थिति, या फिर अचार का वह स्वाद से भरा मसाला जो आपके स्वादतंतु को अंदर तक छू जाता है, खाने के ट्रेबल हैं, जो खाने के स्वाद और स्वरूप की सीमाओं को पार कर आप तक एहसास की एक नई धार पहुंचाते हैं।

संगीत और भोजन एक दूसरे के बिल्कुल सगे हैं। उनका बाहरी स्वरूप, रंग रूप भले अलग हो पर आंतरिक स्वभाव एक जैसा है। एक ही माता-पिता से संस्कार पाए संतानों जैसा, अलग-अलग दिखते हुए भी उनका मूल गुण धर्म समान है। और दोनों ही शांति, सद्भाव, एकता और मानवता के सुंदर स्रोत हैं।''

मैं कभी सोच भी नहीं सकती थी कि कोई संगीत और भोजन को इतने विस्तार से और इतने प्रभावकारी तरीके से तुलनात्मकता से प्रस्तुत कर सकता है। कितनी अद्भुत सोच है कि संगीत और भोजन सगे भाइयों जैसे हैं और वे हमारे बीच एकता और सद्भाव का उत्कृष्ट माध्यम हैं....!!

# 11

# मुखौटे को चेहरा मत बनने दो

साल 2016, सितम्बर का तीसरा सप्ताह; इम्यूनोथेरेपी के दूसरे दौर की चिकित्सा के लिये इजरायल जाने का समय आ गया। फिर से वही समस्या थी.... इस बार कौन साथ जाएगा? मेरे मन में तो यह विचार तभी से घूम रहा था जब वे पहले दौर की चिकित्सा के बाद अगस्त में इजरायल से आए थे। अनन्या की पढ़ाई के कारण दिव्यांश के साथ न जा पाना मेरे लिए बहुत ही कष्टप्रद था। सुशील उसकी हर यात्रा, हर चिकित्सा में साथ होते। मैं बेतरह चाहती थी कि मैं भी साथ जाऊं, पर वह संभव नहीं हो पाता था। इस बार मेरी सबसे छोटी बहन शिवांगी हमारी मदद को आगे आयी। उसने अपने दफ्तर से महीने भर की छुट्टी ली और इलाज में, साथ ही अपार्टमेंट के रोजमर्रा के कामों में, मदद के लिये खुशी-खुशी साथ जाने को तैयार हो गयी। डॉक्टर ऑर के तात्कालिक सहयोग से उसका इजरायल का वीसा मिलने में देर नहीं लगी।

इस बार अपनी निगरानी में दिव्यांश का इलाज शुरू करवाने के लिये डॉक्टर ऑर वहां शुरू से उपस्थित थे। हमारे सभी दोस्त जैसे कि नवदीप सिंह, सवदास, ल्यूमा और उसके पति गिडीयन, मिशेल, सोशी और कैरन पूरी तत्परता से उनकी मदद को आगे आए और उन्हें बारी-बारी से अक्सर डिनर पर भी बुलाया। इलाज बिना किसी मुश्किल के प्रारंभ हुआ। पहले की तरह ही एक सप्ताह अस्पताल में और उसके बाद तीन सप्ताह स्लिंग बैग लगाकर घर में रहना था जिसमें एक पाउच में दवा थी और एक पम्प था जिसके द्वारा नसों के माध्यम से चौबीसों घंटे दवा उसके शरीर में जानी थी। इस बार की इजरायल यात्रा में दिव्यांश के अंदर का लेखक अपने पूरे सुरूर पर था। उसने एक के बाद एक तीन कविताएं लिखीं जो इलाज के दौरान के उसके विशिष्ट विचारों और अनुभवों को प्रतिबिंबित करती थी।

लगता था मानो उसके स्लिंग बैग का वह पंप उसकी दवाओं के साथ-साथ उसके विचारों को भी गति दे रहा है।

दिव्यांश को मिथ्याभिमानी व्यवहार पसंद नहीं। पर, उसने कभी अपने शब्दों से या व्यवहार से यह जाहिर नहीं किया। जैसा कि लॉर्ड शैफ्ट्सबरी ने कहा है, "अंततः इस संसार की सबसे नैसर्गिक सुंदरता सत्य और नैतिक सदाचार है; क्योंकि जो भी सुंदर है वह अंत में सत्य तो सत्य है।" इसी विचार के अनुरूप यदि आगे सोचें तो यदि कोई सच्चा है तो वह भला मिथ्याभिमानी क्यों होगा। दिव्यांश न केवल सच्चाई के रास्ते पर चला बल्कि उसने यह भी सुनिश्चित किया कि सही तरीकों का भी पालन हो। इसी विचार को आधार बनाकर उसने 21 सितम्बर 2016 को अपनी अगली कविता लिखी शीर्षक था "द मास्क"। इस प्रकार उसकी हर कविता की तिथि लिखने के पीछे भी एक कारण है जो मैं बाद में बताऊंगी। कविता के एक अंश का अनुवाद कुछ इस प्रकार है:

कुछ पहनते हैं इसे
छुपाने को वह दुष्टता और अंधकार
जो बसा है उनमें अंदर तक
दुनिया को दर्शाती, आकर्षित करती,
एक छद्म 'मोहक' मुस्कान
उनके इस दोजख को भरती
एक चमकता दमकता आवरण
जो ढक लेता है करीने से
ईर्ष्या की कालिख को
वह ईर्ष्या जो धधकती है
दूसरों की खुशी देखकर
जो ऐंठती है, मचलती है,
पोतने को कालिख उनकी खुशी पर
दुर्भाग्य बनकर

...

चेहरा मत बनने दो कभी
मुखौटे को अपने
उपादान है बस यह

निमित्त बनाओ इसे अपने निखरे व्यक्तित्व का
हीरे-सा चमकता व्यक्तित्व
अंतर्मन को उजागर करता
मत बनने दो इसे वह चिराग जिन्न का
जिसमें कैद हो जाए स्वत्व तुम्हारा
वह जिसे होना चाहिए प्रत्यक्ष और सम्मुख
मुखौटे की कैद से मुक्त

...

कुछ लोग मुखौटा लगाकर अपने व्यक्तित्व का स्याह और घिनौना पक्ष छुपा लेते हैं। पर कुछ लोग अन्य कारणों से भी मुखौटा पहन लेते हैं- जैसे की अपना दर्द छुपाने, लोगों की भेदती नजरों से बचने और बेमतलब और अनिच्छित दया भाव से दूर रहने के लिये। दोनों ही स्थितियों में मुखौटा ही हमारे चेहरे का नियामक बन जाता है, जो हमारे हर व्यवहार को निर्धारित करने लगता है।

लेकिन, हमें ऐसे मुखौटे चाहिए ही क्यों?
हम भला क्यों पहने कोई भी मुखौटा?
क्यों न दुनिया को दिखाएं- अपने अंदर का असली आदमी
अच्छा या बुरा जैसा भी हो।

दिव्यांश को वह समय सबसे पसंद था जब हम अरब सागर की तरफ पसरी अपनी बालकनी में बैठ कर सुबह की चाय पी रहे होते। आमतौर पर उस समय हम तनावमुक्त होकर हल्की-फुल्की बातें किया करते। उसने इस समय मेरी सुशील के साथ बातचीत का सूत्र देखा, सुना और महसूस किया होगा, और हमारे इस वैवाहिक जीवन के हर पल मजबूत होते साथ को भी अनुभव किया होगा। दिव्यांश स्थितियों, घटनाओं को बड़े ही ध्यान से देखता था। उसने ध्यान से देखा था कि किस प्रकार से हमारा हल्का फुल्का लेकिन पूरी तन्मयता से किया जाने वाला वार्तालाप दिन की हमारी मनोदशा तय करता था। उसके लिए एक "कप्पा" जैसे प्रतीक बन गया रोमैंटिसिजम का, पति-पत्नी के बढ़ते स्नेह का। उसने अपने विचार एक कविता के माध्यम से व्यक्त किए, शीर्षक था, "द कपल"। यह कविता उसने द मास्क लिखने के केवल पांच दिन बाद 26 सितम्बर 2016 को

लिखी। कविता का शीर्षक एक नायाब शब्द है जो स्वयं उसने गढ़ा था, और इस कविता को पढ़ने के बाद इस शब्द के माध्यम से इस कविता के सूक्ष्म निहितार्थ का पता चलता है। उसने जो लिखा उसके कुछ अंशों का अनुवाद इस प्रकार है:

इस 'कपल' से मिलिए
देखिए इनकी ठसक को
मोहक, आकर्षक
ध्यान खींचते बरबस
*श्रीमान कोको रोबस्टा*
और बाहों में बांहें डाले उनके
चहलकदमी करती हल्के कदमों से
दिव्य, भव्य
*श्रीमती फ्लोरा फोलीज*
एक नए दिन पर विजय के लिए
प्रेरित करता
यह 'कपल' अग्रदूतों जैसा
अपनी प्यार भरी लोरी से
आलस्य को सुलाता
जगाता एक नए खूबसूरत दिन को

इस कविता को पढ़कर उसके एक दोस्त ध्रुव की मां डॉक्टर अर्चना ने लिखा, "'द कपल' कविता पढ़कर मुझे अपनी सुबह की चाय के नए मायने मिल गए। ऐसी नायाब सोच के लिये साधुवाद दिव्यांश।"

मैं दिव्यांश को इतनी शीघ्रता और कुशलता से ऐसी कई सारी विचारोत्तेजक कविताएं लिखते देखकर बहुत खुश थी।

एक स्त्री के जीवन को एक छोटी लड़की से, बचपन तक, फिर उसके युवा होने और फिर शादी के बंधन में बंधने, जिसकी परिणति मातृत्व में होती है, तक परत-दर-परत देखने समझने के लिये एक प्रबुद्ध मस्तिष्क और भावुक हृदय चाहिए। 30 सितम्बर 2016 को, "द कपल" लिखने के ठीक चार दिन बाद उसने एक और बेहतरीन कविता लिखी, शीर्षक था, "शी"। यह कविता जैसे मातृत्व के विविध रंगों का उत्सव था। जो स्त्रित्व दिव्यांश के जीवन के सबसे करीब थी वह मैं थी, जिसके माध्यम से वह स्त्रीत्व के अनेकों आयामों की पड़ताल कर सकता था और विडम्बना ही है कि मैं स्वयं यह नहीं कर

सकती थी। और यह तब और भी विस्मयकारी और काबिलेतारीफ हो जाता है जब एक महज 19 साल के लड़के की अनुभूति बनकर यह उसकी कविता में ढला हो। "शी" के एक अंश का अनुवाद कुछ इस प्रकार है:

बहुत सहा है उसने
इस नाटक में
जो कहलाता है-जीवन;
प्यार करते, संभालते,
उन सबको जो संतति हैं उसकी अपनी
अपने सोच की गोद में बैठी
संतोष की गहरी सांसे भरती
नजरों में भरकर खामोशी
देखती है वह आंखों में अपने पति की
एक शब्दहीन संवाद
पसर जाता है उनके बीच
खामोशी की परतें ओढ़े
क्षणिक लहरों में परिवर्तन के
कांपते हाथ एक दूसरे का थामे
सामना करते,
स्वीकारते मन से उसे
तय है जिसका घटित होना ।

केवल नौ दिनों में तीन बड़ी कविताएं, वह भी अलग अलग भाव और मिजाज की, वह अपनी कविताओं की झोली भरने के लिये इतनी जल्दबाजी में क्यों था ...? वह भी तब जब वह मुश्किल दुष्प्रभाव वाली इम्यूनोथेरैपी से गुजर रहा था। मैं जब इस प्रश्न का उत्तर तलाशने की कोशिश कर ही रही थी कि उसने अपने ब्लॉग वॉल पर एक और विचारोत्तेजक आलेख लिखा, शीर्षक था, "रिमेम्बर द ह्यूमन..."। शुरू की कुछ पंक्तियां ही उस संदेश को स्पष्ट कर देती हैं जो वह इस ब्लॉग के माध्यम से देना चाहता था। उन पंक्तियों का अनुवाद यहां उद्धृत कर रही हूं:

"आप हिंदू हैं या मुसलमान?"
"मैं भूखा हूं........"

एक दो पंक्तियों का छोटा सा, सामान्य सा संवाद, पर अपने अर्थ में जैसे सागर की विशालता समेटे हुए, और हमें उस प्रश्न का सामना करने को भी विवश करते हुए..... क्या धर्म मानवता से ऊपर है?

मैंने जैसे किसी कल-कल बहती नदी के पवित्र जल में प्रतिबिंबित होती हुई उसकी आत्मा की शुद्धता को देखा, उसने जैसे अपने विचारों के इस पवित्र बहाव से मुझे बुद्धिमत्ता का एक नया संदेश दिया। यह चमत्कारिक ही था कि एक मां अपने उन्नीस साल के बेटे से जीवन की सुंदरता का सबक सीख रही थी....!!

जिस दौरान दिव्यांश का इजरायल में इलाज चल रहा था, मैं यहां मुंबई में सुशील को मिले नए सरकारी फ्लैट के साज-सज्जा में लगी थी। यह फ्लैट अपेक्षाकृत बड़ा था और एक खूबसूरत शांत परिवेश में अवस्थित था। हम दिसम्बर के शुरुआत तक वहां शिफ्ट हो जाना चाहते थे। 20 अक्तूबर को सुशील, दिव्यांश और शिवांगी मुंबई वापस आए। डॉक्टर ऑर ने दिव्यांश को क्रिसमस के आस-पास एक बार फिर से करीब तीन दिनों के लिये फॉलो अप के लिये आने की सलाह दी।

उनके इजरायल से आने के बाद मैं आम तौर पर खुश रहने लगी थी। दो कारण थे, पहला तो यह कि दिव्यांश को मैं खुश देख रही थी और दूसरा यह कि हम एक बड़े और आरामदायक फ्लैट में शिफ्ट हो रहे थे। उनके इजरायल से आने के बाद ही तीन बड़े त्यौहार आ रहे थे- दशहरा, दिवाली और छठ। दिव्यांश के सुधरते स्वास्थ्य ने इन त्यौहारों को मनाने के लिये हमारा उत्साह बढ़ा दिया। मेरे लिए हमेशा सबसे कठिन त्यौहार छठ होता था, जिसमें तीन दिन का निर्जला उपवास रखना होता है। जब 2010 में पहली बार हमें दिव्यांश की ल्यूकीमिया का पता चला, तब से ही मैं छठ का व्रत रख रही हूं। दिव्यांश के स्वास्थ्य और कुशलता के लिये सूर्य भगवान को अर्घ्य देते हुए छठी मैया को संतुष्ट करने के लिये यह मेरी तपस्या थी। यह भी सच था कि सभी त्यौहारों में छठ का गह व्रत मेरे मन के सबसे करीब था। मैं जैसे इस त्यौहार के आने की राह देखती। मैं इस व्रत में दिव्यांश के स्वस्थ जीवन का माध्यम देखती। मेरे लिए जैसे दिव्यांश और छठ एक ही सिक्के के दो पहलू थे। दिव्यांश को भी यह बहुत भाता कि मैं उसके लिए छठ का व्रत रखती हूं। वह पूजा के सभी क्रिया कलापों में मेरा साथ देता और अर्घ्य के लिये नदी या समुद्र के जल में उतरते हुए मेरा हाथ थामे रहता। हर बार अपना तीन दिनों का यह निर्जला उपवास

मैं उसके हाथों से पानी पीकर, एक दूसरे को देखते हुए समाप्त करती ।

दिव्यांश पर अब तक जो कुछ बीता था उसे भुला कर हमने छठ पूजा मनाई। अस्त होते और फिर उदित होते सूर्य को अर्घ्य देते हुए मैंने छठी मैया से दिव्यांश के स्वास्थ्य की भिक्षा मांगी। ईश्वर द्वारा ली जाने वाली परीक्षाओं में धैर्य रखना सबसे बड़ी तपस्या है। सन 2009 से मैंने यह धैर्य बनाए रखा था। दिव्यांश के किशोरावस्था के सात लम्बे साल मैंने इस धैर्य के सहारे काटे। पर, मेरे धैर्य का कुआं अब जैसे सूख रहा था, सूर्यास्त और सूर्योदय में उस परम पिता को अपने सम्पूर्ण अंतःकरण से नमन करते हुए मेरा मन विलाप कर रहा था, मेरे धैर्य की और कितनी परीक्षा होनी थी....!

इजरायल से वापस आकर फिर से दिव्यांश अपनी कॉलेज की पढ़ाई में पूरी तरह जुट गया। उसके दोस्त कक्षा में उसकी बुद्धिमत्ता का पुट भरने की जैसे प्रतीक्षा कर रहे थे। एक दिन उसने अपने पिता से आई.एस.आई. एस. से मानवता को बढ़ रहे बेहद चिंतनीय खतरे पर चर्चा की। साथ ही उसने हिंदू धर्म में भी बढ़ रही कट्टरवादिता पर चिंता जताई, हालांकि उसका मानना था कि यहां अभी भी ऐसी मानसिकता थोड़े से लोगों तक ही सिमटी है। इस विषय पर अपने पिता के साथ गहन विमर्श के बाद उसने अपने ब्लॉग पर अगला विचारोत्तेजक आलेख लिखा, शीर्षक था, "अ वर्ल्ड विदाउट रिलीजन"। एक उन्नीस साल के लड़के ने नित बदलती इस नयी दुनिया में धर्म का निहितार्थ और उसकी प्रासंगिकता के बारे में अपने विचार किस तरह प्रस्तुत किए थे, यह समझने के लिये उसके इस ब्लॉग के एक अंश का अनुवाद यहां दे रही हूं:

> "क्या हम एक ऐसी दुनिया में आनंदपूर्वक नहीं रह सकते जो धर्ममुक्त हो? एक ऐसी दुनिया जिसमें एकता, मानवता, दया, आपसी भाईचारा, सत्यनिष्ठा, सम्मान जैसे भाव धर्म के पर्याय हों। सही अर्थों में एक समतामूलक समाज, जिसमें 'स्टीरियोटाइप्स', भेदभाव या लोगों को उनके चेहरे-मोहरे, रूप-रंग के आधार पर पहचान बनाने की कोशिश न हो। एक ऐसा समाज जिसमें इंटरनेशनल हेल्थ डे, मेंस डे, वूमंस डे, संस डे, डॉक्टर्स डे, मदर्स डे, टीचर्स डे, फादर्स डे, विश्व शांति दिवस और विश्व पर्यावरण दिवस जैसे अनेकों दिन उसी उत्साह से मनाए जाएं जिस उत्साह से हम विभिन्न धार्मिक त्यौहारों को मनाते हैं। एक ऐसी दुनिया जो ईश्वर की आराधना तो करे पर उसके लिए

अलग-अलग दुनियावी रिवायतों और तरकीबों का मोहताज न हो। एक ऐसी दुनिया जो ईश्वर के प्रति भय नहीं बल्कि ईश्वर के प्रति प्यार पर आधारित हो।

...

जो ईश्वर में विश्वास करते हैं उनका मानना है कि ईश्वर ने मानव की संरचना की, पर उसके बाद वह उसके समक्ष कभी नहीं आया। इसीलिए अनादि काल से मानव जाति ईश्वर की सतत तलाश में है। ऐसा करते हुए हमारा नश्वर मस्तिष्क अलग-अलग रास्तों का निर्धारण करता है, टेढ़े मेढ़े, कठिनाई भरे, उतार चढ़ाव से भरे रास्तों से होकर उस परम तत्व तक पहुंचने का प्रयास करता है। अब वे सब रास्ते ही जैसे परस्पर विरुद्ध होकर खड़े हैं, और मंजिल तक पहुंचने का कोई उपाय, कोई मार्ग नहीं दिखता। क्यों न इन रास्तों को त्याग दें, इस अंधी यात्रा का त्याग करें और जब भी जैसे भी हम चाहें उस तक अपना संदेश प्रेषित करें। आखिर वह तो सर्वभूत, सर्वव्यापी है, या आज के, डिजिटल युग की भाषा में कहें तो हमेशा ऑनलाइन है? मुझे नहीं लगता ईश्वर चाहेगा कि उसके बनाए लोग स्वयं को ही नष्ट कर दें, या उसके संधान में कष्ट का मार्ग अपनाएं। कोई भी सृष्टा अपने द्वारा निर्मित सृष्टि का ऐसा अंजाम भला कैसे चाहेगा..!!"

सालों बाद उसका यह ब्लॉग पंचगनी के एक ख्यातिलब्ध विद्यालय की पत्रिका में प्रकाशित हुआ।

दिसंबर में क्रिसमस के आस-पास डॉक्टर ऑर की सलाह अनुसार आखिरी फॉलो अप के लिये दिव्यांश और सुशील इजरायल गए। यह यात्रा केवल तीन दिनों के लिये ही थी, इसीलिए मेरा जाना आवश्यक नहीं था। जांच में सब कुछ संतोषप्रद निकला। इजरायल में इस समय हनुकाह का त्यौहार मनाया जा रहा था और हर तरफ उत्सव का माहौल था। यह त्यौहार यूनानी राजाओं पर यहूदियों की विजय की खुशी में मनाया जाता है। आठ दिनों तक मनाया जाने वाला यह त्यौहार विजय के आध्यात्मिक महत्व को प्रतिपादित करता है।

इस त्यौहार में मुख्य तौर पर हर शाम दीये जलाए जाते हैं, पहले दिन एक दीया, दूसरे दिन दो, तीसरे दिन तीन और क्रमशः ऐसे ही। उत्सव के आनंद की चमक इजरायल में हर तरफ दिखती। दिव्यांश की जांच

प्रक्रिया समाप्त होने के बाद, हनुकाह के आठवें दिन डॉक्टर ऑर ने उन्हें अपने घर डिनर पर और यह त्यौहार साथ में मिलकर मनाने के उद्देश्य से बुलाया। अपनी व्यस्तता के बावजूद, डॉक्टर ऑर पहले की भांति ही उनके अपार्टमेंट तक उन्हें लेने आए और स्वयं ही ड्राइव कर शहर के छोर पर स्थित अपने घर तक लेकर गए। उन्होंने इस अवसर पर कुछ अन्य मेहमानों को भी निमंत्रित किया था। सबने मिलकर पूरे जोर-शोर और उत्साह से आखिरी दिन यह त्यौहार मनाया। दूसरों का अनुसरण करते हुए दिव्यांश ने भी ल्यूकीमिया पर अपनी विजय के प्रतीक स्वरूप एक दीया जलाया। चूंकि अधिकांश मेहमान आम तौर पर हिब्रू में बातचीत कर रहे थे, डॉक्टर ऑर ने सुशील और दिव्यांश का विशेष ध्यान रखा। यहां तक कि उन्होंने वहां हो रही बातचीत का उनके लिए अंग्रेजी अनुवाद भी किया, ताकि वे उस बातचीत के दौरान अपने को अलग-थलग महसूस न करें। दिव्यांश ने मुझे बताया उस दिन कड़ाके की ठंड थी, बावजूद इसके डॉक्टर ऑर उन्हें ड्राइव कर आधी रात में अपार्टमेंट तक छोड़ने आए।

इस त्यौहार के विजय भाव के आध्यात्मिक आयाम का ही यह प्रभाव था कि वहां से लौटकर दिव्यांश की स्वयं की आध्यात्मिक समृद्धता और भी प्रगाढ़ हो गयी। अगर ल्यूकीमिया पर उसकी विजय की बात करूं तो, जैसा कि मैंने बाद में महसूस किया, उसकी आध्यात्मिक समृद्धता के समक्ष वह बीमारी महत्वहीन हो गई थी।

# 12

# एक बार फिर से......

"हैलो, मैं डॉक्टर सैकिया बोल रहा हूं। मुझे यह बताते हुए बेहद अफसोस है कि दिव्यांश का सी.एन.एस. रिलैप्स फिर से हो गया है। मैंने अभी-अभी उसके सी.एस.एफ. जांच की रिपोर्ट देखी है। इस समय मैं उसके लिए किसी और चिकित्सा का सुझाव नहीं दे सकता। सच कहूं तो उसके लिए अब चिकित्सा को कोई विकल्प बचा भी नहीं है। अब उसे तब तक अपनी जिन्दगी जीने दीजिए जब तक.....'

"डॉक्टर सैकिया आप कह क्या रहें हैं? 'रिलैप्स' मैं समझ सकता हूं, पर आप एक पिता से कह रहें हैं कि वह अपने बेटे को बिना किसी इलाज के संघर्ष के लिये छोड़ दे...! अपने बेटे की तरह ही, मैं भी, तब तक हार नहीं मानूंगा जब तक ..."

मैं सुशील के साथ कोलकता के दक्षिणेश्वर काली मंदिर गयी थी जहां हमने दिव्यांश के स्वास्थ्य के लिये मां काली का आशीर्वाद मांगा। पर, हमारे वहां से आने के बाद भी उसका वह अक्सर आने वाला डरावना सरदर्द बंद नहीं हुआ, बल्कि बढ़ ही गया। दिव्यांश के इंजीनियरिंग कॉलेज के दूसरे सेमेस्टर की परीक्षा करीब थी। इन सभी शारीरिक परेशानियों के बावजूद वह उसकी तैयारी में जुटा था। उस रह-रह कर परेशान करने वाली उसकी स्वास्थ्य समस्याओं के कारण सुशील उसे उसके ऑन्कोलॉजिस्ट डॉक्टर तपन सैकिया के पास लेकर गए, ताकि वह स्थिति को समझकर सलाह और सुझाव दें।

हमें पता था हाल फिलहाल की घटनाओं के कारण डॉक्टर सैकिया दिव्यांश की पूरी चिकित्सकीय जांच के लिए जोर दे रहे थे, पर हम यह सारी जांच उसकी परीक्षा समाप्त होने के बाद करवाने की सोच रहे थे।

लेकिन, स्थितियां अब ऐसी हो गई थीं कि और देर करना उचित नहीं लग रहा था। पहले एक 'एम.आर.आई'., फिर 'पेटसीटी', और अंत में एक 'सी. एस.एफ.', दिव्यांश को फिर से उसी कठिन रास्ते पर वापस ले आया जिस पर वह न जाने कब से चल रहा था। वही भयावह खबर फिर से थी, प्रत्यारोपण के पहले वाली- सेंट्रल नर्वस सिस्टम में ल्यूकीमिया का रिलैप्स। डॉक्टर सैकिया परंपरागत तरीके से मूल्यों पर आधारित चिकित्सा पद्धति में विश्वास रखने वाले और उसका पालन करने वाले चिकित्सक थे। उनका मानना था कि यदि स्थितियां ऐसी हों कि कोई भी चिकित्सा मरीज को तात्कालिक लाभ भी नहीं पहुंचा सकता हो तो मरीज को अनावश्यक रूप से दवाओं और इलाज की परेशानी में नहीं डालना चाहिए। उनके अनुसार दिव्यांश हर संभव इलाज से गुजर चुका था, यहां तक कि बोन मैरो प्रत्यारोपण के बाद भी बीमारी वापस आ गयी थी। उन्होंने बहुत ही बेबाकी से सुशील से फोन पर कहा कि वे लगभग चालीस सालों से ऑन्कोलॉजी से जुड़े हैं, और वे अपने इस अनुभव के आधार पर कह सकते हैं कि अब समय आ गया है कि दिव्यांश के इलाज की प्रक्रिया पर विराम लगा दिया जाए। एक चिकित्सक के लिए यह कहना शायद आसान था, पर मरीज के माता पिता, वे भला इसे कैसे चुपचाप स्वीकार कर लें? मैंने दिव्यांश की ओर देखा। मैं जानती थी वह सब कुछ समझ रहा है। इस बार क्षोभ और निराशा का भाव उसके चेहरे पर भी स्पष्ट था। अपनी पूरी ताकत से लड़ कर भी अंततः वह इस भंवर में फंसकर डूब रहा था। उसने रुआंसे स्वर में मुझसे कहा, "मैं सालों से इस दुःस्वप्न को जी रहा हूं, पर मैंने कभी शिकायत नहीं की। अब लगता है समय अपनी राक्षसी ताकत से मुझे पूरी तरह से दबा रहा है। मेरे धैर्य और दृढ़निश्चयता की और कितनी परीक्षा होगी..! मैं भी तो आखिर एक इंसान हूं।" मैंने उसे अपनी पूरी ताकत से गले लगा लिया, खुद में समेट लिया, उसके आंसू भी मेरी आंखों से धार बनकर बह चले। फिर उसने ही मेरे आंसुओं को प्यार से पोंछा और मुझे बिस्तर पर लिटा दिया। करीब घंटे भर बाद मैं उसके कमरे में गयी, तब तक उसने आश्चर्यजनक रूप से खुद को संभाल लिया था। लगा एक और बड़ी लड़ाई के लिए वह खुद को तैयार कर रहा है। एक पैरासीटामॉल खाकर वह अपनी पढ़ाई में जुट गया था।

सी.एन.एस. में मैलिगनेंसी के इलाज के लिए एक ही दवा है- मेथोट्रेक्सेट, जो रीढ़ की हड्डी में सुई के माध्यम से दी जाती है। बहुत कम दवा है

जो मस्तिष्क-तंत्र में मैलिगनेंसी के फैलाव को रोकने की चिकित्सा के लिए 'ब्लड-ब्रेन बैरियर' को पार कर सकता है। दिव्यांश के मामले में रेडिएशन, जो इस इलाज का एक और विकल्प है, की सलाह नहीं दी जा सकती थी क्योंकि प्रत्यारोपण से पहले उसे यह दिया जा चुका था और फिर से रेडिएशन दिए जाने की स्थिति में उसके मस्तिष्क में टॉक्सिसिटी का स्पष्ट खतरा था, जिसे दूर करना संभव नहीं हो पाता।

ऐसी स्थिति में सुशील फिर से हमारे पुराने और भरोसेमंद सहारे, डॉक्टर रूबेन ऑर, की तरफ लौटे, यह जानने के लिए कि क्या इलाज का कोई और विश्वसनीय उपाय संभव है। डॉक्टर ऑर की राय थी कि दिव्यांश को तत्काल मेथोट्रेक्सेट का कुछ डोज दिया जाए, तब तक वह इलाज कि कोई और संभव विधि जो विश्व में कहीं भी उपलब्ध हो, भले ही वह अभी परीक्षण के स्तर पर ही हो, की जानकारी जुटा लेंगे। उन्होंने डॉक्टर सैकिया से बात की और दिव्यांश को तत्काल राहत के लिए मेथोट्रेक्सेट आरंभ करने के लिए उन्हें मना लिया। तब तक शायद डॉक्टर सैकिया को भी इसका आभास हो गया था कि उन्हें सुशील से अपनी राय इस तरह नहीं रखनी चाहिए थी जिसमें उम्मीद की कोई गुंजाइश न हो। मुझे अच्छी तरह याद है, वह 14 मार्च 2017 का दिन था। एक ही दिन में जैसे सदियां बीत गयी थी। रात के करीब साढ़े आठ बजे डॉक्टर सैकिया ने सुशील के मोबाइल पर संदेश भेजा :

"मैं हृदय से क्षमा चाहता हूं। अपनी स्पष्टता में मैं शायद ज्यादा निराशावादी हो गया। मैं भी इंसान हूं, मेरा भी दिल दु:खता है। पर जब मुझे आभास है कि सामने क्या है तो मैं किसी मशीन की तरह का व्यवहार नहीं कर सकता। उसका कष्ट कम करने में मैं हर संभव मदद करूंगा।"

उन्होंने फिर सुशील को फोन कर दिव्यांश को अगले दिन लेकर आने की सलाह दी ताकि वे डॉक्टर ऑर के सलाह अनुसार मेथोट्रेक्सेट के साथ इलाज आरंभ कर सकें। अब तक डॉक्टरों से बातचीत कर हमें भी यह अनुमान हो गगा था कि यह चिकित्सा केवल तात्कालिक आराम के लिए है। इसीलिए हम शिद्दत से डॉक्टर ऑर के साथ मिलकर विश्व के अलग-अलग देशों के अस्पतालों से इस बीमारी की स्थायी चिकित्सा के बारे में जानकारी जुटाने में लग गए। 14 मार्च का दिन फिर से उम्मीद की किरण लेकर आया। जैसा कि मैंने बार-बार लिखा है, ऐसी दुष्कर परिस्थितियों को धैर्य पूर्वक सहने, उसका सामना करने की दिव्यांश में एक दैवीय शक्ति थी और

उसकी यह क्षमता हमें भी धैर्य बनाए रखने और हिम्मत से स्थितियों का सामना करने की शक्ति देता। आज भी कुछ ऐसा ही हुआ। डिनर के बाद रात के लगभग 9 बजे वह अपने स्टडी टेबल पर जा बैठा। मुझे लगा वह सब कुछ समझ कर भी उसे परे हटाकर अपनी परीक्षा की तैयारी कर रहा है। रात के 10.30 बजे उसकी पढ़ाई समाप्त हो गयी। यह पढ़ाई उसकी परीक्षा से सम्बंधित नहीं थी, बल्कि उसके जीवन में आई इस भीषण समस्या से निपटने के लिए तरकीबों की बारीकियों से संबंधित थी। उस दिन उसने एक कविता लिखी, शीर्षक था, "हियर वी गो अगेन.."। यह कविता उसने केवल अपने लिए ही नहीं बल्कि हमारे लिए भी लिखी थी। ल्यूकीमिया के रिलैप्स का वह असह्य दर्द, जो जितना शारीरिक था उतना ही मानसिक भी था, मानो उसकी रचनात्मकता को ताकत दे रहा था, वह अपने दर्द को लेखन के माध्यम से जैसे सकारात्मक ऊर्जा में बदल रहा था, जो कि उसकी मुखाकृति पर फैली अद्‌भुत शांति से ही स्पष्ट थी। दर्द की अतल गहराई जो उसके जीवन का जैसे एक हिस्सा बन गयी थी, उसके चेहरे की ज्योति में प्रतिबिंबित होती थी। उसके चेहरे पर एक अप्रतिम शांति थी जैसी बुद्ध की तपस्या लीन मूर्ति के चेहरे पर दिखती है, जिसने हमें भी प्रेरणा दी कि इस बेहद कठिन मार्ग पर फिर से हिम्मत से आगे बढ़ें। प्रेरणा से भरी यह कविता जिसने बाद में प्रसिद्धि भी पाई हिम्मत और उत्साह का जैसे प्रतिमान है।

"हियर वी गो अगेन.." स्वयं में विश्वास की प्रगाढ़ता को परिलक्षित करता है। दिव्यांश के विद्वतापूर्ण शब्दों में, "धैर्य के इस खेल" में हमें अपनी भावनाओं और दृढ़निश्चयता को विशिष्टता के उस स्तर पर लेकर जाना होता है जहां से अंतत: विजय का मार्ग दिखे। और उसके अनुसार विजय केवल लक्ष्य की प्राप्ति में नहीं होता बल्कि इस में भी होता है कि हम इस दिशा में बढ़ते किस तरह हैं, हम संघर्ष के इस रास्ते पर कैसा बर्ताव करते हैं। इस कविता की सुंदरता, इसके भावों की प्रगाढ़ता को समझने महसूस करने के लिए मैं इस पूरी कविता का अनुवाद यहां उद्धृत कर रही हूं:

एक बार फिर से,<br>
मैं और तुम हैं आमने सामने<br>
समय है साक्षी

निहारता हमें अनवरत
ठंढी सांसे भरता
पलकें झपकती हैं किसकी पहले

कोई सीमा नहीं रही समय की
मेरा पूरा बचपन
पास आता यौवन
चलता रहा लगातार
खेल यह दुर्निवार
नजरें जमी हुई
एकटक देखती मुखाकृति एक दूसरे की
नश्वरता की असीम गहराई तक .....

प्रभावशाली तो है तुम्हारा भी अभिप्रेरण
खींचते गिराते हो मुझे अपनी मर्जी से
सम्मुख तुम्हारे यदा कदा
सूखने लगता है कुआं मेरे धैर्य का

पर अपनी ऊर्जा बचाओ, सांसे बचाओ अपनी
कि शेष है यह युद्ध अभी
इन प्रमत्त तरकीबों को मत आजमाओ
भंवर तुम्हारे ये कष्टों से भरे
न डराते हैं मुझे न भरमाते हैं

गौर से देखो,
इन तूफानों को तुम्हारे
जो उठते हैं चित्कार करते हुए मुझ तक आते हैं
सीख ली है मैंने साधना
हर षडयंत्र का तुम्हारे निदान है मुझमें

खेल है यह धैर्य का
देखना निर्निमेष; अपलक, एकटक,
विजयी होऊंगा मैं ही यहां
तुम्हारी व्यथा पर हंसता मुस्कुराता

खेल यह चलेगा
जब तक तुम चाहो
जब तक तुम अपध्वस्त न हो जाओ
देखता रहूंगा मैं एकटक
तुम्हारी इच्छाओं को टूटते बिखरते
तुम्हारा विध्वंस होते

"पलकें झपकती हैं किसकी पहले", इस एक पंक्ति में समाहित भाव हमें इस बेहद मुश्किल भरे दिन की समाप्ति तक एक नया उत्साह दे गया। यह एक विडंबना ही है कि अपने इस दुर्निवार शत्रु से अनवरत लड़ते हुए हमारा किशोर वय का बेटा अपने माता-पिता का मार्गदर्शन करता रहा। इसमें जरा भी संदेह नहीं था कि दिव्यांश ने हर वक्त हमें रास्ता दिखाया। उस दिन भी ऐसा ही हुआ।

*कर्मण्येवाधिकारस्ते मा फलेषु कदाचन..!!*

हमारा नियंत्रण केवल अपने कर्मों पर है, परिणाम पर हमारा नियंत्रण नहीं होता। दिव्यांश ने इस विचार को आत्मसात् कर लिया था। उसके कृत्यों में भी यह प्रतिबिंबित होता।

अगले दिन दिव्यांश को अस्पताल में भर्ती होना था। डॉक्टर सैकिया की देखरेख में उसे मेथोट्रेक्सेट का पहला डोज दिया जाना था, जिसकी प्रक्रिया भी अपने आप में बेहद कष्टप्रद थी। उस दिन ही उसके लिए एक और कर्म का निर्धारण था, दूसरे सेमेस्टर की परीक्षा का प्रैक्टिकल भी उसी दिन था। उसने हमसे कहा कि उसके लिए हम अस्पताल में बेड तैयार रखें और वह प्रैक्टिकल के बाद सीधा वहीं आ जाएगा। उसने हमसे यह भी कहा कि हम सिंगल रूम की व्यवस्था कर लें ताकि वह रात में अपनी पढ़ाई भी कर पाए। मैं यह देख कर चकित थी कि उसने कर्म के सिद्धांत को किस तरह आत्मसात् किया है और किस तरह यह उसके हर प्रयासों में, हर व्यवहार में परिलक्षित होता है। जब वह कॉलेज से अस्पताल आया तो उसने बहुत सहजता से बताया कि उसने अपने दोस्तों को रिलैप्स के बारे में बता दिया है और उन्हें आश्वस्त भी किया है कि वह शीघ्र ही स्वस्थ होकर वापस आएगा। मुझे 2015 में अपने जन्मदिन पर प्रत्यारोपण के बाद इजरायल से लिखा उसका पत्र याद आया जिसमें उसने अपने इलाज के दौरान

मेरे ममतामयी स्पर्श की कमी महसूस होने का जिक्र किया था। मैं नहीं चाहती थी दुबारा कभी उसे ऐसी कमी महसूस हो। उसके इलाज की इस पूरी प्रक्रिया में मैंने पहली बार अपनी भूमिका सक्रियता से निभाने का निर्णय लिया। मैंने निर्णय लिया कि मां होने के साथ साथ मैं नर्स की भूमिका भी निभाऊंगी ताकि उसे चिकित्सकीय जरूरतों के साथ-साथ ममतामयी स्पर्श भी मिले। और अगला दिन भी दिव्यांश के प्रयासों से ही संतोषप्रद रहा, यह जानते हुए भी कि शायद वह अपनी सैद्धांतिक परीक्षाएं दे ही न पाए, उसने अपनी प्रैक्टिकल परीक्षा दी और डॉक्टर सैकिया के पास आकर मेथोट्रेकसेट की वह रीढ़ की हड्डी से दी जाने वाली दवा का डोज भी लिया जो शायद दो या तीन डोज के बाद उसे थोड़ी तात्कालिक राहत पहुंचाए जब तक की चिकित्सा के किसी स्थायी उपाय की हमें जानकारी न मिल जाए।

मैं हमारी योगा शिक्षक राजी मैडम को दिव्यांश की इस नई परिस्थिति के बारे में बताना चाहती थी। दिव्यांश उनके बेहद करीब था। मैंने उन्हें फोन कर उनके छोटे हनुमान के जीवन में आए इस नए संकट के बारे में बताया। मेरी बात सुनकर उन्होंने कहा कि वह फोन करेंगी पर फिर कभी उनका कोई संदेश नहीं आया। मुझे बहुत दु:ख हुआ। कम ही लोग थे जिनसे हम अपनी तकलीफ की बातें कर पाते थे, राजी मैडम उनमें से एक थीं। हमारे इस भीषण कष्ट के बारे में जानकर भी उनका कोई संदेश नहीं मिलने से मेरे आत्मसम्मान को चोट पहुंची। मैं गहरी उदासी में डूब गयी। मेरी इस मनोदशा को अनुभव कर दिव्यांश ने मुझे मोबाइल पर यह संदेश भेजा:

> "मम्मी,
>
> लोग हमारे जीवन में आते जाते रहेंगे। यह हमें निर्धारित करना है कि हम इस से कैसे निबटें। एक रास्ता यह है कि हम सब कुछ भुला कर बस चलते रहें। दूसरा यह कि हम लोगों की बात सुनकर उनके व्यवहार से प्रभावित होकर यह निर्धारित करें कि हमें किधर जाना है। तीसरा यह कि हम उन सबका जो हमारे जीवन में कुछ भी अच्छा लेकर आए धन्यवाद करें, जो कुछ अच्छा नहीं था उस पर ध्यान न दें, जिसने भी थोड़ा भी साथ दिया उसे प्रसन्नता पूर्वक स्वीकार करें, पर उन पर निर्भर हुए बिना अपने निर्धारित पथ पर आगे बढ़ें।
>
> मेरी सलाह है कि तुम, मैं, पापा और अनन्या हम सब इसे स्वीकार करें, कि हम दूसरों के व्यवहार के कारण दु:खी नहीं होंगे,

ठगा हुआ महसूस नहीं करेंगे। हम ऐसी घटनाओं को बस भुला देंगे, उन्हें अपने दुःख का कारण नहीं बनने देंगे।

जीवन के थर्मोडायनैमिक्स में अधिकांश कार्य प्रतिवर्ती प्रक्रिया( रिवर्सेबल प्रोसेस) के द्वारा ही सम्पन्न होता है।"

इस संदेश ने जैसे मुझे अपने अंदर झांकने की एक नई दृष्टि दी, मेरे बेकत मन को जैसे शांति मिल गयी। इस संदेश के कारण ही मैं फिर से सामान्य हो पायी।

अंशू की शादी बेहद करीब थी, क्या करें, दिन आगे बढ़ा दें? बिल्कुल नहीं, मैं इस बारे में पूरी तरह स्पष्ट थी, हालांकि उसकी शादी को निमित्त बनाकर मैंने कई सारे सपने देखे थे। अंशू के पिताजी ने हमसे इस बारे में सलाह मांगी और हमारी सलाह थी कि शादी की तिथि बढ़ाने की आवश्यकता नहीं है। दिव्यांश से कर्म का सिद्धांत सीखकर मैंने यह अनुभव किया कि हर व्यक्ति अपने कृत्य और कर्तव्यों के लिए जिम्मेदार है। उस समय ही शादी संपन्न करनी है या उसके दिन बढ़ाने हैं, इसका निर्धारण उनके कर्मों से होना उचित था। जब हम से पूछा गया तो हमने अपनी सलाह देकर अपना कर्तव्य निभाया। अब यह पूरी तरह उन पर निर्भर था। मैं नहीं चाहती थी कि अपने जीवन के बेहतरीन दिनों में अंशू हमारे दर्द के साये में जिए। इसीलिए मैं दिव्यांश के इलाज के लिए डॉक्टर ऑर द्वारा सुझाई नयी जगह जाने से पहले अंशू की शेरवानी के फाइनल ट्रायल के लिए उसके साथ शो रूम गयी। अंततः उसकी शादी की सारी तैयारियां पूर्व निर्धारित कार्यक्रम के अनुसार हुई। यहां हम किसी अनजान नए देश में जीवन की अगली बड़ी चुनौती का सामना करने के लिए तैयारियों में जुटे थे।

इस साल ही, एक जनवरी को, नए साल के पहले दिन, मुझे अजय का फोन आना याद है। अजय सुशील की चचेरी बहन कविता के पति हैं। वे एक बड़े बहुराष्ट्रीय कंपनी में वैज्ञानिक हैं और अमरीका में न्यू जर्सी में रहते हैं। उन्होंने हमें नए साल की शुभकामनाएं देने के लिए फोन किया था। उन्होंने दूसरे करीबी संबंधियों से दिव्यांश के बारे में काफी सुन रखा था। बातों-बातों में उन्होंने हमें दिव्यांश के आगे की पढ़ाई अमरीका में करवाने की सम्भावनाओं पर विचार करने को कहा। हमने उन्हें बताया कि दिव्यांश की दिली तमन्ना थी की वह एम.आई.टी. में पढ़ाई करे, पर उसके हालात

कुछ ऐसे थे कि उसके इस सपने का पूरा होना संभव होता नहीं दिख रहा था। पर उस दिन बिना किसी संदर्भ के उन्होंने यह सलाह क्यों दी? क्या नियति कोई विधान रच रही थी?

इसी दौरान डॉक्टर रूबेन ऑर ने हमें सूचित किया कि अमरीका के टेक्सस में एक इलाज का पता चला है, जो अभी परीक्षण के स्तर पर ही था पर, जो उनके अनुसार थोड़ी उम्मीद जगाता था। तब तक मेथोट्रेक्सेट के प्रभाव से दिव्यांश को थोड़ी राहत भी मिली थी। डॉक्टर ऑर ने वहां के एक डॉक्टर से बातचीत कर सब निर्धारित करवा दिया और दिव्यांश को 5 अप्रैल 2017 का अपॉइंटमेंट मिल गया। मुंबई स्थित अमरीकी वाणिज्य दूतावास ने कृपा पूर्वक हमें आपात वीजा दे दिया। दिव्यांश के लिए एक नए जीवन की तलाश में हमारा अमरीका जाने का सारा बंदोबस्त हो गया। तब तक यह स्पष्ट हो चुका था कि दिव्यांश अपने सेमेस्टर की परीक्षा नहीं दे पाएगा। डॉ. शरद म्हैसकर, उपकुलपति, ने फिर से हमारी मदद की। उन्होंने वादा किया कि जब भी वह लौट कर आएगा तब वे दिव्यांश के लिए अलग से परीक्षा का आयोजन कर देंगे ताकि उसका साल खराब न हो। उस इलाज के लिए जो अभी परीक्षण के स्तर पर ही था, वहां हमारा लगभग डेढ़ महीने रहने का आरंभिक अनुमान था।

हाल फिलहाल जब भी मैंने जीवन में विपरीत परिस्थितियों का सामना किया, विशेषकर दिव्यांश के मामले में, तो मैं चाहती थी मृदुल हमारे साथ रहे। वह हर समय हमारा साथ देने को तत्पर भी रहता। समय के साथ वह हमारे इतने करीब आ गया था कि फोन पर भी मेरी आवाज में दुःख का थोड़ा सा भी पुट वह महसूस कर लेता। इस बार भी फोन पर बात करते हुए उसने मेरी दुःखद मानसिक स्थिति का अनुमान कर लिया। मुझे उसे पिछले कुछ दिनों में बीता घटनाक्रम बताना पड़ा। एक पल भी सोचे बिना वह अगले दिन ही दुबई से मुंबई आ गया। वह कुछ दिन हमारे साथ रहा और उसने भरसक प्रयास किया कि हमारी मनोस्थिति बेहतर रहे। वापस दुबई जाने से पहले उसने दिव्यांश को संदेश लिखा:

> "जब भी मैं तुम्हें छोड़ कर जाता हूं, खासकर ऐसी परिस्थितियों में तो मैं बहुत ही भारी मन से विदा होता हूं... इस बार भी वैसा ही था... पर इस बार एक बड़ा अंतर और था...यह निर्विवाद सत्य है कि अब तक की परिस्थितियों का तुमने जैसे सामना किया है वैसा कोई

नहीं कर सकता था...पर, पहले मुझे फिर भी लगता था कि तुम्हारा एक अंश है जो कुछ प्रश्नों का उत्तर तलाशता रहता है ... पर इस बार, पहली बार मैंने तुम्हारे अंदर एक ऐसी शांति देखी जो तुम्हारे जैसे एक बच्चे के अंदर देखकर दिल दहला देती है....एक मायने में तुम्हारे अंदर की यह अद्भुत शांति सबको शांतचित्त रखती है... पर साथ ही, जैसा कि पापा ने सच ही कहा, हमारा मन होता है कि तुमसे कहें कि अपनी भावनाओं को हमारे साथ बांटो, अपना मन हल्का कर लो....

दुनिया में ऐसा शायद कुछ भी नहीं जो हम तुम्हें कहें ताकि तुम्हें लगे की सब कुछ ठीक हो जाएगा.....हमें लगे कि सब कुछ ठीक हो जाएगा.....और जो भी हम कहेंगे उसमें शायद कुछ भी नया नहीं होगा ...शायद खोखला होगा .. सच तो यह है कि हम, खासकर तुम, इन सब से गुजरने के लिए चुने गए हो... हमें यह नापसंद है...पर हमें इस से गुजरना है..कोई और चारा नहीं है... पर शायद संतोष की बात बस इतनी है कि तुम इन सब से और मजबूत होकर उभरे हो, एक ऐसा योद्धा बनकर जो किसी भी लड़ाई पर विजय पा सकता है, किसी और से ज्यादा सक्षम... और मैं जानता हूं कि परिस्थितियां चाहे कितना भी विकट हो तुम विजयी होकर लौटोगे.. भाग्य को परास्त करके....ईश्वर के अन्याय को परास्त करके...

क्योंकि, ईश्वर से ज्यादा, किसी और से ज्यादा, मुझे तुम्हारी क्षमताओं में विश्वास है... ढेर सारा प्यार..अपना ध्यान रखना..."

दिव्यांश का उत्तर था:

"आपका यह संदेश पढ़कर जो पहली बात मेरे जेहन में आती है वह है ह्रासमान प्रतिफल का सिद्धांत (लॉ ऑफ डिमिनिशिंग रिटर्न्स)। किसी दुर्लभ घटना को भी इतनी बार दुहराओ कि वह तुम्हें परेशान करना छोड़ दे, वैसी परेशानी जो तुम्हें पहली बार उस के घटित होने पर महसूस हुई थी।

सच तो यह है कि मैंने इसे अपने पर बार-बार घटित होते देखा है, इतने लम्बे समय तक और इतने अलग-अलग तरीके से कि अब इसमें कुछ भी नया घटित होने की उम्मीद शेष नहीं है। जैसा कि मैंने कहा, जब तक आगे का रास्ता दिखता है, उजाले की एक किरण भी नजर आती है, मैं संतुष्ट हूं।

इन सब से बार-बार, लगातार गुजरना दुःखद है, निराशाजनक है, पर यह मेरे अधिकार में नहीं है, मैं बस इतना कर सकता हूं कि स्वयं को इन सबसे प्रभावित न होने दूं, इन्हें मेरी ताकत हरने का सामर्थ्य न पाने दूं।

मेरे कठिन समय में आप हर बार मेरा संबल बनकर साथ रहे, आज फिर से आप उस समय आए जब मुझे आपकी सबसे ज्यादा जरूरत थी, और इस कारण आप मेरी जिंदगी की सबसे बहुमूल्य 'जरूरतों' में से हैं।"

धन्यवाद और चीयर्स!

# 13

## देखें क्या है तुम्हारे पास 'संचित' मेरे लिए....

जीवन अनिश्चितताओं का खेल है। समय और परिस्थिति अनुसार हमारी प्राथमिकताएं भी परस्पर बदलती रहती हैं। मुमकिन चीजों को कई बार नामुमकिन चीजों के लिए जगह देनी पड़ जाती है। जीवन के इस विस्तृत पटल पर परस्पर बदलती प्राथमिकताओं का यह खेल लगातार चलता रहता है। यह हमारे ऊपर है कि हम इन सब के लिए खुद को कैसे तैयार करते हैं, और कैसे इस बहाव को स्वीकार करते हुए इसके साथ बढ़ते हैं। परस्पर बदलती प्राथमिकताओं के इस खेल में हम जो सीखते हैं वह हमारे जीवन अनुभव को समृद्ध करता जाता है, यही जीवन की सुंदरता है, यही जीवन का सार है। दिव्यांश की अगली कविता का भी कुछ यही भाव था। यह कविता उसने 29 मार्च 2017 को लिखी, शीर्षक था, "प्रायॉरिटीज प्ले"। हमारे अमेरिका प्रवास से दो दिन पहले लिखी इस कविता के एक छोटे से अंश का अनुवाद कुछ इस प्रकार है:

बच्चा है यह जिज्ञासु  
खेलने दो इसे  
प्रश्नों से, कौतूहल से, बालसुलभता से  
तभी तो बनेगा प्रतिरूप यह फिर  
बुद्धि और विवेक पा

समय साक्षी है, दिव्यांश के जीवन में प्राथमिकताएं जैसे-जैसे परस्पर बदलती रही, दिव्यांश उसी निपुणता से उन्हें स्वीकारता गया। इस बार भी कुछ वैसा ही था। उसके इन्हीं गुणों को आत्मसात् करते हुए हमने भी उसका अनुसरण किया।

यह पहली बार था कि मैं अनन्या को छोड़ कर जा रही थी। उसे यहां

मेरे बिना रहना था। तब वह मुश्किल से 15 साल की होगी। उसकी परीक्षाएं चल रही थीं और इस कारण उसे साथ लेकर अमेरिका जाना संभव नहीं था। हमारी अनुपस्थिति में उसका ध्यान रखने को मेरे माता पिता हमारे घर मुंबई आ गए। अनन्या सचमुच प्रशंसा की पात्र है कि उसने परिस्थिति को भली भांति समझा कि मेरा दिव्यांश के साथ उसके इलाज के दौरान उसका ध्यान रखने के लिए अमेरिका जाना जरूरी था। न उसने मेरी अनुपस्थिति को लेकर कोई शिकायत की, न ही उसने अपने चेहरे पर उदासी का कोई भाव आने दिया। पिछले कुछ महीनों से जब दिव्यांश थोड़ा बेहतर लग रहा था, हमने निर्णय लिया था कि हम अब अपना पूरा ध्यान अनन्या और उसकी पढ़ाई पर देंगे। पर, दुर्भाग्य का चक्र कुछ ऐसा था कि उसे अब और इंतजार करना था।

जब हमने अमेरिका जाने का निर्णय लिया तो यह निश्चित हुआ कि शुरू में तीन दिन हम न्यू जर्सी में अजय के यहां रुकेंगे फिर वहां से इलाज के लिए टेक्सस जाएंगे।

31 मार्च 2017 को हम अमेरिका के लिए रवाना हुए।

देखें क्या है,
तुम्हारे पास 'संचित' मेरे लिए
अब तुम्हारी बारी है ......

(कथॉर्सिस)

अजय और उनकी पत्नी कविता न्यू जर्सी के 'बर्गन काउंटी' में एक बड़े आरामदेह बंगले में रहते थे। बंगला जैसे प्रकृति की गोद में बसा था, हरे-भरे बैकयार्ड के बिल्कुल पास से कल-कल बहती पस्सैक नदी गुजरती थी। बंगला डुप्लेक्स था, नीचे रसोई और लिविंग एरिया था और ऊपर बेडरूम थे। मुख्य द्वार से लेकर बंगले के प्रवेश द्वार तक रास्ते के दोनों तरफ जैसे हरे-भरे घास की कालीन बिछी थी, अमेरिका के टेम्पेरेट क्षेत्र की सवाना घास जो खासी प्रसिद्ध है। अजय का ऑफिस भी करीब ही था, नदी के दूसरी तरफ गाड़ी से केवल पांच मिनट की दूरी पर। उनकी दो प्यारी बेटियां थीं, बड़ी वाली लगभग दिव्यांश की ही उम्र की और छोटी वाली तब ग्रेड 12 की छात्रा थी, जो पास के ही एक स्कूल में जाती थी।

कविता से मैं लगभग साल भर पहले मिली थी पर, अजय से मैं पहली

बार मिल रही थी। सुशील भी उनसे सालों बाद मिले थे, और इस दौरान भी उनसे शायद ही कभी बातचीत हुई थी। वे लोग हमसे बहुत प्यार और उत्साह से मिले, और हमारी हर संभव मदद के लिए तत्पर दिखे। अपने माता-पिता और सास-ससुर के अलावा हम किसी और शहर में कभी किसी रिश्तेदार के यहां नहीं रहे थे, दरअसल हम नहीं चाहते थे कि हमारे कारण उन रिश्तेदारों को कोई असुविधा हो। यह पहली बार था कि हम किसी रिश्तेदार के यहां उनके घर पर रुक रहे थे। अजय ने बहुत जोर दिया था कि हम टेक्सस जाते हुए उनके यहां रुकें और उनके आग्रह को ध्यान में रख कर हमने यह निर्णय लिया था। वे हमारे साथ समय बिताना चाहते थे और दिव्यांश से भी मिलना चाहते थे। शुरू में तो कुछ दिनों के लिए भी उनके घर पर रहने को लेकर मेरे मन में हिचकिचाहट थी और अमेरिका के लिए रवाना होने से पहले मैंने सुशील से यह कहा भी था। पर, मुंबई से टेक्सस के लिए कोई सीधी उड़ान नहीं थी, और हमें पहले न्यू जर्सी के नेवार्क हवाई अड्डा जाना ही था और वहां से फिर दूसरी उड़ान से अपने गंतव्य तक जाना था। इस कारण अजय के अनुरोध को ध्यान में रखकर मैंने उनके यहां रहने का निर्णय स्वीकार कर लिया। यह भी था कि कविता सुशील के स्वर्गीय बाबू जी के बहुत करीब थी और इसीलिए भी मैं ना नहीं कर पायी। कविता भी दिव्यांश से पहली बार मिल रही थी और दिव्यांश को देखते ही वह बोल पड़ी कि दिव्यांश बिल्कुल अपने दादा जी जैसा दिखता है, खासकर उसकी मुस्कान बिल्कुल उनके जैसी है।

यात्रा का जेट लैग ऐसा था कि हम दिन भर सोते ही रहे और वास्तव में उन से हमारी बातचीत का सिलसिला शाम को ही शुरू हो पाया। उन्हें दिव्यांश के बारे में पहले से भी बहुत कुछ पता था। बातों के दरम्यान हमने दिव्यांश की बीती जिंदगी, उसकी लगातार की चुनौतियां और उन सबके बीच उसकी एकैडमिक और साहित्यिक उपलब्धियों के बारे में चर्चा की। और तभी अजय ने जो सुझाया उससे मुझे लगा कि इलाज के लिए हमारा अमेरिका आना शायद किसी और निहितार्थ के कारण भी हो सकता था। मुंबई से न्यू जर्सी की सीधी उड़ान भी 16 घंटे की थी। हमने दिव्यांश से इस बारे में बात की थी कि जब मुंबई में उसके इलाज का कोई विकल्प ही नहीं बचा था, फिर वहां रहकर वह अपनी पढ़ाई कैसे जारी रख पाएगा। अमेरिका में इलाज करवाते हुए मुंबई में पढ़ाई जारी रखना लगभग असंभव था। हाल के इस रिलैप्स के बाद यह स्पष्ट था कि इलाज का एक ही

उपलब्ध विकल्प था जो अभी परीक्षण के स्तर पर था और वह भी केवल अमेरिका में रहकर संभव था। हमें उसके भविष्य की चिंता थी, और तभी अजय ने सलाह दी कि आगामी फॉल सिमेस्टर में दिव्यांश अमेरिका के ही किसी इंजीनियरिंग कॉलेज में दाखिले के लिए प्रयास करे। इसके लिए उसे 'सैट' और 'टोएफल' की तैयारी करनी थी जो वह टेक्सस में अपने इलाज के साथ-साथ कर सकता था। यह सुनकर मेरे मस्तिष्क में जैसे अलग-अलग घटी घटनाओं के सूत्र जुड़ने लगे। अजय ने अचानक से इसी साल एक जनवरी को फोन किया और दिव्यांश की अमेरिका में पढ़ाई और वहीं उसका इलाज भी करवाने की सलाह दी। फिर दिव्यांश का रिलैप्स हुआ और हमें पता चला कि अब इलाज का एकमात्र विकल्प अमेरिका में ही है। और आखिर में मेरी आरंभिक हिचकिचाहट के बावजूद टेक्सस जाते हुए हम उनके यहां न्यू जर्सी में रुके। दरअसल, इस घटनासूत्र की पहली कड़ी साल 2013 की है जब दिव्यांश ने अपनी दसवीं की बोर्ड परीक्षा के बाद आगे की पढ़ाई के लिए अमेरिका जाने की इच्छा जाहिर की थी। कहते हैं आपका प्रारब्ध कभी-कभी इस तरह रास्ते जोड़ता है कि आप मुस्कुरा उठते हैं। पर, उस मुस्कुराहट के पीछे की वजह समझ कर ही आप प्रारब्ध के इस खेल को समझ सकते हैं। इतना सब कुछ केवल संयोगावश नहीं हो सकता था। इन सब घटनाओं के पीछे एक साझा सूत्र था जो समय के साथ मैं समझती गयी। क्या इस सूत्र में अभी और घटनाएं जुड़नी थीं? यह तो समय ही बताएगा। मैंने महसूस किया कि दिव्यांश के प्रारब्ध से बंधे हम इस बहाव में बहते रहने के लिए निर्धारित थे। कहने की आवश्यकता नहीं कि अजय की सलाह हमें भी रास आयी। अब तक दिव्यांश को भी यह भान हो गया था कि उसके भविष्य को सुनहरा बनाने का अगर कोई रास्ता है तो वह यहीं अमेरिका में है। अगले दिन ही अजय सैट' और 'टोएफल' की तैयारी के लिए उसके लिए पठन-पाठन की सामग्री लेकर आ गए। दिव्यांश ने वादा किया कि वह अपनी पूरी कोशिश करेगा। हालांकि उसकी परिस्थितियों को देखते हुए मेरे मन में शंका थी, यह इलाज प्रक्रिया जो अभी परीक्षण के स्तर पर थी और जिसका दुष्प्रभाव भी अवश्यंभावी था, उसके साथ वह यह तैयारी कैसे कर पाएगा।

हमारे टेक्सस रवाना होने से पहले अजय और कविता हमें न्यूयॉर्क के प्रसिद्ध 'टाइम्स स्क्वैर' लेकर गए। हम एक टूरिस्ट बस के ऊपर वाले खुले भाग में बैठे, ताकि शहर का दृश्य स्पष्टता से दिखे। अजय जी और दिव्यांश

एक कोने में साथ बैठे थे और दोनों बातचीत में मशगूल थे, उनके बातचीत का मुद्दा था कि किस तरह अमेरिका में पढ़ाई के लिए बेहतर अवसर है और दिव्यांश वहां से पढ़ाई पूरी कर एक बेहतर भविष्य की आशा कर सकता था। मैं यह देख कर दंग थी कि इस थोड़े से समय में ही अजय ने दिव्यांश से कितना अपनापा बना लिया था। अजय दिल से चाहते थे कि दिव्यांश का अमेरिका में एक बेहतर भविष्य हो और इसके लिए वे उसकी हर संभव मदद को उत्सुक थे। क्या अजय का दिव्यांश के जीवन में आना भी कोई दैवीय संयोग था?

जब बस संयुक्त राष्ट्र के मुख्यालय से गुजरी तो मुझे आभास हुआ जैसे दिव्यांश किसी चिंतन में डूबा है। मुझे ध्यान आया कि इस साल ही जनवरी में अपने कॉलेज में दिव्यांश ने 'मॉडल संयुक्त राष्ट्र' में भाग लिया था जिसमें उसने इजरायल का प्रतिनिधित्व किया था। इजरायल की अपनी यात्राओं के कारण दिव्यांश को उस देश और उसकी समस्याओं के बारे में पता था। इजरायल के बारे में अपना वक्तव्य देकर उस दिन वह बेहद खुश लग रहा था। जो कुछ उसे इजरायल से मिला था उसके धन्यवाद स्वरूप शायद उसका यह सांकेतिक प्रतिदान था। घर आकर उसने उस 'मॉडल संयुक्त राष्ट्र' का अपना परिचय पत्र डॉक्टर ऑर को भेजा। डॉक्टर ऑर भी उसे देखकर बहुत खुश हुए। तभी दिव्यांश ने मुझसे कहा था कि उसकी इच्छा है कि किसी दिन उसे संयुक्त राष्ट्र कार्यालय देखने का अवसर मिले। आज वह उसके दरवाजे पर था। बस में बैठा शायद वह मन ही मन विचार कर रहा था। कि कब उसे अवसर मिलेगा कि वह अंदर जाकर उसका वह भव्य और सुविख्यात 'जनरल असेम्ब्ली हॉल' देख पाए। बस पर बैठकर घूमने और प्रमुख स्थलों को देखने के बाद हम 'टाइम्स स्क्वैर' के फुटपाथ पर काफी देर बैठे रहे, जो सैलानियों के लिए एक बड़ा आकर्षण है। मैंने दिव्यांश की आंखो में एक चमक देखी, सी.एन.एस. रिलैप्स और आगामी इलाज को लेकर वहां कोई घबराहट नहीं थी। उसकी आंखों में वह चमक वहां, अमेरिका में, एक बेहतर भविष्य की संभावनाओं को भांप कर आयी थी। वह उसकी आत्मा की ज्योति थी जो यह देख रही थी कि अजय जी जिस सुंदर भविष्य की बात कर रहे थे उसे पाना संभव था।

हमारे टेक्सस रवाना होने से पहले दिव्यांश ने अपने विचारों को अपने एक ब्लॉग में अभिव्यक्ति किया जो उसके वॉल पर "द बेस" नाम से है। यहां बेस से तात्पर्य 'बेस गिटार' से था जो वह बजाता था। जो संगीत हमें

भावनात्मक या मानसिक रूप से छूने में अक्षम हो वह बेमानी है। इसीलिए हम अक्सर सुनते हैं कि कोई गायन या वादन हृदय को छूने वाला था। उसी तरह कोई संगीत तभी विशिष्ट बनता है जब उसमें शामिल सभी वाद्य यंत्र और गायन अलग-अलग अपना विशिष्ट योगदान दें। उसमें एक अत्यंत महत्वपूर्ण उपादान है 'बेस गिटार' जो एक मायने में संगीत की आधारशिला है, जिसके बिना शायद संगीत अपनी आत्मा ही खो दे। इन्हीं मान्यताओं को ध्यान में रखकर उसने हमारे जीवन में उस बेस के अन्वेषण पर विचार किया जिसे आधार बनाकर हम अपना अस्तित्व बनाते संवारते हैं। उस ब्लॉग के थोड़े से अंश का अनुवाद कुछ इस प्रकार है:

> हर एक संगीत तीन पृथक और विशिष्ट अवयवों का परस्पर गूढ़ समायोजन है। यही उन सभी पहलुओं को निर्धारित करते हैं जो उस संगीत का स्वरूप, उसकी अनुभूति और उसके संवेदन में व्यक्त होता है। इन अवयवों में सबसे प्रमुख खंड 'बेस' का है जो सही अर्थों में संगीत का, उसकी सिम्फनी का, "आधार और इमारत" खड़ी करता है।
>
> ...
>
> *क्या हम किसी और के जीवन में ऐसा ही आधार, ऐसा ही 'बेस' होते हैं?*
>
> जाने अनजाने हम दूसरों के जीवन में ऐसा ही आधार, ऐसा ही 'बेस' बन जाते हैं। इसका शायद सबसे सरल और स्पष्ट उदाहरण सगे भाई बहन हैं, हमेशा एक दूसरे का आधार बनते, एक दूसरे में सहारा ढूंढते, एक सतत बनते बढ़ने रिश्तों की प्रगाढ़ता, जो कभी दोस्त तो कभी सलाहकार बन जाती है, जो धैर्यपूर्वक आपको सुनती है, बिना विवेचना आलोचना के आपको समझती है, बिना शर्त बिना पक्षपात के आपके लिए होती है।
>
> अगर आप किसी अपने, किसी करीबी को जीवन में अच्छा करते उनके किसी भी प्रयास में उन्हें सफलता पाते देखकर वस्तुतः खुश होते हैं, यदि आप उनकी खुशी में सचमुच प्रसन्नता पाते हैं, तो आप उनके जीवन में उस 'आधार' की तरह हैं, आप उनके जीवन का वह 'बेस' हैं।
>
> यह जितना कठिन है उसमें यह आश्चर्य की बात नहीं कि सच

में अच्छे 'बेस' संगीतकार का मिलना आसान नहीं है। कुछ ही हैं जिन्हें अव्वल दर्जे का कहा जा सकता है।

किसी और के जीवन में वह आधार, वह 'बेस' बनना भी आसान नहीं, पर प्रयास तो किया जा सकता है।

कहने की आवश्यकता नहीं कि आपके जीवन रूपी संगीत में कई लोग हैं जो 'बेस' की यह भूमिका निभाते हैं।

अपने जीवन में हम जो संबंधों का ताना-बाना बुनते हैं, उसका संगीत और वाद्य यंत्रों के साथ यह कितना अद्‌भुत साम्य है..! कैसी मौलिकता भरी कल्पनाशीलता है यह..!!

## 14

# कुछ रक्त पतला भी होता है, एस्पिरिन की तरह....

मेरी छोटी बहन शिखा के पति अरविंद के बड़े भाई हैं खुश जो कैलिफोर्निया में रहते हैं। वही हमें लेने एयरपोर्ट आए। जब उन्हें पता चला कि हम दिव्यांश के इलाज के लिए टेक्सस जा रहे हैं तो वे लंबी दूरी तय कर कैलिफोर्निया से वहां पहुंचे और न केवल हमारे लिए अस्पताल के पास ही एक अपार्टमेंट की व्यवस्था कर दी बल्कि हमारी ओर से उसका अग्रिम किराया भी भर दिया। जिस दिन हम वहां पहुंचे, उस दिन वे पूरे दिन हमारे साथ रहे। यहां तक कि हमारे साथ दो दिन और रुक कर उन्होंने स्थानीय परिवेश और रोजमर्रा की जरूरतों से सम्बंधित दुकान आदि से भी हमारा परिचय करवाया। खुश एक बेहतरीन इंसान हैं, 2015 में दिव्यांश के प्रत्यारोपण के समय से ही वे हमारी खोज खबर लेते रहे थे। उन्होंने अक्सर सुशील से आर्थिक मदद की पेशकश भी की थी जिसके लिए सुशील ने विनम्रतापूर्वक उनका धन्यवाद करते हुए मना कर दिया था। वैसे देखें तो उनसे हमारा बहुत करीब का रिश्ता भी नहीं था और हम उनसे पहली बार तभी मिले जब वे हमें लेने एयरपोर्ट आए थे। खुश अपने नाम के अनुरूप ही खुशमिजाज, और साफ दिल इंसान हैं, बिना किसी हिचक के मदद के लिए हमेशा तत्पर। शायद वहां के भारतीय समुदाय में ऐसे गुणों वाले व्यक्ति का मिलना दुर्लभ ही था। किसी भी व्यक्ति का ऐसा सदाशयता भरा व्यवहार तभी होता है जब यह उसके स्वाभाव में ही हो। खुश जो भी हमारे लिए कर रहे थे वह उनके स्वभाव का हिस्सा था। एक गहरी मानवीय संवेदना का भाव जैसे उनके व्यक्तित्व का ही हिस्सा था। उस थोड़े समय में ही खुश की दिव्यांश से खासी बनने लगी। सच कहें तो पहले दो दिनों में उनकी खुशमिजाज उपस्थिति ने हमारे आगे के कठिन रास्ते के लिए तैयारी थोड़ी आसान बना दी। जिस दिन हमें अस्पताल जाना था उससे एक दिन

पहले वे वापस गए, उन्होंने वादा किया कि वे हमसे मिलने फिर आएंगे।

वहां के डॉक्टर ने सबसे पहले कई तरह की जांच करवाने का निर्देश दिया, यह देखने के लिए कि क्या दिव्यांश के मामले में वह इलाज जो अभी परीक्षण के स्तर पर था, प्रारंभ किया जा सकता है। सच कहें तो अमेरिका के उस अस्पताल से जुड़े लोगों का हमारा अनुभव इजरायल के हद्स्साह अस्पताल के डाक्टरों और कर्मचारियों से बिल्कुल भिन्न था। इलाज की प्रक्रिया में अगाध मानवता का वह भाव जो हमने इजरायल में अनुभव किया, यहां उसकी कमी थी। यहां तक कि यहां काम करने वाले भारतीय मूल के चिकित्सक भी मदद करने और सलाह देने के मामले में बहुत ही औपचारिक थे। यह शायद अमेरिकी जीवन का एक स्थायी पहलू है, अपने शुरुआती अनुभवों से ही इसे समझने में हमें देर नहीं लगी।

अगले तीन दिनों में सभी प्रकार की जांचों की रिपोर्ट भी आ गईं, और उन रिपोर्ट्स के अनुसार दिव्यांश की स्थिति में पूरी तरह सुधार आ चुका था। न तो सी.एन.एस. और न ही 'बोन मैरो' में कोई भी मलिगनेंट सेल दिखती थी। यह अमेरिका प्रस्थान से पहले डॉक्टर सैकिया द्वारा दी गयी उस अंतः मस्तिष्कावरणीय (इंट्राथेकल) मेथोट्रेक्सेट के प्रभाव के कारण था। यह स्थिति जो मेडिकल शब्दावली में 'रेमिशन' कहलाती है, यह दर्शाती है कि मलिगनेंट सेल मरीज के शरीर में नहीं दिख रही। इसका यह कतई मतलब नहीं कि मलिगनेंट सेल वापस नहीं आएंगी। दिव्यांश के मामले में चूंकि उसका इलाज करने वाले चिकित्सक को मलिगनेंट सेल, जो बीमारी का मापदंड था, की उपस्थिति नहीं दिखी, दिव्यांश उस परीक्षण इलाज के योग्य नहीं पाया गया। इस तरह का परीक्षण इलाज आम तौर पर दवा कंपनियों द्वारा प्रायोजित होता है, जो यह जानना चाहती हैं कि इस परीक्षण इलाज के परिणामस्वरूप बीमारी की स्थिति में क्या परिवर्तन आता है, मतलब बीमारी की इलाज पूर्व स्थिति से इलाज के बाद क्या स्थिति होती है, जिससे की दवा के प्रभाव और उपादेयता का अनुमान किया जा सके। इस कारण ऐसे इलाज केवल उन मामलों में आरंभ किए जाते हैं जहां बीमारी की उपस्थिति स्पष्ट हो। परीक्षण इलाज की प्रक्रिया इसी सिद्धांत पर आधारित होता है और इस कारण वहां के चिकित्सकों के अनुसार दिव्यांश इसके लिए उपयुक्त नहीं था। सुशील ने अपनी तरफ से उसके चिकित्सकों से अनुरोध किया कि दिव्यांश को कुछ दिनों तक बिना किसी इलाज के रहने दें और संभावना थी कि मलिगनेंट सेल वापस आ जाएंगी और इस तरह उस बीमारी की

उपस्थिति की स्पष्टता के बाद वह उस परीक्षण इलाज का पात्र हो जाएगा। पर, डॉक्टर इस सलाह को मानने को तैयार नहीं थे। उन्होंने दिव्यांश के लिए उसी अंत: मस्तिष्कावरणीय मेथोट्रेक्सेट का एक ज्यादा बड़ा डोज और साथ ही कुछ अन्य दवाएं जो उसे इजरायल में दी जा चुकी थी और जिसका कोई स्थायी लाभ नहीं हुआ था, देने का निर्णय लिया। उस चिकित्सा की प्रक्रिया के लिए हमें वहां एक महीने से कुछ ऊपर रुकना था। डॉक्टर की सलाह मानने के अलावा हमारे पास कोई और चारा भी तो नहीं था।

*अब देखें तो लगता है उन दवाओं के साथ उस चिकित्सा प्रक्रिया का आरंभ करना वहां के डॉक्टर की एक बड़ी भूल थी।*

अप्रैल के दूसरे सप्ताह में यह इलाज आरंभ हुआ और इसके लिए दिव्यांश को चार दिन के लिए अस्पताल में भर्ती होना पड़ा। इलाज की बाद की प्रक्रिया डे-केयर में होनी थी। इलाज के साथ-साथ दिव्यांश ने सैट' और 'टोएफल' की तैयारी भी शुरू कर दी जो मई के आखिरी और जून के आरंभिक सप्ताह में होने थे। इस बार इलाज का दुष्प्रभाव अत्यंत कष्टप्रद और असहनीय था। फिर भी वह पूरी कोशिश कर रहा था कि अपनी पढ़ाई जारी रख सके। जिस इलाज से वह गुजर रहा था, उसके लिए, मुझे उसकी आंखों में कभी भय नहीं दिखा। उसका अपने कर्म में अगाध विश्वास था। इलाज और पढ़ाई दोनों तो थे ही, पर इनके साथ वह अपना ब्लॉग लिखना और अपना सबसे प्रिय शौक कविताएं लिखना कैसे छोड़ सकता था ..!! उसका लेखन उसकी प्राणशक्ति थी जो हर समय उसे प्रेरणा देती थी, जीवन के पथरीले रास्तों पर वे उसके आलंबन की तरह थीं। उसके जीवन में ये गतिविधियां किसी अवरोध की तरह नहीं थी, बल्कि वे तो उसकी नसों में दौड़ने वाले रक्त के उन आधारभूत अवयवों की तरह थी जो उसे जीवन संघर्ष में हिम्मत से जुटे रहने की नई ऊर्जा देती थीं।

सुशील के कॉलेज के दिनों के कुछ दोस्त भी टेक्सस में ही थे। जो नाम मुझे तत्काल ध्यान आ रहे हैं वे हैं, सूर्यकांत राजन, श्रीविकास और रजनीश चौधरी। उन्होंने हर संभव प्रयास किया कि हमें वहां किसी प्रकार की असुविधा न हो। रजनीश चौधरी तो अक्सर हमसे मिलने आते। और कई बार वे हमें शहर की सीमा के बाहर अपने घर पर डिनर के लिए ले कर गए। वे वहां एटॉर्नी हैं और अपने पेशे में उनकी खासी इज्जत है। अपने पेशे के साथ-साथ वे वहां के भारतीय समुदाय के हितों से सम्बंधित गतिविधियों में भी सक्रिय रूप से शामिल थे। उनके पिता भी कैन्सर के

मरीज थे, जो सफल इलाज के बाद स्वस्थ हो गए थे। वे हमारे दर्द से वाकिफ थे, और हमारे लिए उनकी हमदर्दी का भाव मैं बहुत स्पष्टता से महसूस करती। उस थोड़े से समय में ही वे भी औरों की तरह ही दिव्यांश की सराहना करने वालों में शामिल हो गए थे।

22 अप्रैल को अंशू की शादी थी। हमारी दिली तमन्ना थी कि दिव्यांश के साथ हम उसकी शादी में शामिल हों। मृदुल की शादी में दिव्यांश चाह कर भी नहीं जा पाया था, और उसकी भी हार्दिक इच्छा थी कि वह अंशू की शादी में शामिल हो। पर, समय पर किसी का नियंत्रण कहां होता है। हम बस उसके बहाव में से अपना रास्ता तलाश सकते हैं। पहले 'रिलैप्स' और फिर इलाज के लिए अमेरिका आने के कारण हमारा शादी में शामिल होना संभव नहीं था, पर इस दूरी के बावजूद भी दिव्यांश के उत्साह में कमी नहीं थी। अंशू की शादी के आनंद में सम्मिलित होना अब भी उसके लिए संभव था। पर इसके लिए जरूरी था कि अंशू और मृदुल उसे शादी से सम्बंधित सभी गतिविधियों, कार्यक्रमों की नियमित जानकारी देते रहें। वह चाहता था कि अंशू शादी को लेकर अपना उत्साह, अपनी वह बेपनाह खुशी उससे साझा करे, वह आनंद के उन पलों को अनुभव करना चाहता था, उसके साथ उन पलों को जीना चाहता था। पर न जाने क्यों, दिव्यांश के साथ उन्होंने कुछ भी साझा नहीं किया, खुशी के वे पल, जिनके लिए वह इतना उत्साहित था, उस तक आए ही नहीं। दिव्यांश के लिए यह केवल निराशा की बात नहीं थी, उसके लिए तो यह बेहद कष्टप्रद था। समय साक्षी है कि उसने अपने जीवन के कठिनतम चुनौतियों का सामना भी हमेशा अत्यधिक धैर्य से किया था। उसने तभी समझौते किए जब स्थितियां उसके नियंत्रण में नहीं थी, जैसे कि रिलैप्स के कारण शादी में उसका जाना संभव नहीं हो पाया। यह किसी एक रिश्तेदार की शादी नहीं थी, यह उसके सबसे करीबी में से एक की शादी थी, उसके प्यारे भाई, प्यारे दोस्त की शादी थी। इस शादी से उसका जो भावनात्मक जुड़ाव था, वह एकतरफा रह गया। उसे अंशू और मृदुल से बदले में उसी तरह के भावनात्मक जुड़ाव का कोई संकेत, कोई सूत्र नहीं मिला। उसने अपनी तरफ से कई बार प्रयास किया कि उनसे बात कर शादी के कार्यक्रमों, उत्सवों की बाबत जाने, पर बदले में उसे जो मिला वह शायद औपचारिकता भर ही था, उनके आपसी सम्बन्धों की गर्माहट वहां नहीं थी। शायद अंशू और उसके माता-पिता को लगा कि ऐसे समय जब हम दिव्यांश की जिंदगी की

डोर फिर से जोड़ने की लड़ाई लड़ रहे थे, अपनी खुशियां हमसे बांटना शायद उचित न हो। पर हमने तो अपने इस अपार कष्ट को भी बीच में न लाकर उन्हें शादी के लिए अपनी सहमति दी थी। दिव्यांश अपनी शारीरिक, मानसिक और परिस्थितिजन्य चुनौतियों का भलीभांति सामना करने में पूर्णतः सक्षम है। पर, उनकी यह जानी बूझी अवहेलना सहना उसके लिए बहुत ही कठिन था। आखिर वह एक किशोर ही था। अपने जीवन के उन कठिन चुनौतियों के बाद भी वह अपने तरीके से शादी का, उसके उत्सवों का आनंद उठाना चाहता था, खुशी के उन पलों को महसूस करना चाहता था जो वैसे ही उससे रूठे रहते थे। क्या कोई व्यक्ति जो दर्द और दुर्भाग्य से लड़ रहा हो, दूसरों की खुशी में शामिल नहीं हो सकता? दिव्यांश को लगा यह संभव है। पर दुर्भाग्य से, उन लोगों ने ऐसा महसूस नहीं किया। जहां तक मेरी बात है, मैं भी ठगा हुआ सा महसूस कर रही थी। मेरे लिए तो अंशू दिव्यांश जैसा ही था। जो शेरवानी मैंने इतने प्यार से उसके लिए पसंद की थी, उसमें सजा शादी की एक फोटो तो वह हमें भेज ही सकता था। अनजाने में ही पर, उसने अपने नए जीवन में प्रवेश करते हुए मेरा आशीर्वाद लेना उचित नहीं समझा। उसके लिए मेरा मातृ स्नेह दिव्यांश के जैसा ही था और मेरे अंदर की मां इस पूरे घटनाक्रम से कहीं गहरे आहत हुई थी।

एक दिन जब हम डे केयर सेंटर से लौटे तो दिव्यांश फूट-फूट कर रो पड़ा। मैंने उसे कभी पहले इस तरह रोते नहीं देखा था। हम परेशान थे कि शायद दवाइयों का दुष्प्रभाव उसे अत्यधिक कष्ट पहुंचा रहा था। काफी समझाने बुझाने और सांत्वना के बाद उसने बताया कि उसके अपनों की अवहेलना, उनकी यह उदासीनता उनके द्वारा त्याग दिए जाने का भाव, उसे भावनात्मक रूप से तोड़ रहा था। उनके लिए दिव्यांश का स्नेह और अपनापन अगाध था। पहली बार उनके इस व्यवहार से इन आपसी सम्बन्धों की ईमानदारी को चोट पहुंची थी, उसका सच्चापन घायल हुआ था। वह आखिरी बार था जब उनके व्यवहार में उदासीनता के कारण दिव्यांश दुःखी हुआ था। उसने फिर से हमेशा की तरह खुद को संभाल कर आगे बढ़ना सीख लिया। उसने फिर कभी उनके व्यवहार को लेकर कोई शिकायत नहीं की, न उनके सामने न कभी उनके पीछे। उनसे बात करते हुए वह हमेशा खुद को सहज, सामान्य और प्रसन्न मन दिखाता। पर सालों का संचित वह विश्वास जैसे बिखर गया था। दिव्यांश के लिए यथास्थिति को स्वीकार कर आगे बढ़ जाना शायद आसान था, जीवन के अनुभवों ने उसे असीमित धैर्य

और सहनशीलता का पाठ जो सिखा दिया था। पर, एक मां के लिए इसे इस तरह स्वीकार कर आगे बढ़ना आसान नहीं था। मैं अपनी स्वीकार्यता में उतनी उद्दात नहीं थी। अपने जीवन के कठिनतम संघर्ष में, जब उसे उनकी बेहद जरूरत थी, मेरे बेटे का साथ न देकर उनके द्वारा उसकी इस तरह अवहेलना एक मां किस तरह स्वीकार कर ले..! एक गहरे घाव ने मेरे मन में घर कर लिया।

उसी समय दिव्यांश ने वह कविता लिखी, शीर्षक था, "ब्लड इज थिकर दैन वाटर"। रक्त से जुड़े संबंध वे होते हैं जो मुश्किल स्थितियों में अपनी चिंता छोड़ कर एक दूसरे के साथ खड़े होते हैं। उन सम्बन्धों का प्राणतत्व रक्त के उन अवयवों की तरह हैं जो उसे स्वस्थ बनाए रखता है। रक्त से जुड़े इन सम्बन्धों की प्रभावशीलता ऐस्पिरिन जैसे बाहरी तत्वों के नहीं बल्कि रक्त के अपने महत्वपूर्ण अवयवों पर निर्भर करता है। इन्हीं भावों को छूती इस कविता के कुछ अंशों का अनुवाद इस प्रकार है:

पानी से गाढ़ा होता है रक्त
पर कुछ पतला भी होता है ऐस्पिरिन की तरह
कुछ जरूरी अवयव रक्त के
जो होने चाहिए एक समान
अपनों के रक्त में
कई बार नहीं होते एक से

...

एस्पिरिन, जरुरत भर
ढूंढते हैं जरूरी अवयव रक्त के
भटकते हैं दुःख से भरे
टूटता है व्यामोह जब अपनों से ही
धैर्य हृदय का
आत्मशक्ति मानस की
संभाल लेगी यह दुःख भी

# 15

# अधिक हरी लगती है घास दूसरे तरफ की

दिव्यांश का इलाज तो योजना अनुरूप ही चल रहा था पर, इस बार उसे अत्यधिक परेशानी हो रही थी। बावजूद इसके वह अपनी एस.ए.टी. और टी. ओ.ई.एफ.एल. की तैयारी में जुटा था, साथ ही उसके विचार उसके साहित्यिक कैनवास पर भी उतरते रहते। बच्चे को भला मां से ज्यादा कौन समझता है, पर मैं भी चकित थी कि इन परिस्थितियों में भी वह अपनी पढाई और 'पैशन' दोनों का ऐसा प्रभावी समायोजन कैसे कर लेता है। उसके जिंदगी में आए झंझावातों ने शायद उसे ऐसी विकट परिस्थितियों में भी अपने जीवन की नाव को कुशलता से संभालने, दिशा देने की दक्षता प्रदान कर दी थी। जहां तक इलाज का प्रश्न है, मुझे बहुत भरोसा नहीं था कि वह सही दिशा में जा रहा है। वहां के डॉक्टर द्वारा निर्धारित चिकित्सा प्रक्रिया से सुशील भी बहुत संतुष्ट नहीं थे। पिछले आठ सालों से वे अपने बेटे के चिकित्सा की हर विधि से पूरी तरह जुड़े थे, स्वयं डॉक्टर न होते हुए भी उन्होंने हर बार इलाज की पूरी पद्धति को जाना समझा था, और इस बार उनकी अंतरात्मा कुछ और कह रही थी। इन सब कठिनाइयों और आशंकाओं के बावजूद हम कोशिश कर रहे थे कि हमारा रोज का जीवन सामान्य रूप से चलता रहे। प्रायः हर सुबह हम सैर के लिए जाते, कभी-कभी खरीदारी के लिए मॉल चले जाते, कभी कभार बाहर खाने भी चले जाया करते। यह सब हमारे सामान्य जीवन का अभिन्न अंग था और इन सब से जुड़े रहना ही हमें इन मुश्किल दिनों का सामना करने का सामर्थ्य देता था।

चूंकि हम दिव्यांश के किसी अमेरिकी विश्वविद्यालय में दाखिले की योजना बना रहे थे, एक दिन हम वहां के एक प्रतिष्ठित विश्वविद्यालय को देखने गए। मैंने वहां का जो माहौल देखा वह इतना लुभावना था कि दिव्यांश को लेकर मेरा वह पुराना सपना जैसे फिर से करवटें लेने लगा। दिव्यांश को

यह समझते देर नहीं लगी। जो कुछ दूसरी तरफ दिखता है वह हमेशा सच ही नहीं होता। दूसरों की चमक-दमक देखकर जो अपना है उसका महत्व कम करके नहीं आंकना चाहिए। जो अपने पास है उसके लिए स्नेह और सम्मान उसकी चमक को बढ़ाता है, जो दूसरी तरफ है उसके मुकाबले उसे छोटा नहीं पड़ने देता, और इसी से वह संतुष्टि का भाव भी आता है जो हमारे जीवन में संतुलन बनाए रखता है। इस साल एक जनवरी को उसने जो कविता लिखी उसके यही भाव थे। कविता का शीर्षक था, "द ग्रास इज ग्रीनर ऑन द अदर साइड", उसके एक अंश का अनुवाद इस प्रकार है:

सामर्थ्य में संतुष्टि की
समेट लें लालसा अपनी
आदर और प्यार
करता है सिंचित उसे
ओस की बूंदों सा
जो है अपना, पौधों सा संचित
भर देता है हरीतिमा चमक भरी
मिट जाता है वह भाव ही कि
हरी है घास अधिक दूसरे तरफ की

यह कविता मुझे समय पर वह सीख दे गयी कि जो अपना है उसका सम्मान करें।

मुझे यह देख कर बहुत खुशी हुई कि मेरी अनुपस्थिति में भी अनन्या अपना सब कुछ भली भांति संभाल रही है, इसका श्रेय मेरे माता-पिता को भी जाता है जो उसके साथ थे। उसने एक बार भी मुझसे जल्दी वापस आने को नहीं कहा। जब भी मैं उस से बात करती वह कहती कि वह बिल्कुल ठीक है। शायद समय के साथ उसके व्यक्तित्व में वह आ गया था जहां वह हर स्थिति में स्वयं को संभालने की क्षमता अर्जित कर रही थी। और हो भी क्यों न? जैसा कि दिव्यांश ने अपनी एक कविता में लिखा था, 'ऐय्या' से 'भैया' की उसकी यात्रा अभी पूरी होनी थी। जो समय उसने मेरे बिना बिताया, उसने उसे वह अंतर्दृष्टि दी जो उसकी इस विकास-यात्रा के मुकम्मल होने के लिए जरूरी था।

वहां इलाज के समापन के करीब आकर दिव्यांश को अत्यधिक कष्टप्रद दुष्परिणामों का सामना करना पड़ा। हमें लगा यह शायद अंतः मस्तिष्कावरण

ीय मेथोट्रेक्सेट के अत्यधिक डोज के कारण था। वैसे तो यह डॉक्टर के हाथ में ही था कि वह चिकित्सा से हो रहे फायदे का आकलन करें, पर हम अपनी तरफ से हर समय उन्हें हर नए दुष्प्रभाव और हर नए लक्षण से तत्काल अवगत कराते रहे और उनकी सलाह लेते रहे। डॉक्टर रूबेन ऑर का वह आत्मिक अपनापन यहां नहीं था। 13 मई को हमें न्यू जर्सी लौटना था। डॉक्टर ने सलाह दी कि इलाज का बाकी भाग हम मुंबई में जारी रखते हुए पूरा करें। पर जो भी इलाज उसका चल रहा था, उसके बावजूद सुशील को लगता कि देर-सबेर उसकी मैलिगनेंसी लौट आएगी। अगर ऐसा हुआ तो हम निश्चित तौर पर उस परीक्षण इलाज के लिए जाएंगे। इसे ध्यान में रखकर ही सुशील दिव्यांश से कहते कि उसे एक बार और यह लड़ाई लड़ने के लिए तैयार रहना चाहिए, शायद एक आखिरी बार।

13 मई को हम अजय के यहां न्यू जर्सी आ गए। मुझे और दिव्यांश को वहां जून के पहले सप्ताह तक रहना था, ताकि दिव्यांश अपनी 'सैट' और 'टोएफल' की परीक्षाएं दे ले, उसके बाद हम मुंबई चले जाते। सुशील ने तत्काल मुंबई वापस जाने का निर्णय लिया। अजय ने दिव्यांश की पढ़ाई के लिए अपने घर में उसके लिए एक निश्चित स्थान की व्यवस्था कर दी। उन्होंने एक स्थानीय अस्पताल में दिव्यांश की निर्धारित चिकित्सा जारी रखने के लिए व्यवस्था करने में भी मेरी मदद की। टेक्सस की उस दीर्घकालीन और कष्टप्रद दुष्प्रभावों वाली चिकित्सा प्रक्रिया के बाद दिव्यांश को घरेलू वातावरण मिला, जहां उसे थोड़ा चैन मिला, जहां वह आराम से अपनी पढ़ाई जारी रख सके। मैं भी धीरे-धीरे उनके परिवार के साथ घुल मिल गई। अजय की दोनों बेटियों श्रेया और श्रुति से दिव्यांश की अच्छी निभने लगी। अजय मन से दिव्यांश की चिंता करते थे और समय-समय पर उसे सलाह भी देते रहते। उन्होंने उसे समझाया कि अगर वह अमेरिका में अपना इलाज और अपनी पढ़ाई जारी रखे तो वह एक उज्ज्वल भविष्य की आशा कर सकता है। समय के साथ उनका स्नेह और अपनापन इतना बढ़ गया कि अक्सर दिव्यांश उनके काम से लंच और डिनर के लिए घर वापस आने की प्रतीक्षा करता। जब भी दिव्यांश उन्हें किसी भी बात के लिए फोन करता वह तत्परता से उसे पूरा करते। मैं अजय की वह सदाशयता और दिव्यांश के लिए उनका अपार स्नेह देख कर दंग रह जाती।

अनन्या के साथ रहने के लिए 15 मई को सुशील मुंबई के लिए रवाना हो गए। अपने पिता के विदा होने के बाद दिव्यांश ने एक कविता

लिखी, शीर्षक था "कैच-कैच"। जब सुशील मुंबई पहुंचे, वह कविता उनके इन-बॉक्स में प्रतीक्षा कर रही थी। सी-लिंक के आस-पास सुशील ने वह मेल देखा। कविता पढ़ कर उनके आंखें नम हो गयीं।

भाई बहन की निकटता, उनकी घनिष्ठता का आधार वह विशिष्ट समान सूत्र है जो माता-पिता हैं। उनके साथ वह यह खेल खेलते हैं जो जीवन कहलाता है। जैसे-जैसे जीवन आगे बढ़ता है, परिस्थितियां बदलती जाती है और उसके साथ-साथ हमारी प्राथमिकताएं भी बदलती जाती हैं। बच्चों के प्रति अपनी जिम्मेदारियों का निर्वाह करते हुए कभी-कभी माता-पिता के सामने कठिन चुनौती होती है- बेटे के साथ रहें या बेटी के। उन परिस्थितियों में भी भाई-बहन का साथ बना रहता है- जीवन के इस खेल में वह प्यारा साथ जो अपार स्नेह पर आधारित होता है, जो समय द्वारा प्रस्तुत चुनौतियों का सामना भी करता है।

इस कविता में एक प्रमुख सूत्र 'गेंद' है, हमारे जीवन में यह 'गेंद' कौन है?

इन दोनों भाई-बहनों के इस विशिष्ट संबंध को इस कविता में एक 'गेंद' के माध्यम से दर्शाया गया है, जहां वह 'गेंद' हैं माता-पिता। यह कविता उनके अपने पिता के सम्मान में भी है, जिन्हें अक्सर अमेरिका और मुंबई के बीच यात्राएं करनी होती थी, ताकि वे अपने दोनों बच्चों का हर संभव ध्यान रख सकें। कविता के कुछ अंशों का अनुवाद यहां उद्धृत करती हूं:

मेरी प्यारी बहन,
थाम रखी है यह गेंद मैंने न जाने कब से
श्रद्धापूर्वक उछालते स्नेह से अपने लिए
आंखें तुम्हारी हैं उत्सुक
एक धैर्य भरी प्रतीक्षा में

अगली उछाल के लिए
मेरे लिए जरा थामो इसे
फीते कस लूं मैं अपने जूतों के जरा
हवा से बिखरी अपनी टोपी संभाल लूं
खड़ा हो जाऊं फिर से
चंचल भाग्य की ठोकर से संभल कर

सुशील के मुंबई जाने के बाद मैंने पूरी कोशिश की कि अजय के घर को अपने घर की तरह अपना लूं। उनका घर तो बड़ा था पर मेरी सुरूचिपूर्णता के अनुरूप नहीं था। अजय जी को छोड़कर, जिन्हें सुबह आठ बजे अपने काम के लिए तैयार होना पड़ता था, बाकी सब सुबह देर से उठते थे। हमें सुबह जल्दी उठने की आदत थी, हम सुबह को उसकी पूरी सुंदरता में, उसकी पूरी रमणीयता में महसूस करते हुए अपना दिन शुरू करने के आदी थे। अजय के यहां भी हमारा वही तौर-तरीका था। मैं और दिव्यांश सुबह जल्दी उठकर किचन से जुड़े लिविंग एरिया में समय बिताते। अजय हमारे पास आ बैठते और हम साथ-साथ सुबह की चाय का आनंद लेते। अजय और दिव्यांश भोर के उस खूबसूरत पल में एक दूसरे से खुल कर बातें करते और शायद वही उनके एक दूसरे के लिए स्नेह और सम्मान का आधार बना था।

अपने विनम्र स्वभाव और बुद्धिमत्ता के कारण दिव्यांश अजय की बेटियों से भी बहुत ही घुला-मिला था। उनकी बड़ी बेटी श्रेया रट्गज विश्वविद्यालय में पढ़ती थी। वह मेधावी थी पर, स्वभाव से थोड़ा अपने आप में रहने वाली थी। उनकी छोटी बेटी श्रुति भी थोड़ी संकोचशील थी, दिव्यांश कभी-कभी पढ़ाई में उसकी मदद कर देता, जब भी वह चाहती। अपने इलाज के कारण कष्ट में रहते हुए भी दिव्यांश अक्सर पढ़ाई में उसकी मदद करता। मैंने शनैः शनैः उन्हें योगासन के लिए उन्मुख किया। मैंने कोशिश की कि घर के कामों में भी उनकी पूरी सहायता करूं, यह भी कोशिश की कि उनके किचन में अपनी तरफ से चीजों को थोड़ा व्यवस्थित कर दूं।

वहां की शिक्षा व्यवस्था से परिचय करवाने के उद्देश्य से अजय दिव्यांश को कई बार अपने साथ आई.ई.ई.ई. (द इंस्टीट्यूट ऑफ इलेक्ट्रिक एंड इलेक्ट्रॉनिक इंजीनियर्स) द्वारा आयोजित सेमिनार में लेकर जाते। वे स्वयं उसमें एक मुख्य कार्यकारी पद पर थे। वे मंच पर उपस्थित सम्मानित व्यक्तियों से दिव्यांश का परिचय करवाते और उन्हें उसकी मेधा, उसकी लगन, के बारे में बताते। इन कार्यक्रमों की समाप्ति पर लिए गए ग्रुप फोटो में अक्सर दिव्यांश भी दिखता। इन सब अनुभवों ने उसके उस सपने को बल दिया कि उसका अमेरिका में एक बेहतर भविष्य हो सकता है।

जून के प्रथम सप्ताह में दिव्यांश ने एस.ए.टी. और टी.ओ.ई.एफ.एल. की परीक्षाएं दीं। परीक्षाएं अच्छी हुईं। 12 जून को हमें मुंबई लौटना था। योजना यह थी कि दिव्यांश मुंबई में अपने इलाज के साथ ही दूसरे सेमेस्टर की

परीक्षा दे ले और फिर उसके एस.ए.टी. और टी.ओ.ई.एफ.एल. के परिणामों के आधार पर हम फिर से अमेरिका आने के बारे में सोचेंगे। अजय और वहां अमेरिका में दूसरों लोगों से बातचीत से यह अनुमान लग रहा था कि दिव्यांश का यदि वहां किसी अंडरग्रेजुएट प्रोग्राम में नामांकन हुआ भी तो वह फरवरी 2018 में शुरू होने वाले स्प्रिंग सेमेस्टर से पहले नहीं होगा। वैसे तो सितम्बर 2017 में शुरू होने वाले फॉल सेमेस्टर के लिए अब देर हो चुकी थी, पर हम तब भी थोड़ी उम्मीद लगाए बैठे थे और अजय भी उसके नामांकन के लिए पूरी कोशिश में लगे थे।

हमारे वापस लौटने के तय दिन से करीब सप्ताह भर पहले सुशील ने हमारे लौटने की यात्रा के बारे में बातचीत करने के लिए अजय को फोन किया। अजय के दिमाग में कुछ और ही चल रहा था। उन्होंने सुशील को विश्वास दिला दिया कि दिव्यांश का मुंबई में इलाज और वहीं पढ़ाई भी जारी रखने का विचार व्यावहारिक नहीं था। इससे अमेरिका में उसके भविष्य की सम्भावनाएं लगभग समाप्त हो जाएंगी। उन्होंने वादा किया कि वे अमेरिका में उसके इलाज और पढ़ाई दोनों ही मामलों में हमारी पूरी सहायता करेंगे। उन्होंने अपने घर को हमारा घर बना दिया और सुशील को लगभग विवश कर दिया कि हमें वापस बुलाने का विचार फिलहाल त्याग दें। उनका मानना था कि अगर किसी भी प्रकार से दिव्यांश को आगामी फॉल सेमेस्टर में वहां दाखिला मिल जाता है तो हमारा इस समय मुंबई जाने का कार्यक्रम बेमतलब होगा।

जो प्रस्ताव अजय ने दिया, हमने तो उसके बारे में कभी सोचा भी नहीं था। अब तक हम उनके घर में मजबूरी वश ही रहे थे। इसके बाद अब वहां रहना हमें अपने मर्यादा के अनुकूल नहीं लग रहा था, और यह उनके अपने परिवार के लिए भी आसान नहीं होता। हमें पता भी नहीं था ऐसे में वहां कब तक रहना होगा। दूसरी तरफ सुशील को शुरू से आभास था कि दिव्यांश के जैसे हालात थे उसमें मुंबई में उसका कोई भविष्य नहीं था। यह भी था कि दिव्यांश को जो दवाइयां दी जानी थीं उनमें से एक भारत में उपलब्ध नहीं थी और सुशील ने किसी तरह से एक प्रख्यात चिकित्सक से बात कर उसकी व्यवस्था करवाई थी। अजय का यह अत्यंत आकर्षक सुझाव और उनकी हर तरह से हर संभव मदद करने की स्पष्ट मंशा ने हमारा विचार बदल दिया। हमें लगा यह दो-एक महीनों की ही बात है और बीच में वैसे भी दिव्यांश को अपने दूसरे सेमेस्टर की परीक्षा

के लिए मुंबई जाना होगा। जब हमने दिव्यांश से इस बारे में बात की तो उसने भी अमेरिका में ही अपना भाग्य आजमाने की इच्छा जताई।

और इस तरह हमारा पूरा कार्यक्रम ही बदल गया, हमारे लौटने का टिकट रद्द करवाया गया। क्या यह भी किसी निहितार्थ से था? क्या यह भी उसी सूत्र की एक कड़ी थी जो एक-एक कर जुड़ रही थी?

# 16

# उठ रहा है भविष्य फिर से

जो लोग हमारे लिए मायने रखते हैं और जो अच्छे कर्मों और नैतिक मूल्यों की बेशकीमती विरासत हमारे लिए छोड़ जाते हैं, उनकी मृत्यु के बाद हम अक्सर उन्हें भुला बैठते हैं। होना यह चाहिए, कि न केवल उनकी आत्मा हमारे अंदर जीवित रहे बल्कि वे नैतिक मूल्य हमारे कर्मों में भी परिलक्षित हों, तभी उनका वास्तविक सम्मान होगा।

हम उन दिवंगत पवित्र आत्माओं के जीवन मूल्यों को अपनाकर उनके नैतिक मूल्यों की प्रतिमूर्ति क्यों नहीं बन सकते? क्या यह भाव इस दुनिया को सुंदर बनाने में मदद नहीं करेगा?

इन्हीं भावों को मन में रखकर दिव्यांश ने एक कविता लिखी, शीर्षक था "डियरली डिपार्टेड"। यह कविता उसने अपने मुंबई लौटने के कार्यक्रम के मुल्तवी होने के बाद अपने स्वर्गीय दादा जी की स्मृति में लिखी। उसने मुझसे कहा कि वह लंबे समय से इस विषय पर लिखने की सोच रहा था, और अब थोड़ी मानसिक शांति के साथ वह यह लिख सकता था। उन भावों को समझने के लिए इस कविता के कुछ अंशों का अनुवाद यहां उद्धृत कर रही हूं:

परमस्नेही दिवंगत,  
चक्र कुछ ऐसा चला  
समय और भाग्य का  
रहे हम एक दूसरे से विलग हमेशा  
स्मृति आपकी यह स्नेह भरी, प्यार आपका  
तोड़ जाता है पर,  
संदिग्ध व्यामोह इस भाग्य चक्र का

रहेंगे आप जीवित हमेशा
मेरे अंत:करण में
छवि रहेगी आपकी सुरक्षित मेरे कर्मों में
मान सम्मान आपका रहेगा बसा हुआ
मेरे अंतर्मन में
आपकी सादर स्मृति से सुसज्जित
नमन करती आपको
आत्मा मेरी

हमारे साथ समय बिताने साथ ही दिव्यांश की चिकित्सा व्यवस्था के लिए वहां के अस्पताल में चिकित्सकों से बातचीत करने सुशील वापस न्यू जर्सी आए थे। 17 जून को अनन्या का जन्मदिन था। अपने 15वें जन्मदिन पर, इस महत्वपूर्ण दिन पर, दिव्यांश ने जीवन के इस खेल में 'गेंद' फिर से अनन्या के पाले में डाल दी। सुशील जब मुंबई पहुंचे तो उनके एक मित्र ने उन्हें संदेश भेजा, "मुंबई में स्वागत है, मुझे पता है तुम किस मुश्किल से खुद को दो हिस्सों में बांट रहे हो।"

जून के तीसरे सप्ताह में दिव्यांश का 'सैट' और 'टोएफल' का परिणाम आ गया। जैसी परिस्थिति में उसने ये परीक्षाएं दी थी, उसे देखें तो परिणाम संतोषप्रद से भी कहीं बेहतर ही था। अजय की सहायता से उसने कई सारे अमेरिकी विश्वविद्यालयों में आवेदन किया। थोड़ी सी उम्मीद थी कि शायद आगामी फॉल सेमेस्टर में कहीं पर भी दाख़िला मिल जाए। अपने उद्देश्य-कथन (एस.ओ.पी.) में दिव्यांश ने स्पष्टता से उन परिस्थितियों का विवरण दिया जिनके कारण उसका अमेरिका में पढ़ाई करना अनिवार्य हो जाता था। उसने अपनी बीमारी-रूपी इस स्थायी शत्रु द्वारा समय-समय पर दी जाने वाली कठिन चुनौतियों के बावजूद अपने अच्छे अकादमिक प्रदर्शनों का भी हवाला दिया।

जून के आखिर में मैं और दिव्यांश मुंबई आ गए ताकि वह अपने कॉलेज के दूसरे सेमेस्टर की परीक्षा दे ले। अमेरिका में दाखिले को लेकर अभी भी अनिश्चितता थी और यदि वह होता भी तो कब मिलता, फॉल या स्प्रिंग सेमेस्टर में, इसको लेकर भी ऊहापोह की स्थिति थी। हमने इस कारण तय किया कि जो हाथ में है पहले उसे तो सुनिश्चित कर ही लें। वैसे तो हम दिव्यांश की क्षमताओं, उसके लगन, उसकी इच्छाशक्ति, उसके

हौसले की जितनी भी प्रशंसा करें कम है। चाहे उसका वह दीर्घकालीन इलाज हो या फिर एस.ए.टी. और टी.ओ.ई.एफ.एल. या फिर इस सेमेस्टर की परीक्षा हो, हमने उसे हर संघर्ष, में अपार हिम्मत और लगन से जुटते देखा था। पर, मुझे उस पर दया भी आती कि उसकी अपनी परिस्थितियों के कारण उसका हर संघर्ष कितना कठिन और दुष्कर हो जाता था, वह जैसे किसी पीड़ा की नदी में तैरता, लहरों से टकराता अपने लिए रास्ता बनाता चलता है। उसने तो कभी अपनी पीड़ा नहीं बताई, पर मेरा मन यह सब देखकर खिन्न हो जाता। 'आकांक्षा' और 'प्राप्ति' के बीच जो कसर रह जाती है वही पीड़ा बन जाती है। हर बार दिव्यांश अपनी क्षमताओं से अपना प्रदर्शन इतना उत्कृष्ट बना लेता था कि 'आकांक्षा' और 'प्राप्ति' के बीच की यह कसर लगभग खत्म हो जाती। इस कारण, स्वयं उसकी नजरों में उसकी पीड़ा उसकी आत्मशक्ति के सामने छोटी पड़ जाती।

अपनी परीक्षाओं के दौरान ही उसने अपनी अगली कविता लिखी, शीर्षक था, "टग ऑफ वार", हिंदी में कहें तो "रस्साकशी"। यह उसकी 23वीं कविता थी। अपने जीवन की इन अनगिनत चुनौतियों का सामना करते हुए उसकी जो मन:स्थिति थी, यह कविता उसे विलक्षण रूप से वर्णित करती है। यह एक तरह से मेरी मानसिक स्थिति को भी प्रतिबिंबित करती है जो उसके जीवन में इन कठिन रास्तों पर साथ-साथ चलते हुए उसके कष्टों का स्थायी साक्षी रहा है। जीवन हर समय एक 'रस्साकशी' ही तो है, कभी अतीत तो कभी भविष्य खींचता रहता है, अपनी-अपनी ताकत से और जो दांव पर होता है वह हमारा वर्तमान है। अतीत के दु:स्वप्नों की परछाइयां हमारे वर्तमान को अपनी ओर खींचने का प्रयास करती है, पर हमारा विश्वास दूसरे प्रतियोगी में, जो भविष्य है, दृढ़ होना चाहिए, यह कि वही विजेता होगा और हमें अंधकार से उजाले तक लेकर आएगा। हमारा दृढ़ विश्वास होना चाहिए की अतीत के झंझावातों से जो वर्तमान अनिश्चित है वह बस क्षणिक है, वह अंतिम सत्य नहीं है। यह कविता इतनी प्रेरणात्मक है कि मुझे लगता है इस पूरी कविता का अनुवाद यहां उद्धृत करना उचित होगा, ताकि हम उसके महती प्रभाव को, उसके प्रेरक भावों को संपूर्णता से अनुभव कर पाएं:

भावनाओं की डोर से
बंधा हुआ कसकर

बिना किसी ढील के
खड़ा हूं मैं निमित्त बनकर
उस वर्तमान में जो कहीं खो गया है

एक तरफ है भविष्य
सूरज जैसा चमकीला
उम्मीद की आस बंधाता
अपने सुरक्षित आगोश में बुलाता

अतीत भी है खड़ा लेकिन
उतनी ही ताकत से
खींचता, दम लगाता
पराजय नहीं स्वीकारता

जोर लगाओ अपना पूरा
शरीर और मन की पूरी ताकत
थोड़ा सा साथ
विश्वास का
सूक्ष्म अंतर है वही
जो दिलाता है विजय
जयी बनाता है

भविष्य के हाथों ही है
सूक्ष्म सा यह अंतर अब
खिसक रही है जमीन जैसे
शक्ति भर लड़ते; पिछड़ते....,
देखना उसे
बढ़ते हुए
पराजय की ओर
निचोड़ लेती है आत्मशक्ति सारी
इस खेल से आहिस्ता आहिस्ता
होता है मोहभंग-सा

प्रतीक्षारत हूं मैं धैर्यपूर्वक लेकिन,

स्थिर, दृढ़चित्त,
होगा वही जो है अवश्यंभावी
समय की इस रस्साकशी में
दिख रहा है पिछड़ता अतीत अब
उठ रहा है भविष्य फिर से
नए उद्वेग से

"दिख रहा है पिछड़ता अतीत अब, उठ रहा है भविष्य फिर से, नए उद्वेग से", सोच की सकारात्मकता का यह कैसा उत्कर्ष है, मुसीबतों के पहाड़ के सामने खड़े होकर भी हिम्मत की डोर न छोड़ने का कैसा अनोखा जज़्बा है!

अनन्या ने भी इस कविता के भावों को जैसे आत्मसात् कर लिया था। मुझसे और दिव्यांश से वह तीन महीनों के उस कठिन समय के बाद मिली पर उसके व्यवहार में भी वही समभाव था। उसकी आंखों से बहुत कुछ जाहिर होता था, हमारा विछोह, दिव्यांश के लिए उसकी चिंताएं, और हमारे परिवार के फिर से मिलने की आस, सब कुछ उसकी आंखों में कांपता दिखता था। हमने भी उसकी भावनाओं को वैसे ही महसूस किया, हमारी आंखों में भी उसने भावनाओं का वही ज्वार देखा। दिव्यांश तो जैसे उसकी आंखों के उस निर्दोष दर्पण में अपना ही जीवन देख रहा था। 'भैया' मानो उस से 'ऐय्या' बनकर ही मिल रहा था। दिव्यांश के जीवन के इस अपार संघर्ष में वह ऐसा सहारा थी जो अप्रत्यक्ष किंतु हर पल प्रस्तुत होता है।

जुलाई के मध्य में मैं और दिव्यांश वापस अजय के यहां न्यू जर्सी आ गए, ताकि वहां चलने वाला उसका इलाज जारी रहे साथ ही कोशिश यह भी थी कि आगामी फॉल सेमेस्टर में नामांकन के लिए हर संभव प्रयास किया जाए, हालांकि अजय को इसका बहुत भरोसा नहीं था।

इस बार जब हम वहां वापस आए तो मैंने महसूस किया कि अजय के परिवारजनों में हमारे वहां रहने को लेकर थोड़ी असहजता का भाव था। शायद उन्हें लगता हो कि हम वहां लंबे समय तक रहेंगे। वे शायद अपनी सोच में सही भी थे। पर, हम तो अपने भाग्य से पूरी तरह बंधे थे। हमने अजय से कई बार अनुरोध भी किया कि वे कहीं आस-पास ही हमारे लिए कोई किराए का घर ढूंढ दें, पर उन्होंने हर बार दृढ़तापूर्वक यह कहते हुए मना कर दिया कि उनका घर हमारा अपना घर है और वे हमें कहीं और नहीं जाने दे सकते, खासकर तब जब सुशील भी वहां नहीं थे और यह

भी कि उन्हें दिव्यांश से इतना प्यार था और उसकी इतनी फिक्र थी कि वे उसे किसी भी असुविधा में नहीं डाल सकते थे। मेरे सामने बड़ी नैतिक दुविधा थी, भावनात्मक रूप से अजय की बात टालना मुश्किल था, पर साथ ही यदि यथार्थ के धरातल पर आकर सोचें तो लगता था हमें किसी किराए के घर में चले जाना चाहिए। यह तो स्पष्ट था कि वहां मैं अब पिछली बार की तरह की सहजता महसूस नहीं कर पा रही थी। स्थिति ऐसी थी कि मेरे अंदर एक असहायता का भाव भर गया था जो तकलीफ देता था।

न्यू जर्सी में दिव्यांश के इलाज को लेकर मैं अस्पताल जाती रहती। सुशील मुंबई में थे तो स्वाभाविक रूप से यह जिम्मेदारी मुझ पर थी। दरअसल यह प्रक्रिया टेक्सस के अस्पताल से ही शुरू हुई जहां मैंने पी. आई.सी.सी. लाइन, जिसके माध्यम से आई.वी. फ्लूइड्स इंजेक्ट किया जाता है, को अनुरक्षित (मेन्टेन) करने की बाकायदा ट्रेनिंग ली। यह एक नाजुक मसला था और इजरायल और अपने देश में तो यह स्वास्थ्यकर्मियों के जिम्मे ही होता था। आमतौर पर चूंकि पी.आई.सी.सी. लाइन लंबे समय तक, अक्सर चिकित्सा की समाप्ति तक, अनुरक्षित किया जाता था, इसीलिए अमेरिका के अस्पतालों में मरीज के परिचारकों को ही यह प्रक्रिया भली भांति सीखने और समझने के लिए कहा जाता था। मैंने और सुशील, हम दोनों ने इसका प्रशिक्षण-अभ्यास किया। कुछ ही अभ्यासों के बाद मैं यह कुशलता से सम्पादित करने में सक्षम हो गयी, जिस से प्रशिक्षक भी संतुष्ट थे। हालांकि सुशील ने भी इस प्रक्रिया को समझ लिया था, पर उनका मानना था कि मैं इसे संभालने में ज्यादा कुशल हूं और वे मुझे ही यह संभालने के लिए कहते। वे कहते बच्चे को संभालने में कोमलता की जो जरूरत होती है, वह एक मां के पास बेहतर होती है। समय के साथ दिव्यांश को भी पसंद आता कि मैं ही यह जिम्मेदारी संभालूं, मेरे हाथों का मातृस्नेह उसे शायद अधिक प्रिय लगता। पिछले आठ सालों में सुशील ने दिव्यांश की चिकित्सा का सारा भार अपने ऊपर ले रखा था, उन्होंने उसकी देखभाल से लेकर उसके चिकित्सा की देखरेख तक सब कुछ खुद ही संभाला था। दिव्यांश की चिकित्सा संबंधी देखभाल के लिए उन्होंने कभी किसी और को नहीं रखा। वह खुद इसे इतनी तन्मयता से करते कि किसी दूसरे द्वारा देखरेख उन्हें संतुष्टि नहीं दे सकता था। दिव्यांश अपने पिता की इस जिम्मेदारी के भाव को महसूस करता था। वह चाहता था कि कोई अवसर आए जब वे इस लगातार चल रहे अपने दायित्व से थोड़ा मुक्त हो पाएं। वह बड़ा हो

रहा था और अपने पिता के ऊपर इस लगभग स्थायी जिम्मेदारी को लेकर उसे सहानुभूति भी रहती। टेक्सस ने मुझे और दिव्यांश को वह अवसर दिया। पी.आई.सी.सी. लाइन अनुरक्षित करने का मेरा अभ्यास-प्रशिक्षण वह अवसर था जिसने दिव्यांश को वह मौका दिया कि वह अपने पिता को अपनी चिकित्सकीय देखरेख की प्रतिदिन की जिम्मेदारी से थोड़ा तो मुक्त कर सके। अब मुझे लगता है, इस प्रक्रिया के लिए मेरे स्पर्शों को प्रश्रय देने के पीछे शायद दिव्यांश का भाव अपने पिता को उनके सतत चिकित्सकीय दायित्व से थोड़ा मुक्ति दे पाने के उद्देश्य से भी था। हालांकि इस छोटे से दायित्व के अलावा टेक्सस में भी चिकित्सा सम्बंधी सभी अन्य दायित्व सुशील ही संभाल रहे थे। डॉक्टरों के साथ हमारी साप्ताहिक बैठक में भी ज्यादातर वे ही बातचीत और विचार विमर्श करते। शुरू में तो मुझे भारी अमेरिकी उच्चारण वाली अंग्रेजी समझने में भी परेशानी होती और इस कारण भी मैं सुशील के पीछे नेपथ्य में रह कर सब कुछ सुनने समझने की चेष्टा करती।

पर अब मैंने दिव्यांश की चिकित्सा प्रक्रिया में सक्रिय भूमिका निभाना शुरू किया, मैं डॉक्टरों से बात भी करती, हालांकि भारी अमेरिकी उच्चारण वाली भाषा में उनकी बातें समझना मेरे लिए आसान नहीं होता। दिव्यांश बहुत ही चतुराई से, जहां उसे जरूरी लगता, मेरा दुभाषिया बन जाता और मुझे इस उलझन से बचा लेता। वह अब खुद भी इलाज संबंधित मामलों में रुचि ले रहा था और उनके सूत्र अपने हाथों में लेने का प्रयास कर रहा था। एक दिन जब हम अस्पताल जा रहे थे, उसने मुझसे कहा, "मम्मी, अब आप मुझे खुद यह सब संभालने दो, मुझे अब यहीं अमेरिका में रहना है, इलाज में कितना वक्त लगेगा यह भी पता नहीं, मुझे इसके साथ ही जीना सीखना पड़ेगा और इसी में जिंदगी का आनंद भी ढूंढना पड़ेगा, आप बस मेरे लिए एक कप कॉफी ला दो, मैं खुद आराम से यह सब संभाल लूंगा।"

जिंदगी तो जीने के लिए होती है, इसे बाद में कभी जीने के लिए बचाया संजोया नहीं जा सकता। खुशी के क्षण हों या गम की शाम, जिंदगी का हर पल पूरी जिंदादिली से जीने के लिए होता है। जीवन के इन कांटों से भरे मुश्किल रास्तों पर चलते हुए दिव्यांश ने बुद्धिमत्ता का यही सूत्र अपनाया था। अब मुझे लगता है कि स्वयं के प्रति उसके विचारों और उसके व्यवहार में क्रमशः एक बदलाव आ रहा था, जैसे-जैसे वह बड़ा हो रहा था, अपने माता-पिता के प्रति भी अपनी जिम्मेदारी को लेकर वह जैसे सजग और साकांक्ष हो रहा था।

अजय के बॉस, डॉक्टर उलरिच रोह्डे अंतर्राष्ट्रीय ख्याति के वैज्ञानिक थे। करीब सौ से अधिक पेटेंट उनके नाम थे। उन्होंने अजय से दिव्यांश, उसकी क्षमताओं और उसके जज़्बे के बारे में सुन रखा था। डॉक्टर रोह्डे जो तब एक 85 वर्ष के बुजुर्ग थे, ने एक दिन हमें अपने बंगले पर डिनर के लिए आमंत्रित किया। उनकी पत्नी मिस मेटा रोह्डे भी एक मिलनसार महिला थीं, उन्होंने अत्यंत उत्साह से हमारा स्वागत किया। डिनर के बाद डॉ. रोह्डे ने दिव्यांश से विस्तार से बातें की और वे उसके व्यक्तित्व और दुनिया को बेहतर बनाने के लिए उसके विचारों से बेहद प्रभावित हुए। तभी शायद उन्हें यह लगा कि वे दिव्यांश के लिए एक संस्तुति पत्र लिखें जो उसे यहां अमेरिका में कॉलेज में दाखिले में मददगार हो सकती है। जब मैंने वह संस्तुति पत्र पढ़ा तो मेरे मन में दिव्यांश को लेकर एक गर्व का भाव भर गया, साथ ही मैं डॉ. रोह्डे की विनम्रता से भी प्रभावित हुई। डॉक्टर रोह्ड ने जो लिखा उसके एक अंश का अनुवाद कुछ इस प्रकार है:

> "मैं अत्यंत हर्षपूर्वक ऊपर संदर्भित दिव्यांश आत्मन् पोद्दार के वर्ष 2017 के आगामी फॉल सत्र में अमेरिकी विश्वविद्यालय में नामांकन हेतु यह संस्तुति प्रस्तुत कर रहा हूं। मैं दिव्यांश को पिछले पांच सालों से जानता हूं, और अपने पेशेगत अनुभवों के आधार पर मैं यह अनुमोदन करता हूं कि अमेरिकी विश्वविद्यालय में कम्प्यूटर साइंस और इलेक्ट्रॉनिक कम्यूनिकेशन के क्षेत्र में अंडर ग्रेजुएट प्रोग्राम में शिक्षा के लिए दिव्यांश एक सर्वथा योग्य और सक्षम छात्र है। वह खुशमिजाज, उत्साही, और उच्च मानवीय भावों से संपन्न एक विचारवान युवा है। मैंने उसके साथ अपने संपर्कों और विचारों के आदान-प्रदान के क्रम में पाया कि वह एक अत्यंत परिश्रमी छात्र है जो मानवता के लाभ के लिए तकनीकी के प्रयोग को लेकर नूतन विचारों से समृद्ध और उसके कार्यान्वयन को लेकर उत्साह से भरा है।"

डॉक्टर रोह्डे शायद उस सूत्र की अगली कड़ी थे जो प्रारब्ध जोड़ रहा था।

अब हमें लगने लगा था कि दिव्यांश को किसी न किसी अमेरिकी विश्वविद्यालय से नामांकन के लिए जरूर बुलाया जाएगा।

आज रक्षाबंधन है, दिव्यांश अनन्या के साथ नहीं है, पर इस दूर देश में उसकी रिश्ते की दो बहनें, श्रेया और श्रुति उसके साथ हैं। रक्षाबंधन पर बहनों की रक्षा के लिए उसके व्रत में आज दो और बहनें शामिल हो

जाएंगी। रक्षाबंधन के सारे विधि-विधान वीडियो चैट द्वारा किए गए, अनन्या उसमें वर्चुअल रूप से सम्मिलित हुई, उसने दिव्यांश को उसके द्वारा भेजी गई राखी बांधे जाते देखा और अपनी दोनों बहनों द्वारा दिव्यांश को राखी बांधा जाना भी देखा। तकनीकी प्रदत इस सुविधा के कारण रक्षा बंधन के समारोह में शामिल होकर अनन्या वैसे तो खुश लग रही थी, पर शायद पहली बार अपने 'ऐय्या' को दूसरी बहनों से वह प्यार बांटते जो अब तक केवल उसका था, देख कर वह थोड़ी असहज भी लग रही थी। दिव्यांश ने श्रेया और श्रुति की रुचियों को ध्यान में रखते हुए उनके लिए खास उपहार खरीदे थे। एक दिन पहले ही उनकी रुचियों के अनुसार उपहार चुनने के लिए उसने रिसर्च भी की थी और स्वयं बाजार जाकर उन्हें लेकर भी आया था। वैसे तो उपहार एक सामान्य सा आदान-प्रदान है पर यह उसके पीछे की सोच है जो उसे अनमोल बना देती है।

अजय की कोई बहन नहीं है। जब बच्चों का यह समारोह चल ही रहा था, वे अचानक से मुझसे बोल पड़े, "भाभी, मेरी कोई बहन नहीं है, आप क्यों नहीं मेरी बहन बन जाती, आप मुझे राखी बांध दीजिए।" यह सब इतना अचानक हुआ कि मैंने भी ज्यादा सोच विचार किए बिना ट्रे में रखी एक और राखी उठाकर उनकी कलाई पर बांध दिया। वे बेहद खुश हुए, खुशी खुशी ही उन्होंने कहा कि एक भाई के नाते मेरे प्रति वे अपनी सारी जिम्मेदारियां निभाएंगे।

जुलाई के अंत तक दिव्यांश को तीन अमेरिकी विश्वविद्यालयों से दाखिले के प्रस्ताव आ गए। हम ही नहीं अजय भी चकित थे। उन में सबसे पहला, फिलाडेल्फिया का प्रसिद्ध ड्रेक्सल विश्वविद्यालय था जहां से उसे उसके पसंदीदा विषय कम्प्यूटर साइंस में नामांकन का प्रस्ताव मिला। फॉल सेमेस्टर के लिए मिले इस नामांकन प्रस्ताव से हम बेहद खुश थे, कम से कम एक नामांकन तो सुनिश्चित हुआ। पर, एक बड़ी समस्या यह थी कि वह न्यू जर्सी से बहुत दूर था, और दिव्यांश को न्यू जर्सी के अस्पताल में अभी लगातार इलाज की जरूरत थी, ऐसे में वह किसी दूर के शहर में पढ़ाई के लिए दाखिला नहीं ले सकता था। कुछ और अधिक सुविधाजनक प्रस्तावों की उम्मीद में हमने इस विश्वविद्यालय से नामांकन के लिए थोड़ा समय ले लिया। और फिर दिव्यांश को न्यू जर्सी के ही दो अलग-अलग विश्वविद्यालयों से दाखिले का प्रस्ताव आ गया- ड्रियु यूनिवर्सिटी और फेर्लि डिकिन्सन यूनिवर्सिटी (एफडीयू)। अपने सधे निशाने से दिव्यांश ने जैसे लक्ष्य

वेध लिया था। हमारी खुशी की कोई सीमा नहीं रही, हमने सुशील को भारतीय समय के अनुसार रात के दो बजे फोन कर जगाया और उन्हें यह समाचार दिया, खुशी के उस अतिरेक में सुबह तक इंतजार करना मुश्किल था। अब समस्या दूसरी थी, पर यह एक सुखद समस्या थी, दोनों में से किसका चुनाव करें, कौन सी यूनिवर्सिटी उसके लिए बेहतर होगी।

मैं और दिव्यांश सबसे पहले न्यू जर्सी के मैडिसन में अवस्थित ड्रियु यूनिवर्सिटी गए। यूनिवर्सिटी के रजिस्ट्रार ने दिव्यांश का 'सी.वी.', उसका 'एस.ओ.पी'. और डॉक्टर उलरिच रोह्डे का संस्तुति पत्र देख रखा था। वे इतने प्रभावित थे कि हमें लेने वे गेट तक आए और अपने साथ लेकर कैम्पस घुमाया। अपने भव्य काष्ठ-संरचना वाले कैम्पस के कारण 'ड्रियु' को "द यूनिवर्सिटी इन द फॉरेस्ट" भी कहा जाता है। मुझे पता चला कि कई सारे सिनेमा, टीवी-शो और म्यूजिक अल्बम की वहां शूटिंग हुई थी। इसके अकादमिक खंडों के निर्माण में ग्रीक और गोथिक स्थापत्यकला का सुंदर मिश्रण था। इस भव्य कॉलेज में दिव्यांश की पढ़ाई मेरे लिए तो जैसे किसी खूबसूरत सपने के साकार होने जैसा था। और अंत में रजिस्ट्रार महोदय ने न केवल फॉल सेमेस्टर में ही दिव्यांश के पसंदीदा विषय कम्प्यूटर साइंस में दाखिले की पुष्टि कर दी बल्कि उसे सीधे पढ़ाई के दूसरे साल में दाखिले की पेशकश भी कर दी। उनका मानना था कि चूंकि दिव्यांश मुंबई में उसी विषय में एक साल की पढ़ाई पूरी कर चुका था, वह यहां पढ़ाई के लिए सीधे दूसरे साल में ही दाखिल हो सकता था, जिससे उसका एक साल जाया होने से बच जाएगा। एक और बड़ी खुशी की बात यह थी कि यूनिवर्सिटी उसे कॉलेज फीस की आधी छात्रवृत्ति भी दे रहा था। आम तौर पर अमेरिकी विश्वविद्यालय अंडरग्रेजुएट प्रोग्राम के लिए छात्रवृत्ति नहीं देते। दिव्यांश को न केवल वह मिली बल्कि रजिस्ट्रार महोदय के मुंह से यह सुनकर कि दिव्यांश जैसे छात्र का अपनी यूनिवर्सिटी में स्वागत करने में उन्हें गर्व होगा, हम फक्र से भर गए। मैं नहीं जानती दिव्यांश ने उस समय कैसा महसूस किया होगा, पर मेरे लिए तो यह मेरे बेटे की क्षमताओं का सम्मान था, उसके संघर्षों और उन संघर्षों में दृढ़निश्चयता से खड़े होने का यह समुचित पुरस्कार था। यह सब उसकी क्षमताओं के कारण था, यह उसका ही प्राप्य था, जिसमें मैं बस एक छोटी सहभागी भर थी।

उसके बाद हम एफडीयू गए। एक नदी के दोनों तरफ फैले इस विश्वविद्यालय का कैम्पस बेहद सुरम्य था। अजय के घर से तो यह बस

पांच किलोमीटर की दूरी पर था और जिस अस्पताल में दिव्यांश का इलाज चल रहा था वहां से भी बेहद करीब था। विश्वविद्यालय ने उसे इलेक्ट्रिकल इंजीनियरिंग में दाखिले की पेशकश दी, जो अजय के अनुसार उसे स्वीकार कर लेना चाहिए था। कुछ दिनों बाद ही दिव्यांश को वहां से ईमेल आया जिसमें सूचित किया गया था कि उसे शत-प्रतिशत छात्रवृत्ति दी जा रही है और साथ में कैम्पस में एक सिंगल रूम डॉर्म भी। हमने दोनों में से किसी भी विश्वविद्यालय में छात्रवृत्ति के लिए कोई आवेदन नहीं किया था। दिव्यांश की मेधा के कारण एफडीयू में स्कॉलर्शिप कमेटी के सभी सदस्यों ने शत-प्रतिशत छात्रवृत्ति का प्रस्ताव किया था। इस समय मैं अजय के एक जनवरी के फोन कॉल और दिव्यांश को अमेरिका में पढ़ाई करने की उनकी सलाह के बारे में सोच रही थी, किस तरह समय का यह चक्र उनके ही घर से कुछ दूर यहां एफडीयू में आ कर संपन्न हो रहा था। कोई दैवीय शक्ति ही थी जो यह सब संचालित कर रही थी।

सभी आवश्यक पहलुओं पर विचार करने के बाद दिव्यांश ने एफडीयू में दाखिला लेने का निर्णय लिया।

अब एक और कठिनाई आ खड़ी हुई। अमेरिका में दिव्यांश अब तक टूरिस्ट वीजा पर था, पर वहां दाखिले और पढ़ाई के लिए उसे एफ-वन वीजा की आवश्यकता थी, जिसके लिए उसे मुंबई जाकर अमेरिकी वाणिज्य दूतावास में आवेदन देना था। पर, अब समय बहुत ही कम था। मुंबई जाना, एफ-वन वीजा के लिए वहां के अमेरिकी वाणिज्य दूतावास में आवेदन करना, फिर साक्षात्कार के लिए बुलाए जाने की प्रतीक्षा करना और उसके बाद भी संभावना थी कि वाणिज्य दूतावास आवेदन पर विचार करने में अपने अनुसार समय ले सकता है। जब एफडीयू द्वारा फॉल सिमेस्टर के लिए उसका नामांकन स्वीकृत हुआ तब अगस्त आ चुका था और नामांकन की तिथि 21 अगस्त की ही थी। वहां जो एडमिशन इंचार्ज थे उन्हें बीते सालों के अनुभव से बिल्कुल भरोसा नहीं था कि यह सब इतनी जल्दी हो पाएगा। अगर समय पर वह वीजा नहीं मिल पाता तो फिर दिव्यांश को स्प्रिंग सिमेस्टर तक प्रतीक्षा करनी होती। हमने अपनी तरफ से कोशिश करने का निश्चय किया। 11 अगस्त को हम वापस मुंबई आ गए। मुंबई के लिए उड़ान भरने से दो दिन पहले ही हमने वीजा के लिए ऑनलाइन आवेदन कर दिया था और यह निवेदन भी किया था कि इसे आपात स्थिति की तरह संज्ञान में लिया जाए। उम्मीद लगाए बैठे रहने के अलावा और कोई

चारा नहीं था। 13 अगस्त को दिव्यांश का वीजा के लिए साक्षात्कार हुआ और वहीं के वहीं सम्बंधित अधिकारियों ने उसका आवेदन स्वीकृत कर दिया और मुस्कुराते हुए उसे शुभकामनाएं भी दे दी। केवल तीन दिन की अवधि में अविश्वसनीय रूप से उसे एफ-वन वीजा मिल गया। समय पर वीजा मिल जाने से दिव्यांश की खुशी का ठिकाना नहीं था। हमारी खुशियों को भी जैसे चार चांद लग गए थे, अमेरिकी विश्वविद्यालय में पढ़ाई का उसका सपना पूरा जो हो रहा था।

क्या यह सब इतनी अविश्वसनीय गति से इसीलिए घट रहा था कि प्रारब्ध की डोर में एक और कड़ी जुड़नी थी?

पिछले कुछ दिनों से अनन्या उदास लग रही थी। उसे यह एहसास हो रहा था कि दिव्यांश अब अपनी पढ़ाई के कारण उस से दूर अमेरिका में रहेगा। दिव्यांश उसके जीवन में सबसे बड़ा सहारा था, हर समय उसे संभालते, सहारा देते, चाहे वह भावनात्मक हो या फिर प्रत्यक्ष, वह उसके लिए हमेशा प्रस्तुत रहता। हम सब में वह उसी के सबसे करीब भी थी, और अपनी भावनाएं और अपनी समस्याएं भी उसी के सामने व्यक्त करती थी। उसका यह सहारा अब उस से छिन रहा था। वह यह समझ रही थी, पर उसकी उदासी उसके चेहरे पर जाहिर नहीं होती थी। दिव्यांश ने शायद उसके मन में प्रवेश कर उसकी भावनाओं को पढ़ और समझ लिया था, उसके पास अपनी इस छोटी बहन के भावनाओं की तिजोरी की चाबी जो थी। उसने अनन्या से अकेले में बातें की और वादा किया कि वह हर दिन उस से वीडियो चैट के माध्यम से बातें करेगा। अपने मार्गदर्शक और संरक्षक का साथ न होना उसे निश्चित रूप से खलने वाला था। जाने से पहले दिव्यांश ने अपने स्टडी टेबल, किताबों वाली रैक और ड्रॉवर्स की सफाई की, हर चीज संवार कर यथा स्थान रख दिया। उसने अनन्या से कहा वह जब भी जो भी चाहे वहां से ले सकती है। शाम को वह उसे पास के स्टारबक्स कैफे में ले कर गया। मैंने देखा था कि अनन्या हमेशा हमारी अपेक्षा, उसके साथ बाहर जाना पसंद करती थी। दिव्यांश को भी यह पता था, इसीलिए वह अक्सर उसे लेकर बाहर चला जाता, उसके ही शब्दों में थोड़ी सी मौज मस्ती के लिए।

एक बार फिर से हम अमेरिका यात्रा की तैयारियों में जुटे थे। सुशील भी हमारे साथ जा रहे थे, योजना थी कि दिव्यांश के कॉलेज में सुस्थिर हो जाने तक वे वहां रुकेंगे। और तभी खतरे की ऐसी घंटी बजी कि हम

सब हिल गए। हमारी यात्रा से ठीक एक दिन पहले दिव्यांश के अंदर पल रहे न्यूरोलॉजिकल स्टॉर्म का पहला स्ट्रोक आया। एक पल को तो अचानक उसकी आवाज लड़खड़ाने लगी और वह अपने शरीर के अंगों को हिलाने में भी अक्षम हो गया। मैं घर पर नहीं थी, सुशील भी दफ्तर गए थे। दिव्यांश ने किसी तरह मुझे फोन किया और इस नयी घटना के बारे में बताया। मैं भागी आई। सुशील भी तत्काल दफ्तर से आ गए। थोड़ी देर तक तो हमें समझ ही नहीं आया कि करें क्या। न्यू जर्सी में जिस डॉक्टर ने उसका इलाज किया था उन से संपर्क करना असंभव था। अमेरिकी डॉक्टर अपना निजी ईमेल आइडी तक नहीं देते, फोन तो दूर की बात है। उनसे संपर्क करने का निश्चित प्रोटोकॉल होता है जो आसान नहीं है। हमने परेशान होकर डॉक्टर सैकिया से संपर्क करने की कोशिश की पर उन्होंने हमारे फोन का उत्तर नहीं दिया। वे शायद अपने मरीजों के साथ थे। हमें पता था सिद्धांतवादी डॉक्टर सैकिया जब अपने मरीजों या उनके परिजनों के साथ होते हैं तो फोन नहीं उठाते। पर, वे ईमेल या संदेश का, जैसे ही उन्हें समय मिलता, उत्तर देते थे। सैद्धांतिक रूप से तो इसमें कुछ भी दोष नहीं था, पर आपात स्थितियों में, जैसी कि हमारी अब थी, संदेश भेजकर केवल उसके भरोसे नहीं बैठा जा सकता था। इसमें समय लग सकता है। मुझे लगता है ऐसी आपात स्थितियों में डॉक्टर को कम से कम ऐसे मरीज के परिजनों का फोन उठाना चाहिए जिनकी बीमारी, इलाज प्रक्रिया और मुश्किल हालात से वे भली भांति वाकिफ होते हैं। डॉक्टर के लिए यह परेशानी का सबब हो सकता है पर, यह उनकी पेशे से जुड़ी ऐसी परेशानी है जिसे दरकिनार नहीं किया जा सकता है। उन से संपर्क न हो पाने के बाद हमने जानबूझ कर मुंबई में अन्य चिकित्सकों से संपर्क नहीं किया, ताकि जल्द से जल्द अमेरिका जाने में कोई बाधा न हो। विवश होकर सुशील ने फिर से वही भरोसेमंद द्वार खटखटाया जहां से हमें कभी भी निराश हो कर लौटना नहीं पड़ा था- डॉक्टर रूबेन ऑर। उन्होंने तत्काल सुशील का फोन उठा लिया और दिव्यांश को तुरंत खाने को कुछ दवाइयां बता दी। उनकी सुझाई दवाओं ने चमत्कारिक रूप से असर किया और लगभग घंटे भर बाद दिव्यांश ठीक हो गया। पर डॉक्टर ऑर को और हमें भी यह पता था कि यह बस अस्थायी समाधान था, दवा का असर समाप्त होते ही यह गंभीर समस्या लौट आनी थी। एक झटके में फिर से दिव्यांश का अमेरिका में पढ़ने का सपना बिखरता दिख रहा था।

संतोष की बात यह थी कि हमारे अमेरिका जाने तक दिव्यांश को दुबारा ऐसा दौरा नहीं पड़ा। हमें लगा यह शायद एक बार को ही घटित घटना थी जिसके बारे में अधिक चिंता करने की आवश्यकता नहीं है। हमने सोचा था कि नयू जर्सी पहुंच कर फौरन उसके डॉक्टर से संपर्क करेंगे और उनकी सलाह अनुसार आगे बढ़ेंगे।

मैंने देखा था कि जब भी दिव्यांश अपने जीवन में, चाहे वह कोई व्यक्तिगत मामला हो या उसके पढ़ाई लिखाई से संबंधित हो, थोड़ा सा भी पांव जमाता, समय अपनी पूरी निर्दयता से उस पर प्रहार करता। इस बार भी नया कुछ नहीं था, भविष्य का रास्ता तलाशते हुए दिव्यांश को जो यह पगडंडी मिली थी, यहां भी समय बाधाएं खड़ी कर रहा था। मैं सकते में थी, क्या उसके जीवन पथ पर कभी कोई आसान रास्ता नहीं मिलेगा, क्या भाग्य ने कभी उसके लिए उजाले का साथ तय ही नहीं किया? अपनी उस स्थिति में सुधार के बाद दिव्यांश ने मुझसे उदास भाव से कहा, "मम्मी, कितना बड़ा धोखा है यह मेरे साथ, उम्मीद के विपरीत इतने कम समय में मुझे एफ-वन वीजा मिल गया था और उसके ठीक एक दिन बाद यह नई विपदा आ गयी। लगता है जैसे ही मैं अपने जीवन की लगाम मजबूती से थामने की कोशिश करता हूं, कोई मुझे अपनी पूरी ताकत से पीछे खींचने लगता है।" मैंने कोई जवाब नहीं दिया, मैं आखिर क्या जवाब देती, नियति का यह विधान मैं हर बार घटित होते देख रही थी। हमने कभी अपने प्रयासों में कोई कमी नहीं रखी, पर समय के हाथों इस प्रकार असहाय हो जाना दिल दहला देता। हम फिर भी अपनी यात्रा की तैयारी में जुटे रहे। दिव्यांश ने भी फिर से मुस्कुरा कर अमेरिका में अपने नए जीवन के बारे में उत्साह से सोचना शुरू कर दिया।

मैंने पा ली है विजय भय पर
आशाओं पर, उम्मीदों पर,
यहां से अब सोपान है मेरी यात्रा का
स्तब्धता। मेरे निश्चय को,
हिम्मत, धैर्य, और दृढ़ता,
मेरे अस्वीकार्य से परिमार्जित

(कथॉर्सिस)

# 17

## 'ऊबर राइड'

19 अगस्त को हम अमेरिका के लिए रवाना हुए।

अजय हमें लेने एयरपोर्ट आए। वे खुश थे कि दिव्यांश अब ठीक लग रहा था, उसके न्यूरोलॉजिकल सुन्नता (नंबनेस) के बारे में सुन कर वे भी चिंतित थे। घर जाते हुए पूरे रास्ते वे अपनी बातों से दिव्यांश के सामने अमेरिका में एक सुंदर भविष्य का चित्र प्रस्तुत करते रहे, उन्होंने इतने कम समय में एफ-वन वीजा पा लेने के लिए दिव्यांश की प्रशंसा भी की।

दिव्यांश के ऑन्कोलॉजिस्ट डॉक्टर जेम्स मैक (नाम परिवर्तित) ने उसकी जांच के बाद कहा कि वह ठीक लग रहा था और तत्काल किसी इलाज की जरूरत नहीं थी। पर, उन्होंने यह भी कहा कि यदि न्यूरोलॉजिकल सुन्नता का कोई भी लक्षण दोबारा दिखे तो फौरन उसे लेकर अस्पताल आ जाएं। वे भी यह जानकर खुश हुए कि दिव्यांश को एफडीयू में इतनी जल्दी दाखिला मिल गया। उन्होंने दिव्यांश से कहा कि युवावस्था वाली मस्तियां करे और कैम्पस लाइफ का आनंद ले। डॉक्टर से सलाह के बाद हम निश्चिंत हुए, अब एफडीयू में दिव्यांश के कॉलेज जीवन में कोई और बाधा नहीं दिख रही थी।

एफडीयू जाते ही नामांकन की प्रक्रिया पूरी हो गयी और हमें अगले दिन ही ओरिएंटेशन प्रोग्राम के लिए आने को कहा गया। हम सब सुबह ठीक दस बजे वहां पहुंच गए। एक बड़े से हॉल में अलग-अलग देशों के छात्र उत्साह से भरे बैठे थे। दिव्यांश को उनमें शामिल देख कर हम संतोष और आनंद से भर उठे। कितनी लंबी यात्रा थी यह, और कैसे-कैसे कठिन रास्तों से गुजर कर वह आज यहां पहुंचा था, मैं गहन विचारों में खोई थी, अतीत, वर्तमान और भविष्य में भटकते न जाने कितने भाव मेरे मानस पटल पर आते जाते रहे। इतनी कठिनाइयों के बाद भी दिव्यांश ने न केवल वहां

नामांकन पा लिया था, बल्कि फॉल सेमेस्टर में ही नामांकन पाने में सफल हो गया था, हमारे लिए इस से ज्यादा संतोष और खुशी की बात भला और क्या हो सकती थी। केवल छह महीने के अंतराल में उसके जीवन को लेकर मेरी अवधारणा बदल गयी थी। इसी साल मार्च में डॉक्टर सैकिया ने वह दिल दहलाने वाली बात कही थी कि अब उसे बिना इलाज, बिना उपचार, जो बची जिंदगी है वह जीने दें। और यहां अमेरिका में कॉलेज में दाखिले से एक दिन पहले उसके डॉक्टर ने भी वही बात कही थी कि दिल खोल कर अपना जीवन जिए, पर इन दोनों कथनों में कितना अंतर था, एक ने जो कहा उसमें निराशा का गहन अंधकार था जबकि दूसरे ने जो कहा उसमें आशा भरी चमक थी, जीवन की उमंग थी। निराशा के उस भाव की जगह अब आशा का उत्साह था।

"*यहां से अब सोपान है मेरी यात्रा का, हिम्मत, धैर्य, और दृढ़ता, मेरे अस्वीकार्य से परिमार्जित*" शाबाश दिव्यांश! तुमने आज वह कर दिखाया जिस पर हमें जीवन भर गर्व रहेगा।

ओरिएंटेशन के बाद हमें कैम्पस घुमाया गया। अलग अलग विभागों के शिक्षा खंड, छात्रावास, पुस्तकालय, आमोद प्रमोद का स्थल (रिक्रिएशन सेंटर), इनडोर बास्केटबॉल कोर्ट, और न जाने क्या क्या। इन स्थलों को देखते हुए मैं दिव्यांश के वहां होने, उस जीवन का आनंद लेते हुए खुशी से विचरने के कल्पना लोक में खो गयी। मैंने देखा उस दिन दिव्यांश बिना हमारी सहायता के वहां सब कुछ खुद ही संभालने की कोशिश कर रहा था। सुशील अगर सहायता के लिए बढ़ते भी तो वह उन्हें रोक देता। पर, उसके स्वास्थ्य समस्याओं खासकर उस हाल के न्यूरोलॉजिकल सुन्नता के बाद हमारे लिए उसे बिल्कुल अकेला छोड़ देना आसान नहीं था।

दिव्यांश को ग्राउंड फ्लोर पर एक बड़ा और आरामदेह सिंगल रूम डॉर्म मिला जिसमें टॉयलेट और बाथरूम साथ लगा था। खिड़की के बाहर जैसे घास की हरी कालीन बिछी थी, जो बेहद हरा-भरा और रमणीक दृश्य प्रस्तुत करता था। उसके हॉस्टल रूम के लिए चीजें खरीदना कितना आनंद दायक था! चादरें, तकिया, स्टेशनेरी और बाथरूम का सामान, जूतों के लिए रैक, दरी, आदि आदि। सबसे खास था दो कॉफी मग खरीदना जिन पर अत्यंत सुंदरता से 'डी' (दिव्यांश) और 'ए' (आत्मन्) उकेरा गया था। वह हर छोटी बड़ी चीज जो हमने उस दिन खरीदी हमारे जीवन में किसी ताजा हवा के झोंके की तरह थी। मैंने खुद से उसका कमरा संवारा, वार्डरोब

में उसके कपड़े भी मैंने अपने हाथों से रखे ताकि मेरे जाने के बाद भी मेरा कोमल मातृस्पर्श उसके साथ बना रहे। कैम्पस के सुरक्षा अधिकारी को दिव्यांश के हालात के बारे में पता था, वे उससे मिलने आए और उन्होंने कहा कि अगर कुछ भी आवश्यकता हो तो उनसे तुरंत संपर्क करे। हालांकि मैं उसके अकेले के कमरे में रहने से बहुत खुश नहीं थी, मुझे लगता इससे उसका अकेलापन बढ़ेगा। मैं चाहती थी उसका कोई रूममेट हो और वे मिल-जुल कर खूब मस्ती करें, जो अब तक वह नहीं कर पाया था। पर यह भी था कि रूम पार्ट्नर से भी उसे इन्फेक्शन का खतरा था और इस मायने में कॉलेज के प्राधिकारी उसे अकेले का कमरा देने के अपने निर्णय में सही थे।

ओरिएंटेशन के क्रम में ही कॉलेज ने न्यूयॉर्क सिटी का एक समूह-भ्रमण आयोजित किया। हाल के उस न्यूरोलॉजिकल सुन्नता के कारण मैं उसे इस भ्रमण पर जाने देने को ले कर बहुत उत्साहित नहीं थी। फिर मुझे उसके डॉक्टर की सलाह का ध्यान आया- उसे अपनी युवावस्था आनंदपूर्वक जीने दें। दिव्यांश उस भ्रमण पर गया, वहां से उसने हमें ढेर सारी तस्वीरें भेजी। अपने पिता और अजय के लिए वहां की यादगार के रूप में वह उपहार भी लेकर आया, जिसे पाकर वे काफी खुश हुए।

28 अगस्त को सुशील को मुंबई लौटना था। उन्होंने अपने जीवन के लगभग बारह साल हॉस्टल में बिताए थे। 27 अगस्त को दिव्यांश अपने जीवन की पहली रात किसी हॉस्टल में बिताने वाला था। उस रात सुशील उसके साथ हॉस्टल में ही रुके, हालांकि दिव्यांश इसके लिए मुश्किल से राजी हुआ। उस रात सुशील ने उसे अपने हॉस्टल जीवन के मजेदार किस्से सुनाए और उसे आगामी हॉस्टल जीवन को लेकर उत्साहित रहने को प्रेरित किया। अगली सुबह, क्लास जाने से पहले दिव्यांश ने सुशील के अजय के यहां जाने के लिए एक 'ऊबर कैब' बुक की। जाते हुए सुशील ने उसे कस कर गले लगा लिया, उनकी आंखें नम हो गयीं, उन्हें उसी शाम मुंबई के लिए रवाना होना था। कार में बैठते हुए यह सोचकर कि अब दिव्यांश को सब कुछ, यहां तक कि अपनी स्वास्थ्य समस्याएं भी खुद ही संभालनी होंगी, सुशील अत्यंत भावुक हो गए। वे हाल के उसके 'न्यूरो-सीजर' को लेकर विशेष रूप से चिंतित थे। जीवन की तीन महत्वपूर्ण दिशाएं थीं जो उन्हें अपनी ओर खींच रही थी- दिव्यांश, अनन्या और उनकी नौकरी। अब तक तो वे इन तीनों ही दायित्वों का निर्वाह प्रशंसनीय दक्षता से कर रहे

थे। मुंबई लौटने से पहले वे कुछ दिन और दिव्यांश के साथ रहना चाहते थे, पर उनका मुंबई वापस जाना भी जरूरी था।

शाम में जब सुशील एयरपोर्ट के लिए निकल रहे थे तब दिव्यांश ने उन्हें फोन किया। पर बात करते करते उसने अचानक फोन काट दिया। हम सब सकते में आ गए, किसी अनिष्ट की आशंका से मेरा मन दहल उठा। हमें समझ नहीं आ रहा था, आखिर हुआ क्या। थोड़ी देर बाद ही दिव्यांश ने फिर से फोन किया, बोला, उनसे बातें करते करते यह सोच कर कि अपने पिता के बिना वह सब कुछ कैसे खुद से संभाल पाएगा, वह अपने आंसू रोक नहीं पाया। यह अलगाव भावनात्मक रूप से उसके लिए सचमुच कठिन था। 2009 में, जब पहली बार दिव्यांश की ल्यूकीमिया का पता चला था, तब से ही सुशील उसके साथ साये की तरह रहे थे। पहली बार दिव्यांश को यह लग रहा था कि अब आगे से उसे उनके मजबूत सहारे के बगैर चलना होगा। संतोष की बात यह थी कि कम से कम मैं उसके पास ही न्यू जर्सी में रहने वाली थी, हालांकि मैं भी उसके हॉस्टल में उसके बिल्कुल पास तो नहीं थी।

धीरे-धीरे दिव्यांश अपने हॉस्टल के जीवन में रम गया था। वह नियमित रूप से क्लास जाता और बीच-बीच में आवश्यकता अनुसार अपनी नियमित जांच और उपचार के लिए अस्पताल भी जाता रहता। अपनी कक्षाएं, अस्पताल और फिर सप्ताहांत में अजय के घर उसकी नियमित चर्या हो गयी थी। कुछ ही दिनों में उसकी मेधा और उसके मोहक व्यक्तित्व ने वहां शिक्षकों और छात्रों में समान रूप से जगह बना ली। इंटर्नल परीक्षाओं में वह सबसे अधिक अंक पाने वालों में रहता। अपनी बीमारी और शारीरिक कष्ट के बावजूद वह जिस तन्मयता और लगन से प्रयास कर अपनी पढ़ाई और इतर क्षेत्रों में उत्कृष्ट प्रदर्शन कर रहा था, इसके लिए उसके शिक्षक भी उसकी तारीफ करते नहीं थकते थे।

हालांकि मैं चाहती थी कि दिव्यांश अपना अधिक से अधिक समय कैम्पस में ही बिताए ताकि वह जल्द से जल्द वहां की जीवन शैली में सहज हो जाए, पर अजय का मन रहता कि वह घर आ कर उनके साथ भी रहे। कई बार वे दफ्तर से सीधे उसके हॉस्टल चले जाते और उसे साथ लेकर घर आ जाते। दिव्यांश को भी यह साथ पसंद था। मैं दिव्यांश के साथ यहां न्यू जर्सी में और सुशील मुंबई में अनन्या के साथ साथ अपने काम पर, लगता जैसे हमारा जीवन फिर से एक ढर्रे पर आ गया है, हालांकि

हमें यह भी पता था कि रास्ता अब भी आसान नहीं था।

सितम्बर के दूसरे सप्ताह में अजय अपने एक व्यावसायिक दौरे पर इटली गए, उनके परिवारजन भी साथ गए। दिव्यांश हॉस्टल में था। मैं उनके उस बड़े बंगले में अकेले रह गयी। अजय की उपस्थिति में मुझे किसी भी स्थिति का सामना करने का आत्मबल रहता। उनकी अनुपस्थिति में ऐसी किसी स्थिति का सामना कर पाने को लेकर मैं बेहद चिंतित थी। अगर दिव्यांश की वह 'न्यूरो-सीजर' वाली समस्या ही फिर से आ गयी तो क्या होगा। मैं अपने आप यह सब कैसे संभालूंगी, यह सोच-सोच कर मैं उस बड़े सूने घर में अकेले घबराहट से भरी रहती।

और तभी ऐसा लगा मानो शत्रु घात लगाए बैठा था। अजय के इटली जाने के अगले दिन ही दिव्यांश ने अपने कैम्पस के डाइनिंग रूम से फोन किया, मुश्किल से बस इतना बता पाया कि वह अपना हाथ नहीं उठा पा रहा है। किसी तरह उसने अपना मोबाइल पकड़ा था और मुझे फोन कर पाया था। उसकी आवाज लड़खड़ा रही थी। मैं सकते में थी, करूं तो क्या करूं, कुछ समझ नहीं आ रहा था। मदद के लिए कोई मेरे आसपास नहीं था। मैंने मुंबई में सुशील को फोन किया, उन्होंने फिर दिव्यांश को फोन कर फौरन ही ऊबर बुक कर अजय के घर आने को कहा। भगवान जाने दिव्यांश ने कैसे इतनी हिम्मत जुटाई, पर वह किसी तरह ऊबर लेकर अजय के घर आ गया। तब तक वह थोड़ा ठीक भी लग रहा था। अजय ने मुझे बता रखा था कि ऐसी परिस्थितियों में तत्काल अस्पताल के ई.आर. (इमर्जेन्सी रूम) चले जाना चाहिए। तब तक तो मुझे इस "ई.आर." का मतलब भी पता नहीं था। अजय ने इटली से दिव्यांश को बताया कि वह 911 पर कॉल करे ताकि वो लोग उसे उस अस्पताल के जहां उसका इलाज चल रहा था, 'ई.आर.' में ले कर जाएं। दिव्यांश ने किसी तरह वह नम्बर डायल किया, और वे तत्काल आ कर हमें लेकर अस्पताल गए।

अस्पताल में सब कुछ खुद से संभालना मेरे लिए बड़ी चुनौती थी। पहले कभी मैंने ऐसे बिल्कुल अकेले सब कुछ खुद से नहीं संभाला था। सुशील पास नहीं थे, और उनकी कमी मुझे शिद्दत से महसूस हो रही थी। लगा मैं रो पड़ूंगी। फिर मैंने जैसे खुद को समझाया, यहां अभी बस मैं हूं और दिव्यांश की देख-रेख की जिम्मेदारी भी मेरी है। मैंने किसी तरह खुद को संभाला, अपनी वह मातृशक्ति जगायी जिसका नैसर्गिक स्वरूप दिव्यांश मुझ में महसूस करता था, और अस्पताल के मसलों को संभालने

में जुट गयी। सुशील और दिव्यांश की छत्रछाया से निकल कर पहली बार मैं डॉक्टरों और नर्सों से सीधे बात कर रही थी। उनसे बात करना और उनके खास तरह के उच्चारण वाली अंग्रेजी को समझना और उत्तर देना मेरे लिए कठिन तो था पर, कहते हैं ना कि जितनी जल्दी आप गहरे पानी में जाएंगे उतनी जल्दी ही तैरना सीख जाएंगे। बैसाखी सहारा तो देती है, पर कई बार यह आपकी अपनी क्षमताओं को समझने में बाधा भी बन जाती है। उस दिन मेरे लिए कोई सहारा नहीं था, मैंने अपने अनुमान से भी कहीं ऊपर जा कर स्वयं को साबित किया। धीरे-धीरे मुझे अहसास होने लगा कि सुशील की अनुपस्थिति में मैंने वह जिम्मेदारी बखूबी संभालने की कोशिश की।

मस्तिष्क के एक 'एम.आर.आई.' से पता चला कि वहां कोई विकृति (डिफॉर्मिटी) है। उसका इलाज करने वाले डॉक्टर जेम्स मैक ने न्यूरो-ऑन्कोलॉजिस्ट डॉक्टर सैम लर्मेन (नाम परिवर्तित) की राय के विपरीत हमें सलाह दी कि उस वक्त 'ब्रेन-बॉयप्सी' के द्वारा किसी हस्तक्षेप की आवश्यकता नहीं थी। अब हमें लगता है यह उनकी एक बड़ी भूल थी।

तीसरे दिन हमें अस्पताल से छुट्टी मिल गयी। मैं सुनकर दंग रह गयी कि दिव्यांश अस्पताल से सीधे कॉलेज अपनी पढाई के लिए जाना चाहता था। मैं उसके इस निर्णय से स्तब्ध थी, मुझे लगता था अस्पताल से आकर उसे कुछ दिन आराम करना चाहिए था। पर, वह जैसे समय से लड़ रहा था, अपने इन कठिन बाधाओं के बावजूद जल्दी से जल्दी जितना अधिक संभव हो पूरा कर लेने के लिए वह जैसे अपनी समूची ताकत लगा रहा था।

कुछ दिनों बाद अजय और उनका परिवार लौट आया। हमेशा की तरह अजय हॉस्टल जा कर दिव्यांश को घर ले आए। उस दिन दिव्यांश 'ऊबर' से अपनी दवाइयां लेने अस्पताल गया था। ऊबर-ड्राइवर के साथ अपने उस दिन के अनुभव के बारे में उसने अपने ब्लॉग पर लिखा। यह इतना मार्मिक था कि पढ़ कर मेरे आंसू आ गए। उस ब्लॉग, "द ऊबर राइड", का अनुवाद इस प्रकार है:

"ऊबर आकर ड्राइव-वे में रुकी,  
उस कैन्सर अस्पताल में तुम्हारा इलाज चल रहा है?  
"हां एक दवा की पर्ची लेने आया हूं" एक सामान्य सा उत्तर।  
दोस्त तुम हिम्मत रखो, मैंने अपनी मां को इस बीमारी से खोया है,

डैड का भी इलाज चल रहा है। तुम्हारी उम्र कितनी है?

बीस साल?

जैसे ही कार अस्पताल तक पहुंच कर रुकी, "मेरी असीम शुभकामनाएं दोस्त, मैं तुम्हारे लिए प्रार्थना करूंगा! तुम अभी युवा हो, दो तीन सालों बाद तुम आनंद पूर्वक अपना वैवाहिक जीवन बिताओगे।"

शुक्रिया दोस्त, तुम्हारे डैड को मेरी तरफ से शुभकामनाएं।

मुस्कुराहट में विदाई का संदेश था।

उस ऊबर ड्राइवर ने महज एक यात्रा से कहीं ज्यादा दिया, उसे भी किराए भर से थोड़ा ज्यादा मिला।

छात्र को जो मिला वह महज एक राइड से कितना अधिक था...!

स्मृति में बसा एक अविस्मरणीय अनुभव..!

कैंपस की उस हाल की न्यूरोलॉजिकल घटना के बाद अजय ने जोर दिया कि दिव्यांश उनके घर पर ही रहे। मैं यह नहीं चाहती थी। मैं चाहती थी कि वह कैम्पस का नूतन जीवन जिए जो वह अब तक नहीं जी पाया था। अजय के घर से उसका डॉर्म गाड़ी से बमुश्किल 15 मिनट की दूरी पर था। अगर कभी जरूरत पड़ी तो हम तुरंत वहां पहुंच सकते थे। मैं चाहती थी कि सुविधाजनक परिवेश को चुनौती देते रहने का उसका जज़्बा बरकरार रहे। एक और कारण था, हमारा वहां लंबे समय तक रहना अजय के परिवार के सदस्यों को अब खल रहा था, हालांकि यह बहुत स्पष्टता से नहीं जताया जाता था, पर मैं ऐसे अप्रत्यक्ष संकेतों को पहचान पा रही थी। मैं असहज हो रही थी। उनके किचन में दिव्यांश की पसंद का खाना पकाते हुए मुझे अब हिचकिचाहट होती थी। असहजता का कुछ वैसा ही भाव दिव्यांश भी महसूस कर रहा था। वह भी अजय के चाहने के बावजूद वहां नहीं रहना चाहता था। अजय मेरे इस निर्णय पर असहमति जताते, पर, ऐसी परिस्थिति जिसमें दिव्यांश था, कौन मां भला अपने बेटे को पास नहीं रखना चाहेगी, खासकर जब सुशील भी हमारे साथ नहीं थे। जब भी अजय से बात होती सुशील उनसे हमारे लिए किराए का घर देखने का अनुरोध करते, पर अजय हर बार टाल देते।

अजय के परिवार वालों की तरफ से जो संकेत आ रहे थे, वह दिन-ब-दिन स्पष्ट होते जा रहे थे। मेरा आत्म-सम्मान आहत हो रहा था। एक दिन मेरा मन बुरी तरह खिन्न हो उठा, मैंने जोर देकर अजय से कहा

कि वे हमारे लिए दिव्यांश के कॉलेज के आस-पास कहीं पर एक किराए का मकान ढूंढ दें। मुझे यह भी खल रहा था कि हमारे कारण अजय को भी अपने परिवारवालों की अवहेलना सहनी पड़ रही थी। उन्होंने ध्यानपूर्वक मेरी बातें सुनी पर फिर दृढ़ता से बोल पड़े कि चूंकि अब वे मेरे भाई हैं, मेरा अब कहीं बाहर जाकर रहने का प्रश्न ही नहीं उठता था। दुर्भाग्य की बात यह थी कि उनके इस नैतिक संकट और उनके सद्उद्देश्यों का मुझे खामियाजा भुगतना पड़ रहा था। इस सब के कारण मैंने दृढ़ता से कहा कि दिव्यांश कैम्पस में अपने डॉर्म में रहे और अधिक से अधिक सप्ताहांत में आ जाया करे। जल्दी ही सुशील के भी आने की योजना थी और तभी हम घर बदलने की भी सोचेंगे।

धीरे-धीरे दिव्यांश ने कैम्पस में पूरी तरह से अपना स्थान बना लिया था। पढ़ाई के साथ-साथ वह सेमिनारों में भी भाग लेता और कॉलेज के बाद योगाभ्यास के लिए भी जाता। कॉलेज के पाठ्यक्रम के अतिरिक्त उसने एन.जे.आई.टी. में एक कम्प्यूटर लैंग्वेज कोर्स में भी दाखिला ले लिया था, जहां वह हर शनिवार जाता। मैं उसे एक साथ इतना सब करते देख दंग थी, कभी-कभी चिंता भी होती। ऐसा लगता था उसने अपनी स्वास्थ्य समस्याओं को पूरी तरह से नकार दिया है, और समय के साथ दौड़ लगा रहा है, कम से कम समय में अधिक से अधिक उपलब्धियों के लिए जी जान से जुटा है। जीवन जिस रूप में भी उसके सामने आया उसने स्वीकार किया, पर उसने कभी भी अपनी जीवंतता से समझौता नहीं किया। पर उसके इस अदम्य साहस, इस अद्भुत जज़्बे, को समय का साथ नहीं मिलता था। कई बार मैं क्लास के बाद शाम को उसके 'डॉर्म' चली जाती और उसके साथ थोड़ा समय बिताती। वह अक्सर ही अपने कमरे में अकेले मिलता, वह अधिकतर कहीं बाहर जाना टालना चाहता था। मैं उस से कहती बाहर जाए, दोस्तों से मिले-जुले उनके साथ समय बिताए मस्ती करे, पर वह मुस्कुरा कर टाल जाता। कुछ तो था जो उसके दिमाग में चल रहा था, जिसे मैं समझ नहीं पा रही थी। शायद उसे भविष्य के कुछ संकेत मिल रहे थे।

अक्टूबर की शुरुआत में उसे अपना एक और सपना पूरा करने का मौका मिला, न्यूयॉर्क में संयुक्त राष्ट्र के कार्यालय को देखने का सपना। उसका कॉलेज इच्छुक छात्रों के लिए वहां एक भ्रमण-कार्यक्रम आयोजित कर रहा था। पहले दिव्यांश ने मुंबई में अपने कॉलेज में एक मॉक यूनाइटेड नेशंज (एमयूएन) में भाग लिया था, जहां उसने इजरायल का प्रतिनिधित्व किया

था। अब उसी संयुक्त राष्ट्र के 'जनरल असेंबली हॉल' को साक्षात देखने और महसूस करने का अवसर था। एक काले सूट, सिल्वर ग्रे शर्ट और उनसे मैच करते प्रिंटेड टाई में असेंबली हॉल में ली गई उसकी फोटो बता रही थी कि वहां जा कर वह कितना गौरवान्वित महसूस कर रहा था। वहां से अपने पिता को उसने जो सेल्फी भेजी उसमें वह इतना तृप्त लग रहा था कि सुशील ने उसे संदेश भेजा, "तुम्हारा यह रूपांतर कितना अद्‌भुत है, उम्मीद है जल्द ही अपनी टोपी से भी तुम्हें छुटकारा मिल जाएगा, मैं तुम्हारे जीवन में वह दिन देखने को बेचैन हूं। ढेर सारा प्यार।"

छठ का त्यौहार करीब आ रहा था। यहां अमेरिका में अजय के घर पर मैं सारे अनुष्ठान किस प्रकार कर पाऊंगी? मेरा उनके यहां रहना लंबा हो रहा था, कारण मेरे हाथ में नहीं था, ऐसे में छठ के आयोजन को लेकर मैं चिंतित होने लगी। इस त्यौहार के नियम-निष्ठा और विधि-विधान पूर्वक आयोजन के लिए समुचित व्यवस्था चाहिए थी। पूजा से सम्बंधित सामानों के न्यू जर्सी में मिल पाने की समस्या तो थी ही, पर साथ में अजय के परिवार वालों का बर्ताव भी एक बड़ी वजह थी जिस कारण मैं इस साल त्यौहार मनाने के पक्ष में नहीं थी। मैं उन पर कोई और बोझ डालना नहीं चाहती थी। वहां की स्थितियों को ध्यान में रखकर, सुशील ने सलाह दी कि इस साल मैं त्यौहार ना ही मनाऊं। मुझे लगता कि मैंने यह कठिन व्रत-उपवास दिव्यांश के सेहत के लिए आरंभ किया था, फिर ऐसे समय जब उसे मेरी इस तपस्या के फल की सबसे अधिक जरूरत थी, मैं किस तरह इसे त्याग दूं? दिव्यांश के हाव-भाव से भी लगता कि वह चाहता था मैं यह व्रत रखूं, छठ पूजा का पूर्ववत आयोजन करूं। उस समय अकेली मैं थी जिसके कर्मों में वह अपने मुश्किल भरे दिनों से मुक्ति का आधार ढूंढ सकता था, जिसके भरोसे वह जीवन के पथ पर थोड़ा आश्वस्त हो सकता था। जब दवा काम नहीं करती, दुआ करती है। यह सब सोच-विचार कर सभी मुश्किलों और अप्रिय स्थितियों को दरकिनार कर मैंने इस साल भी छठ का व्रत संपन्न करने का निर्णय लिया। ईश्वर का आयोजन है तो वही शक्ति और सामर्थ्य भी देंगे। अपनी तरफ से अजय ने पूरी कोशिश की कि मुझे व्रत और पूजा के लिए आवश्यक सामग्री मिल जाए।

छठ के सभी विधि-विधानों में दिव्यांश ने मेरा बराबर साथ दिया। मुझे नैतिक, भावनात्मक और शारीरिक समर्थन देने के अलावा अपने अवचेतन मन में कहीं शायद वह स्वयं भी इस कठिन तपस्या को पूरा कर रहा था। पर,

'न्यूरोलॉजिकल स्टॉर्म' के कारण उसके कमजोर होते शारीरिक लोच के शुरुआती लक्षण दिखने लगे थे। इसके बावजूद व्रत-पूजा से सम्बंधित सभी क्रिया-कलापों में उसने मेरी पूरी सहायता की। अजय भी मजबूत सहारा बन कर हर समय साथ खड़े रहे। समय ने मुझे यह महत्वपूर्ण त्यौहार एक अनजान धरती पर संपन्न करने को विवश कर दिया। मैंने तो कभी ऐसा सोचा भी नहीं था। सूर्य देव को श्रद्धापूर्वक नमन करते हुए मैंने अपने बेटे को एक निरोग जीवन का शाश्वत आशीर्वाद देने की प्रार्थना की। सच कहूं तो इस बार कुछ तो ऐसा था जिसके कारण मैंने व्रत-पूजा की आध्यात्मिक संतुष्टि को पूर्णता से महसूस नहीं किया। पर, फिर भी विपरीत परिस्थितियों में भी व्रत-पूजा संपन्न करने का संतोष तो था ही। जिस ईश्वर से मैं दिव्यांश के लिए आशीर्वाद मांग रही थी, उन्होंने ही शायद दिव्यांश के साथ साथ मेरे लिए भी परीक्षाएं निर्धारित कर दी थी। हमारे यहां छठ पूजा का विधि-विधान कठोरतम माना जाता है। दिव्यांश के साथ होने और सब कुछ उसकी रक्षा के लिए किए जाने के मनोभाव के कारण मैंने उस कठिनाई को अनुभव नहीं किया।

छठ के बाद सुशील ने एक खुशखबरी दी। उन्हें उनके विभाग में प्रोन्नति मिली थी, जो लंबे समय से प्रतीक्षित थी। वे दरअसल इसी आदेश के इंतजार में थे जिसके बाद वे फिर से यहां हमारे पास न्यू जर्सी आते। उन्होंने सोच रखा था कि प्रोन्नति के बाद नया कार्यभार ग्रहण कर वह लंबी छुट्टी ले लेंगे और यहां आ कर दिव्यांश के इलाज की व्यवस्था संभालेंगे। मुझे याद है यह खबर सुन कर दिव्यांश कितना खुश हुआ था। उसने मजा लेते हुए उन्हें संदेश भेजा, "बधाई हो पापा, सो अब आप कमिश्नर साहब बन गए, आप पर मुझे नाज है।"

न्यू जर्सी के लिए 18 नवंबर की रवानगी निश्चित कर सुशील ने फ्लाइट का टिकट ले लिया।

# 18

# भावनाओं के लरजते तार

*मनुष्य आश्चर्यजनक रूप से केवल चुनौतीपूर्ण स्थितियों की उपस्थिति में अपना उत्कृष्ट देता है।*

–एल. रॉन हबर्ड

दिव्यांश धीरे-धीरे अपनी चुनौतियों पर विजय पाने की कोशिश कर रहा था। अपनी चुनौतियों से ही उसे ऊर्जा मिलती, वही जैसे उसे जीवंत बनाए रखती। वह कभी अपने प्राप्य से संतुष्ट नहीं हुआ। हमेशा ही उसने श्रेष्ठतम उपलब्धियों के लिए प्रयास किया। जॉर्ज बर्नार्ड शॉ के शब्दों में कहें तो उसके लिए संतुष्ट हो जाना मृत्यु के समान था।

इधर उसके 'न्यूरो-सीजर' की घटनाएं बढ़ने लगी थी। हम बेहद चिंतित थे और समझ नहीं पा रहे थे ऐसा आखिर हो क्यों रहा है। हम डॉक्टर के पास जाते पर वे तत्काल किसी भी हस्तक्षेप की आवश्यकता नहीं बताते। वे बस इतना ही कहते कि यह दवाओं के दुष्प्रभाव के कारण है। हमें विश्वास था हमारी तरफ से किसी प्रकार की चूक नहीं हुई थी। हमने 'सीजर' के मामले में हर बार डॉक्टर को तत्काल सूचित किया था। दिव्यांश के वास्तविक मेडिकल स्थिति को समझने में अगर किसी से चूक हो रही थी तो वे डॉक्टर खुद थे, और यह बात आने वाले दिनों में स्पष्टता से सामने भी आ गयी।

कई बार मैं उसके डॉर्म चली जाती, दिन भर उसके साथ रहती, उसके कक्षा के बाहर बैठी उसकी प्रतीक्षा करती रहती। एक दिन जब मैं उसके डॉर्म में बैठी क्लास से उसके लौटने की प्रतीक्षा कर रही थी, अचानक से उसका फोन आया- वह गिर पड़ा था और हाथ पैर भी हिला नहीं पा रहा

था। मैं भागी-भागी लेक्चर हॉल गयी, वह लेक्चर हॉल के बाहर एक बेंच पर बैठा था। मैं बुरी तरह घबराई हुई थी, पर वह मुझे देख कर मुस्कुराया। 'सीजर' के प्रभाव से उबर कर वह अपना काम खत्म करने लाइब्रेरी चला गया, मैं वहीं बेंच पर बैठी रही। उसका स्नायु तंत्र निश्चित तौर पर कमजोर पड़ता जा रहा था, और जोड़ों में सुन्नता के कारण वह गिर पड़ता था। इसके बावजूद उसके प्रयासों में कोई कमी नहीं थी। इस विकट परिस्थिति में भी उसने न केवल अपनी इंटर्नल परीक्षाएं दी, बल्कि आश्चर्यजनक रूप से वह सबसे अधिक अंक पाने वाले छात्रों में था। क्लास के बाहर थोड़ी दूरी पर बैठी मैं देखती कि लेक्चर के दौरान अपनी आंखें खुली रखना भी उसके लिए मुश्किल हो रहा था। बीच-बीच में वह प्रश्न पूछने अपना हाथ उठाता, केवल मैं जानती थी कि हाथ उठाने की यह साधारण सी क्रिया भी उसके लिए कितना कष्टप्रद था, पर फिर भी वह हाथ भी उठाता और प्रश्न भी पूछता।

इस पूरे संघर्ष के दौरान दिव्यांश का सबसे विश्वसनीय सहारा उसकी अपनी मानसिक शक्ति थी। परिस्थितियां चाहे कितना भी विकट हो, उसकी मानसिक शक्ति ने उनसे उबरने में हमेशा उसे सफल बनाया। वह अब भी अपना काम कर रही थी, हालांकि वह मानसिक तौर पर सुस्त पड़ता दिखाई पर रहा था। अपने शिक्षकों को भी चकित करते हुए उसने इस स्थिति में भी औरों से बेहतर किया। पढ़ाई जैसे उसकी जिजीविषा के लिए ऊर्जा की तरह थी। ल्यूकीमिया और उसकी दवाओं के दुष्प्रभाव से कमजोर पड़ रहे उसके थके हुए मस्तिष्क को मानो उसकी आत्मा ने अपनी गोद की छांव में संभाल रखा था। पिछले कई सालों से दिव्यांश अपने हौसले के बल पर समय के साथ इस खेल में डटा था, समय जैसे उसके इस हौसले से हार कर अब बेईमानी पर उतर आया था। कायर की तरह वह अब दिव्यांश के सबसे मजबूत साथी उसके सबल, मस्तिष्क पर प्रहार कर रहा था। इस बार समय ने अत्यंत कायरतापूर्वक उस पर पीछे से प्रहार किया, वो भी तब, जब वह थोड़ा सुस्ताने बैठा था। दिव्यांश समझ नहीं पा रहा था उसके मस्तिष्क के साथ यह हो क्या रहा है, उसका सबसे भरोसेमंद साथी इस तरह अब कमजोर क्यों पड़ रहा है! वह फिर भी समय के साथ इस लड़ाई में उसे कठिन चुनौती देते हुए पूरी ताकत से लड़ रहा था। उसके पैर पीछे खिसक रहे थे पर वह न हारा था न झुका था। अपने पिता की बात कि उसे एक और लड़ाई लड़नी है, शायद एक आखिरी लड़ाई, उसके मन में बैठी

थी। यह बात सुशील ने टेक्सस में उसकी तात्कालिक चिकित्सा के संदर्भ में कही थी कि यदि उसके मस्तिष्क में ल्यूकीमिया लौट आया तो संभावित परीक्षण-चिकित्सा के रूप में उसे एक आखिरी लड़ाई लड़नी होगी।

अपने कमजोर पड़ती शारीरिक स्थिति और पढ़ाई को लेकर चिंता से भरे दिव्यांश ने 10 नवंबर को अजय को एक मेल लिखा:

'प्रिय फूफा जी,

> मैं अपने इस सेमेस्टर के महत्वपूर्ण पड़ाव पर हूं। अगले सप्ताह तक मुझे आगे के सेमेस्टर के लिए विषयों का चुनाव करना होगा। मैं कुछ असाइनमेंट्स भी जमा नहीं कर पाया हूं, कुछ तो पहले ही जमा करने थे। एक विषय में मुझे विशेष रूप से परेशानी हो रही है, क्योंकि उस समय ही मैं बीमार हो गया था। अभी भी मैं खुद से भली भांति चल भी नहीं पा रहा। मैं लगभग बिस्तर पर पड़े रहने को मजबूर हूं और कॉलेज भी नहीं जा पा रहा। बिना कॉलेज गए मैं यह सब कैसे कर पाऊंगा!

मेरी मदद कीजिए और मेरे चार्ट में इसे कॉपी कर दीजिए ताकि डॉक्टर मेरी स्थिति समझ पाएं।

अजय ने हर वक्त दिव्यांश की हर संभव सहायता की थी, पर उसके गिरते स्वास्थ्य के मामले में वह भी कुछ नहीं कर पा रहे थे।

19 नवंबर को सुशील हमारे पास, अपने प्रियजनों के पास, न्यू जर्सी आए। दिव्यांश उन्हें देख कर मुस्कुराया भर। सुशील ने उसे कस कर गले लगा लिया, पर दिव्यांश का शरीर ढीला था, वे दो महीने बाद मिले थे और आम तौर पर गले मिलने में वही गर्मजोशी दिव्यांश में भी होती थी। सुशील को आभास हो गया कि कोई गंभीर समस्या है। हमने अगले दिन का डॉक्टर से मिलने का समय लिया। उम्मीद थी कि सब कुछ ठीक हो जाएगा। उस रात दिव्यांश ठीक से सो नहीं पाया। सोने की पूरी कोशिश करते हुए भी वह रात के एक बजे तक जगा रहा। हमने भी पूरी कोशिश की कि उसे नींद आ जाए, लेकिन कोई फायदा नहीं। मैं अपने अवचेतन में उन दिनों को याद कर रही थी जब दिव्यांश ने संगीत की लगन के कारण गिटार बजाना सीख लिया था।

पहले रिलैप्स के बाद दिव्यांश का लंबा और सघन इलाज चला था।

इलाज का प्रोटोकॉल एक दम निश्चित था और उसका कठोरता से पालन भी करना था। उसे इलाज के लिए सप्ताह में दो बार 'डे केयर सेंटर' जाना होता और उसके बाद दवाओं के दुष्प्रभाव और 'मूड स्विंग्स' झेलना होता। अपनी अद्‌भुत इच्छाशक्ति से वह अपना 'मूड स्विंग' संभाल लेता।

साल 2013 के शुरुआत में उसने तार वाले वाद्ययंत्रों को अपनाया- पहले एकॉस्टिक और फिर बेस गिटार। वे जैसे उसकी आत्मा को स्पंदित करते थे। धीरे-धीरे संगीत के उन तारों ने उसके जीवन तत्वों में लय और सुर भर दिया। मैंने लोगों से सुना है कि संगीत आपकी मनोदशा बदल देता है, आपको निराशा से आशा की ओर लाता है, यह आपके मनोभावों को उत्कृष्टता की नई ऊंचाई देता है, मैंने यह सब दिव्यांश के मामले में साक्षात् घटित होते देखा।

एक दिन दिव्यांश ने गिटार वादन की कुछ सीडी ला देने का आग्रह किया। दफ्तर के बाद सुशील मुंबई के काला घोड़ा के पास प्रसिद्ध 'रिदम हाउस' गए। वे वैसा कुछ ढूंढने का प्रयास कर रहे थे जो दिव्यांश को पसंद आए।

उन्होंने वहां काम कर रहे एक स्टोर-बॉय से अनुरोध किया कि उन्हें गिटार या वैसे ही किसी वाद्य यंत्र का कोई हाल का एल्बम सुझाए। चमकती लाल टी शर्ट में उत्साह से भरा वह स्टोर-बॉय सुशील को एक शेल्फ तक ले कर गया और बोला, "सर, नीलाद्री कुमार का यह एल्बम 'प्लक्ड' लेकर जाइए, वे ज़िटार बजाते हैं, यह उनका सबसे नया एल्बम है, आपको पसंद आएगा। मेरा तो यह सबसे पसंदीदा है, मुझे विश्वास है आप भी इसे उतना ही पसंद करेंगे।"

सुशील ने इस वाद्ययंत्र का नाम भी नहीं सुना था। शुरू में तो इस मामले में अपनी अज्ञानता छुपाने के लिए उन्हें उस लड़के से यह पूछने में भी हिचकिचाहट हुई कि यह कौन सा वाद्ययंत्र है।

"क्या दिव्यांश को यह पसंद आएगा? क्या 'प्लक्ड' सचमुच दिव्यांश को अपनी बुझी-बुझी सी मनोदशा से निकाल पाएगा?" अंदर से एक आवाज आयी, पूछ ही लेना चाहिए। अपना संकोच छुपाते हुए सुशील ने धीरे से पूछ ही लिया, यह ज़िटार होता क्या है। लड़के ने समझाया कि यह एक तरह का इलेक्ट्रिक सितार है। एक नए वाद्ययंत्र के बारे में उस लड़के के ज्ञान और समझ से प्रभावित होकर सुशील ने उसके द्वारा सुझाए उस सीडी को खरीद लिया। दिव्यांश को वह सीडी देते हुए सुशील बस मना रहे रहे

थे कि पांच तारों वाला वह वाद्ययंत्र उसके लिए आशा की नई किरण लेकर आए और उसे आगे के कठिन रास्ते पर चलने की ताकत दे।

हमने साथ मिलकर वह सीडी सुनी। टाइटल ट्रैक ने ही हमारा मन मोह लिया। हमने उस एल्बम को न जाने कितनी बार साथ-साथ सुना। अलग अलग ट्रैक्स के मूल भाव को समझने की कोशिश करते हम विचारते रहते की किसी संगीत विशेष के कंपोजीशन से पहले संगीतकार के दिमाग में क्या चल रहा होगा।

साल 2014, मुंबई में मानसून का आगमन हो चुका है, सुबह-शाम, रात-दिन की बारिश जारी है। सुशील और दिव्यांश अभी-अभी 'डे केयर सेंटर' से आए हैं। सप्ताहांत के साथ की छुट्टियों के कारण अगले पांच दिन तक उसका कॉलेज बंद है। दिव्यांश बाल्कनी में बैठा 'मुंबई मिरर' पढ़ रहा है। अचानक वह सुशील से कहता है, चर्च गेट के पास लिबर्टी में नीलाद्री कुमार का कॉन्सर्ट है। फिर अनिश्चित-सा पूछता है "क्या हम साथ में उन्हें सुनने जा सकते हैं", उसे भरोसा नहीं कि उसकी इच्छा पूरी हो पाएगी।

सुशील 'ना' नहीं कहना चाहते, पर 'हां' कहना भी तो आसान नहीं, भीड़-भाड़ वाली जगह पर उसे संक्रमण का खतरा है। सुशील ने थोड़ा सोचते हुए कहा- जा सकते हैं, बशर्ते डॉक्टर भी इसके लिए स्वीकृति दें। वह उसे निराश देखना नहीं चाहते थे। सुशील को पता था यदि डॉक्टर से सीधा पूछा तो यही सलाह मिलेगी कि भीड़-भाड़ वाली जगहों पर उसे लेकर न जाएं। उन्होंने चतुराई से प्रश्न को थोड़ा घुमा दिया और डॉक्टर से फोन पर पूछा "हम दिव्यांश को लेकर एक कॉन्सर्ट में जाना चाहते हैं, आप की राय में हमें क्या-क्या सावधानी बरतनी चाहिए?" इस प्रश्न के उत्तर में 'हां' या 'ना' की गुंजाइश नहीं थी, डॉक्टर ने कहा यदि कोई प्रत्यक्ष रूप से बीमार व्यक्ति दिखे तो उस से वह दूर रहे। सुशील भी चाहते थे कि उस सुंदर संगीत संध्या में शामिल होने की दिव्यांश की अभिलाषा पूरी हो। अपने इलाज के शुरू से दिव्यांश ने हमेशा यह प्रयास किया कि इलाज के कारण जीवन की लय में बाधा न पड़े, दोनों साथ-साथ चले। इलाज का उद्देश्य भी तो जीवन ही है फिर जीवन को क्यों स्थगित करना। अपने इस स्थायी शत्रु से लड़ते हुए भी उसने कभी जीना नहीं छोड़ा।

हम ने भी इसे वैसे ही स्वीकार किया और हमें इस पर गर्व भी है।

28 जुलाई 2014, लिबर्टी हॉल, दिव्यांश और सुशील वहां समय पर पहुंच

गए। कॉन्सर्ट बेहतरीन था, घंटों दोनों स्वरलहरियों की बारिश के साथ-साथ संगीत के सुर में डूबते उतरते रहे। नीलाद्री ने अपने सुरों से दिव्यांश को रोमांचित कर दिया। सुशील ने बताया जब उन्होंने 'प्लक्ड' बजाया तो दिव्यांश का उत्साह देखते बनता था।

दिव्यांश अपनी जुबान से ज्यादा कुछ नहीं कहता पर, लिखते हुए उसके दिल के भाव उसके शब्दों में जैसे उमड़ पड़ते थे। कॉन्सर्ट के अगले दिन उसने सुशील को संदेश भेजा,

> "पापा कल के शो में ले चलने के लिए आपका दिल से धन्यवाद। मेरे एकरस जीवन में यह रोमांच का सबसे खूबसूरत पल था। इतना मजा आया। सच कहूं तो मेरे लिए यह एक गहरी संतुष्टि और आनंद की अनुभूति थी। हम कई सारी दुनियावी गतिविधियों में खुशी ढूंढते हैं, पर यह अनुभव अलौकिक था। मैं इतना तरोताजा, ऐसा नवोन्मेष से भरा महसूस कर रहा हूं कि बयान नहीं कर सकता। शुक्रिया, फिर से।"

कभी-कभी कोई छोटा सा कृत्य भी इतनी खुशी दे जाता है कि बयान करना मुश्किल होता है। एक पिता के रूप में सुशील ने अनुभव किया यह वैसा ही कृत्य था, जो आज तक उनके मन में बैठा उन्हें संतोष और आनंद देता है।

कुछ सालों बाद दिव्यांश ने नीलाद्री कुमार के फेसबुक वॉल पर लिखा,

> 'हैलो सर,
>
> कुछ साल पूर्व मैंने आपका एल्बम 'प्लक्ड' सुना था। अपने नाम के अनुरूप ही यह भावनाओं और चेतना के तार को छेड़ जाता है। सुर और संगीत दोनों ही बेहतरीन। तब से आपकी संगीत यात्रा से जुड़ा हूं और आपके दो कॉन्सर्ट देखने का सौभाग्य भी पा चुका हूं। दोनों ही अनुभव निस्सीम शांति से गुजरते हुए एक रोंगटे खड़े कर जाने वाली यात्रा के समान था। मुझमें आपका एक नया प्रशंसक है सर, आपकी सुरलहरियों से जुड़ा रहूंगा।'
>
> सादर,
>
> दिव्यांश आत्मन्

और नीलाद्री ने उसके पोस्ट का संज्ञान भी लिया।

जब हमें लगा कि दिव्यांश सो नहीं पा रहा है, हमारे मन में एक विचार कौंधा। हम एक ब्लूटूथ स्पीकर हमेशा साथ लेकर चलते थे। सुशील ने तुरंत उसे अपने फोन से संबद्ध किया और ज़िटार का तार छेड़ते हुए 'प्लक्ड' बजा दिया। सोचा शायद यह काम कर जाए। कहते हैं संगीत से बेहतर कोई साथी नहीं होता, उस रात हमने यह साक्षात अनुभव किया। एक के बाद एक ट्रैक बजता रहा- 'प्लक्ड', 'टुगेदर', 'टच द स्काई', 'प्रेयर्स', 'रिवर्स', 'राइट मीट लेफ्ट'.... और ज़िटार की स्वर लहरियों की उस सुखद प्रतिध्वनि में खोया दिव्यांश नींद के आगोश में चला गया। पहले की ही तरह इस बार भी 'प्लक्ड' ने उसे उसके कष्ट से उबार कर नींद की असीम शांति तक पहुंचा दिया। मेरे लिए तो यह किसी रहस्योद्घाटन जैसा था। एक व्यक्ति जो अपने गिरते स्वास्थ्य से इतना विवश था कि अपने पिता, जिनका वह इतना आदर करता था, से भी लगभग निरपेक्ष सा हो रहा था, वही व्यक्ति अपने प्रिय संगीत को सुन कर किस तरह प्रभावित हो रहा था! पूरी रात बार-बार सुशील वही संगीत बजाते रहे, दिव्यांश सुबह तक सोया रहा। 'प्लक्ड' ने उसकी भावनाओं को उसकी चेतना को गहरे जा कर छुआ था। जिन तारों को वह स्वयं छेड़ कर सुर सजाता था, जिन तारों के सुर उसे प्रिय थे, वे अब भी उसके दिल से जुड़े थे। और क्यों नहीं, एक बच्चा तो अपनी मां की कोख में ही मां की हृदयगति सुन कर संगीत के स्वर से अवगत हो जाता है।

दिव्यांश की न्यूरोलॉजिकल स्थिति जिस प्रकार से कमजोर होती जा रही थी, सुशील को सेंट्रल नर्वस सिस्टम में 'मैलिग्नेंट कोशिकाओं' के लौटने का शक हुआ। पर, फिर भी उन्हें समझ नहीं आ रहा था कि उसकी स्थिति इतनी खराब क्यों हो रही है। पहले भी तो उसे कई बार 'सी.एन.एस. रिलैप्स' हुआ था, लेकिन इतनी बुरी स्थिति में तो वह कभी नहीं था। उसके स्वास्थ्य पर अपनी चौकन्नी नजर रखते पिछले आठ सालों में सुशील लगभग डॉक्टर जैसे ही हो गए थे। वह उसकी स्थिति में कोई छोटा परिवर्तन भी तुरंत भांप लेते और फौरन उपाय में लग जाते। यहां भी पिछले दो महीनों में कहने को तो वे हमारे साथ नहीं थे, पर वे उसके डॉक्टर के लगातार संपर्क में थे, और हर बार जब हम डॉक्टर के पास जाते वे वीडियो चैट कर उनसे बात करते। सुशील के साथ रहते या उनकी अनुपस्थिति में, हमने अपनी तरफ से कोई कसर बाकी नहीं रखी। कोई भी ऐसा लक्षण जिसके

कारण किसी तत्काल हस्तक्षेप की जरूरत हो, हमारे ध्यान से ओझल नहीं हुआ। यहां तक कि हमारे बार-बार उनके पास जाने से इलाज करने वाले डॉक्टर कई बार चिढ़ जाते थे।

21 नवंबर को दिव्यांश न्यूरो-ऑन्कोलॉजिस्ट डॉक्टर सैम लर्मन की निगरानी में अस्पताल में भर्ती हुआ। अपने उस कमजोर शारीरिक और मानसिक स्थिति में भी वह केवल अपनी पढ़ाई और एफडीयू में अपनी आगामी परीक्षा की बात करता। कई एम.आर.आई. के बाद उसके मस्तिष्क में सूजन (लीजन्स) की उपस्थिति का पता चला। हालांकि एक सी.एस.एफ. जांच से यह भी पता चला कि नर्वस सिस्टम में मैलिग्नेंट कोशिकाओं की उपस्थिति नहीं थी। एम.आर.आई. स्कैन में मस्तिष्क में जिस प्रकार के सूजन दिख रहे थे उस से डॉक्टर भी अचंभित थे। जानने का एकमात्र उपाय वह नाजुक और जोखिम भरा 'ब्रेन-बॉयऑप्सी' की प्रक्रिया थी जिसे डॉक्टर लंबे समय से टाल रहे थे। जैसे-जैसे दिन बीत रहे थे दिव्यांश न्यूरोलॉजिकल रूप से कमजोर होता जा रहा था। एक समय आया जब उसे कुछ भी निगलने में कठिनाई होने लगी। उसे नींद नहीं आती थी और वह रात-रात भर कराहता रहता। मैं कुछ समझ नहीं पा रही थी, उसके साथ यह आखिर हो क्या रहा है। मेरा स्पर्श पा कर उसका कराहना बंद हो जाता। मां के कोमल स्पर्श की अनुभूति अभी भी उसमें शेष थी। मैं और सुशील अस्पताल में चौबीसों घंटे उसके साथ रहते। हम जैसे किसी सदमे की स्थिति में थे, अगले क्षण क्या होगा इसे लेकर पूरी तरह अनजान, आशंकित। 28 नवंबर को 'ब्रेन-बॉयऑप्सी' करना निश्चित हुआ।

25 तारीख की सुबह उसका इलाज करने वाले ऑन्कोलॉजिस्ट डॉक्टर जेम्स मैक दिव्यांश से मिलने आए। उसकी जांच-पड़ताल कर वह भी जैसे कुछ भी भांप पाने में असमर्थ थे। मैं इतना व्यथित हो गयी कि डॉक्टर का हाथ पकड़ कर उनसे विनती करने लगी, "डॉक्टर, कृपया मेरे बेटे को बचा लीजिए, उसने तो अभी यह दुनिया ठीक से देखी भी नहीं है।" डॉक्टर ने मुझे सहानुभूतिपूर्वक देखा पर वे बोले कि उसकी स्थिति मुश्किल दिख रही है। उनका मानना था कि अगर यह मैलिग्नेंट कोशिकाओं की पुनरावृत्ति के कारण होता तो वे शायद उसी परीक्षण-उपचार से इसे संभालने का प्रयास करते जिस के लिए हम अमेरिका आए थे। पर, जाते हुए उन्होंने एक सोशल वर्कर और अत्यंत पवित्र आत्मा सुज़न को हमारी सहायता और भावनात्मक समर्थन के लिए वहां रख दिया।

दिव्यांश का जिस अस्पताल में इलाज चल रहा था, सुज़न उसी से जुड़ी एक सोशल वर्कर थी। इस तरह के मेडिकल सोशल वर्कर 'सपोर्ट ग्रूप डिस्कशन' आयोजित करते हैं, मरीज और उसके परिचारकों को निजी काउन्सलिंग और अन्य जरूरी चिकित्सा सहायता प्रदान करते हैं। तकरीबन साठेक साल की, भद्र वृद्ध महिला सुज़न अगले दिन हमसे मिलने आयी। गोरी, लंबी, सुज़न अपने बातों से सम्मोहित कर लेने वाली महिला थी। वह अत्यंत धीरज के साथ बोलती और इतने ध्यानपूर्वक सुनती कि मुझे लगता अपने मन की हर बात उसके सामने उड़ेल दूं। उसकी वह सांत्वना देने वाली उपस्थिति और मन को ठंडक पहुंचाने वाली मुस्कान के कारण मैंने उसके सामने अपना मन खोल कर रख दिया। उसकी उपस्थिति में एक असीम आध्यात्मिक शांति थी, जहां मेरे बेकल मन को शीतलता की छाया मिली।

सुज़न हमारे बारे में जानना चाहती थी, खासकर दिव्यांश के बारे में। हमने ढेर सारी बातें की। सुशील ने उन्हें दिव्यांश की साहसिक जीवन यात्रा के बारे में बताया। वह ध्यानपूर्वक सुनती रही। वह हर दिन कई सारे मरीज और उनके परिचारकों से मिलती होगी, पर उस दिन जिस तन्मयता से वह हमारे साथ जुड़ी थी, ऐसा लगता था मानो हम उनके साथ इस कार्य के लिए शायद पहले और आखिरी लोग हैं- ऐसी थी उनकी तन्मयता, हमारे साथ उनका जुड़ाव। जब सुशील ने अपनी बात खत्म की तो मैं बोलने लगी। कोई दिव्यांश को ऐसी स्थिति में देखे यह मेरे लिए सबसे दुःखद था। उसकी अवस्था बिल्कुल अच्छी नहीं थी। मैंने उसे जन्म दिया था। उसके बचपन में हमारे घर जब कोई मेहमान आता मैं उसे सुंदर कपड़ों में सजा संवार कर ले आती। आज जब सुज़न हम से मिलने आयी, मैं कुछ वैसा ही महसूस कर रही थी। दिव्यांश वैसा बिल्कुल नहीं था जैसा सुज़न उसे अभी देख रही थी। चाह कर भी आज मैं अपने बेटे को जैसा चाहती वैसा सजा संवरा नहीं बना पाती। एकमात्र उपाय यह था कि अपनी बातों से मैं उनके सामने दिव्यांश के उस जीवन का चित्र प्रस्तुत करूं जो उसने जिया, एक दृढ़तापूर्ण जीवन, कर्म के सिद्धांत में अटूट विश्वास से भरा, भद्रता से परिपूर्ण, साहित्यि और संगीत की रचनात्मकता से सजा जीवन। मैंने अपने मोबाइल से उन्हें दिव्यांश के फोटो, उसके वीडियो दिखाए, उसकी कविताएं, उसके ब्लॉग उन्हें पढ़ाए। जैसे-जैसे उन्होंने दिव्यांश को जाना मैंने उनकी आंखों में एक चमक देखी। मुझे अद्‌भुत मातृसुख मिला, मैंने अपने बेटे से, जैसा वह वास्तव में था, उनका परिचय करवा दिया था। दिव्यांश इसका

अधिकारी था। यह मेरा कर्तव्य था कि उसके कर्मों से दूसरों को परिचित करवाऊं, खासकर तब जब वह स्वयं बेबस था।

सुज़न ने उस दिन हमारे साथ समय बिताते हुए दिव्यांश की कविता 'हियर वी गो अगेन' पढ़ी। कविता पढ़ कर वे इतनी भाव-विभोर हो गयीं कि अनायास बोल पड़ीं इतनी कम उम्र का लड़का इतने गंभीर विचारों को इतने सुंदर भावों के साथ भला कैसे सोच और लिख पाया! उनका मानना था यह कविता हर किसी को पढ़नी चाहिए, खासकर उनको जो मुसीबतों का सामना करने को मजबूर हैं। एक लम्बे अंतराल के बाद उन्होंने हम से विदा ली, इस वादे के साथ कि कुछ ही दिनों में वे फिर से हम से मिलने आएंगी। जाने से पहले उन्होंने हमें अपना निजी ईमेल आइडी और मोबाइल नम्बर भी दिया, कहा हम जब चाहें उन से संपर्क कर सकते हैं।

# 19

# रस्साकशी

'ब्रेन-बॉयऑप्सी' के लिए दिव्यांश को ऑपरेशन थिएटर ले जाया जा रहा था। सुशील ने उसका माथा सहलाया, उसे चूमा और शुभकामनाएं दी। मस्तिष्क के नाजुक भाग से कोशिका निष्कर्षण (टिश्यू एक्सट्रैक्शन) की प्रक्रिया के लिए जब वह ऑपरेशन थिएटर में था, सुशील उस प्रक्रिया के हर संभव परिणाम के बारे में सोच रहे थे। जैसा कि डॉक्टर ने कहा था, परिणाम कुछ भी हो सकता था- या तो 'मैलिगनेंसी' या फिर कोई और संक्रमण (इन्फेक्शन) जैसे कि 'वायरल', 'बैक्टिरीयल' या फिर 'फंगल'। हमें लगा ऐसी किसी भी स्थिति में इलाज संभव है। एक लंबे अंतराल के बाद डॉक्टर ऑपरेशन थिएटर से बाहर आए और उन्होंने हमारा नाम पुकारा। उन्होंने सांत्वना भरे शब्दों में बताया की प्रथम द्रष्टया यह 'मैलिगनेंसी' का मामला नहीं लगता है। अब बस एक चीज पता करनी थी कि यह किस प्रकार का संक्रमण है, जो अगले दो दिनों में पता चल जाना था। भय था कि कहीं यह फिर से 'मैलिगनेंसी' का वही पुराना मामला तो नहीं। डॉक्टर की बात सुन कर हमने राहत की सांस ली। हम आश्वस्त थे कि संक्रमण चाहे किसी भी प्रकार का हो उसका उपचार तो संभव होगा ही।

सुशील डॉ. रूबेन ऑर के भी लगातार संपर्क में थे। दिव्यांश के हाल के लक्षणों के बारे में जान कर उन्होंने 'ब्रेन-बॉयऑप्सी' की रिपोर्ट आने के पहले ही सुशील को ईमेल द्वारा बता दिया कि उन्हें 'पोस्ट-कीमो-रेडियोथेरेपी-नेक्रोटाइजिंग-इन्सेफेलाइटिस' का संदेह था। अगर जांच में भी यही आता है तो उन्होंने 'हाइपरबेरिक-ऑक्सीजन-चेंबर' द्वारा चिकित्सा की सलाह दी।

अगले कुछ दिन हम जिस आशंका और उद्वेग के साये में जीते रहे वह बयान करना भी मुश्किल है। दिव्यांश की स्थिति तेजी से बिगड़ रही थी। 'टिशू एनालिसिस' के दो दिन बाद भी डॉक्टर उसके मस्तिष्क के उस सूजन

की प्रकृति समझने में असमर्थ थे। और जब तक यह स्पष्ट नहीं हो जाता, कोई इलाज की प्रक्रिया निर्धारित करना संभव नहीं था, क्योंकि कोई भी गलत इलाज लाभ की जगह नुकसान पहुंचा सकता था और उसकी स्थिति और अधिक बिगड़ जाने का खतरा था। मस्तिष्क की उस सूजन की कोशिकाओं की प्रकृति न समझ पाने के कारण अंततोगत्वा उन्होंने उन कोशिकाओं के नमूने विश्लेषण के लिए न्यूयॉर्क के एक प्रसिद्ध अस्पताल में भेज दिया।

मस्तिष्क की कमजोर होती स्थिति के कारण दिव्यांश को कुछ भी निगलने में अत्यधिक परेशानी हो रही थी और इस कारण उसका 'सलाइवा' रिसकर फेफड़ों में जा रहा था। 2 दिसम्बर को हमारी शादी की सालगिरह थी। सुशील ने अस्पताल के 'गिफ्ट स्टोर' से फूलों का एक छोटा गुलदस्ता खरीदा। मुझे वह गुलदस्ता देते हुए उनकी आंखें नम थीं। हमारे लिए उस दिन शादी की वह सालगिरह बेमानी हो गयी थी। गुलदस्ते के फूल मुझे मुरझाए से लग रहे थे। हमारी मानसिक स्थिति कैसी है, हम दोनों को ही पता था, पर फिर भी सुशील सामान्य दिखने की कोशिश कर रहे थे, पर उनके मन के भाव उनके चेहरे पर स्पष्ट दिखते थे। लार के फेफड़े में रिसाव के कारण दिव्यांश का 'ऑक्सिजन सेचुरेशन' तेजी से गिर रहा था। दिव्यांश तब तक जनरल वार्ड में था और डॉक्टर और नर्स वहीं उसकी स्थिति संभालने की कोशिश कर रहे थे, पर वे उसमें सफल नहीं हो पा रहे थे। देर शाम उन्होंने उसे गहन देखभाल के उद्देश्य से आई.सी.यू. में भेज दिया। उसे आई.सी.यू. में ले जाता देखकर हम सन्न थे। क्या अब अनिष्ट का होना तय था?

उसी दिन देर रात स्थिति ऐसी हो गयी कि बाहर से 'ऑक्सीजन-सपोर्ट' देने के बावजूद भी उसका 'ऑक्सीजन-सेचुरेशन' आवश्यक स्तर पर नहीं रह पा रहा था। अब और कोई उपाय नहीं था, उन्होंने ट्यूब आरोपित (इंट्यूबेट) कर उसे मशीनों के सहारे जीवन रक्षण (लाइफ सपोर्ट) पर डाल दिया। इस छोटी उम्र में ही दिव्यांश वेंटिलेटर पर था..! हम जैसे बुत बन गए थे। मेरे मस्तिष्क से किसी भी प्रकार के भावनात्मक या शारीरिक संकेत आना जैसे बंद हो गया। मेरे और सुशील के अलावा वहां कोई नहीं था। अजय जल्द ही आने वाले थे। नर्सिंग स्टाफ दिव्यांश को वेंटिलेटर पर डालने की तैयारी में लगे थे और हम दोनों पूरी तरह संज्ञाशून्य थे। जीवन के तट से छूट कर वह अनंत गहराई में डूब रहा था, मैं भी उसके साथ ही डूब रही थी। सुशील हम दोनों को संभालने की भरसक कोशिश में लगे थे, मां और बेटे दोनों को, जो मानो साथ-साथ ही अतल गहराई की ओर बढ़ रहे

थे। मुझे लगा अगले कुछ घंटों में मैं उसे खो दूंगी, मेरी बनी बनाई दुनिया अगले कुछ घंटों में ही हमेशा के लिए बिखर जाएगी...। कुछ घंटों बाद ऑक्सीजन की कमी के कारण उसका जोर-जोर से धड़कता हृदय 'लाइफ सपोर्ट' के कारण थोड़ा सामान्य हो गया। वह जैसे किसी गहरी निद्रा के गहन आगोश में चला गया।

5 दिसम्बर 2017 को न्यूयॉर्क के अस्पताल द्वारा कोशिकाओं के विश्लेषण (टिश्यू एनालिसिस) की रिपोर्ट आ गयी। दिव्यांश 'ल्यूकोएन्सेफैलोपैथी' से ग्रसित था जो दरअसल 'नेक्रोटाइजिंग-इन्सेफेलाइटिस' ही था, जिसकी शंका डॉ. रूबेन ऑर ने पहले ही स्पष्टता से जाहिर की थी। मस्तिष्क में 'ल्यूकोएन्सेफैलोपैथी' का कारण 'इंट्राथेकल मेथोट्रेक्सेट' के अतिशय प्रयोग से उत्पन्न अत्यधिक विषाक्तता (टॉक्सिसिटी) के कारण होता है, जिसके परिणामस्वरूप मस्तिष्क में गंभीर सूजन विकसित हो जाती है जो मस्तिष्क की कोशिकाओं को नष्ट करने लगती है। शाम में जब डॉ. सैम लर्मन बॉयऑप्सी जांच की रिपोर्ट के बारे में बात करने आए तो उन्होंने जैसे हमारे पांव तले से जमीन ही खींच ली। उन्होंने कहा कि 'ल्यूकोएन्सेफैलोपैथी' के कारण मस्तिष्क का स्थायी नुकसान हो चुका है, अगले कुछ दिनों में उसकी हालत और बिगड़ने का अंदेशा है। उनके अनुसार इसका कोई इलाज भी नहीं था, एकमात्र संभव उपाय यह था कि 'इंट्रावेनस स्टेरॉयड्स' दिए जाएं जो मस्तिष्क के सूजन को कम कर सके। उन्होंने यह भी बताया कि विश्व भर में अब तक मुश्किल से ऐसे बस एक सौ केस रिपोर्ट हुए हैं और इस स्वास्थ्य समस्या के प्रभावी इलाज के लिए आवश्यक प्रक्रिया निर्धारित करने के संबंध में अब तक पर्याप्त शोध भी नहीं हुआ है। आई.सी.यू. छोड़ने से पहले उन्होंने फिर से जैसे वज्राघात किया। वे बोले, "उसके दो महीने से अधिक जी पाने की उम्मीद नहीं है।" उनकी यह बातचीत मेरी अनुपस्थिति में सुशील के साथ हुई। डॉक्टर ने दिव्यांश की जो जीवन-रेखा खींच दी थी उसे सुनकर सुशील स्तब्ध थे, उन्होंने डॉ. रूबेन ऑर द्वारा सुझाए 'हाइपरबेरिक-ऑक्सीजन-चेंबर' द्वारा इलाज के बारे में पूछा। डॉक्टर इस इलाज प्रक्रिया से सहमत नहीं थे, कारण यह था कि दिव्यांश होश में नहीं था और वह चेंबर के अंदर ऑक्सीजन के प्रवाह की निगरानी और उसका निर्धारण नहीं कर पाता। इसके अलावा उन्होंने यह भी बताया कि यह इलाज प्रक्रिया 'यूएस एफ.डी.ए.' से मान्यता प्राप्त नहीं था। अपने शब्दों से वज्राघात करते हुए डॉक्टर तेजी से आईसीयू के बाहर चले गए।

पर दिव्यांश की यह हालत आखिर हुई कैसे? वह 'ल्यूकोएन्सेफैलोपैथी' की इस दशा में कैसे पहुंचा? अगर उसके 'न्यूरो-सीजर्स' इस कारण हो रहे थे तो पिछले तीन महीनों से हमारे बार-बार यह बात डॉ. जेम्स मैक के संज्ञान में लाने के बावजूद उन्होंने मस्तिष्क के सूजन की प्रकृति और उसका कारण जानने के लिए आवश्यक तत्परता क्यों नहीं दिखायी? उन्होंने इतना इंतजार क्यों किया कि तब तक मस्तिष्क का स्थायी नुकसान हो चुका था। अगर उसकी बीमारी की प्रकृति का समय से निर्धारण हो जाता तो डॉ. ऑर द्वारा सुझाए 'हाइपरबेरिक-ऑक्सीजन-चेंबर' के द्वारा इलाज एक संभावित विकल्प होता क्योंकि दिव्यांश तब पूरी तरह होश में था। क्या डॉ. जेम्स को इस तरह की बीमारी, जो अब तक पूरे विश्व में कुछेक लोगों को ही हुई थी, के इलाज का पर्याप्त अनुभव नहीं था। हर तरह के प्रश्न हमें व्याकुल कर रहे थे। हमें संदेह था कि दिव्यांश के मामले में उसका इलाज करने वाले डॉक्टरों से चिकित्सकीय त्रुटि, लापरवाही, या फिर निर्णय लेने में भूल हुई है, और बाद में यह स्पष्ट रूप से हमारी समझ में भी आ गया।

अगले दिन दिव्यांश का कमरा ढूंढते हुए सुज़न आई.सी.यू. में आयीं। हम उस समय कमरे के बाहर आई.सी.यू. के इंचार्ज डॉ. चिंग (नाम परिवर्तित) से, जो चीनी मूल के अमेरिकी डॉक्टर थे, दिव्यांश के ताजा हालात की जानकारी ले रहे थे। उन्होंने हमारा अभिवादन किया। उनके हाथ में एक कागज था। डॉक्टर से हमारी बातचीत समाप्त होने के बाद उन्होंने सम्वेदना भरे स्वर में दिव्यांश के बिगड़ते हालत पर चिंता जतायी। फिर उन्होंने मुझे वह कागज दिया जो उनके हाथ में था और मुझे उसे पढ़ने को कहा। कागज में उसकी कविता थी, "हियर वी गो अगेन"। उन्होंने मरीजों के आई.सी.यू. कमरे में चिपकाने के लिए उस कविता का प्रिंट-आउट लिया था। उन्होंने बताया कि कल रात यहां से जाकर उन्होंने दुबारा वह कविता पढ़ी और इस कविता के अंतर्निहित भावों ने उन्हें गहरे जा कर प्रभावित किया। उन्हें लगा यह कविता इतनी प्रेरणादायी थी कि हर मरीज और उनके परिचारकों को यह कविता पढ़नी चाहिए। सुज़न हमारे दर्द के लिए जो दवा लेकर आयी थी वह दिव्यांश का ही सृजन था, उसी की एक कविता जो हमें हिम्मत देने के लिए आज सुज़न लेकर आयी थी। मुझसे अनुमति लेकर उन्होंने वह कविता आई.सी.यू. वाले कमरों में चिपका दिया। अगले कुछ दिनों में ही वह कविता अस्पताल में अत्यंत लोकप्रिय हो गयी। अक्सर डॉक्टर बस उस 'कवि' को देखने उस कमरे में आ जाते जिसने "हियर वी गो

अगेन" लिखी थी। उस कविता को पढ़कर वहां के नर्स भी दिव्यांश को लेकर भावुक हो गए। दिव्यांश को लेकर उनमें दर्द का ऐसा भाव दिखता मानो वह उन्हीं का भाई या बेटा हो। उसके कमरे में आकर उनकी आंखें नम हो जातीं। एक युवा नर्स जो शायद दिव्यांश के उम्र की ही होगी या उससे थोड़ी बड़ी, तो उसका इस तरह ध्यान रखती मानो वह उसका सगा भाई हो। दिव्यांश चुपचाप लेटा रहता। वह तो किसी और मरीज जैसा ही था जिसकी सुश्रुषा में वे नर्स लगी थीं। यह उसकी वह प्रेरणादायी कविता थी जिसने उनके आत्मा को स्पर्श किया था। यह उसकी कविता थी जिसकी प्रेरणास्पद खुशबू कपूर की तरह फैल रही थी, जिसके कारण उसने उनके दिलों में हमेशा के लिए जगह बना ली थी।

हमारी अनुमति से सभी नर्सों ने उस कविता की प्रति ली। वे कहतीं, यह कविता हर किसी को बार-बार पढ़नी चाहिए। एक तरफ दिव्यांश आई. सी.यू. में अनिश्चल, 'लाइफ सपोर्ट' पर जैसे किसी गहरी निद्रा में था, दूसरी तरफ आई.सी.यू. में लोग हर तरफ उसकी बातें करते, उसका मान करते। हर नर्स चाहती कि उसे दिव्यांश के कमरे में ड्यूटी मिले। सुशील को लगता कि इस तरह थोक भाव में उसकी कविताओं की कॉपी करने और उसके वितरण से उसकी साहित्यिक-नकल का खतरा था। बाद में उन्होंने दिव्यांश की सभी कविताओं का भारत में कॉपीराइट सुरक्षित करवा लिया।

अस्पताल के आई.सी.यू. के प्रमुख डॉक्टर चिंग एक सक्षम डॉक्टर ही नहीं बल्कि एक सहृदय व्यक्ति भी थे। वे जब भी दिव्यांश को देखने आते अपने अधीनस्थ चिकित्सकों से उसके इलाज के समाधान के लिए खोजबीन करने को कहते। वे कहते "चिकित्सा विज्ञान में इस स्थिति का कोई भी संभव इलाज मौजूद है तो पता करो हम इस मेधावी युवक पर उसको आजमाएंगे। "अमेरिका की चिकित्सा पद्धति कठोर है, यदि किसी दवा या इलाज पद्धति को एफ.डी.ए. से मान्यता नहीं मिली है तो वहां के डॉक्टर मरीजों पर उस नयी दवा या उस नयी पद्धति को नहीं आजमाते थे। उस कानूनी बाध्यता के बावजूद डॉक्टर चिंग दिव्यांश के मामले में हर वह इलाज अपनाने को तैयार थे जिससे उसे कुछ भी लाभ मिलने की संभावना हो।

डॉ. जेम्स मैक आई.सी.यू. में दिव्यांश को देखने आए। उन्होंने उसकी बिगड़ती अवस्था पर निराशा जताई। सुशील के पास उनके लिए ढेर सारे प्रश्न थे। बिना किसी लाग-लपेट के सुशील ने डॉक्टर से स्पष्ट शब्दों में कहा, पिछले छह महीने से वह आपके इलाज में है। जब भी दिव्यांश में

'न्यूरो-सीजर' का कोई लक्षण दिखा हमनें आप से संपर्क किया। आपने हर बार यही कहा कि यह दवाओं के दुष्प्रभाव के कारण है। क्या आपको कभी ऐसा लगा कि यह 'मेथोट्रेक्सेट' से उत्पन्न 'टॉक्सिसिटी' की वजह से 'नेक्रोटाइजिंग-इन्सेफेलाइटिस' का मामला हो सकता है। अगर इस प्रश्न का उत्तर 'हां' में है तो आप उसके बाद भी उसे हर माह 'इंट्राथेकल-मेथोट्रेक्सेट' क्यों देते रहे?" उनका प्रश्न इतना स्पष्ट और तथ्यों पर आधारित था कि डॉक्टर को कोई उत्तर नहीं सूझा। उन्होंने अनिश्चित सा जवाब दिया कि ऐसी मेडिकल अवस्था बहुत की कम लोगों में होती है और यह भी कि अलग-अलग मरीज इस चिकित्सा से अलग-अलग तरह से प्रभावित होते हैं। सुशील उनके इस उत्तर से बिल्कुल संतुष्ट नहीं थे। वे इस निष्कर्ष पर पहुंचे कि या तो डॉक्टर ने अज्ञानता-वश या फिर लापरवाही में स्थिति को बिगड़ने दिया या फिर उन्हें इसका ज्ञान नहीं था कि 'मेथोट्रेक्सेट' से उत्पन्न 'टॉक्सिसिटी' इतने खतरनाक दुष्परिणाम का कारण बन सकती है। डॉक्टर के जाने से पहले सुशील ने उनसे यह भी कहा कि यदि उन्होंने 'न्यूरो-ऑन्कोलॉजिस्ट' की सलाह-अनुसार बिल्कुल शुरू में, जब पहली बार 'सीजर' की घटना घटी थी, 'ब्रेन-बॉयऑप्सी' की अनुमति दी होती तो समय रहते 'हाइपरबेरिक-ऑक्सीजन-चेंबर' से उसके इलाज की संभावनाओं पर विचार किया जा सकता था। अब तो वह विकल्प भी नहीं बचा था। दिव्यांश की बीमारी के दौरान पिछले पूरे आठ सालों में हमने बीमारी से सम्बंधित किसी छोटे से नए लक्षण की भी अवहेलना नहीं की। बल्कि इसे लेकर हम इस कदर सतर्क थे कि बिना किसी विलंब के, बल्कि एक दिन भी बर्बाद किए बिना, हमने तत्काल सम्बंधित डॉक्टर को इसकी सूचना दी। हम और क्या करते, अगर डॉक्टर ने ही, भगवान जाने क्यों, इस तरह का बर्ताव किया। हम मानते हैं कि दिव्यांश का मामला आसान नहीं था, प्रत्यारोपण के बाद भी बार-बार का रिलैप्स इसे और मुश्किल बना गया, पर, किसी भी नए लक्षण को जो संभावित खतरे की ओर इशारा कर रहे थे, को समझ कर समय पर उसके समुचित निदान का प्रयास तो डॉक्टर के हाथ में था ही!

हमें अब भी समझ नहीं आ रहा था कि 'इंट्राथेकल-मेथोट्रेक्सेट' इतनी 'टॉक्सिसिटी' कैसे पैदा कर सकता है कि उसका इतना क्षयकारी (नेक्रोटाइजिंग) परिणाम हो। उसके पहले 'रिलैप्स' के बाद साल 2012 में उसका इसी विधि से उपचार किया गया था जो उसके प्रत्यारोपण तक जारी रहा, पर, उस दौरान कभी ऐसी कोई घटना नहीं हुई। सुशील इस महत्वपूर्ण प्रश्न का उत्तर

तलाश रहे थे, जिससे किसी संभावित इलाज का रास्ता दिखे।

पर, अब हम यह भी विचारने को मजबूर थे, अगर इलाज का कोई विकल्प उपलब्ध नहीं हुआ तो आखिर दिव्यांश का 'लाइफ सपोर्ट' पर यह निष्क्रिय जीवन जीते रहने के अलावा और क्या भविष्य है। और तभी हमने किसी दूसरे डॉक्टर से भी सलाह लेने का प्रयास करना शुरू कर दिया।

सुशील किसी अच्छे 'न्यूरो-ऑन्कोलॉजिस्ट' की तलाश में लग गए जिनकी राय भी ली जा सके। उसी समय खुश हमसे मिलने आए। उन्होंने इस तलाश में हमारी बहुत मदद की। बहुत सोच-विचार कर हमने न्यूयॉर्क के एक अस्पताल के डॉक्टर फरेड्रिक (नाम परिवर्तित) से सलाह करना तय किया। सुशील न जाने कैसे उनसे फोन पर संपर्क करने में कामयाब हो गए। वे दिव्यांश को देखने के लिए तैयार भी हो गए, पर उसके लिए दिव्यांश को उनके क्लिनिक तक लाना होता, जो दिव्यांश के वर्तमान हालात में संभव नहीं था, जबकि दिव्यांश जिस अस्पताल में था वहां उनका आना संभव नहीं था। बहुत टाल-मटोल के बाद वे आखिरकार उसके एम.आर.आई. की सीडी देखने को तैयार हुए। सुशील सीडी उनके क्लिनिक पर दे आए। उनसे कहा गया कि उसे देखने के बाद डॉ. फरेड्रिक उनसे फोन पर बात करेंगे।

इधर सुशील ने ईमेल के माध्यम से टेक्सस के अस्पताल के उस डॉक्टर से भी संपर्क किया जिन्होंने वहां उसका 'मेथोट्रेक्सेट' द्वारा इलाज किया था, और उनसे दिव्यांश के अभी के हालात में किसी संभावित इलाज के बारे में पूछा। हम यह देख कर सन्न रह गए कि उन्होंने अत्यंत संक्षिप्तता से जवाब दिया कि उन्हें 'ल्यूकोएन्सेफैलोपैथी' के इलाज का कोई अनुभव नहीं है। सुशील ने फिर से अनुरोध करते हुए लिखा कि अस्पताल के दूसरे डॉक्टर या दूसरे विभागों में वे पता कर दें यदि किसी अन्य डॉक्टर को इसकी जानकारी हो, जिनसे किसी संभावित चिकित्सा के बारे में पता चले। दुर्भाग्य से उन डॉक्टर महोदय ने इस बार ईमेल का जवाब तक नहीं दिया। हमने उनसे किसी भी मदद की उम्मीद छोड़ दी।

तभी लगभग दैवी संयोग से दिव्यांश का 'न्यूमोनिक पैच' धीरे-धीरे बेहतर हो गया। डॉक्टर इस बारे में विचार करने लगे कि उसका 'लाइफ-सपोर्ट' हटाया जा सकता है।

# 20

# मिल कर करेंगे सामना

जब से हम अमेरिका आए थे दिव्यांश उस पल की प्रतीक्षा में था जब उसे अपने जीवन की पहली बर्फबारी देखने का अवसर मिलेगा। अमेरिका का पूर्वी छोर अपने अत्यधिक ठंढ और दिसंबर से फरवरी तक बर्फबारी के लिए जाना जाता है। पहले एक बार हम कश्मीर गए थे जहां बर्फ की चादर ओढ़े पहाड़ों का दिलकश नजारा देखने को मिला था। पर, बर्फबारी होते देखने का सौभाग्य हमें नहीं मिला था। न्यू जर्सी में यह दिसंबर का दूसरा सप्ताह था। हम अजय के घर से दिव्यांश के पास आई.सी.यू. में जाने के लिए निकले और पूरे रास्ते भारी बर्फबारी होती रही। मैं अपने अवचेतन में पहलगाम की सुरम्य शांति में खो गयी जहां पहले पहल दिव्यांश ने बर्फबारी देखने की इच्छा जताई थी। आज चारों तरफ बर्फ ही बर्फ था। मुझे अनुमान नहीं था कि मेरे जीवन में जब बर्फबारी देखने का अवसर आएगा तो वह इतने दुःख और संताप से भरा होगा। जब हम दिव्यांश के कमरे में पहुंचे तब भी बाहर तेज बर्फबारी हो रही थी, उसके आई.सी.यू. की खिड़की से यह नजारा स्पष्ट दिख रहा था। वह बर्फबारी तो वास्तविक था पर मेरे लिए जैसे सब काल्पनिक-सा हो गया था, यथार्थ का मेरा बोध जैसें धुआं बन कर उड़ गया था, मैं बर्फबारी देखने को उत्सुक थी पर, मेरे लिए आज उसमें कोई खूबसूरती नहीं बची थी। दिव्यांश बर्फबारी की जिन खुशियों में डूब जाना चाहता था वह कहीं नहीं थी। हमारी सारी खुशियां भी न्यूयॉर्क में उस दिन बर्फ की मोटी चादरों तले कहीं दब-सी गयी थी। जब बर्फबारी बंद हुई तो मैंने कामना की-काश! यह अब दिव्यांश के जीवन में वसंत की सुखदायी गर्माहट लेकर आ जाए।

दो सप्ताह बाद दिव्यांश की हालत में इतना सुधार हो गया कि वह 'लाइफ सपोर्ट' से बाहर आ गया, हालांकि उसके बाद के 'एम.आर.आई.

स्कैन' में भी उसके मस्तिष्क की सूजन में कोई सुधार नहीं दिख रहा था। उसे अब 'स्टेप-डाउन-आई.सी.यू.' में स्थानांतरित कर दिया गया जो 'सेमी-आई.सी.यू.' ही था। मेरे लिए राहत की बात यह थी कि यहां कम से कम आई.सी.यू. मॉनीटर के 'बीपिंग' की अनवरत चलती रहने वाली आवाज नहीं थी और यहां मैं पूरे समय दिव्यांश के साथ रह भी सकती थी। इस सब के दरम्यान मेरी अपनी हालत भी बिगड़ रही थी। मेरी भूख मर गयी थी। 'एंग्जायटी' और तनाव के कारण एक दिन तो मैं अस्पताल में ही गिर भी गयी। मेरी अपनी नजरों में मेरे अस्तित्व की कोई कीमत नहीं रह गयी थी। मुझे और दिव्यांश दोनों को संभालना और साथ ही चिकित्सा के संभव उपायों की जानकारी जुटाने का प्रयास करते रहना निश्चित तौर पर सुशील के लिए अत्यंत मुश्किल रहा होगा। आज जब मैं उन दिनों के बारे में सोचती हूं तो उनके लिए सोच कर दिल भर आता है, मेरी तरह ही वह भी हर दर्द, हर परेशानी, से गुजर रहे थे पर उन्हें सहारा देने को कोई कंधा नहीं था। तारीफ की बात यह है कि उस स्थिति में भी जब भी वे किसी डॉक्टर, नर्स या किसी आगंतुक से मिलते तो उनके चेहरे पर हमेशा मुस्कुराहट होती। यह सुशील के स्वभाव में ही था कि वे अपना दर्द बहुत कम लोगों से बांटते थे, केवल उन थोड़े से लोगों से जिन के साथ वे बहुत ही सहज थे। उन विकट परिस्थितियों में उन्होंने अद्भुत धैर्य का परिचय दिया, मुझ में उतनी हिम्मत, उतना धैर्य नहीं था। दिव्यांश की तरह ही उनका भी मानना था कि दर्द और पीड़ा नितांत निजी होता है और इसलिए वे अपनी इस निजता की मर्यादा को लेकर बहुत ही सजग थे।

जब दिव्यांश को आई.सी.यू. में भर्ती किया गया था, तब हम रात को सोने के लिए अजय के घर चले जाया करते थे। उसके पहले जब वह जनरल वार्ड में था तो मैं और सुशील चौबीसों घंटे उसके साथ रहते थे। आई.सी.यू. में रात में साथ रहना मना था। जब हम लोग जनरल वार्ड में थे तब मैंने मन ही मन ठान लिया था कि अब अजय के घर दिव्यांश को साथ लेकर ही जाऊंगी, उसके बिना नहीं। पर, नियति के कठोर प्रहार के कारण मुझे अपने इस प्रण से समझौता करना पड़ा। जब मैं देर रात अजय के घर पहुंची, मुझे अपने हालात से नफरत-सी हो रही थी। हर एक पल जैसे मुझे याद दिलाता रहता कि अजय की सदिच्छाओं और उनकी कोशिशों के बावजूद पिछले कुछ महीनों में मेरे बेटे को वहां कितनी अवहेलना झेलनी पड़ी थी। सुशील ने भी इसे महसूस किया और वे अस्पताल के पास ही

कोई किराए का अपार्टमेंट ढूंढने लगे। जल्द ही हमें अस्पताल से बस आधे किलोमीटर की दूरी पर एक ढंग का अपार्टमेंट मिल भी गया। हैरानी की बात यह थी कि इस बार जब सुशील ने अजय को बताया कि हम किराए के अपार्टमेंट में रहने जाना चाहते हैं, तो वे तुरंत मान गए। अब तो इस मामले में शक की कोई गुंजाइश ही नहीं बची। पर, दिव्यांश उस समय आई.सी.यू. में था, ऐसी हालत में भला हम शिफ्ट कैसे कर पाते? हमने फिर भी उस अपार्टमेंट को किराए पर लेने का करार कर लिया और इंतजार में थे कि दिव्यांश की हालत थोड़ी बेहतर हो तो हम वहां रहने चले जाएं।

क्रिसमस करीब आ रहा था, पूरा शहर रौशनी में नहाया था। सब कुछ जैसे उत्सव के रंग में रंग गया था। अजय कहते क्रिसमस तक दिव्यांश ठीक हो जाएगा और अस्पताल से घर आ जाएगा, और वे उसके आने के बाद ही अपना घर सजाएंगे। पर, अब यह संभव नहीं लग रहा था। मुझे दिव्यांश के उस लिखे का ध्यान आया जो उसने 2009 में अस्पताल में लिखा था जब पहली बार उसे 'ल्यूकीमिया' होने का पता चला था। उसने उसमें उत्सुकता जताते हुए लिखा था कि पता नहीं सांता क्लॉज उसके लिए इस क्रिसमस क्या उपहार लेकर आए हैं? इस क्रिसमस मैं भी वही सोच रही थी, सांता क्लॉज इस क्रिसमस मेरे बेटे के लिए क्या उपहार लेकर आएंगे! 2009 में दिव्यांश के उन विचारों को पढ़कर मैंने महसूस किया कि दैवीय उपहार अपनी भरपूरता में हमारे अंदर ही होते हैं, हमें बस अपनी बुद्धिमता से उसे पहचानना, अनुभव करना होता है। इस बार सांता से दिव्यांश के लिए जो उपहार मैं सोच सकती थी वह था इन अंतहीन दु:खों से पूरी तरह छुटकारा या फिर इससे हमेशा के लिए मुक्ति...?

'एफ.डी.यू.' के प्राधिकारी दिव्यांश की स्थिति से वाकिफ थे और हर-संभव सहयोग कर रहे थे। वह पहले सेमेस्टर की परीक्षा नहीं दे पाया तो भी उन्होंने कहा कि उसे दूसरे सेमेस्टर की पढ़ाई करने और साथ ही पहले सेमेस्टर के बचे हुए पेपर्स देने की अनुमति मिल जाएगी। क्रिसमस के समय छात्रों को अपना 'डॉर्म' खाली करना पड़ता था। दिव्यांश के लिए भी इस नियम में ढील देना उनके लिए संभव नहीं था। वैसे भी उसके हालात को देखते हुए हमें खुद भी भरोसा नहीं था कि वह कब तक लौट कर आ पाएगा। अजय मुझे और सुशील को अपनी कार में दिव्यांश के 'डॉर्म' तक लेकर आए ताकि हम उसका सामान समेट सकें। उसके कमरे में हर चीज तरतीब से थी, हर एक वस्तु ढंग से अपने स्थान पर रखी हुई। यहां तक

कि स्टेशनरी का छोटा सा सामान भी अपने निर्धारित जगह पर रखा था। मैंने उसका सामान समेटना शुरू किया, उसके कपड़े, चादर, तकिया, साबुन, शैम्पू, स्टेशनरी का सामान, वह सब जो कुछ ही महीने पहले मैंने अत्यंत जतन से एक-एक कर उसके कमरे में रखा-संवारा था। अब उन्हीं हाथों से मैं वह सब समेट रही थी। मैंने उसके सामने उसके कमरे को इतने प्यार से संवारा था और अब उसकी अनुपस्थिति में वही सब कुछ उजाड़ रही थी। उसे कैसा महसूस होगा जब अपनी अनुपस्थिति में वह मुझे यह सब समेटते देखेगा। कितनी मुश्किल से उसने कैम्पस में अपनी जगह बनायी थी। उसके कमरे में उन सामानों को सजाते हुए मुझे लगा था मैं उसके उज्ज्वल भविष्य के उपादान संवार रही हूं, आज वह सब समेटते हुए लगा जैसे मैं उसके टूटे हुए भविष्य के टुकड़े समेट रही हूं। यह सब सोच-सोच कर मैं भावनाओं के ज्वार में बहती जा रही थी, दुःख की एक अनंत गहराई थी, मन जिसमें डूब रहा था। मैं खुद को संभाल नहीं पाई और अचेत होकर गिर गयी। थोड़ी देर बाद जब मुझे होश आया, मैंने खुद से वादा किया कि मैं यहां फिर आऊंगी और पहले की तरह ही उसका कमरा फिर से सजाऊंगी। मैंने उसकी कविता "द ट्री ऑफ प्योरिटी" में निहित दृढ़निश्चयता के भाव को याद किया जो उसने 'मदर्स-डे' पर लिख कर मुझे दिया था:

मिलकर करेंगे हम सब सामना
खुशनुमा दिन वसंत के
होंगे हमारे फिर से
चमत्कारी फल प्रयासों का हमारे
मिलेंगे हमें
निराले हैं हम
वैसे ही होंगे, फिर से

2018 की जनवरी की शुरुआत में मेरी छोटी बहन शिखा हमारे पास आ गयी जो एक बड़ा सहारा था। यह जानकर कि दिव्यांश को आई.सी.यू. में भर्ती करना पड़ गया है, वह चिंता से बीमार हो गयी। यहां तक कि दिव्यांश को देखने के लिए वह अपने आठ साल के बेटे को पति के भरोसे छोड़ कर यहां हमारे पास आ गयी। मेरे 'एंग्जायटी' और तनाव को देख कर सुशील भी चाहते थे कि वह आ जाए ताकि मुझे थोड़ा भावनात्मक सहारा मिल जाए, पर मैं नहीं चाहती थी कि वह अपने छोटे से बच्चे को छोड़

कर यहां आए। मेरा दु:ख, मेरी पीड़ा तो बस दिव्यांश के ठीक होने पर ही कम हो सकती थी। मुंबई में अनन्या और मेरे माता-पिता भी लगातार हमारे संपर्क में थे। वे जब भी दिव्यांश का हाल जानने के लिए फोन करते मैं बातचीत करने से कतराती, मेरे पास उन्हें बताने को कुछ भी नहीं था, कुछ भी ऐसा, जो उम्मीद की आस बंधाए रखे। मैं दु:ख के सागर में गहरे डूबी हुई थी और अपने मानसिक संताप की छाया से उन्हें बचाना चाहती थी।

सुशील और अजय का अथक प्रयास अंततः आशा की एक किरण लेकर आया। उन्हें अमेरिका के एक अस्पताल के रिसर्च पेपर की जानकारी मिली जिसमें 'ल्यूकोएन्सेफैलोपैथी' से बुरी तरह प्रभावित एक मरीज के सफलतापूर्वक इलाज की बात थी। हमने वह रिसर्च पेपर डॉ. चिंग और 'न्यूरो-ऑन्को-फिजीशियन' डॉ. सैम लर्मन को दिखाया। हालांकि यह एक प्रयोगात्मक-उपचार था, पर डॉ. चिंग उसे दिव्यांश पर आजमाने को तैयार थे, पर, डॉ. सैम लर्मन का मानना था कि इससे कोई लाभ नहीं होगा। हमने जोर दिया कि वैसे भी वे दिव्यांश का किसी अन्य मान्य या स्थापित विधि से इलाज तो कर नहीं रहे, फिर उस विधि को आजमाने में भला क्या हर्ज है, जिसके, कम से कम एक गंभीर मामले में, काम करने की बात प्रकाश में आयी है। संयोग की बात यह थी कि यह रिसर्च पेपर टेक्सस के उसी अस्पताल का था जहां दिव्यांश का पहले इलाज हुआ था और जहां के डॉक्टर ने हमारे बार-बार के अनुरोध के बावजूद भी ऐसे किसी इलाज के लिए अपने अस्पताल में भी पता लगाने का कोई प्रयास नहीं किया। यह प्रयोगात्मक-उपचार तीन दवाओं को मिलाकर देने की प्रक्रिया थी जो पंद्रह दिनों तक दी जानी थी। हम कोई भी ऐसा मौका जो दिव्यांश को जीवन देने की थोड़ी सी भी संभावना रखता था, खोना नहीं चाहते थे। डॉ. चिंग का भी मानना था कि इस इस प्रयोगात्मक-उपचार को आजमाने में कोई हर्ज नहीं है। हमारी तरह डॉ. चिंग को भी लगता दिव्यांश जैसे युवा की जिंदगी बचाने के लिए हर वह प्रयास जो संभव है, किया जाना चाहिए। हमारे पास ज्यादा समय नहीं था, डॉक्टर ने तो दिव्यांश के जीवन के लिए एक समय सीमा भी निर्धारित कर दी थी। कोशिश करते रहना और उपचार के नए संभव उपायों के बारे में पता करना, बस यही हमारे हाथ में था।

27 जनवरी 2018, दिव्यांश का 21वां जन्मदिन। एक दिन पहले तक मैं उस 'स्टेप-डाउन-आईसीयू' में उसका जन्मदिन मनाने के खयाल भर से ही डर रही थी, हालांकि सभी नर्स इसको लेकर बेहद उत्साहित थीं और इसे

उसके लिए एक महत्वपूर्ण दिन की तरह मनाना चाहती थीं। पर, वह अब भी अपने पूरे होशो हवास में नहीं था। उसके हाथ में छुरी देकर उससे यंत्रवत केक कटवाना मैं भला कैसे सहन कर पाती। पर, सुशील को लगता कि कई सारे नए लोग जो अप्रत्याशित रूप से किसी दैवी संयोग से उसके जीवन में आए हैं, उनके साथ जुड़ कर हम इस अवसर को एक नया मायने दे सकते हैं। उन्हें लगा दिव्यांश का जन्मदिन अब केवल हमारे लिए ही नहीं बल्कि उनके लिए भी मायने रखता है। उन्होंने एक दिन पहले एक बड़े केक का ऑर्डर दिया। अगली सुबह हम केक लेकर उसके कमरे में पहुंचे। पर, अब तक के उसके जीवन में यह पहली बार था कि हम उसके जन्मदिन पर उसके लिए कोई उपहार लेकर नहीं आए थे। एक अबला मां आज उपहार के रूप में बस अपना आशीर्वाद और अपनी प्रार्थनाएं लेकर आयी थी। हम यह देखकर दंग रह गए कि कमरा रंग बिरंगे बैलून, फीते, इत्यादि से सजाया हुआ था। और जब हम केक काटने वाले ही थे, तभी सुजन आयीं, और कितना सुखद आश्चर्य था वह...! उपहार की बात करें तो वह सचमुच उपहार लेकर आयी थीं और उस उपहार का निमित्त भी स्वयं दिव्यांश ही था और सुजन ने कितने विवेक से और कितनी सुंदरता से उस उपहार का चयन किया था और उसे वह चित्ताकर्षक स्वरूप भी दिया था। जब उन्होंने वह गिफ्ट खोला तो मेरे आंखों में आंसू आ गए। उन्होंने दिव्यांश के ब्लॉग वॉल से उसके सभी आलेखों को डाउनलोड किया था, उन्हें बड़े ही तरतीब से विषयवार सजाया था, उसका इंडेक्स बनाया था और उसे एक बॉक्स फाइल में सिलसिलेवार सजा कर उसे एक शीर्षक भी दिया था- *दिव्यांश आत्मन् के विचार-प्रतिबिंब (रिफ्लेक्शंस ऑफ दिव्यांश आत्मन्)*। वह पूरा समारोह जिस तरह से संपन्न हुआ वह किसी स्वप्नलोक की तरह था। उस दिन मैंने महसूस किया कि उपहार की विशिष्टता का निहितार्थ क्या है। दिव्यांश का तो पता नहीं, पर उस दिन मुझे खुद को बिखरने से बचा कर थोड़े उत्साह के साथ उसका जन्मदिन मनाने की हिम्मत मिली।

वह बॉक्स फाइल स्थायी रूप से उसके कमरे में रखी रहती। उसके कमरे में जो डॉक्टर और नर्स आते वे अक्सर उसे उलट पलट कर कोई आलेख पढ़ लेते और उसकी सराहना में सर हिलाते हुए चले जाते। कई बार तो कोई नर्स उसे लेकर नर्सिंग स्टेशन चली जाती और अपने खाली समय में शांतिपूर्वक उसका लिखा पढ़ती रहती। दिव्यांश भले ही उनसे बातचीत नहीं कर पा रहा था पर यह स्पष्ट था कि अपने लेखों के माध्यम से वह

उनसे संवाद कर रहा था और उनके जीवन को प्रभावित भी कर रहा था।

डॉ. चिंग जब वह प्रयोगात्मक-उपचार आरंभ करने को तैयार हुए, तब तक दिव्यांश को फिर से आई.सी.यू. में भर्ती करना पड़ गया, कारण फिर से वही था, फेफड़ों पर अत्यधिक दबाव और तेजी से गिरता 'ऑक्सीजन सेचुरेशन'। उसे फिर से ट्यूब लगा कर 'लाइफ-सपोर्ट' पर रख दिया गया। जिन नर्सों ने वहां उसकी सेवा-सुश्रुषा की थी, वे उसे फिर से वहां देख कर स्तब्ध रह गयीं। उनका दिव्यांश के लिए स्नेह उस से अलग था जो मेरे लिए स्नेह की सामान्य परिभाषा है। वे दिव्यांश को अपने पास आई. सी.यू. में नहीं देखना चाहती थीं, उस हालात में उसकी फिर से देखभाल करना उन्हें आत्मिक कष्ट पहुंचाता था। वे दिल से चाहती थीं कि दिव्यांश उनसे दूर, उस आई.सी.यू. से दूर, रहे। कुछ ही दिनों में आई.सी.यू. में उनकी उपस्थिति फिर से हमारे जीवन का यथार्थ बन गयी। अपने स्नेह से दिव्यांश की देखभाल करते हुए न जाने कब उन्होंने मेरी जगह ले ली और मैं चुपचाप और लगभग अदृश्य सी दिव्यांश के पास बैठी उनके हृदय के स्नेहपूर्ण भावों की सुगंध महसूस करती रहती।

थोड़े संतोष की बात यह थी कि वह प्रयोगात्मक-उपचार आरंभ हो गया। हम बस यही सोच रहे थे कि देखें अब आगे क्या होता है। और तभी कई बार की कोशिश के बाद अंततः न्यूयॉर्क से डॉ. फरेड्रिक का सुशील को संदेश आया कि वे मिलने को तैयार हैं। हम आतुरता से उनसे मिलने की प्रतीक्षा कर रहे थे, हम जानना चाहते थे कि बीमारी को लेकर वहां के डॉक्टरों का अनुमान और आकलन सही है या नहीं और क्या उपचार कि कोई और संभव विधि है जिसके लिए प्रयास किया जा सकता है।

दिव्यांश की मेडिकल फाइल और उसके सबसे हाल के एमआरआई की सीडी लेकर सुशील और अजय उनसे मिलने गए। लंबे और सुडौल डॉ. फरेड्रिक करीब पैंतीस-चालीस साल के युवा डॉक्टर थे। वे मेडिकल मामलों में बातों को घुमा-फिरा कर बताने में विश्वास नहीं रखते थे। उन्होंने दिव्यांश की मेडिकल केस हिस्ट्री, अब तक के उसके सभी उपचार के विवरण और अद्यतन एमआरआई को ध्यान पूर्वक देखा और फिर थोड़े दुःख भरे शब्दों में बोले, "मिस्टर सुशील, देखिए मैं एक 'न्यूरो-ऑन्कोलॉजिस्ट' हूं, मतलब यह कि मैं पहले एक 'न्यूरो' विशेषज्ञ हूं और 'ऑन्कोलॉजिस्ट' बाद में हूं। बहुत दुःख और दुर्भाग्य की बात है कि आपके बेटे की मेडिकल-रिपोर्ट्स अच्छा संकेत नहीं दे रही। जो

मैं समझ पा रहा हूं, उससे यह लगता है कि प्रत्यारोपण के बाद और खासकर प्रत्यारोपण के समय दिए गए रेडिएशन के बाद उसके मस्तिष्क की स्थिति में परिवर्तन आ गया। इस बार के 'सी.एन.एस.-रिलैप्स' के बाद अगर आपने मुझसे संपर्क किया होता तो मेरी सलाह यह होती कि 'न्यूरोलॉजिकल' पक्ष को ध्यान में रखकर सोच-समझ कर कोई निर्णय लिया जाए। मतलब यह कि अगर हम 'इंट्राथेकल-मेथोट्रेक्सेट' देने का निर्णय लेते हैं तो उसके दुष्परिणाम के कारण मस्तिष्क 'टॉक्सिसिटी' का शिकार हो सकता है और उसके बाद की क्या स्थिति होगी कहा नहीं जा सकता और अगर फिर 'मैलिग्नेंसी' का समुचित इलाज नहीं हुआ तो आपको पता ही है कैसी स्थिति हो जाती है। टेक्सस में जब डॉक्टर ने पहले से रेडिएशन दिए गए मस्तिष्क में 'मेथोट्रेक्सेट' देने का फैसला लिया तो उन्हें इसके दोनों ही पहलू आपको स्पष्टता से बताना चाहिए था, और फिर निर्णय आपके ऊपर छोड़ना चाहिए था कि आप सोच-विचार कर निर्णय लें। वैसे भी जब उन्होंने इस इलाज को आजमाने का निर्णय लिया तो जब तक 'इंट्राथेकल-मेथोट्रेक्सेट' द्वारा उपचार चल रहा था, उन्हें 'एम.आर. आई.-स्कैन' द्वारा समय-समय पर मस्तिष्क की स्थिति का निरीक्षण करते रहने की प्रक्रिया निर्धारित करनी चाहिए थी। उन्होंने ऐसा नहीं किया और इस कारण मस्तिष्क की बिगड़ती हालत लंबे समय तक सामने नहीं आयी। जब आप अपने बेटे को लेकर न्यू जर्सी आए तो वहां के अस्पताल में भी 'न्यूरो-सीजर' की कई घटनाओं के बाद भी उन्होंने समय-समय पर एम.आर.आई. द्वारा मस्तिष्क की स्थिति के आकलन की आवश्यकता नहीं समझी। शायद वे यह अनुमान नहीं लगा सके कि 'टॉक्सिसिटी' मस्तिष्क को स्थायी नुकसान पहुंचा रही है। आपके बेटे के साथ जो हुआ वह विरले ही किसी को होता है और 'मेडिकल-जर्नल्स' में भी ऐसे दृष्टांत कम ही मिलते हैं। पर, कम से कम इस तरह के मामले हमें यह बताते हैं कि अभी इस दिशा में और भी रिसर्च की आवश्यकता है ताकि इस तरह की मेडिकल स्थिति वाले मरीजों का भविष्य में सफल इलाज हो सके। हां, इतना अवश्य कह सकता हूं कि 'मेडिकल-जर्नल' से पता लगा कर जो प्रयोगात्मक-उपचार आप ने आरंभ करवाया है उससे कुछ उम्मीद की जा सकती है। मेरी शुभकामनाएं आप के साथ है।"

अब हमारे सामने स्थिति बिल्कुल स्पष्ट थी। यह जानते हुए की हमारे बेटे के लिए इलाज का कोई स्थापित विकल्प मौजूद नहीं था, टेक्सस में और

फिर न्यू जर्सी में डॉक्टरों को 'मेथोट्रेक्सेट' के साथ चिकित्सा सावधानीपूर्वक चलानी चाहिए थी। जो बात डॉक्टर फ्रेडरिक ने भी बताई। उत्तम तो यह होता कि वे बीमारी के लौटने की प्रतीक्षा करते, ताकि वह उस परिक्षण-उपचार के लिए योग्य हो जाता जिसके लिए हम वहां आए थे। यह सारे विचार हमारे मष्तिष्क में कौंध रहे थे और हम क्रोध और बेबसी एक साथ महसूस कर रहे थे। ठीक उसी समय डॉक्टर चिंग की अनुपस्थिति में एक भारतीय मूल की महिला डॉक्टर आई.सी.यू में दिव्यांश को देखने आई। उन्होंने बेतक्कलुफी से निराशा भरे स्वर में कहा कि दिव्यांश के बचने की सम्भावना बहुत ही कम है। डॉक्टर फरेड्रिक से पूरी बात समझ कर सुशील वैसे ही दु:खी थे। उन्होंने सधे स्वर में जवाब दिया,

> "आप डॉक्टर हैं। मुझे पता है कि चिकित्सा विज्ञान की भी अपनी सीमाएं हैं। पर, वहां भी हर दिन नया आविष्कार होता है, नई-नई चिकित्सा पद्धति पर रिसर्च होती रहती है और उसकी जानकारी आती रहती है। मेरे बेटे के बारे में आपकी राय आपकी आज की जानकारी पर आधारित है। हो सकता है इस मामले में किसी और की जानकारी आप से बेहतर हो, हो सकता है आज जब आप घर जाएं या फिर अगले कुछ दिनों में आपकी जानकारी में ही कुछ नया जुड़ जाए। आप भी भारत से आती हैं और मैं उम्मीद करूंगा कि आप अपना कर्म करें, अपना कर्तव्य निभाएं, सभी संभावित उपायों के लिए जतन करें। आप ने ना ही मेरे बेटे को जन्म दिया है, ना ही आप उसकी मृत्यु का कारण हो सकते हैं। मेरे बेटे के इलाज की सम्भावनाओं की खोज में आप जो भी प्रयास करेंगी मैं उसमें आपकी हर संभव सहायता करूंगा। मैं कोई डॉक्टर नहीं हूं, ना ही इस क्षेत्र में मेरा कोई अनुभव है, फिर भी अपनी लगन से मैंने एक ऐसा प्रयोगात्मक-उपचार ढूंढ निकाला जो ऐसे मामले में सफलतापूर्वक आजमाया जा चुका है। आप भी कृपया ऐसा ही करें। जीवन बचाने के यत्न के बारे में सोचें, न कि अपने मरीज के मृत्यु की भविष्यवाणी करें।"

डॉक्टर जैसे सकपका-सी गयी। जिस दृढ़ता से सुशील ने अपनी बातें कही थी उस से वह सकते में थी। उसने नर्सों से कुछ बातें की, उन्हें कुछ निर्देश दिया और डिपार्टमेंट से तत्काल निकल गयी। मैं संतुष्ट थी कि सुशील ने अपने मन की भड़ास निकाल ली थी। उन्होंने डॉक्टर के तरीके पर सही

प्रश्नचिन्ह लगाने की हिम्मत दिखाई। अगले दिन जब वह डॉक्टर आई तो सबसे पहले उसने सुशील से क्षमा याचना की।

दिव्यांश के फेफड़े में 'निमोनिया' का जो पैच था वह शिथिल पड़ गया और दिव्यांश के हालत में थोड़ा सुधार आया। उसे 'लाइफ-सपोर्ट' से हटा लिया गया। तब तक उसका वह प्रयोगात्मक-उपचार भी पूर्ण हो चुका था। नर्सों को बेहद खुशी थी कि वह फिर से 'स्टेप-डाउन-आई.सी.यू.' में जा रहा था। आई.सी.यू. से उसके पिछली बार के डिस्चार्ज से तुलना करें तो इस बार उसकी स्थिति बेहतर थी। उसके चेहरे के भाव कहीं अधिक सजीव थे। वह जैसे हमसे जुड़ने की कोशिश कर रहा था।

अस्पताल में एक अच्छी परम्परा थी, वे चैपल से एक पादरी (फादर) को हर मरीज के लिए विशेष रूप से लगा देते थे। दिव्यांश के लिए जो पादरी आते वे उम्र में 50 के आसपास के होंगे, वे शनिवार और रविवार छोड़ कर लगभग हर दिन दिव्यांश से मिलने आते, चाहे वह जनरल वार्ड में हो, या 'स्टेप-डाउन-आई.सी.यू.' में या फिर आई.सी.यू. में ही क्यों न हो। जब वे आते तो थोड़ी देर हम से बात करते फिर वे कुछ देर का एकांत चाहते ताकि बिना किसी व्यवधान के वे दिव्यांश के लिए प्रार्थना कर सकें। मैंने गौर किया कि प्रार्थना समाप्त करने के बाद हर बार उनके चेहरे पर एक सौम्य मुस्कान होती। हम लगभग दो महीने से अस्पताल में थे और इस पूरी अवधि के दौरान फादर का दिव्यांश से संवाद बिना किसी शब्द के चल रहा था। जैसे-जैसे समय बीतता गया दिव्यांश के प्रति उनका लगाव भी बढ़ता गया। किसी सौम्य व्यक्तित्व का बिना शब्द संवाद भी कितना प्रभावी और प्रेरणादायी हो सकता है यह मैंने साक्षात महसूस किया। दूसरे मरीजों की तुलना में फादर दिव्यांश को कहीं अधिक समय देते थे, यह बड़ी स्पष्टता से दिखता था। एक दिन जब दिव्यांश को उस प्रयोगात्मक-उपचार के बाद दूसरी बार 'स्टेप-डाउन-आई.सी.यू.' में भर्ती किया गया, हमेशा की तरह फादर आए और दिव्यांश के बिस्तर के पास पांच मिनट तक खड़े रहे। उसके लिए प्रार्थना संपन्न कर वे हमेशा की तरह अपने चेहरे पर सौम्य मुस्कान लिए कमरे से बाहर आए। उस दिन मैंने पहली बार दिव्यांश के संदर्भ में उनका मंतव्य जानना चाहा, मैंने पूछा उन्हें क्या लगता है क्या आने वाले दिनों में उसमें सुधार के लक्षण दिखाई देंगे। उन्होंने ध्यान पूर्वक मेरी बात सुनी, एक क्षण को रुके फिर बाहर से ही कमरे में दिव्यांश की ओर देखा, फिर थोड़ी देर चुप होकर जैसे विचारते हुए बोले,

"मैं काफी समय से आपके बेटे के पास आ रहा हूं, उसकी आत्मा मुझे आकर्षित करती है। कुछ है कि उसके पास से जाने को मेरा जी नहीं करता। मेरा मानना है कि आपका बेटा भले ही केवल 21 साल का है पर उसकी आत्मा में अद्‌भुत परिपक्वता है, जैसे कि वह पचास साल की हो। उसके पास खड़े होकर मुझे चमत्कारिक ऊर्जा की अनुभूति होती है, उसकी प्रतीति मुझे अपने सम्मोहन में ले लेती है। मुझे ऐसा प्रतीत होता है मानो वह हमेशा ही अपनी आत्मा की दीप्तिमान ऊर्जा के माध्यम से मुझसे संपर्क करने का प्रयास करता है। ऐसा लगता है उसकी आत्मा सम्पूर्णतः उसके नियंत्रण में है और मैं उसका गांभीर्य उसका सौंदर्य महसूस कर पाता हूं। उसकी आत्मा से मुझे जो संदेश मिलते हैं, उस से लगता है इस दुनिया में रहना या यहां से महाप्रस्थान उसके अपने हाथ में है, और हमारे प्रयासों से इस में कोई फर्क नहीं आ सकता। मैं आपको सलाह दूंगा कि अपने बेटे की आत्मा की प्रबुद्धता का सम्मान करें, उसकी बुद्धिमत्ता पर भरोसा रखें। वह प्रबुद्ध आत्मा जो भी निर्णय लेगी वह हम सब के भले के लिए होगा। सच कहूं तो यह अब उसके और ईश्वर के बीच है।"

इतना कह कर वह थोड़ी देर चुप रहे, फिर मेरे लिए आशीर्वचनों का उच्चार करते हुए वे पास के कमरे में एक दूसरे मरीज से मिलने चले गए। मैं चुपचाप एक किनारे में बैठ गयी, मेरे मन में पटना में दिव्यांश के जन्म के समय की स्थितियां जैसे चलचित्र की भांति घूम गयी, उस पवित्र आत्मा का आगमन का समय जिसकी बात अभी अभी 'फादर' कर रहे थे।

# 21

## यथा नाम तथा गुण

मैं टूरिस्ट वीजा पर अमेरिका आयी थी। नियमों के मुताबिक कोई व्यक्ति टूरिस्ट वीजा पर वहां एक साथ छह महीने से अधिक नहीं रह सकता था। मुझे यहां आए हुए छह महीना होने को था। वीजा की शर्तों के पालन के लिए मुझे कम से कम एक सप्ताह के लिए भारत वापस जाना था। दिव्यांश को इस हालत में अस्पताल में छोड़कर वापस जाने का विचार भी मेरे लिए असहनीय था, पर, अमेरिका का अधिकांश नियम-कानून 'हां' और 'ना' के सीमित दायरे में चलता है। 'हां' और 'ना' के उस बंधे हुए दायरे में ऐसा कुछ भी नहीं था जो दिव्यांश के ऐसी हालत के बावजूद मुझे वहां रहने की अनुमति दे सके। 'होमलैंड अथॉरिटी' को इसके लिए निवेदन करना भी बेमानी था क्योंकि उत्तर 'ना' में मिलना लगभग निश्चित था। समाधान यही था कि मैं एक सप्ताह के लिए भारत जाकर लौट आऊं।

मैं भारत आ तो गयी पर मेरा मन वहीं था, दिव्यांश के पास। फ्लाइट में खोयी हुई सी मैं भारी कदमों से अपनी सीट तक पहुंची और अन्य यात्रियों की उपस्थिति के बावजूद अचानक मेरे अंदर से तेज रुलाई उमड़ पड़ी। मैंने किसी तरह उस पर काबू पाया और अंत में यात्रा भर जो मेरे साथ रहे वो सांत्वना देते मेरे आंसू थे, जो मेरी आंखों में ही सूख गए थे। छह महीने बाद अनन्या से मिल पाने की खुशी दिव्यांश को अस्पताल में छोड़ कर आने के अपार दुःख में खो सी गई।

घर पहुंच कर अनन्या या अपने माता-पिता से एक लंबे अंतराल के बाद मिलने में जो खुशी का भाव होना चाहिए था वह मुझमें नहीं था। मैं बस वापस जाने के लिए दिन गिन रही थी। सुशील और शिखा मुझसे दिन में दो बार बात करते। कभी-कभी वे वीडियो चैट पर दिव्यांश से भी बात करवा देते। सुशील ने बताया दिव्यांश पहले से थोड़ा बेहतर है, पर मुझे वीडियो

कॉल में ऐसा कुछ भान नहीं हुआ। मैं अब वापस न्यू जर्सी आने वाली थी और इसीलिए वह शायद मुझे बेहतर मानसिक स्थिति में देखना चाहते थे।

फ्लाइट से उतरकर जब मैं न्यू जर्सी के एयरपोर्ट पर अप्रवासन अधिकारी के समक्ष उपस्थित हुई तो उसने मुझे अनुमति देने से इंकार कर दिया। उनका मानना था कि मैं पिछले साल मार्च से ही टूरिस्ट वीजा पर नियमित रूप से अमेरिका आ रही थी। मैं उनसे बार-बार अपने बेटे की बीमारी और उसके अस्पताल में भर्ती होने के बारे में बताती रही, पर वे सुनने को तैयार नहीं थे। उन्होंने सख्ती से कहा कि वे मुझे भारत वापस भेज देंगे। मैं यह सोच कर ही बेहद परेशान हो गयी कि यदि उन्होंने सचमुच यह निर्णय ले लिया तो मैं दिव्यांश के पास कैसे रह सकूंगी। सुशील मुझे लेने एयरपोर्ट आए थे, वे बार-बार फोन कर मुझ से अप्रवासन काउंटर से मेरी अनुमति के बारे में पूछ रहे थे। अप्रवासन हॉल में मोबाइल का प्रयोग वर्जित था, इसीलिए मैं उनसे बात भी नहीं कर पा रही थी। अंततः बहुत अनुनय-विनय के बाद वे मुझे एक उच्च अधिकारी के पास लेकर गए। उसने अस्पताल के कागजात देखे और उसके चेहरे पर सहानुभूति के भाव आ गए। उसने फिर बिना विलंब मुझे अनुमति प्रदान कर दी और शुभकामनाएं भी दी। करीब एक घंटे तक उस अनिश्चितता में जीना और वापस भेजे जाने के खतरे के साये में रहना मेरे लिए इतना विकट और यातनापूर्ण था कि मुझे लगता मैं उनसे लड़ पड़ूं, उनसे चीख-चीख कर कहूं कि “जाओ और जाकर अस्पताल में मेरे बेटे की हालत देखो”, पर अंत में उन्हें सदबुद्धि आयी और उन्होंने मुझे जाने दिया। आगमन द्वार पर सुशील मेरी प्रतीक्षा में चिंतातुर थे। उन्होंने बताया कि यदि उन लोगों ने मुझे वापस भेजने का निर्णय ले लिया होता तो हमारे पास कोई और उपाय नहीं बचता।

सात दिन के दर्दनाक विछोह के बाद दिव्यांश से मिलकर मैं जैसे फिर से अपनी आत्मा से एकाकार हुई।

दिव्यांश सचमुच थोड़ा बेहतर लग रहा था। उसके हाव-भाव भी कहीं अधिक सजीव लगे। हमें लगा उस परीक्षण-उपचार से उसे कुछ लाभ तो पहुंचा है। आई.सी.यू. के डॉक्टर और नर्स उसे आ-आ कर देखते और स्थिति का मुआयना करते रहते। वे भी चमत्कार जैसा कुछ घटित होते देखकर अत्यंत प्रसन्न थे। मैं यह देखकर द्रवित हो गयी कि सात दिनों बाद मुझसे मिलकर दिव्यांश रो पड़ा। हमारे लिए तो यह सुखद आश्चर्य था, उसे हम से मिलने-बिछड़ने की भावनात्मक अनुभूति थी, वह हम से जुड़ रहा था।

शायद ही कभी ऐसा होता होगा कि अपने बेटे को रोता देख कोई मां खुश हो रही हो, कैसी विडम्बना पूर्ण स्थिति थी...! सुशील ने दिव्यांश की उस भावनात्मक प्रतिक्रिया और मेरी खुशी को एक वाक्य में संभाल लिया, वे बोले, "इस बार भी तुम सफल रहोगे दिव्यांश।" दिव्यांश ने जो यह नयी खुशी दी थी हम उस में डूबे थे, तभी सुज़न वहां आयीं। सुज़न से बात करते हुए भी दिव्यांश उसी तरह रो पड़ा। सुशील को लगा वह दिव्यांश को सांत्वना देगी पर सुज़न की प्रतिक्रिया कुछ अलग ही थी। उन्होंने हमारी तरफ देखा और धीमे स्वर में बोली, "शायद वह आपसे कहना चाहता है कि अब उसे अनुमति....." उन्होंने जानबूझ कर वह वाक्य अधूरा छोड़ दिया, फिर दिव्यांश की तरफ प्यार से देखा। वे चाहती थीं कि हम उनके कहने का भाव समझ लें। आई.सी.यू. में हमने कुछ ऐसे मरीज भी देखे थे जिनकी हालत जब इतनी बिगड़ गयी कि उनके स्वस्थ होने की कोई संभावना नहीं रह गयी तो डॉक्टर और मरीज के परिचारकों ने उन्हें मुक्त हो जाने दिया। हम यह देख कर सन्न रह जाते कि किसी का पति, किसी की पत्नी, किसी के माता-पिता या किसी का भाई या बहन डॉक्टर को अपने प्रियजन की 'लाइफ-सपोर्ट' हटाने की अनुमति दे देते। क्या सुज़न हमें भी कुछ ऐसा ही संकेत दे रही थीं? उनके कमरे से जाते ही हमने दिल को दहला देने वाली उनकी इस अप्रत्यक्ष सलाह को मन से निकाल फेंका और दिव्यांश ने जो हमें उम्मीद की नयी किरण दिखाई थी उसके प्रकाश में आगे का रास्ता देखने लगे।

मेरे एक अप्रिय इंतजार की घड़ी खत्म हुई, आखिर को अब हमारा अजय के घर से जाने का समय आ गया। हर दिन अस्पताल से वापस आकर देर रात उनके घर जाना मुझे बेहद खलता, मेरा आत्मसम्मान जैसे हर दिन आहत होता। शुरुआत में जरूर उनके परिवारजनों ने हमारी सहायता करने की कोशिश की। पर, स्थितियां धीरे-धीरे बदलती गयी, हमें वहां लंबे समय तक रहना पड़ा, और ईमानदारी से कहूं तो यह हमारी मर्जी से नहीं बल्कि विवशता के कारण था, और फिर दिव्यांश के लिए अजय का बढ़ता स्नेहभाव, इन सब कारणों ने मिलजुल कर ऐसी स्थिति पैदा कर दी जिसमें हमारा वहां रहना अपने आत्मसम्मान से हर दिन का समझौता था। जिस दिन हम उस घर से विदा हुए, मैंने संतोष की सांस ली। मेरे सम्मान को कचोटता दर्द का वह भाव कम हो गया। मुझे लगा इस निर्णय से हमने मेरे और दिव्यांश के आत्मसम्मान की रक्षा कर ली। हमने जो किराए का

अपार्टमेंट लिया, वह हमारी जरूरतों के लिए पर्याप्त था, सबसे बड़ी बात यह थी कि वह अस्पताल के भी बेहद करीब था। हमने जल्दी ही उस घर में अपनी जरूरत की चीजें जमा ली और दिव्यांश के पास आना-जाना भी कम दूरी की वजह से बहुत ही सुविधाजनक हो गया।

मार्च 2018 की शुरुआत में अजय को अपने दफ्तर के काम से भारत, चीन और जापान जाना पड़ा। उन्हें पिछले दिसम्बर भी ऐसे ही दौरे पर जाना था, पर, दिव्यांश की गंभीर हालत के कारण उन्होंने तब अपना दौरा टाल दिया था। उनके बॉस डॉक्टर उलरिच रोह्डे ने सदाशयता दिखाते हुए उन्हें तब अपना दौरा रद्द करने की इजाजत दे दी थी, ताकि वह दिव्यांश का ध्यान रख सकें। पर दुबारा से उनसे इस दौरे को रद्द करने का आग्रह करना अजय को उचित नहीं लगा। मुझे लगा इस बार वे खुद भी इस दौरे पर जाना चाहते थे। सुशील ने उनसे कहा वे अपने निर्धारित कार्यक्रम के अनुसार दौरे पर जाएं। वैसे भी अब हम किराए के अपार्टमेंट में रह रहे थे और उनके बिना भी सब कुछ संभालना अब उतना कठिन नहीं था। शुरू में सुशील को कुछ समस्याओं की आशंका थी, पर सौभाग्य से वैसा कुछ नहीं हुआ। पिछले साल नवंबर के तीसरे सप्ताह से, जब से दिव्यांश अस्पताल में भर्ती था, सुशील नियमित रूप से अस्पताल के अंदर और बाहर, दिव्यांश के स्वास्थ्य संबंधी सारी व्यवस्थाओं को संभाल रहे थे।

सुशील के बड़े भाई (मृदुल और अंशू के पिताजी), शंकर भैया मार्च के दूसरे सप्ताह में दिव्यांश को देखने और लगभग महीने भर हमारे साथ रहकर हमारा हाथ बंटाने के उद्देश्य से अमेरिका आए। भैया सरकारी नौकरी से रिटायर हो चुके थे, उनकी एक बंधी-बंधाई दिनचर्या थी। बड़े भाई का साथ मिलना सुशील के लिए एक बड़ी राहत की बात थी, कोई था जिस से वे अब सहजता से अपने मन की बात कर सकते थे।

अमेरिकी अस्पतालों में एक अत्यंत अमानवीय तौर तरीका है। जिस मरीज के बारे में वे यह निर्धारित कर लेते कि अब उसके उपचार का कोई विकल्प नहीं बचा, उसे वे अस्पताल से किसी भी स्थिति में डिस्चार्ज कर देते हैं, दूसरे शब्दों में कहें तो ऐसे मरीजों को वो भगवान भरोसे छोड़ कर अपना पल्ला झाड़ लेते हैं। वहां के अस्पताल स्वास्थ्य बीमा प्रदान करने वाली कंपनियों के भयंकर दवाब में रहते हैं। वे मरीजों के चल रहे इलाज और उस से सम्बंधित बिल और उसके भुगतान पर कड़ी नजर रखते हैं। इन कंपनियों को जब भी लगता है कि किसी मरीज का अस्पताल में होना

अनावश्यक है तो वे अस्पताल पर दबाव डालते रहते हैं। गंभीर बीमारियों से ग्रस्त मरीजों की चिकित्सा में अस्पताल हमेशा इस अलिखित अनैतिक सिद्धांत का ध्यान रखते हैं और इसका कठोरता से पालन करते हैं। कुछ अस्पताल तो बीमा कम्पनियों के अपने स्वामित्व में ही होते हैं और इसीलिए बिना किसी व्यवधान के इस अनैतिक सिद्धांत का पालन होता रहता है।

हम भी इस अनैतिक सिद्धांत के शिकार हुए। हम पर दिव्यांश को अस्पताल से हटा कर किसी 'रिहैब सेंटर' (एक तरह का पुनर्वास केंद्र जो लाइलाज मरीजों और बुजुर्गों के लिए होता है) में रखने का दबाव आने लगा। हम यह जान कर क्षुब्ध थे, दिव्यांश अस्पताल से कहीं और ले जाने की स्थिति में बिल्कुल नहीं था। अजय तब वहां नहीं थे, सुशील ने बार-बार अस्पताल के वरिष्ठ कार्यकारियों से मिलकर इस निर्णय पर पुनर्विचार के लिए आग्रह किया, पर कोई फायदा नहीं हुआ। अंत में जब कोई उपाय नहीं बचा, वे अस्पताल के 'मरीज पक्षपोषक' ('पेशेंट एडवोकेसी') से मिले और उन्हें अपनी समस्या बताई। उन्होंने 'एडवोकेसी' को आधिकारिक तौर पर ईमेल भेज कर बताया कि दिव्यांश के मामले में इलाज करने वाले 'ऑन्कोलॉजिस्ट' से लापरवाही या फिर समय पर उपयुक्त निर्णय लेने में भूल हुई है, जिस प्रकार से उसे 'मेथोट्रेक्सेट' का डोज दिया जाता रहा और जिस तरह उसकी बीमारी की वास्तविक स्थिति को समझने और पहचानने में देरी हुई उसका कोई और कारण नहीं हो सकता। उस ईमेल ने अपना काम कर दिया, अस्पताल के कार्यकारियों को लगा कि यह एक चिकित्सकीय-कानूनी (मेडिको-लीगल) विवाद का रूप ले सकता है, हालांकि हमारा ऐसा कोई इरादा नहीं था। प्रश्न केवल दिव्यांश के सम्मान का था और हम नहीं चाहते थे कि वह किसी दया का मोहताज हो और अस्पताल इस प्रकार उसे डिस्चार्ज करने का निर्णय ले। हम इसीलिए अस्पताल में बने रहे।

पर, समय के साथ हमने महसूस किया कि अस्पताल में रहना अब दिव्यांश के हित में भी नहीं था। उसे वास्तव में 'रिहैब' जैसी सुविधा की ही आवश्यकता थी, जहां उसके दिन-प्रतिदिन के उपचार और देखभाल पर पर्याप्त ध्यान दिया जा सके। उस प्रयोगात्मक-उपचार के प्रभाव की अवधि सीमित थी। मस्तिष्क का जो सबसे हाल का एम.आर.आई.- स्कैन था उसमें भी सुधार का कोई संकेत नहीं था। हम अस्पताल के पास ही किसी अच्छे 'रिहैब सेंटर' की तलाश में लग गए, पर अस्पताल छोड़ने से पहले मुझे एक और काम करना था। ऑन्कोलॉजिस्ट डॉक्टर जेम्स मैक, जो शुरू से

न्यू जर्सी में दिव्यांश का इलाज कर रहे थे, मैं एक आखरी बार उनसे बात करना चाहती थी। अगले दिन ही मुझे वह अवसर भी मिल गया। दिव्यांश के पास वाले कमरे में ही वे एक मरीज से मिलने आए थे। वे नर्सों से घिरे थे, मैंने उनसे अकेले में बात करने का समय मांगा। उन्होंने मेरा अनुरोध स्वीकार कर लिया और मरीजों को देखने के बाद मुझे विभाग के एक छोर पर बुलाया और फिर दिव्यांश की बिगड़ती स्थिति के बारे में सामान्य भाव से बात करने लगे।

मैंने उनसे कहा, "क्या एक मां के तौर पर मैं आप से कुछ कह सकती हूं? मैं बस इतना चाहती हूं कि आप ध्यानपूर्वक सुनें और मुझे अपनी बात पूरी करने दें।" उन्होंने हामी भरी।

"डॉक्टर, मैं पिछले तीन महीनों से आप से कुछ कहना चाहती थी। अब जब हमने 'रिहैब सेंटर' जाने का निर्णय ले ही लिया है, तो आज मैं आप से वह बात कह ही देती हूं जो पिछले कई महीनों से मेरे मन को बेचैन कर रही है। दिव्यांश आज बीमारी के जिस हालात में है उसके लिए भाग्य के साथ-साथ आप भी बराबर के जिम्मेदार हैं।"

मैंने बिना किसी लाग लपेट के अपने मन में गहरे बसी व्यथा और वेदना को शब्दों में उड़ेल दिया।

डॉक्टर, एक पल को स्तब्ध हो गए, उन्हें अनुमान नहीं था कि यह सब उन्हें इतनी स्पष्टता से सुनना पड़ जाएगा। उन्होंने खिसियाहट भरी मुस्कान के साथ मुझसे ऐसा सोचने का कारण पूछा।

"आप एक मां के दर्द को समझें। हम आपके पास बहुत उम्मीद लेकर आए थे। आपने उसके लक्षणों पर ध्यान नहीं दिया और उसे मेथोट्रेक्सेट की सुई लगाते रहे, जिसके कारण ही उसकी ऐसी अवस्था हो गयी। उसके लक्षणों के प्रति आपकी लापरवाही, जो भले जान बूझ कर ना भी हो, पर जिसने उसकी ऐसी हालत कर दी कि अब उसके लिए सारे रास्ते बंद हो गए हैं, स्पष्ट है। आपने मेरे बच्चे का जीवन नष्ट कर दिया और मेरा भी...।"

मैंने फिर से पूरी दृढ़ता से अपनी बात कह दी।

डॉक्टर मेरी बात काटते हुए बोले, "अगर आपको मुझ पर भरोसा नहीं है तो मैं आपके बेटे के लिए किसी और डॉक्टर से इलाज की व्यवस्था कर देता हूं"

"नहीं डॉक्टर, आपने मेरे बेटे की जो दुर्गति कर दी है उसका खामियाजा दूसरा डॉक्टर क्यों भुगते। ये विचार मेरी आत्मा पर बोझ बन कर बैठे थे,

मैं बस अस्पताल छोड़ने से पहले यह बोझ हल्का करना चाहती थी" मैंने अपनी बात पूरी कर ली। कहने को अब और कुछ नहीं था।

डॉक्टर को कोई और जवाब नहीं सूझा। नर्स वहां जमा होने लगे थे, शर्मिंदगी से बचने के लिए वे झटकते हुए वहां से चले गए।

मेरा मन हल्का हो गया, मैं धीरे धीरे दिव्यांश के कमरे की ओर चल पड़ी।

पिछले नवंबर से ही सुशील अमेरिका में थे, दफ्तर छोड़े उन्हें करीब चार महीने हो गए थे। उनकी छुट्टियां भी कब की समाप्त हो चुकी थी। हर पंद्रह दिन पर वे उसे बढ़ा रहे थे। उनके बॉस भद्रता की प्रतिमूर्ति थे, उन्होंने अमेरिका में हमारे साथ रहते कभी भी सुशील पर दफ्तर के काम का दबाव नहीं आने दिया। पर कुछ जरूरी काम जमा हो गए थे जिनके कारण सुशील का यथाशीघ्र दफ्तर वापस जाना जरूरी हो रहा था। समय ने हमेशा उनके जीवन में कठोर चुनौतियां रखी थी। उन्होंने हर बार वही किया जो उन्हें समय के अनुरूप और उचित लगा। उन्होंने दो-एक महीने के लिए वापस जाकर अपने दफ्तर का काम संभालने और फिर वापस आने का निर्णय लिया। हमने अस्पताल के पास ही एक 'रिहैब सेंटर' देख समझ कर तय कर लिया। मार्च के आखिर तक सुशील के मुंबई जाने से पहले हमने दिव्यांश को 'रिहैब' में स्थानांतरित करने का निर्णय लिया। उम्मीद थी तब तक अजय भी अपने दौरे से वापस आ जाएंगे। भैया भी अपनी तरफ से सहयोग को आगे आए और उन्होंने भी सुशील के मुंबई से वापस आने तक वहीं रहने का निर्णय लिया। सच कहूं तो मन ही मन मैं भी चाहती थी सुशील को थोड़ा विराम, थोड़ा अवकाश मिल जाए। पिछले चार महीनों से मैंने उन्हें बिना शिकायत, चेहरे पर मुस्कान लिए, हर पल जूझते देखा था, यह देख कर मेरा मन द्रवित हो जाता पर कोई और चारा भी नहीं था। वह कई कार्य एक साथ निपटाते। वह दिव्यांश को संभालते, मुझे संभालते, अमेरिका में रहते हुए ही अनन्या की पढ़ाई का ध्यान रखते और वहीं से अपने दफ्तर के कार्यों के लिए दिशा निर्देश भी देते रहते। मुझे डर था अगर ऐसे ही चलता रहा तो संभव है किसी दिन उनकी आत्म-शक्ति कमजोर पड़ जाए। अब तक दिव्यांश के उपचार से सम्बंधित जिम्मेदारियों के निर्वाह में मैं भी लगभग निपुण हो चुकी थी, और मुझे भरोसा था कि सुशील की अनुपस्थिति में मैं खुद से भली भांति सब कुछ संभाल लूंगी। शिखा भी अब अपने परिवार के पास भारत जा चुकी थी।

पर, सुशील के लिए दिव्यांश को ऐसे समय जब उसे लगभग हर

वक्त उनकी आवश्यकता थी, छोड़ कर जाना आसान नहीं था। उनके लिए यह एक बेहद कठिन निर्णय था, जो उन्होंने परिस्थितियों को ध्यान में रख कर लिया। बाद में हमने महसूस किया कि उनका कुछ समय के लिए भारत जाने के इस निर्णय ने बाद में हमारे एक और बड़ा निर्णय लेने का दिशा-निर्धारण कर दिया, जो हमने उनके भारत से एक नए विचार के साथ लौटने के बाद लिया। एयरपोर्ट के लिए विदा होने से पहले सुशील ने भरी आंखों से देखते हुए प्यार भरे हाथों से दिव्यांश का सर सहलाया, वे शायद उसे छोड़ कर जाने के लिए बिना शब्द उस से क्षमा मांग रहे थे। वे अंदर ही अंदर घुट रहे थे, उन्हें लगता था इस प्रकार उसे अस्पताल में छोड़ कर जाना शायद दिव्यांश को पसंद ना आए। पर, मुझे विश्वास था दिव्यांश अपने पिता की विवशता को समझेगा, मुझे दिव्यांश की उस कविता का ध्यान आया जो उसने अपने पिता के लिए लिखी थी- 'यथा नाम तथा गुण (हिज नेम परसनोफाइज हिम)'। उनकी अनवरत कठिनाइयों को इस कविता में उसने ही तो स्वर दिया था। उस कविता की कुछ पंक्तियों का अनुवाद यहां उद्धृत कर रही हूं:

पता नहीं जिन्हें
उनके जीवन का
हर दिन घटित होती
उनके जीवन की विपदाओं का
परीक्षाओं का
"सामान्य" ही लगेगा उन्हें
यह जीवन उनका

पर, मैं यदि करूं वर्णित
जिम्मेदारियां उनकी
विशाल पर्वत-सी
अप्रतिम दुर्भाग्य उनका
जिसने किया है प्रहार उन पर?
जैसे बिजली और वज्रघात
हुआ हो साथ साथ?

# 22

## आंधी का चिराग़

हमने अस्पताल से 'रिहैब' जाने के लिए 2 अप्रैल 2018 का दिन तय किया। अस्पताल ने दो नर्सों की ड्यूटी लगा दी, जिन्हें हमारे साथ-साथ रिहैब सेंटर तक जाना था और वहां की मेडिकल टीम को दिव्यांश के चिकित्सकीय देखभाल के संबंध में विवरण देना था। पोर्टिको में हमारी प्रतीक्षा में ऐम्बुलेंस खड़ी थी। मैंने अपने जीवन में अब तक किसी ऐम्बुलेंस को केवल दूर से ही देखा था, यह सोच कर कि वे गंभीर मरीजों को ले जाने आते हैं, उनका दिखना ही मुझे भय से भर देता। आज मेरे पास इस भय से निकलने के अलावा कोई और चारा नहीं था। अजय और भैया मेरे साथ थे, पर वे ऐम्बुलेंस में बैठना नहीं चाह रहे थे। सुशील की कमी आज मुझे बेतरह खल रही थी। मैं दिल में घबराहट लिए उस ऐम्बुलेंस में दाखिल हुई। दिव्यांश के लिए ज्यादा घबराहट थी, क्योंकि वह अस्पताल छोड़ कर जा रहा था। मुझे पता नहीं था कि 'रिहैब' में उसकी पर्याप्त देखरेख हो भी पाएगी या नहीं। मेरा मन रो रहा था। नर्सें दिव्यांश के मेडिकल हिस्ट्री को तन्मयता से पढ़ रही थीं और वे खुलकर दिव्यांश के मानसिक दृढ़ता की चर्चा कर रही थी। जैसे-जैसे ऐम्बुलेंस ने रफ्तार पकड़ी मेरी आंखों ने बाहर देखना बंद कर दिया- वे जैसे भावशून्य हो गयीं।

भारत में तो इस व्यवस्था का अधिक प्रचलन नहीं है, पर, पूरे अमेरिका में ऐसे 'रिहैब सेंटर' भरे परे हैं। मूल रूप से तो ये उन बुजुर्गों के लिए होते हैं जो शायद अमेरिकी संस्कृति के कारण अपने बच्चों के साथ नहीं रहते। हमारे यहां तो बुजुर्ग अधिकतर अपने बेटे या कुछ मामलों में बेटियों के साथ भी रहते हैं और ऐसे 'रिहैब सेंटर' न के बराबर हैं। अमेरिका में इसका एक और कारण भी है जो यह है कि यहां के अस्पताल वैसे मरीजों को जिन्हें किसी गहन चिकित्सा की आवश्यकता नहीं होती, उन्हें सुधार की

अवधि में ऐसे 'रिहैब' में भेज देते हैं। यह व्यवस्था कई बार बीमा कंपनियों के मन माफिक भी होता है क्योंकि इस से मरीज के इलाज का खर्चा काफी कम हो जाता है। ये 'रिहैब सेंटर' भी दो तरह के होते है- गहन (एक्यूट) रिहैब सेंटर और अपेक्षाकृत कम गहन (सब-एक्यूट) रिहैब सेंटर। दिव्यांश को एक 'सब-एक्यूट रिहैब सेंटर' में रखा जाना था, जहां मरीज को गहन चिकित्सा की नहीं बल्कि सघन 'थेरेपी' की आवश्यकता होती है।

दोपहर तक हम 'रिहैब' पहुंच गए। दिव्यांश को एकल मरीज वाला एक बड़ा कमरा, जिसमें दो बेड थे, दिया गया था। वहां सारी व्यवस्था अच्छी थी। नर्स और बाकी स्टाफ भी हमेशा मदद को तत्पर रहते, उनका व्यवहार भी विनम्र और स्नेहपूर्ण था। वहां के लगभग सभी निवासी बुजुर्ग थे, बस दिव्यांश ही युवा था। उन बुजुर्गों के बीच वहां दिव्यांश को देखना मेरे लिए बेहद तकलीफदेह था। मेरा दिल भर आया, क्या मेरा बेटा अब ऐसी जगह ही रहेगा...! इस सोच से ही मुझे घबराहट होती। पर, संतोष की बात यह थी कि वहां के सभी भद्र बुजुर्ग बाशिंदे एक-एक कर हमसे मिलने आए और उन्होंने अपनी तरफ से पूरी कोशिश की कि मुझे वहां सहज महसूस हो। वे सब दिव्यांश के लिए सहानुभूति भी दर्शाते।

रात में हमें दिव्यांश के साथ रहने की इजाजत नहीं थी। पहली रात उसे वहां अकेला छोड़ने का विचार, जब मैं वहां न किसी को जानती थी न ही वहां उसका ध्यान रखे जाने का हमें कोई अनुभव था, मुझे मन ही मन परेशान कर रहा था। रात के करीब 9.00 बजे मैंने एक सहायक-नर्स (असिस्टेंट प्रैक्टिसिंग नर्स) को हल्के नीले ड्रेस में दिव्यांश के कमरे के बाहर दरवाजे के पास बैठे देखा। मैंने उनका नाम पूछा। उन्होंने हौले से जवाब दिया- "मैं हेलेन हूं, एक सहायक-नर्स। मुझे पता है आज आपका यहां पहला दिन है और आप अपने बेटे को यहां अकेले छोड़ने को लेकर फिक्रमंद हैं। वैसे भी हमें रात भर मरीज की देखभाल करनी होती है, पर, आप निश्चिंत रहें, मैं सारी रात आपके बेटे के पास ही बैठी रहूंगी। आप मेरा मोबाइल नम्बर ले लें और जब भी आपको लगे मुझे बेझिझक फोन कर लें। मेरे पास आपका नम्बर है, अगर कोई जरूरत हुई तो मैं भी आपको फोन कर लूंगी।" मेरे लिए तो यह ऐसा था मानो प्यासे को दरिया मिल गया हो। इस से पहले कि मैं उनका शुक्रिया अदा करती, वे मेरी बात बीच में ही रोक कर बोलीं," आपका बेटा मेरे पोते जैसा है, मैं उसका वैसे ही ध्यान रखूंगी। आप जाएं और अपने अपार्टमेंट में जाकर थोड़ा आराम कर

लें। आज आप बुरी तरह थकी हुई लग रहीं हैं। ईश्वर ने चाहा तो आपका बेटा स्वस्थ हो जाएगा।"

अपार्टमेंट में आकर भी हेलेन का फरिश्तों जैसा स्वरूप मेरे आंखों में तैरता रहा, और मैं आश्वस्त हो गयी कि वह मां की तरह ही दिव्यांश का ध्यान रखेंगी।

समय के साथ उस 'रिहैब' में हम सहजता से रहने लगे। वहां की नर्सों को भी दिव्यांश की प्रेरणादायी जीवन-यात्रा, उसकी रचनात्मक उपलब्धियां और एकैडेमिक उत्कृष्टता के बारे में पता चल गया। मैं बड़े आत्मिक संतोष से उन्हें दिव्यांश के असाधारण जीवन-यात्रा के बारे में बताती रहती और सब के सब यह सुन कर विस्मय से भर जातीं। धीरे-धीरे दिव्यांश उन सब का भी बेहद प्यारा हो गया, वे खुशी-खुशी उसकी देखभाल को उत्सुक रहतीं। कई बार तो वे यूं ही उसे 'हैलो' बोलने उसके कमरे में आ जाती। मेरे लिए यह बड़े सुखद आश्चर्य की बात थी कि समय के साथ मैं वहां 'दिव्यांश की मां' के तौर पर पहचानी जाने लगी। वह किसी से बात तक नहीं कर पा रहा था फिर भी उसके व्यक्तित्व में मेरा व्यक्तित्व भी जैसे समाहित हो गया था। नर्सें अक्सर अपने हेड नर्स से दिव्यांश के कमरे की ड्यूटी मांगती और जिसे यहां की ड्यूटी नहीं मिलती वह उलाहना लेकर मेरे पास आतीं और साथ-साथ दिव्यांश को 'हैलो' बोलकर चली जाती। पर, उन सब में भी दिव्यांश के लिए सबसे ज्यादा स्नेहपूर्ण बर्ताव हेलेन का था। उनकी ड्यूटी हमेशा शाम के शिफ्ट में होती थी। दिन ढले 3 बजे के आसपास वे दिव्यांश से मिलने आतीं। उसकी चिकित्सकीय देखभाल और उसकी शारीरिक स्वच्छता का चेष्टापूर्वक ध्यान रखने के अलावा वह लगभग आधे घंटे तक उसके लिए प्रार्थना भी करती। वह जितने समय दिव्यांश के साथ रहती, सारी जिम्मेदारी अपने ऊपर लेकर मुझे उसकी हर चिंता से पूरी तरह मुक्त कर देती। दिव्यांश के साथ उनका कुछ आत्मिक सम्बंध था, जो मेरी समझ से परे था। ऐसा लगता मानो उनका दिव्यांश के साथ कोई पिछले जन्म का नाता है और उन्होंने शायद जहां उसकी देखभाल छोड़ी होगी वहीं से फिर से शुरुआत की कोशिश कर रही हैं। दिव्यांश के जीवन सूत्र में वे एक और कड़ी थीं जो आहिस्ता-आहिस्ता जुड़ रही थीं।

एक और नर्स थी जो हर दिन दिव्यांश के कमरे में आती, चाहे उसकी वहां ड्यूटी हो या न हो। वह आकर दिव्यांश के पास बैठ जाती और उन विषयों पर यूं ही बात करती रहती जो उन्हें लगता दिव्यांश को पसंद होगा।

कुछ दिनों बाद उन्होंने अचानक आना बंद कर दिया। मुझे लगा शायद उन्होंने 'रिहैब' में ही आना छोड़ दिया है। पर, एक दिन मैंने उन्हें नीचे के माले पर एक मरीज की देखभाल करते हुए पाया। मैं जाकर उनसे मिली और उन्हें 'हैलो' बोला। मुझे देख कर वह खुश हुईं। मैंने यूं ही पूछा कि सब ठीक तो है क्यूंकि मैं लगभग हफ्ता भर बाद उनसे मिल रही थी। उन्होंने नम आंखों से अत्यंत विनम्रता से स्वीकार किया कि वे दिव्यांश से इतना गहरा लगाव महसूस करने लगी थीं कि वे अक्सर चर्च में जाकर उस के लिए प्रार्थना करती थी। फिर उन्हें लगा कि दिव्यांश से इतना गहरा लगाव उनके पेशेवर नैतिकता (प्रोफेशनल एथिक्स) के अनुकूल नहीं है। इसीलिए उन्होंने उस से सम्बंध विच्छेद का निर्णय ले लिया। पर, उनके आंखों के आंसू उस पेशेवर नैतिकता के साथ उनके मन की लड़ाई का गवाह बन कर उमड़ रहे थे।

'डिस्चार्ज' के समय अस्पताल ने जिस चिकित्सा का स्वरूप निर्धारित किया था उसके अतिरिक्त यहां अलग-अलग तरह की 'थेरेपी' दी जाती थी, जो स्वयं में गहन चिकित्सा प्रणाली की तरह थी। यहां के सभी 'थेरेपिस्ट' कुशल और अनुभवी थे, साथ-साथ उन में दयालुता का भाव भी था। उनसे मैंने भी 'थेरेपी' के तरीके सीखे जो मैं उनकी अनुपस्थिति में दिव्यांश को देती। दिव्यांश का चेहरा अब सजीव लग रहा था। वह बस अपने चेहरे के भावों से ही संकेत देता। पर, वह जो भी था एक मां की बुझती उम्मीदों को सहारा देने के लिए काफी था। मैं उसकी कविता "ब्लेज़" में व्यक्त उसके ही भावों के सहारे अपने मनोबल को मजबूती देती।

ज्योति जगाओ
अंतर में अपने
तप कर लौह बन जाएं जिससे
इरादे मन के

मेरे लगन को देखकर दिव्यांश के पास आने वाली कई 'थेरेपिस्ट' ने मुझे 'थेरेपी' के तरीकों की बारीकियां सिखाई। मैंने उसके माध्यम से ही अपना मनोबल ऊंचा रखा। इस उम्मीद के साथ कि शायद यह दिव्यांश के लिए काम कर जाए, मैं हर दिन कोशिश करती कि आज पिछले दिन के सर्वश्रेष्ठ से भी बेहतर करूं। समय के साथ उसके सभी 'थेरेपिस्ट' उसके और मेरे भी बहुत करीब आ गए। जिस भावनात्मक लगाव से वे उसकी 'थेरेपी' में

जुटे रहने वह बहुत स्पष्टता से नजर आता। अपनी 'थेरेपी' समाप्त कर वे मेरे साथ बैठ कर दिव्यांश के अब तक की जीवन-यात्रा के बारे में बातें करतीं, और हमारा दुःख बांटने का प्रयास करती।

संगीत से मेरा कभी उतना लगाव नहीं रहा जितना सुशील और दिव्यांश का था। उसके स्नायु-तंत्र को उत्तेजित करने के उद्देश्य से मैंने उसकी 'प्ले-लिस्ट' में रुचि लेना शुरू किया। मैं नियमित रूप से उसकी 'प्ले-लिस्ट' से उसके लिए संगीत बजाती रहती। पता नहीं उस संगीत ने उसके स्नायु-तंत्र को वांछित रूप से उत्तेजित करने में कोई सहायता की या नहीं, पर उसने मेरे मनोबल को जरूर ताकत दी, और मैं स्वयं में दिव्यांश की उपस्थिति को महसूस करने लगी। एक मां और उसके बेटे के बीच की भौतिक दूरी को संगीत, सेतु बन कर जोड़ रहा था।

मुंबई जाने से पहले सुशील ने शंकर भैया को दिव्यांश की मेडिकल हिस्ट्री और जो चिकित्सा-प्रक्रिया अभी चल रही थी उस सब के बारे में तफसील से सब कुछ समझाया था। जीवन भर भैया सुशील के आदर्श रहे। सुशील के लिए वे पिता समान ही थे। सच कहूं तो मैंने दोनों के व्यक्तित्व में कई सारी समानताएं भी देखी। सुशील के लिए वे हमेशा एक मजबूत सहारे की तरह थे। सुशील को पूरी उम्मीद थी कि उनकी अनुपस्थिति में भैया दिव्यांश की उचित देखभाल कर लेंगे और मुझे भी उनसे भावनात्मक सहारा मिलेगा। पर, मैं यह देख कर निराश थी कि भैया दिव्यांश के प्रति अपने दायित्वों को लेकर बहुत सजग नहीं थे, बल्कि अधिकांशतः वे अपनी दिनचर्या में ही व्यस्त रहते थे। शायद उसकी चिकित्सकीय आवश्यकताओं और अमेरिका में रह कर दिन प्रति दिन की व्यवस्था संभालने को लेकर वे अपने अंदर पर्याप्त आत्मविश्वास नहीं जुटा पाए। इस मामले में मैं उन्हें संदेह का लाभ देना चाहूंगी। पर, बहुत सक्रिय न रहते हुए भी वे मुझे मनोबल प्रदान कर सकते थे, मुझे इतना तो महसूस करा ही सकते थे कि उन्हें मेरे दर्द का एहसास है, उनकी अपेक्षाकृत निष्क्रिय उपस्थिति भी मुझे हिम्मत से डटे रहने की ताकत देती। पर, दुर्भाग्य से ऐसा नहीं था। सशरीर वहां उपस्थित होकर भी वे दिव्यांश पर जो बीत रहा था उससे जैसे अनभिज्ञ थे। जहां वह चेतन भी थे वहां वस्तुस्थिति के प्रति उनकी निर्लिप्तता मुझे दिलासा देने की जगह चोट ही पहुंचाती। कई बार मैंने उनमें एक दुःखी मां और उसके बीमार बेटे के प्रति वेदना पहुंचाने वाली असम्वेदनशीलता भी देखी। मैं मायूसी से भर जाती। मुझे लगता शायद मैं अकेले ही सब कुछ बेहतर

तरीके से संभाल लेती। मैं उनके प्रति अपनी बढ़ती नाउम्मीदी के भाव को किसी तरह छुपाने की कोशिश करने लगी। वहां मुंबई में सुशील भी इस बारे में कुछ नहीं कर सकते थे, आखिर भैया उनके अनुरोध पर ही वहां रुके थे। पर, फिर भी मुझे लगता है उन्हें दोष देने का कोई फायदा नहीं। यही शायद उनकी क्षमताओं की सीमा थी। एक तरफ यह संसार कष्टों से भरा पड़ा है, तो दूसरी तरफ उन कष्टों पर पार पाने की क्षमताओं से भरे लोगों की भी कमी नहीं है। भैया के मददगार न होने, या कम मददगार होने, ने मेरे मन को दृढ़ बनाया ताकि अपनी उन परिस्थितियों से मैं स्वयं ही निपट सकूं।

जैसा कि नील स्त्रौस ने कहा है कि 'अनुकूल परिस्थितियों में किसी महानता का सृजन नहीं होता'।

दिव्यांश अपनी विशिष्टता में इस कथन का जीता जागता प्रतीक था। उसने हर बार अपनी सीमाओं को चुनौती दी, उस के दायरे के पार जाकर रास्ता तलाशा। उसने अपनी क्षमताओं के दायरे को अपने हौसले से बड़ा बनाया ताकि वह अपनी आकांक्षाओं के अनुरूप उपलब्धियां अर्जित कर सके। पिछले नवंबर से ही वह अस्पताल में था। अंशू और मृदुल, उसके प्रिय भ्राता-सखा उसका साथ निभाने उसके साथ नहीं थे, जबकि उसे उनकी बेहद जरूरत थी। पता नहीं, दिव्यांश को यह आशा थी या नहीं कि वे आकर उसके जीवन के बुझते दिए को अपने मनोबल का सहारा देंगे, पर मुझे थी। हालांकि मैं उनके अपने जीवन की अनिर्वाहित आवश्यकताओं से भी वाकिफ थी। अंशू की अभी-अभी शादी हुई थी और अपनी नए 'कॉर्पोरेट लाइफ' में वह सुस्थिर हो रहा था। मृदुल भी अपनी 'कॉर्पोरेट लाइफ' में व्यस्त था और साथ ही अभी अभी ही एक प्यारे से बेटे का पिता भी बना था, और उसके लिए भी अपने परिवार को दुबई में छोड़कर दिव्यांश के पास अमेरिका आना आसान नहीं था। उन्होंने वही किया जो उनकी अपनी सीमाओं के दायरे में था। पर, वे अपनी सीमाओं के दायरे को चुनौती नहीं दे पाए। आप स्वयं को तभी बेहतर पहचान पाते हैं जब आप अपने दायरे को चुनौती देते हैं। इस से पहले कई बार वे दोनों अपने इस दायरे को चुनौती दे कर दिव्यांश और हमारे जीवन की दर्द भरी यात्रा में सहायक रहे थे। मुझे लगता है हमारे साथ अपने सम्बंधों को निभाने में वे अब अपनी सीमाओं तक पहुंच चुके थे। उनका अपना जीवन भी था। पर, एक बात तो तय है, जीवन आपको विश्वास, सम्मान, और खोए हुए

अवसर प्राप्त करने के कई अवसर देता है, पर एक ऐसा समय आता है जिसके बाद ऐसा कोई अवसर नहीं मिलता। यह एक पूर्ण विराम है, जिसके बाद वैसे सारे रास्ते बंद हो जाते हैं। मुझे लगता है उनके साथ भी यही हुआ। अगर आप एक संवेदनशील व्यक्ति हैं तो बाद में जीवन के किसी मोड़ पर शायद आप में एक पछतावे का भाव आए, वरना तो आप किसी भी आम इंसान की तरह हैं, अपनी सुविधाओं और क्षमताओं के दायरे में सीमित। जब हम 'रिहैब' में थे, एक बार अंशू अपने दफ्तर के कार्य से एक अन्य अमेरिकी शहर 'सीऐटल' आना पड़ा। अपना कार्य खत्म करके वह भारत जाने से पहले एक दिन के लिए हम लोगों से मिलने न्यू जर्सी आया। मुझ से ज्यादा शायद खुद अंशू ने यह महसूस किया होगा जैसे उस दिन वहां होकर भी वह दिव्यांश के लिए नहीं था। शायद दिव्यांश ने भी यही महसूस किया हो। दुर्भाग्य से दो बाल सखा उस दिन साथ होकर भी सही मायने में एक दूसरे के लिए अनुपस्थित थे। उनके बारे में मैं इतने दर्द की अनुभूति के साथ इसीलिए लिख रही हूं कि मेरे ससुराल में जो बच्चे थे उनमें ये दोनों मेरे सबसे करीब थे। हम यहां अत्यंत दुर्भाग्यपूर्ण स्थिति में थे, उन स्थितियों को बेहतर बना पाना तो उनके लिए भी संभव नहीं था, पर, वे इतना भर तो कर ही सकते थे कि अपनी उपस्थिति से, या वहां हुए बिना भी, जीवंतता से जुड़े रह कर मेरा मनोबल बढ़ा सकते थे। मैं ऐसा इसीलिए कह रही हूं कि पिछले 9 सालों से मेरा सबसे बड़ा मानसिक संबल दिव्यांश ही रहा था, जिसने उसे अपनी और हमारी सीमाओं को चुनौती देने की ताकत दी। आज जब दिव्यांश बेबस था, तो मैं मृदुल और अंशू में वही संबल तलाश रही थी।

एक तरफ जहां पुराने संबंधों पर शिथिलता की धूल जमती जा रही थी वहीं दूसरी तरफ चुपचाप नए लोग दिव्यांश के जीवन से जुड़ते जा रहे थे। ऐसी ही एक इंसान थी मलीना, जो उसी 'रिहैब' की एक बाशिंदा थी, और दिव्यांश के ठीक बगल वाले कमरे में थी। वे छोटे कद की महिला थी, चेहरे पर झुर्रियां, और उनके ऊपर आंखों पर चढ़ा मोटे काला फ्रेम का चश्मा। वे एक वॉकर की सहायता से चल पाती थीं। वैसे तो वे इसके बिना भी चल सकती थीं, पर डॉक्टर की सलाह थी कि किसी आपात स्थिति से बचने के लिए उन्हें वॉकर की सहायता ले कर ही चलना चाहिए। उम्र में तब वे 75 के आस-पास रही होंगी, एक बातूनी महिला जो बदजुबान भी थी, और 'रिहैब' के स्टाफ अक्सर उनकी इस बदजुबानी का शिकार बनते।

इन सब कारणों से लोग वहां उनसे दूरी बना कर रखते थे, पर उन्हें इस से कोई फर्क नहीं पड़ता था। वे अपने शर्तों पर जीने वाली महिला थीं और स्वयं में ही एक पूरी दुनिया थीं। होठों पर सिगरेट के साथ वे एक 'डेबोनीयर' लगतीं, जो जीवन को बेफिक्री से जीने में विश्वास करती थी। उन्हें प्रत्यक्षतः अपनी उम्र के किसी साथी की आवश्यकता नहीं थी। जब भी कोई नर्स उनके पास से गुजरती वह उन्हें चिढ़ाने वाली कोई बात कह देतीं। नर्सों और 'रिहैब' के स्टाफ ने जैसे उनके अप्रिय तौर तरीकों से समझौता कर लिया था, क्योंकि 'रिहैब' के नियमों के पालन न करने के प्रति उनका दुराग्रह बहुत स्पष्ट था। यह सब देखते समझते जाहिर था मैं भी उन से दूरी बनाए रखने की कोशिश करती, हालांकि आते जाते वे अक्सर हमारे कमरे में झांक लेती थी। समय के साथ लेकिन बिना किसी संवाद के भी मैंने उनके व्यक्तित्व के अछूते पहलू को महसूस किया जिसका अब तक उस 'रिहैब' के दूसरे बाशिंदों और स्टाफ को भी शायद पता नहीं था। एक दिन वे मेरे कमरे में आ ही गयीं और पास आकर बोलीं, "हाय हनी .! तुम्हारी आंखें बहुत खूबसूरत हैं।" "पर, मेरा भाग्य अच्छा नहीं है"- मैंने तुरंत ही उत्तर दिया। "चुप रहो, नहीं तो एक थप्पड़ लगाऊंगी", उन्होंने मुस्कुराते हुए कहा और वहां से चली गयीं। अगले दिन वे फिर आयीं और दिव्यांश से और मुझ से बात करने की इच्छा जाहिर की। थोड़ी हिचकिचाहट के साथ मैंने उनकी इच्छाओं का सम्मान किया। हमारे साथ कुछ देर समय बिताने के बाद उन्होंने मुझ से कहा कि मैं अगले दिन अपना लंच लेकर न आऊं, वे पिज़्ज़ा ऑर्डर करेंगी जो वह मेरे साथ मिल बांट कर खाना चाहती थीं। मैं ना नहीं कर पायी। अगले दिन हमने साथ लंच किया, और वहां के लोग आश्चर्यपूर्वक मलीना और 'रिहैब' के एक दूसरे बाशिंदे के इस असामान्य मिलाप का नजारा झांक-तांक करते हुए देखते रहे। अगले कुछ सप्ताहों तक वे हर दिन हमारे कमरे में आतीं रहीं। जो पहली बात वे कहतीं वह था, "हैलो दिव्यांश, मैं मलीना हूं, तुम्हारी दोस्त, मैं तुम्हें देखने और आशीर्वाद देने आयी हूं।" और फिर वह दिव्यांश के लिए प्रार्थना। करतीं। उनकी यह हरकत नर्सों को नागवार लगती क्योंकि वे दिव्यांश को उनके जैसी बदमिजाज इंसान से दूर रखना चाहती थीं। मलीना के मेरे कमरे से जाने के बाद वे अक्सर आ कर मुझे उनसे दूर रहने की सलाह देतीं। हर इंसान का चाहे वह कितना भी स्वतंत्र और बुरा क्यों न हो, एक कोमल और संवेदनशील पक्ष भी होता है। मलीना भी इसका अपवाद नहीं थी, और जैसे-जैसे हमारी

नजदीकियां बढ़ती गयी, मुझे उनका यह पक्ष स्पष्टता से दिखने लगा। वह अक्सर कहतीं कि आज उनका बेटा जो उनका बहुत ध्यान रखता है, पैसे देने आ रहा है, पर वह कभी नहीं आता था। कम से कम मैंने, जब तक मैं वहां थी, उसे कभी वहां आते नहीं देखा। उन्हें फेफड़ों की कोई बीमारी थी जिस कारण उन्हें सिगरेट पीने की मनाही थी। मेरे बार-बार अनुरोधपूर्वक मना करने के कारण उन्होंने मेरे सामने तो सिगरेट पीना छोड़ दिया पर उसे पूरी तरह नहीं छोड़ा। वे 'रिहैब' के बाहर एक बरगद के पेड़ के नीचे जाकर छुप कर सिगरेट पीतीं, ताकि मेरी खोजी नजरों में वह न आ सके। जब कभी पकड़ी जाती तो वह खुला झूठ बोल देतीं कि यह आखिरी सिगरेट थी जो वह पी रही थीं। पर, दरअसल वह आखिरी मौका कभी नहीं आता था। मुझे भी उनका ध्यान रखने में आनंद आने लगा। हर दिन मैं उनके लिए कोई भारतीय व्यंजन बना कर ले आती जिसे वह अपना कमरा अंदर से बंद कर आनंदपूर्वक खाती। 'रिहैब' से उन्हें जो भी खाना मिलता उसे वे मेरे साथ बांट कर खाती। कभी-कभी वे डाइनिंग एरिया से चुपचाप मेरे लिए जूस और कूकीज ले आती और मुझे अपने सामने उसे खाने को कहतीं। वैसे तो प्रत्यक्ष रूप से मलीना एक आजाद तबियत और बेफिक्र किस्म की महिला लगती थी, पर मैंने उनके अंदर छुपे एक गहरे संवेदनशील पक्ष को देखा और महसूस किया, बिना किसी आपसी संवाद के भी शायद दिव्यांश ने भी ऐसा ही महसूस किया, उस हल्के आवरण के पार जा कर जो इसे हमेशा ढके रहता था। शायद एक स्नेहपूर्ण सांस की जरूरत भर थी जो इस आवरण के पार उनके अंदर की खूबसूरती को सामने ला दे, पर, उन्हें शायद कभी कोई ऐसा मिला ही नहीं।

अमेरिका के 'रिहैब' केंद्रों में सप्ताह के काम वाले दिन मनहूसियत और अकेलेपन से भरे होते हैं। मैं अकेली ऐसी थी जो सातों दिन सारा समय वहीं बिताती थी। पर, सप्ताहांत में यह जगह चहल-पहल से भर जाती जब रंग बिरंगे कपड़ों में यहां के बाशिंदों के रिश्तेदार उनसे मिलने, उनके लिए उपहार लेकर आते। मैंने मलीना के किसी भी रिश्तेदार को किसी सप्ताहांत में उस से मिलने आते नहीं देखा। शायद उन्हें किसी की जरूरत ही नहीं थी। मैं और दिव्यांश थे जो उन्हें चौबीसों घंटे का साथ देते।

'रिहैब' के सारे बाशिंदों की लगभग एक सी कहानी थी। सब के सब बुजुर्ग, जीवन के छठे-सातवें दशक में, परिवार से दूर, और सब को कुछ न कुछ बीमारी थी। जब दिव्यांश इस समानरूपी समूह में शामिल हुआ,

अपनी युवा अवस्था के कारण वह सब के आकर्षण और चर्चा का केंद्र बन गया। वे सब उसके बारे में और अधिक जानने को उत्सुक थे। एक दिन व्हीलचेयर पर एक बुजुर्ग हमारे कमरे में आए। मैंने उन्हें कई बार 'रिहैब' के बरामदे में अपने दोस्तों के पास जाते देखा था। उनका खुद का कमरा नीचे की मंजिल पर था। वे स्वभाव से मिलनसार और खुल कर बातचीत करने वाले थे, उनकी भाषा खालिश अमेरिकी अंग्रेजी वाली थी। उन्होंने दरवाजे पर दस्तक दी और बोले, "क्या मैं अंदर आ सकता हूं?" मैंने विनम्रता पूर्वक उनसे अंदर आने का आग्रह किया। हमने एक दूसरे को अपना परिचय दिया, फिर वे अपनी व्हीलचेयर को लेकर दिव्यांश के पास चले गए। वे एकटक दिव्यांश को देखते रहे, शायद रिश्ते का कोई पुराना धागा जोड़ रहे थे या शायद अपने जीवन के किसी सूत्र को उस से जुड़ता महसूस कर रहे थे। थोड़ी देर बाद उन्होंने मुझसे कहा- 'मैंने सुना है, दिव्यांश बहुत अच्छा लिखता है'। उन्होंने दिव्यांश का लिखा पढ़ने की इच्छा जताई। सुज़न ने उसके जन्मदिन पर उसके ब्लॉग के आलेखों का जो संग्रह बना कर दिया था उसे मैं अस्पताल की तरह ही यहां भी अपने कमरे में रखती थी। मैंने खुशी-खुशी उन्हें वह बॉक्स फाइल दिखाया। मैंने उन्हें दिव्यांश की कुछ कविताएं भी दिखाईं। उन्होंने कहा कि वे उसे तसल्ली से अपने कमरे में ले जाकर पढ़ना चाहते हैं, और पढ़ कर शाम तक लौटा देंगे। उस शाम वे नहीं आए। मैंने भी इस बात पर ज्यादा ध्यान नहीं दिया। पर, अगली सुबह अपनी गोद में बॉक्स फाइल रखे अपने दोनों हाथों से व्हीलचेयर चलाते वे हमारे कमरे में दाखिल हुए।

उन्होंने मुझ से पूछा, "आप किस देश से हैं?" मैंने जवाब में 'भारत' कहा। वे बोल पड़े, "ओह! मुझे लगा आपका बेटा भारत में नहीं रहा होगा।" मैं पशोपेश में पड़ी उन्हें देखती रही, फिर बोल पड़ी, "जी नहीं, वह हमेशा से भारत में ही रहा है। हां, पिछले एक साल से वह न्यू जर्सी में रहकर एफ.डी.यू. से इंजीनियरिंग में अंडर ग्रेजुएट की पढ़ाई कर रहा है। पर, आप आखिर ऐसा क्यों पूछ रहे हैं?" मैंने विनम्रता से ही पूछा। उन्होंने उत्तर दिया, "कृपया आप अन्यथा न लें, मैं दरअसल अंग्रेजी का शिक्षक था, कॉलेज में पढ़ाता था, अब रिटायर्ड हो चुका हूं। आपके बेटे के ब्लॉग और उसकी कविताओं के अंतर्निहित भावों को समझने में मुझे थोड़ा समय लगा। इसी कारण यह बॉक्स फाइल मैं अपने कहे अनुसार कल आपको लौटा भी नहीं पाया। अंग्रेजी भाषा पर उसका अधिकार सरलता से बड़े लेखकों के

समकक्ष रखा जा सकता है। मैं स्वयं अंग्रेजी का शिक्षक रहा हूं, पर उसकी लेखन क्षमता देख कर चकित हूं। कृपया इनका कॉपीराइट करवा लें वरना यहां अमेरिका में यह लेखकीय-नकल का शिकार बन जाएगा। मैंने आप से आपके देश के बारे में इसलिए पूछा कि मैं यह देख कर चमत्कृत था कि एक भारतीय लड़का इतने समृद्ध भावों को भाषा पर इतने अधिकार के साथ कैसे व्यक्त कर रहा है। मुझे यह लेखन पढ़ने देने के लिए धन्यवाद। मैं यदि आपके बेटे के साथ दो मिनट का समय बिताने प्रतिदिन आऊं तो आप को ऐतराज तो नहीं होगा? मुझे सच में खुशी होगी। और हां, उसके माता-पिता के रूप में आप पर ईश्वर की विशेष कृपा है।"

वे कमरे से चले गए, पर उनके व्हीलचेयर के पहियों की छाप उस कमरे में ही नहीं बल्कि मेरे मन में भी बसी रही।

जबसे हम 'रिहैब' आए थे, मैंने देखा अजय अधिकांशतः अपने दफ्तर के कार्य से दौरे पर ही रहते। हालांकि अगर वह शहर में होते तो लगभग प्रतिदिन हम से मिलने आते, पर न जाने क्यों मुझे लगता था कि अब हमारे प्रति अपनी गंभीरता को उन्होंने बस ओढ़ रखा है। दिव्यांश के लिए जो उनका अगाध प्रेम मैंने देखा था, वह धुंधला पड़ता दिख रहा था। कारण शायद वह निराशा का भाव, जो लंबे अंतराल से चल रहे उस इलाज, जिस में उसके ठीक होने की उम्मीद भी नहीं थी, के परिणामस्वरूप था। उन्होंने दिव्यांश में प्रबल सम्भावनाएं देखी थी। उन्होंने निस्वार्थता भाव से उसके उज्जवल भविष्य के लिए रास्ता संवारने में अपना समय और अपनी ऊर्जा लगायी थी। इतना सब कर के भी परिणाम यदि ऐसा हो, जैसी स्थिति अभी दिव्यांश की थी, तो निराशा स्वाभाविक था, मैं उसे समझ सकती थी। साथ ही संभव है उन्हें हमारी इस कठिन परिस्थिति में उलझ कर लंबे समय तक इस में हमारे साथ ही उलझे रहने की आशंका भी हो, क्योंकि हम कब तक ऐसी परिस्थिति में रहेंगे इसे लेकर कुछ भी निश्चित नहीं था। शायद, कुछ पारिवारिक दबाव भी हो, जिस कारण दिव्यांश के प्रति उनके लगाव का भाव भी प्रभावित हुआ हो। दिव्यांश के प्रति उनका स्नेह और लगाव किसी ईश्वरीय वरदान से कम नहीं था। अब जब यह धुंधला पड़ता दिख रहा था तो मैं भला क्या शिकायत करूं। पर दिव्यांश के साथ उनके संबंधों का चक्र जिस तरह अब पीछे घूम रहा था वह देख कर मुझे दुःख हुआ, मैं तो खैर अभी-अभी ही उनकी बहन बनी थी।

साल 2018 के मई महीने के तीसरे सप्ताह में दिव्यांश को फेफड़ों

में कुछ गंभीर संक्रमण का पता चला, उसकी इस न्यूरोलॉजिकल हालत में डॉक्टर को इस बात की आशंका पहले से ही थी। मुझे समझ नहीं आ रहा था करूं तो क्या करूं। अजय की सलाह थी कि उसे फिर से अस्पताल में भर्ती करने का कोई लाभ नहीं होगा। पर, नर्स, जो तब उसकी देखभाल कर रही थी, ने मुझसे कहा कि मैं वही करूं जो एक मां का दिल कहता है। मैंने सारा से ही सलाह मांगी। उसने सोच विचार कर उत्तर दिया, "पिछले दो दिनों से मैं महसूस कर रही हूं कि उसकी हालत बिगड़ रही है। कल मैं उसके लिए प्रार्थना करने चर्च भी गयी थी। मेरा मन कहता है उसे 'इंटेन्सिव केयर' में विशेषज्ञ चिकित्सकों द्वारा निरीक्षण परीक्षण की आवश्यकता है। आप उसे लेकर अस्पताल जाइए।" उसका स्पष्टता से और समय पर दी गयी सलाह ने मेरी दुविधा समाप्त कर दी। इसीलिए भी कि जिस 'रिहैब' में हम रह रहे थे वह 'सब-अक्यूट' श्रेणी का था और गहन (इंटेन्सिव) इलाज की सुविधा वहां उपलब्ध नहीं थी। हमने आपात स्थिति में उसी रात दिव्यांश को उसी अस्पताल में भर्ती करने का निर्णय लिया जहां से वह यहां आया था। महीना भर पहले जब हम अस्पताल से यहां आए थे तो मैंने सोचा भी नहीं था कि ऐसी गंभीर स्थिति में हमें फिर से उसी अस्पताल का रुख करना पड़ेगा। ऐंबुलेंस में फिर से दिव्यांश को उसी अस्पताल में जाते देख कर मेरा दिल डूबा जा रहा था। मैं पूरे रास्ते सकते की स्थिति में थी, क्या यह अस्पताल और 'रिहैब' का चक्र यूं ही चलता रहेगा..! उसके स्वास्थ्य में कोई सुधार हो या न हो तब भी क्या फिर से उसे पहले की तरह ही अस्पताल से 'रिहैब' भेज देंगे..! मुझे सुशील की कमी बेतरह खल रही थी, हालांकि हम फोन पर निरंतर संपर्क में थे।

# 23

## खड़े हैं वे, भयमुक्त होकर.....

दिव्यांश को पहले अस्पताल के 'ई.आर.' (आपात-कक्ष) में भर्ती किया गया। चिकित्सकों के एक पूरे झुंड ने उसे घेर रखा था। उनकी लगातार चल रही बातें मेरे सुन्न पर गए मस्तिष्क से जैसे टकरा कर बिखर रही थीं। मुझे लगा मैंने दिव्यांश को स्वयं में समेट लिया है, उस घातक संक्रमण और नियति की शक्तियों का चाहे जो भी परिणाम हो, मैं अपने मातृत्व की दृढ़ शक्ति से उसे सुरक्षित कर लूंगी। आधे घंटे में मैंने खुद को संभाल लिया। दिव्यांश को भांति-भांति के जांच के लिए ले जा रहे थे। अजय और भैया भी तब तक मेरे पास आ गए थे। जांच पूरी होने के बाद दिव्यांश को पहले आई.सी.यू. और फिर 'स्टेप-डाउन आई.सी.यू.' में रखा गया। अस्पताल में सात दिन रह कर वह उस संक्रमण के प्रभाव से उबर गया, और उसे फिर से 'रिहैब' में ले जाने के लिए 'डिस्चार्ज' कर दिया गया। इस बार 'रिहैब' में वापस जाने का सोच कर ही मुझे लगा मानो हम घर वापस जा रहे हैं। अस्पताल से चलने से पहले मैंने सारा और मलीना को फोन करके इसके बारे में बताया। एम्बुलेंस जब 'रिहैब' के पोर्टिको में प्रवेश कर रही थी, मैंने देखा मलीना बरगद के नीचे बेचैन-सी खड़ी सिगरेट के कश पर कश लिए जा रही है। मुझे देखते ही उसने पहले तो सिगरेट छुपाने की असफल कोशिश की, फिर उसे वहीं फेंक कर आंखों में नमी लिए आकर मुझ से लिपट गयी। मैंने और दिव्यांश ने अपने इस नए घर में आकर राहत की सांस ली, और मलीना को अपना सातों दिन का स्थायी साथी वापस मिल गया। सुशील फिर से न्यू जर्सी आने का प्रोग्राम बना रहे थे, उनके एक संदेश के जवाब में मैंने लिखा, "एक बात तो तय है कि मैं भी तब तक हार नहीं मानूंगी जब तक दिव्यांश हार नहीं मानेगा।"

मई के आखिरी सप्ताह तक सुशील अपने दफ्तर से दो महीने की छुट्टी

लेकर हमारे पास आ गए। उनकी दिली तमन्ना थी कि जब तक संभव है दिव्यांश के साथ रह लें। वैसे तो उनके आने तक दिव्यांश के चिकित्सकीय व्यवस्थाओं के मामले में मैं निपुण हो गयी थी, खासकर 'रिहैब' से सम्बंधित मामलों में मुझे खुद से देख-रेख में कोई कठिनाई नहीं थी, पर उनका साथ में होना ही आश्वस्ति की गहरी अनुभूति देता था। मैंने देखा करीब दो महीने बाद अपने पिता को देख कर दिव्यांश के चेहरे के भावों में स्पष्ट परिवर्तन आया था, मानो उसे उनकी उपस्थिति का भान हो रहा हो। अब तक भैया को यहां आए लगभग तीन महीने हो चुके थे, वे सुशील के आने के बाद भारत वापस चले गए।

उस 'रिहैब' के बाशिंदों और स्टाफ में कोई भी सुशील को नहीं जानता था, हालांकि मैंने मलीना और कुछ अन्य लोगों की उनसे फोन पर जरूर बात करवाई थी। स्टाफ के लगभग सभी सदस्यों को पता था कि दिव्यांश के पिताजी जल्द ही वहां आने वाले हैं। अतिशयोक्ति नहीं होगी यदि मैं कहूं कि हमारे साथ साथ वे सब भी उतनी ही उत्सुकता से सुशील के आने की प्रतीक्षा कर रहे थे। दिव्यांश के प्रति वे सब इस कदर आकृष्ट थे कि वे चाहते थे उसे वह सब मिले जिसका वह हकदार है, जिसमें पिता की स्नेहपूर्ण उपस्थिति भी शामिल थी। साथ ही कुछ नर्सें, थेरेपिस्ट, और निश्चित तौर पर मलीना भी मेरे लिए इतनी फिक्रमंद थीं कि उन्हें लगता था सुशील के आ जाने से मेरे चेहरे पर भी मुस्कान आ जाएगी। जाहिर था कि उनके आने का दिन 'रिहैब' में सब को पता था और उनका वहां आने पर जम कर स्वागत भी हुआ। पहले दिन वे मेरी कुछ प्रिय नर्सों और मलीना के लिए उपहार लेकर आए। अपने नए दोस्तों को अपने हाथों से वह उपहार देना खुशी का एक ऐसा पल था जो अरसा बाद मेरे जीवन में आया था। पर, सबसे ज्यादा आनंद की अनुभूति तब हुई जब मैंने सुशील का अपने पति और दिव्यांश के पिता के तौर पर सब से परिचय करवाया। पिछले 9 सालों में दिव्यांश की चिकित्सा से गहरे जुड़े रहने के कारण सुशील मेडिकल शब्दावलियों से पूरी तरह परिचित हो गए थे और उसकी पूर्व अथवा वर्तमान चिकित्सा के संदर्भ में बात करते हुए वे उस तरह की शब्दावलियों का सहजता से प्रयोग करते जो आम तौर पर डॉक्टर ही करते हैं, इस कारण शुरू में वहां सब ने उन्हें भी डॉक्टर समझ लिया। एक बार तो ऐसा भी हुआ कि पल्मोनोलॉजिस्ट, जो दिव्यांश को देखने आए थे, उसके स्वास्थ्य और चिकित्सा पर चर्चा करते हुए उन्हें भी डॉक्टर ही समझ बैठे।

हम हर दिन सुबह 9 बजे 'रिहैब' पहुंच जाते और देर रात तक वहीं रहते। सुशील ने तत्परता से दिव्यांश के स्वास्थ्य की स्थिति, उसे दी जा रही चिकित्सा, और 'थेरेपी' का आकलन किया और उसे अपने पांव पर खड़े करने के उपायों को गति देने में जुट गए, हालांकि कहने की आवश्यकता नहीं कि यह कितना कठिन था। सुशील के आने के तुरंत बाद ही अजय अपने बिजनेस संबंधी एक लंबे दौरे पर पश्चिमी अमेरिका चले गए।

जिन थेरेपिस्ट ने दिव्यांश की सुश्रुषा की, उन में मैं मुख्य रूप से दो के नाम यहां लेना चाहूंगी। पहली तो एक युवा नर्स सारा, जो उम्र में दिव्यांश से थोड़ी ही बड़ी होगी, उसके साथ जैसे अपनापे के रिश्ते से बंध गयी थी। आम तौर पर 'थेरेपी' का एक 'सेशन' पौने घंटे का होता पर दिव्यांश के साथ वह कम से कम डेढ़ घंटे देती। फिर आधे घंटे मेरे साथ बैठ कर मेरा दुःख बांटती और दिव्यांश के बारे में अधिक से अधिक जानने की कोशिश करती। दिव्यांश का उस पर प्रभाव बड़ा स्पष्ट था, जिस दिन दिव्यांश के साथ उसका 'सेशन' अच्छा जाता वह खुश हो जाती। कभी-कभी 'सेशन' उतना अच्छा नहीं होता तो वह दुःखी और निराश हो जाती। उस के चेहरे पर एक उदासी का भाव होता। उस ने दिव्यांश की स्थिति बेहतर बनाने के लिए अपनी तरफ से शत-प्रतिशत प्रयास किया। सारा ने मुझ में फिर से उम्मीद की लौ जगाई। चिकित्सा विज्ञान की सीमाओं के परे उसने दिव्यांश की आत्मा को सतत संघर्ष की दिशा में उन्मुख किया।

दूसरे थैरेपिस्ट हैरोल्ड थे। साठ की उम्र पार कर चुके एक बुजुर्ग, जो अपनी कार्यपद्धति में परंपरा से हट कर प्रयोग करने में विश्वास रखते थे, जो औरों से अलग होता। उन्हें लगता दिव्यांश के लिए सामान्य से थोड़ा अधिक, ऐसे ही अलग तरीके की आवश्यकता है, और उनके उपायों का परिणाम भी थोड़ा बेहतर जान पड़ता था। हैरोल्ड अनुभवी थे, उन्होंने दुनिया देख रखी थी, दिव्यांश पर जो भी तरीके वे आजमा रहे थे, वे चाहते थे मैं उन्हें सीख लूं, ताकि जब भी समय मिले दिव्यांश के साथ उसे करती रहूं। जाहिर था उन्होंने भी एक मां के भरोसे को जीवित रखने, उसकी ताकत को बल देने के लिए अपने प्रयासों से बहुमूल्य सहारा दिया।

इस बार मैंने सुशील की सोच में एक स्पष्ट बदलाव पाया। वह अब अक्सर कहते अमेरिका में दिव्यांश के ठीक होने की कोई संभावना शेष नहीं रही। यहां उसे जो मिल रहा था वह ठीक होने की दृष्टि से किया जाने वाला इलाज नहीं बल्कि यथास्थिति बनाए रखने वाला इलाज (सपोर्ट ट्रीटमेंट)

भर था। यहां के डॉक्टर भी उसके ठीक होने की कोई आशा दिलाते नहीं दिखते थे। 'रिहैब' के स्टाफ में निश्चित तौर पर दिव्यांश के लिए अत्यधिक सहानुभूति थी, यहां सब के सब उसकी चिंता भी बहुत करते थे, पर इतने भर से उसकी स्थिति में कोई सुधार होने वाला नहीं था, और वे भी और कुछ नहीं कर सकते थे। सबसे ज्यादा जो बात सुशील को खलती थी, वह था वहां के डॉक्टरों का बर्ताव। जहां दिव्यांश अपनी पूरी आंतरिक शक्ति से जूझ रहा था, वहीं वहां के डॉक्टर जैसे उम्मीद छोड़ चुके थे। सच कहें तो उनका यह व्यवहार दिव्यांश के जज़्बे की गरिमा के अनुरूप नहीं था। उनकी सम्वेदना और सहानुभूति अपनी जगह थी, पर चिकित्सकीय स्तर पर उसे जिस तरह से लगभग त्याग दिया गया था, वह सुशील को मंजूर नहीं था। चिकित्सा-विज्ञान की अपनी सीमाएं है, यह अपनी जगह सही है, पर दिव्यांश की आत्मा जिस प्रकार से इस अद्भुत संघर्ष में जुटी थी उस पर कोई प्रश्नचिन्ह खड़ा नहीं किया जा सकता था। एलोपैथिक चिकित्सा विज्ञान शरीर-संरचना के आधार पर बीमारियों का पता लगाता है और उसी आधार पर चिकित्सा का प्रावधान भी करता है। इसीलिए इसका व्यक्ति के शरीर-संरचना तक सीमित रहना लाजिमी है। यह आत्मा की क्षमता को न समझ सकता है न ही उसका संज्ञान ले कर कुछ भी निर्धारित कर सकता है। इसी कारण कई बार हमें सुनने को मिलता है कि कोई व्यक्ति डॉक्टरों के अनुमान के विपरीत अपनी इच्छाशक्ति से संघर्ष करते हुए मृत्यु-शैय्या से वापस आ गया। चिकित्सा-विज्ञान ऐसे अद्भुत संघर्षों की व्याख्या नहीं कर पाती है। इन सब विचारों को ध्यान में रखते हुए सुशील ने मेरा मत जानना चाहा कि क्या हम दिव्यांश को मुंबई ले चलें जहां उसे 'सपोर्ट-ट्रीटमेंट' के साथ घर का आरामदेह वातावरण भी मिलेगा और हम कुछ संभावित वैकल्पिक चिकित्सा के बारे में भी सोच पाएंगे। अमेरिका में हमारा सबसे बड़ा सहारा रहे अजय अब अधिकांशतः अपने काम के सिलसिले में लंबे-लंबे दौरे पर रहते और इस कारण भी हमारी इस सोच को बल मिल रहा था।

दिन बीतते जा रहे थे। सुधार की दृष्टि से कहूं तो कोई दिन थोड़ा बेहतर होता तो कोई बुरा। हम समय के साथ चल रहे थे पर समय ही जैसे रुक गया था। बीता हुआ कल आने वाले कल से कुछ भी, किसी भी, मायने में अलग नहीं लगता था। 'रिहैब' का यंत्रवत जीवन और वहां की एकरसता सुशील को सता रही थी। फिर भी वे दिव्यांश के लिए हर दिन कुछ नया करने की कोशिश करते और हमारे जीवन की एकरसता को कम

करने का उपाय भी तलाशते रहते। मेरे सामने दिव्यांश की जो अलग-अलग 'थेरेपी' दिन भर चलती रहती, मैं कोशिश करती सुशील को उससे दूर रखूं। अपनी तरह से मैं प्रयास में लगी रहती कि उनके लिए तनाव के अवसर कम से कम हों। वे सालों से इलाज की इस लंबी और जटिल प्रक्रिया से पूरी तरह जुड़े थे जो अपने आप में तनाव का गंभीर कारण था, उन्होंने सारी जिम्मेदारी खुद पर लेकर लंबे समय तक मुझे इस तनाव से बचाए रखने या उसे मेरे लिए कम से कम रखने की कोशिश की थी। अब मेरी बारी थी। अलग-अलग काल और स्थान पर दर्द के इस महासागर में तैरते हुए हम एक दूसरे को सहारा देने, यथा संभव एक दूसरे को इस से बचाने के लिए मन ही मन हमेशा जुटे रहते। एक दूसरे के लिए हमारे मन की इस चेतना ने कठिन परिस्थितियों में भी हमारे वैवाहिक रिश्ते को ताकत दी।

जुलाई की शुरुआत में दिव्यांश के फेफड़ों का संक्रमण फिर से अपना लक्षण दिखाने लगा। 'रिहैब' के डॉक्टरों ने फिर से अस्पताल ले जाने की सलाह दी। अस्पताल में कुछ दिनों के इलाज के बाद दिव्यांश फिर से थोड़ा बेहतर हो गया। डेढ़ महीने के अंदर ही फिर से अस्पताल जाने की नौबत ने हमें सोचने पर मजबूर कर दिया। सुशील ने डॉक्टर से 'एम.आर. आई.-स्कैन' कर यह देखने का आग्रह किया कि क्या स्थिति बेहतर हुई है। 'स्कैन' के नतीजे बिल्कुल उत्साहवर्धक नहीं थे, बल्कि स्थिति बिगड़ती हुई ही दिख रही थी। हमें समझ आया कि उसे इस प्रकार अस्पताल ले जाने की स्थिति बार-बार आती रहेगी। इसका कोई अंत नहीं था, और न ही इसका कोई स्थायी लाभ होने वाला था। इस रास्ते पर आगे बढ़ते रहने के लिए अब कोई उम्मीद नहीं बची थी। अगर कहीं कोई उपाय कोई उम्मीद हो भी सकती थी तो वो कम से कम इस 'रिहैब' और अस्पताल के चक्करों में तो नहीं थी। अब कुछ अलग सोचने, कुछ ठोस निर्णय लेने की आवश्यकता थी।

जब हम अस्पताल में थे तो सुशील ने एक दिन मुझसे पूछा, "निधि, मैं पिछले दो दिनों से कुछ विचार रहा हूं, अब समय आ गया है कि मैं तुम्हारा भी मंतव्य जान लूं ताकि इस विचार के साथ आगे बढ़ने के बारे में कोई निर्णय ले सकूं। यह तो तय है कि दिव्यांश की जो बीमारी है 'ल्यूकोएन्सेफैलोपैथी', उसके लिए यहां उसे सही मायने में कोई प्रभावी उपचार नहीं मिल रहा है। जो उपचार चल रहा है, वह बस यथास्थिति बनाए रखने के लिए है। यहां हमारा अपना सहारा भी कम हो रहा है क्योंकि अजय भी

ज्यादातर बाहर ही रहते हैं। अगर तब भी यहां के डॉक्टर हमें कोई उम्मीद या भरोसा दे रहे होते तो हम खुशी-खुशी यहां रुकते। सब कुछ सोच कर देखो तो क्या यह अच्छा नहीं होगा कि हम उसे लेकर मुंबई चलें, जहां वह घर के आरामदेह वातावरण में आवश्यक नर्सिंग सुविधा के साथ रहेगा और हम कुछ और वैकल्पिक चिकित्सा पद्धति भी आजमा पाएंगे?"

मैंने उनके विचार सुन कर तत्काल हामी भर दी, क्योंकि तब तक मैं भी दिव्यांश की ऐसी हालत में इस प्रकार से वहां रहने को लेकर हताश हो चुकी थी। पर, मैंने वस्तुस्थिति को समझते हुए उनसे अपनी चिंता जताई, "लेकिन, ऐसी हालत में हम उसे मुंबई ले कैसे जाएंगे।" सुशील विचारशील मुद्रा में बोले, "अगर यह विचार उचित है तो मुझे उपाय सोचने दो।" मैं सुशील को जानती थी, अगर उन्होंने कुछ ठान लिया तो उसे भलीभांति सम्पन्न करने के लिए वे हर संभव प्रयास करेंगे, हर संभव रास्ता तलाशेंगे।

सबसे पहले सुशील ने इजरायल फोन लगाकर डॉ. रूबेन ऑर की सलाह ली- क्या सारी स्थितियों को ध्यान में रखते हुए दिव्यांश को मुंबई लेकर जाने और वहीं उपचार जारी रखने का विचार उचित है? उन्होंने तत्काल उत्तर दिया, "यह उत्तम विचार है, बल्कि मैं चाहूंगा आप उसे लेकर मुंबई जाएं और मैं भी उसे देखने वहां आना चाहूंगा। लेकिन, सवाल यह है कि आप उसे मुंबई ले कैसे जाएंगे।" सुशील ने उन्हें धन्यवाद दिया और उत्तर में कहा कि, "अगर आपकी सलाह भी यही है तो मैं जरूर कोई उपाय निकाल लूंगा। अगर हम इस दिशा में सोचेंगे ही नहीं तो आगे बढ़ने का उपाय भी नहीं सूझेगा।"

यहां अस्पताल में भी कुछ ऐसे डॉक्टर भी थे जो हमसे सहानुभूति का भाव रखते थे और जिन्होंने दिव्यांश की चिकित्सा के लिए महज एक मरीज की औपचारिकता से कहीं आगे जाकर प्रयास किया था। सुशील ने उनकी भी राय ली और उन्होंने भी सलाह दिया कि यह बेहतर तो होगा, पर उन्हें भी यही आशंका थी कि हम यह कर कैसे पाएंगे।

एक और महत्वपूर्ण पहलू यह था कि मुंबई में किसी ऐसे डॉक्टर की सहमति चाहिए थी जो वहां दिव्यांश का इलाज करने को राजी हों। सुशील मुंबई में एक न्यूरोलॉजिस्ट डॉक्टर सी. देवपुजारी को जानते थे। उन्होंने उन्हें मोबाइल पर संदेश भेजा और बात करने का समय मांगा। डॉक्टर देवपुजारी एक अत्यधिक व्यस्त चिकित्सक थे फिर भी उन्होंने ही तुरंत फोन किया। सारी बातें जानने समझने के बाद उन्होंने मुंबई में अपनी देख-रेख में दिव्यांश

की चिकित्सा के लिए सहमति दे दी। उन्होंने दिव्यांश के अभी तक के सभी जांच रिपोर्ट्स और फिलहाल चल रही चिकित्सा की जानकारी मांगी। डॉ. देवपुजारी जब बात करते थे तो उनके चेहरे पर कोई भाव नहीं होता था, जिससे यह गलतफहमी हो सकती थी कि उनके हृदय में भावनाओं का अभाव है, पर वास्तव में ऐसा था नहीं। सुशील से बात करते हुए भी उन्होंने अपनी निस्पृहता का वह भाव बनाए रखा पर उनकी बातों में हमारे लिए उनकी सहानुभूति स्पष्ट थी। वहां से वापस आने का निर्णय लेने से पहले उन्होंने सुशील को डॉक्टर राजीव नंदा की भी सलाह लेने का सुझाव दिया जो रटगज, न्यू जर्सी में न्यूरोलॉजिस्ट थे और डॉ. देवपुजारी के मित्र भी थे।

इस दौरान हमने वहां के एक डॉक्टर द्वारा सुझाए गए एक प्रयोगात्मक-उपचार, जिसे 'स्टेम-सेल-थेरेपी' कहते थे, के बारे में भी विचार किया। सुशील डॉ. राजीव नंदा से मिले और उन्होंने स्पष्टता से सुझाव दिया कि यहां अमेरिका में समय व्यर्थ करने के बजाए हम उसे लेकर मुंबई चले जाएं। जब सुशील ने उनसे 'स्टेम-सेल-थेरेपी' से लाभ की संभावनाओं के बारे में पूछा तो वे थोड़ी देर तक चुप रहे। फिर, उन्होंने बहुत ही गंभीरता से कहा,

> "मेरी राय है उसे अब और कष्ट मत दीजिए। मेरा भी एक बेटा है जो कैन्सर से ठीक हुआ है, मैं समझ सकता हूं आप के मन में क्या चल रहा होगा। जब कोई बच्चा अपने माता-पिता को खो देता है तो वह 'अनाथ' कहलाता है, पति जो अपनी पत्नी को खो देता है वह 'विधुर' कहलाता है, जबकि अपने पति को खो देने वाली पत्नी 'विधवा' कहलाती है। पर, अपने बच्चे को खो देने वाले माता-पिता के लिए ऐसा कोई शब्द नहीं है। मुझे उस दर्द का आभास है क्योंकि मैं उसके बहुत करीब जाकर लौटा हूं। यह सब समझते हुए भी एक डॉक्टर के नाते और मानवता के नाते भी मैं सलाह दूंगा उसे और अनावश्यक कष्ट मत दीजिए। वह इस दुनिया में एक निहित उद्देश्य से आया है। जैसा कि मुझे ज्ञात है वह अद्भुत प्रतिभाशाली है। उसकी मर्यादा की रक्षा कीजिए। आप अपने बेटे के लिए ईश्वर का रूप हैं। ऐसे समय वही कीजिए जिसमें आपको ईश्वर की सहमति लगे।"

सुशील ध्यानपूर्वक उनकी बात सुन रहे थे। उन्होंने डॉ. नंदा को दिल से धन्यवाद दिया। उनसे मिल कर हमारा मुंबई लौटने का इरादा और पक्का हो गया।

पर, आखिरी लेकिन सबसे जरूरी बात थी दिव्यांश को इस हालत में मुंबई लेकर जाने की व्यवस्था करना। सुशील ने अपने एक जानने वाले के माध्यम से एक एयरलाइंस कम्पनी से बात की, वे तैयार भी हो गए पर शर्त यह थी कि कोई डॉक्टर या प्रशिक्षित नर्स हर समय देख-रेख के लिए साथ हो, जो स्वाभाविक भी था। हमने 'रिहैब' में और अन्यत्र भी साथ चलने के लिए किसी भारतीय नर्स की खोज शुरू की पर कामयाबी नहीं मिली। हमने जिस से भी संपर्क किया उसने किसी न किसी कारण से अपनी असमर्थता जताई। हम चार-पांच दिनों तक परेशान होते रहे पर वैसा कोई साथ जाने वाला नहीं मिला। हम हताश हो गए, कोई और रास्ता नहीं सूझ रहा था। अपने बच्चे की भलाई के लिए एक मां कोई भी अवतार ले सकती है। मैंने भी वही किया। मैंने वहां के नर्सों से पूछा कि क्या वे मुझे यात्रा में उसकी देखभाल के लिए नर्सिंग सेवाओं का आवश्यक प्रशिक्षण दे सकती हैं। उन्होंने हमारे लिए यह भी किया, बल्कि अपने पेशे के नियमों के परे जाकर उन्होंने यह किया। वे चाहते थे दिव्यांश अपने घर जाए, और उसके लिए वे यह भी करने को तैयार थे। और फिर दिव्यांश की आवश्यकताओं के अनुरूप मेरी नर्सिंग की अनौपचारिक ट्रेनिंग आरंभ हुई। वे सब प्रयासरत थीं कि एक सुरक्षित यात्रा के लिहाज से देखभाल के लिए मैं पर्याप्त रूप से कुशलता हासिल कर लूं। थोड़े समय में ही उनके सहयोग से मैंने आवश्यक कुशलता अर्जित कर ली।

मुंबई में सुशील के एक घनिष्ठ मित्र थे जो डॉक्टर थे। सुशील ने उनसे अपनी समस्या बताई और सलाह भी मांगी। कहते हैं न कि यदि आप पूरे मन से कोई कार्य ठान लें तो उसका पूरा होने का उपाय भी निकल आता है। जब तक आप समुचित रूपरेखा बनाकर उस दिशा में प्रयास न करें तब तक आप जीवन में कुछ भी हासिल नहीं कर सकते। सुशील दिव्यांश को मुंबई ले जाने के उपाय के लिए जी जान से जुटे थे। मुंबई के जिस डॉक्टर से सुशील ने संपर्क किया था वे सहृदय व्यक्ति थे। हम यह सुन कर सुखद आश्चर्य से भर उठे कि वे स्वयं अमेरिका आ कर दिव्यांश को मुंबई लेकर आने को तैयार थे। उन्होंने सूचित किया कि अगले सात दिनों में वे हमारे पास अमेरिका आ जाएंगे।

तब जुलाई का दूसरा सप्ताह चल रहा था, हमने 21 जुलाई को लौटने का निर्णय लिया। मृदुल ने दुबई से फोन पर बताया कि उसने दस दिनों की छुट्टी ली है और वह आ कर हमारे साथ रहेगा। उसे हमारे मुंबई लौटने

के निर्णय के बारे में पता नहीं था। जब मैंने यह सुना तो मुझे दुःख हुआ, अपने भाई के साथ समय बिताने के उसके निर्णय में अब देर हो चुकी थी। शायद दिव्यांश अब उसकी उपस्थिति महसूस भी न कर पाए। मुझे मृदुल के नैतिक दुविधा का आभास था। अपनी पारिवारिक और पेशेगत जिम्मेदारियों के कारण वह वैसे समय में नहीं आ पाया जब उसकी सबसे ज्यादा जरूरत थी। मुझे लगा अब जब हम मुंबई जा रहे थे, उसका आना व्यर्थ था। फिर भी मैंने निर्णय उसी पर छोड़ दिया। मैंने उसे संदेश में लिखा, "मुझे लगता है अगर अपने नैतिक संकट के कारण तुम आना चाहते हो तो आओ, सुशील जरूर तुम से मिल कर खुश होंगे, कठिन परिस्थितियों में उन्हें तुम्हारी कमी खलती रही है।" मैं स्वीकार करूंगी कि मृदुल ने विनम्रता से इसका जवाब दिया। दो दिनों बाद वो आ रहा था।

जुलाई के मध्य में अजय अपने कार्य संबंधी लंबे दौरे से वापस आए। जब सुशील ने उन्हें मुंबई लौटने के निर्णय के बारे में बताया तो वे चकित रह गए। उन्होंने भी वही चिंता जताई कि ऐसे हालात में यह कैसे संभव हो पाएगा। हमने उन्हें अमेरिका में रहने और भारत वापस जाने की दोनों संभावित स्थितियों के बारे में विस्तार से बताया और यह भी कि क्यों भारत वापस जाना ही श्रेयस्कर था। वह निश्चित तौर पर अमेरिका में हमारा बड़ा सहारा थे, खासकर दिव्यांश के लिए न्यू जर्सी में। हमारे किसी भी निर्णय में उनकी सहमति लेना हमारा नैतिक दायित्व था। मैं दिल से उनकी शुक्रगुजार थी, उन्होंने मन से चाहा था कि दिव्यांश जीवन में अच्छा करे, और उन्होंने निःस्वार्थ भाव से हर संभव मदद के लिए प्रयास भी किया था। अब जब हमने वापस जाने का निर्णय लिया था तो उन्हें भी इसका दुःख होना स्वाभाविक था। दिव्यांश के लिए उनके बढ़ते हुए स्नेह को कठोर झटका लगा था। यह कहना भी मुश्किल होगा कि दिव्यांश और उनका एक दूसरे के प्रति स्नेह और लगाव कितना गहरा हो चला था। अजय भी शायद दिव्यांश के जीवन सूत्र में जुड़ने वाली एक कड़ी थे। मैंने पाया था कि अजय भावनात्मक रूप से मजबूत व्यक्ति थे। उनकी भावनाएं उनके कृत्यों में झलकती थी। दिव्यांश के लिए वे अपनी तरफ से तब तक पूरी कोशिश करते रहे जब तक उसके उनकी उम्मीदों पर खरे उतरने की उम्मीद बची थी।

हमारे मुंबई रवाना होने के पांच दिन पहले मृदुल वहां आया। मृदुल ने आकर जब सुशील को गले लगाया तो ऐसा लगा मानो उनके शिथिल पड़ती आत्मशक्ति को नयी ऊर्जा मिल गयी हो। वह जब तक हमारे साथ

रहा पहले वहां न आने पाने का दर्द उसके चेहरे पर स्पष्ट दिखता रहा। जाने से पहले जब हैरोल्ड मुझे दिव्यांश को दी जाने वाली उनके द्वारा निर्धारित अपरम्परागत 'थेरेपी' के तरीके समझा रहे थे तो मृदुल ध्यानपूर्वक उसे समझने का प्रयास कर रहा था।

अमेरिका छोड़ने के लिए सामान बांधते हुए मेरा दिल बेतरह धड़क रहा था। मुझे पिछले अगस्त का ध्यान आया जब हम एफ.डी.यू. में दिव्यांश के दाखिले के लिए उत्साहपूर्वक मुंबई एयरपोर्ट से न्यू जर्सी के लिए रवाना हुए थे। कितना खुश लग रहा था वह..!! हम कितने खुश लग रहे थे..! मेरे माता पिता कितने खुश लग रहे थे..! मैंने सपने में भी नहीं सोचा था कि दिव्यांश को इस अवस्था में लेकर लौटूंगी। नियति ने हमारे साथ कैसा कठोर मजाक किया था, दुःख और रोष एक साथ मेरे अंदर हिलोरे ले रहा था। दिव्यांश की टी-शर्ट और जूतों को बैग में भरते हुए मेरा दिल रो रहा था। दिव्यांश के उस काले सूट को जो उसने संयुक्त राष्ट्र के भ्रमण पर पहना था और उसमें हमें अपना सेल्फी भेजी थी, जब मैं सूटकेस के ऊपर के फ्लैप में रखने लगी तो मैं मूर्छित-सी हो गयी। मेरा दिल अब भी कह रहा था वह मुंबई में इसे पहने.....शायद...!!

21 तारीख की शाम तक हमें 'रिहैब' से विदा होना था। वे सब नर्सें जो मेरे और दिव्यांश के बहुत करीब थीं, एक एक कर हमसे मिलने आयीं, यहां तक कि अपनी ड्यूटी से समय निकाल कर वे यह देखने आतीं कि हमने रास्ते में दिव्यांश की जरूरतों के अनुसार दवाएं और अन्य जरूरी चीजें साथ में रख ली है या नहीं। कईयों ने तो नियमों की परवाह किए बिना हमें दिव्यांश की जरूरत की चीजें भी खुद से ला कर दिया। उन सब की आंखें नम थी, अपने लिए नहीं, हमारे लिए। वे सब दिल से चाहती थीं कि दिव्यांश अपने घर जाए, वे मन ही मन जानती थीं कि 'रिहैब' उसके रहने के लिए उपयुक्त जगह नहीं था। उन्हें मेरी भी उतनी ही परवाह थी। वे चाहती थीं मैं भी अपने परिवार के पास वापस जाऊं। जब उन्होंने वह सब सामान छुपा कर मुझे सौंपा तो वे उनके आंसुओं से भीगे थे, शायद यह उनका बेपनाह प्यार था जो रास्ते में दिव्यांश की रक्षा के लिए आंसू बन कर लिपटा था।

'रिहैब' छोड़ते हुए वहां के सारे लोग हमें विदा करने आए। उनकी आंखें भी नम थीं। पर, मलीना मुझे वहां नहीं दिखी। जैसे ही हमारी कार वहां से चली मेरी बेचैन नजरें उस बरगद के पेड़ की तरफ गयी, मलीना

वहां खड़ी थी, चेहरे पर आंखों से ढलकते आंसू दिख रहे थे। मुझे गले लग कर विदा करने की हिम्मत शायद वह नहीं जुटा पायी, वह शायद टूट जाती। और हां, इस बार मैंने उसकी उंगलियों में सिगरेट नहीं देखी।

अजय और कविता हमारे साथ हमें छोड़ने एयरपोर्ट आए। हम जब आप्रवासन काउंटर की ओर बढ़ रहे थे तब कविता ने मुझे गले लगा लिया। मैंने भी उसे गले लगाया। जाने-अनजाने उसने जो भी हमारे साथ किया था उसके लिए मैंने मन ही मन उसे माफ करने का निश्चय भी कर लिया।

जब हवाई जहाज ने उड़ान भरी मुझे लगा मैं कोई हारी हुई खिलाड़ी हूं।

पर क्या सचमुच यह कोई हार थी। क्या हारे हुए खिलाड़ी की सारी लगन, उसकी सारी मेहनत व्यर्थ हो जाती है? दिव्यांश की आत्मा के संदर्भ में देखें तो क्या यह सच में हमारी हार थी? मुझे आभास होने लगा कि मनुष्य के शरीर और उसकी आत्मा का उद्देश्य हमेशा एक नहीं होता।

# 24

## अब तुम्हारी बारी है ......

> हम सब आत्माएं एक समुच्चय की तरह हैं जिसमें एक ऊष्मीय संतुलन होता है जिसे अनुभूति कह सकते हैं। इन अनुभूतियों की नैसर्गिक व्युत्पत्ति हमारी प्रकृति से होती है जो विशिष्ट और अनोखी होती है, और जो पूरे ब्रह्मांड में दूसरी नहीं होती। अपनी-अपनी अनुभूतियों के अनुरूप हम एक दूसरे से परस्पर मिलना-जुलना करते हैं और एक दूसरे के सह-अस्तित्व में जीवन व्यतीत करते हैं। किसी दूसरे व्यक्ति के साथ हमारी अनुभूतियों का संतुलन ही यह निर्धारित करता है कि हम किस प्रकार के सामाजिक संबंधों और सरोकारों से जुड़ते हैं। यह अनुभूतियों की अनुरूपता ही है जो लोगों को एक दूसरे के करीब लाती है।
>
> –दिव्यांश आत्मन्, 'जीवन की ऊष्मप्रवैगिकी', माइंडकास्ट
> ('थर्मोडायनामिक्स ऑफ लाइफ, माइंडकास्ट' से अनूदित)

दिव्यांश के अमेरिका से मुंबई लौटने में कदाचित ईश्वरीय इच्छा निहित थी– उसकी आत्मा की महायात्रा की पूर्णता हेतु निर्धारित ईश्वरीय इच्छा। मुझे याद है हम किस प्रकार दुःख के गहरे सागर में डूब गए थे जब पिछले साल दिसम्बर में उसके ऑन्कोलॉजिस्ट डॉ. सैम ने बड़े सपाट लहजे हमें बता दिया था कि उसके जीवन की अवधि अब दो महीने से अधिक नहीं। उन्होंने उसके जीवन की जो सीमारेखा निर्धारित कर दी थी वह तो कब की पार हो चुकी थी। और, इसीलिए मुझे यह भान हुआ कि एक डॉक्टर का अपने मरीज के स्वास्थ्य को लेकर अनुमान केवल उसकी शारीरिक परिस्थितियों के आकलन पर आधारित होता है। पिछले दिसंबर और जनवरी की तुलना

में, जब हम अमेरिका से वापसी के लिए रवाना हुए, दिव्यांश थोड़ा बेहतर ही लग रहा था। ऐसा लगा जैसे उसे अभी कुछ और लोगों के जीवन को प्रभावित करना था। यह भी प्रतीत हुआ मानो कुछ और आत्माएं थीं जो उसकी आत्मा के स्नेह-संपर्क की प्रतीक्षा में थीं।

अमेरिका में बीतते समय के साथ दिव्यांश के चेहरे की रौनक जैसे घटती जा रही थी। मैं यह देख कर चकित थी कि मुंबई वापस आते ही वह जैसे वापस आ गयी। उसके चेहरे पर फिर से वैसी चमक दिख रही थी मानो उसका हाल का अतीत किसी पुराने बीते समय की बात हो। मुंबई हॉस्पिटल में तो एक डॉक्टर ने यहां तक कहा कि उसकी शांत मुखाकृति कहीं से भी यह आभास नहीं देती कि वह किसी गंभीर स्वास्थ्य समस्या से जूझ रहा है। उनकी बात सुनकर मेरा मनोबल बढ़ा। मुझे आभास हुआ कि एक बार फिर से उसकी आत्मा मुझे अवसाद के अतल गहराई से उबारने में जुटी है।

तूफान आएगा जब
या आएगा कोई भी संकट
छत्र बन जाऊंगा मैं
रक्षा करूंगा
बचाऊंगा सबसे

('*द ट्री ऑफ प्योरिटी*' से अनूदित अंश)

भारत लौटने के बाद उसकी हाल की सभी रिपोर्ट्स को देख-समझ कर डॉ. देवपुजारी ने बॉम्बे हॉस्पिटल में उसके चिकित्सा-पद्धति का निर्धारण कर दिया। आवश्यकतानुसार उन्होंने डॉक्टर, थेरेपिस्ट और अन्य जरूरी साधनों की भी समुचित व्यवस्था कर दी। अपने स्वभाव के अनुरूप उन्होंने हमें यह भी बता दिया की चिकित्सा-विज्ञान की अपनी सीमाएं हैं, और वर्तमान में दिव्यांश के स्वास्थ्य की जो मुश्किल हालत है, संभव है समय के साथ वह और बिगड़ती जाए। और तब मैं दिव्यांश के भव्य और आकर्षक चेहरे की तरफ देखती जिसके आसपास नर्स और अस्पताल के अन्य स्टाफ पूरे मन से जुटे रहते। डॉ. देवपुजारी की बातों से विचलित हुए बिना मैंने हर दिन को एक नए दिन की तरह देखने का निर्णय लिया।

डॉ. देवपुजारी ने अस्पताल के एक प्रख्यात 'न्यूरो-थेरेपिस्ट' मिस रौशन

वानिया को दिव्यांश की देखरेख के लिए लगा रखा था। डॉक्टर वानिया छोटे कद की अस्सी साल की बुजुर्ग महिला थीं, उनके चेहरे पर उम्र की गंभीर लकीरें अपने कार्यक्षेत्र में उनके विशाल अनुभव को दर्शाती थी। पहले पहल देखने पर वह एक नाजुक और कमजोर-सी महिला लगती थीं। पर, उन से हाथ मिलाते ही मैंने महसूस किया कि उनके हाथों में एक 'थेरेपिस्ट' के मांसपेशियों की सुदृढ़ पकड़ है जो उम्र के साथ भी ढीली या कमजोर नहीं हुई है। उनकी उम्र और उनके अनुभव के प्रति सम्मान से भरे उनके सहयोगी तत्परता से उनके निर्देशों का पालन करते। अमेरिका में रहते मैं हमेशा सोचती कि भारत में दिव्यांश को कैसा 'थेरेपिस्ट' मिल पाएगा। मुझे लगता उनका चिकित्सा विज्ञान और अन्य सहायक सेवाएं जैसे की 'फिजिओ-न्यूरो-थेरेपिस्ट' दुनिया में सर्वश्रेष्ठ है। सच कहूं तो मैंने 'न्यूरो-थेरेपिस्ट' जैसी किसी 'थेरेपी' के बारे में भी पहली बार अमेरिका में ही जाना। मैं सोचती इस से अच्छी ना भी हो तो तो कम से कम इस स्तर की व्यवस्था और सुविधा क्या मुंबई में मिल पाएगी? मिस वानिया और उनके टीम के चिकित्सकों से मिलकर मुझे एहसास हुआ की मेरी आशंका निर्मूल थी। उनकी बातचीत में जो एक अद्‌भुत शांतिपूर्ण लहजा था उसने मेरे मन के जख्मों को भी राहत पहुंचाई। पारसी धर्म की मान्यताओं के अनुरूप उन्होंने मुझे प्रार्थना की शक्ति में विश्वास के लिए प्रेरित किया। स्वयं के अतिरिक्त उन्होंने अपने स्पंदन से पांच ओजस्वी आत्माओं का आह्वान किया जिन्होंने हथेली की पांच उंगलियों की तरह दिव्यांश को अपने संरक्षण में ले लिया। उनकी आत्माएं निश्चित तौर पर दिव्यांश की आत्मा के स्पर्श की प्रतीक्षा में थीं- उनके नाम थे पल्लवी, अभिनव, जैनब, फातिमा और मानसी। 5 अगस्त को दिव्यांश के अस्पताल से घर आने के बाद अत्यंत ध्यानपूर्वक डॉ. वानिया ने इन्हीं पांचों को दिव्यांश की देखरेख की जिम्मेदारी सौंपी।

दिव्यांश लगभग साल भर बाद घर आया। अपने अमेरिका प्रवास के बाद उसकी आत्मा कहीं अधिक समृद्ध और शायद अपने अस्तित्व के अर्थों में अधिक संतुष्ट होकर लौटी। अमेरिका जाने से पहले वह जिस कमरे में रहता था इस बार वह उस कमरे में नहीं रहा। वह आम तौर पर उसका स्टडी रूम होता था। पर, उसके इस जीवन की शिक्षा तो पूर्ण हो चुकी थी। उसकी दिन प्रतिदिन की जरूरतों के हिसाब से हमारा मेहमानों वाला कमरा ज्यादा सुविधाजनक था। उसका मेहमानों वाले कमरे में होना कैसा सांकेतिक था...! और शायद दैवीय निर्देशों के अनुरूप भी..!!

अरसा बाद हमारा परिवार फिर से एक साथ था। अनन्या को अपना भाई वापस मिला और "कैच-कैच" खेलने के लिए "गेंद" भी। हमारे सामान्य पारिवारिक जीवन की झलक का जैसे फिर से आभास दिखने लगा था। परिस्थितियां चाहे कितनी भी विकट हो हम दिव्यांश के लिए किसी भी संभव प्रयास से नहीं चूक रहे थे। वह बेहतर दिखने लगा था, उसके चेहरे के भावों से भी लगता मानो वह अधिक अर्थपूर्ण ढंग अपनी समस्याओं को परे हटा कर स्वयं को अभिव्यक्त कर रहा है। उन पांचों 'थेरेपिस्ट' के प्रति उसकी प्रतिक्रियाएं 'थेरेपेटिक' भर से कहीं अधिक थीं।

पल्लवी जो एक 'न्यूरो-फिजिओथेरेपिस्ट' थी, समय के साथ जैसे दिव्यांश के बिल्कुल आत्मीय हो गयी। पल्लवी युवा थी, अभी-अभी उसकी शादी हुई थी, उसका पति एक सुंदर और सज्जन युवक था। वह मुझे अपने काम में पूरी तरह निपुण और समर्पित लगती। पर, हमारे लिए तो वह परिवार की सदस्य जैसी हो गयी थी, और दिव्यांश के लिए उसकी बहन जैसी। वह अपनी पूरी क्षमता से उसका 'थेरेपी' तो करती ही साथ ही उसने हर संभव प्रयास किया कि दिव्यांश को उसके उस गहन अचेतावस्था से वापस ले आए। जिस दिन उसे लगता कि उसका 'सेशन' अच्छा गया उस दिन वह खुशी से फूली नहीं समाती। जिस दिन वह उसके आशा अनुरूप नहीं होता उस दिन वह बेहद उदास हो जाती। दिव्यांश के प्रति उसका स्नेह और लगाव इतना बढ़ गया कि उसने दिव्यांश के साथ अपना कोई 'सेशन' एक दिन के लिए भी नहीं छोड़ा। एक दिन जब उसकी तबियत ठीक नहीं थी तब भी वह दिव्यांश की 'थेरेपी' के लिए हमारे यहां आने के लिए जिद पर अड़ी थी, यहां तक कि उसके पति को आखिरकार सुशील को फोन करना पड़ा कि वही उसे आने से मना करें। दिव्यांश की 'थेरेपी' में जुटे पांचों सदस्यों को वही दिशा-निर्देश देती कि दिव्यांश के लिए क्या बेहतर होगा। वह अक्सर कहती, दिव्यांश उसकी नजरों में एक चमकते हुए सितारे की तरह है जो अपने प्रेरणादायी जीवन के माध्यम से उसे ज्ञान और बुद्धिमत्ता का मार्ग दिखाता है। अपने 'थेरेपी-सेशंस' के बाद अक्सर वह मुझ से बातें करने बैठ जाती और दिव्यांश की जीवन-यात्रा के बारे में पूछती रहती। उसने दिव्यांश की कविताओं, उसके ब्लॉग को भी पढ़ा, उसके जीवन पर दिव्यांश का प्रभाव स्पष्ट था, यहां तक कि उसने दिव्यांश के साथ अपना जन्मदिन मनाने की इच्छा जताई जिसके लिए हमने खुशी-खुशी हां कर दिया। उसने अपने जन्मदिन पर मुझसे एक उपहार मांगा- दिव्यांश

उस दिन लाल रंग का शर्ट पहनेगा, जो उस ने खुद भी उस दिन पहनने की सोची थी। हमने उसकी इच्छा के अनुरूप ही उसका जन्मदिन मनाया। जन्मदिन के उस समारोह से ज्यादा मैंने उस दिन दो आत्माओं की एक दूसरे के प्रति अनुभूतियों की अनुरूपता देखी। दिव्यांश की 'थेरेपी' के क्रम में वह कब अपनी पेशेगत सीमाओं के पार उस से जुड़ गयी यह हमारी समझ के भी परे था।

लंबा और खूबसूरत नाक-नक्शों वाला अभिनव, उम्र में दिव्यांश से बमुश्किल पांच साल बड़ा होगा। वह अपने काम में बेहद होशियार था, वह बहुत ही शीघ्रता से स्थितियों को भांप लेता था और उसी अनुसार अपने 'सेशंस' को दिशा-निर्देशित कर लेता था। समय के साथ वह भी दिव्यांश की आत्मा की विशिष्टता से आकर्षित हुआ और वह भी अपने पेशेगत दायरे से कहीं आगे जाकर दिव्यांश की स्थिति में सुधार के लिए प्रयास करता रहा। दिव्यांश के प्रति उसका व्यवहार बड़े भाई जैसा था। एक बार वह किसी निजी काम से अमृतसर गया, वहां से वह दिव्यांश के लिए एक 'कड़ा' लेकर आया इस उम्मीद से कि वह दिव्यांश के जीवन में सौभाग्य लेकर आएगा। दिव्यांश के प्रति उसके लगाव का पता उस संदेश से चलता है जो उसने बाद में कभी सुशील को उनके मोबाइल पर भेजा,

> "हम हर बार उसकी प्रतिक्रिया की प्रतीक्षा करते हैं और जब कभी हमें उसकी छोटी सी प्रतिक्रिया का भी संकेत मिलता है तो हमें जैसे नयी ऊर्जा मिल जाती है। हमें लगता है, हम यह कर सकते हैं, हम उसकी स्थिति में सुधार ला सकते हैं। ऐसे समय में ही दिव्यांश मेरे बेहद करीब आ गया, बल्कि यूं कहें कि उसके निर्मल प्रभामंडल ने मुझे आकर्षित किया (जो वैसे तो मेरे पेशे की दृष्टि से वांछनीय नहीं है)। मैंने उसके अद्भुत संघर्ष की कहानियां सुनी है, कैसे वह हर बार इन संघर्षों से उबर कर आया और कैसे वह हर बार अपनी मुसीबतों से लड़ते हुए और भी मजबूती से खड़ा हुआ। मुझे पता है, यह अपने आप में साधारण नहीं है, आम तौर पर ऐसा नहीं होता। उसकी मां उसके साथ रही उसका सबसे मजबूत सहारा बन कर, उसे सम्भाले, हर वक्त उसके लिए लड़ते हुए, और आप उसे उसके बचपन की कहानियां सुनाते हैं और वह सब सुनता है, चुपचाप सब कुछ समझता महसूस करता, अंदर ही अंदर उनका आनंद लेता है।

बीतते समय के साथ वह हमारे लिए केवल एक मरीज नहीं रहा। वह बिना बोले बहुत कुछ कह जाता है, यह बस अनुभूति की बात है। मैं उसके जीवन से इस प्रकार जुड़ गया हूं कि वह मेरे छोटे भाई जैसा हो गया है। उसके लेखन से मुझे प्रेरणा मिलती है, उसकी मनोदृष्टि मुझे चमत्कृत करती है, मैं एक व्यक्ति के तौर पर उससे बेहद गहराई तक प्रभावित हूं।"

मैंने ध्यान रखा कि उसके 'सेशंस' के बाद उसे खाने में वही परोसा जाए जो मैं अपने बेटे को परोसती।

जैनब दिव्यांश के श्रवण-तंत्र को उत्तेजित करने की दिशा में प्रयासरत थी। वह भी पल्लवी के उम्र की ही एक युवा लड़की थी। जब वह दिव्यांश को देखने बॉम्बे हॉस्पिटल आयी और उसे पता चला कि दिव्यांश कविताएं लिखता है तो उसके मुआयने के बाद सबसे पहले उसने दिव्यांश की कविता 'हियर वी गो अगेन' पढ़ी। वह उस कविता से इस कदर प्रभावित हुई कि दिव्यांश की स्थिति में सुधार लाने को उसने अपने लिए व्यक्तिगत चुनौती बना लिया। उसने देखा कि दिव्यांश स्वयं चुनौतियों से लड़ने में कहीं बड़ा योद्धा है जो उसके प्रयासों पर पूरी तरह खरा उतरता है। हमारे घर नियमित रूप से आने के क्रम में वह अक्सर दिव्यांश की कविताएं और उसका ब्लॉग पढ़ती और अपनी भावनाएं व्यक्त करती कि जीवन और चीजों को देखने का दिव्यांश का नजरिया बिल्कुल अलग था और कई बार तो यह सचमुच असाधारण प्रतीत होता है। अपने 'सेशंस' के बाद वह अक्सर मुझ से कहती कि वह अपने हाव भाव से और अपनी आंखों से ही बहुत कुछ कह जाता है जो वह महसूस कर पाती है। कभी कभी उसे दिव्यांश से अपेक्षित प्रतिक्रिया नहीं मिलती, तब वह अपनी कार्य-योजना उसे समझाती जो वह तन्मयता से सुनता। उसने मुझसे अपना अनुभव साझा करते हुए कहा कि एक शब्द भी बोले बिना दिव्यांश ने उसके जीवन पर अविष्मरणीय छाप छोड़ी है।

जैनब ने अनजाने में ही एक अच्छी बात यह की कि दिव्यांश के प्रिय गिटार शिक्षक सैवियो को उसके जीवन में वापस ले आयी। हालांकि वह सैवियो को जानती नहीं थी पर उसने हमेशा सलाह दी कि हम किसी अच्छे संगीतज्ञ को 'थेरेपी' की इस प्रक्रिया में शामिल करें जो उसकी श्रवण-शक्ति और संवेदनाओं को उत्तेजित करने में सहायक होगा। हमारे जेहन में अचानक से सैवियो का ख्याल कौंधा। पर, अरसा हो गए हम उनके संपर्क में नहीं

थे। हालांकि दिव्यांश अमेरिका से उन्हें कभी-कभी मोबाइल पर संदेश भेजता रहता था। हमने कहीं से उनका मोबाइल नंबर जुटाया और दिव्यांश की बीमारी की हालत बताते हुए उनसे आग्रह किया की एक बार आ कर उससे मिलें। उन्हें दिव्यांश की इस स्थिति का पता नहीं था। जैनब से बात करने के बाद उन्होंने दो दिनों के अंदर ही आने का वादा किया। उनका लंबे समय बाद दिव्यांश से मिलना कितना सुंदर और भावनात्मक दृश्य था! कंधे पर गिटार लटकाए सैवियो के कमरे में प्रवेश करते ही जैसे दिव्यांश उनसे भावनात्मक रूप से जुड़ने लगा। ऐसा लगा मानो वह उनसे कुछ कहना चाहता है पर कह नहीं पा रहा। अपनी बात न कह पाने का दर्द उसके चेहरे पर स्पष्ट था। सैवियो ने बहुत प्रयासपूर्वक अपनी भावनाओं पर काबू पाया। और फिर दिव्यांश के साथ सैवियो और जैनब की जुगलबंदी आरंभ हुई। सैवियो उन दिनों की बातों में खो जाते जब दिव्यांश के साथ उनकी बौद्धिक बहसें होती और दोनों हंस पड़ते। जैनब के साथ अपने 'सेशंस' में दिव्यांश का अथक प्रयास और हार न मानने का उसका जज़्बा देख कर एक दिन सैवियो ने सुशील को मोबाइल पर संदेश भेजा, "संगीत को अपना जीवन बनाने के उसकी अभिलाषा को प्रेरित और प्रोत्साहित करना मेरे लिए हमेशा बहुत आनंददायक था, और बदले में उसकी लगन देख कर लगता जैसे अपने प्रयासों का समुचित प्रतिदान मिल गया है। आज भी जब वह अपने स्वास्थ्य के इस गंभीरतम अंधेरे से जूझ रहा है, वह जैसे लगातार उजाले की तलाश में है और उसने हार नहीं मानी है। उसका जज्बा और उसकी दृढ़निश्चयता मुझे हमेशा प्रेरणा देती रहेगी। मुझे बेहद खुशी है कि मैं उसके जीवन की इस महायात्रा में, उसके प्रयासों में सहभागी बना"

मुझे लगा दिव्यांश और सैवियो के सुंदर साथ में कुछ था जो अब भी शेष था, जो सैवियो के उसके जीवन में दुबारा आने से पूर्ण हो गया- *जैनब तुम्हें ह्रदय से धन्यवाद*।

दिव्यांश के साथ समय बिताते हुए बाकी दोनों फिजिओथेरेपिस्ट मानसी और फातिमा भी उसके बेहद करीब आ गए। फातिमा बाद में आयी, मिस वानिया ने जो अतिविशिष्ट 'थेरेपी' सुझाई उसके लिए। वह दिव्यांश से थोड़ी बड़ी थी। वह मुझ से अक्सर कहती उसने ऐसे दृष्टांत पहले नहीं देखे जिसमें मरीज हर बार गिर कर संभल जाए। उसे उम्मीद थी इस बार भी ऐसा ही होगा। दिव्यांश की प्रेरणादायी यात्रा का उस पर भी प्रभाव स्पष्ट था, वह दिव्यांश के साथ अपने 'थेरेपी' में अपना सारा स्नेह अपना सारी क्षमता

लगा देती। जहां तक मानसी की बात है, पल्लवी ने मुझे बताया कि अपने जीवन में पहली बार उसने अपनी पेशेगत सीमाओं को पार कर दिव्यांश के लिए वह सब किया जो शायद वह किसी और मरीज के लिए नहीं करती।

सितंबर के मध्य तक दिव्यांश में कुछ सुधार के लक्षण दिखने लगे। उसे दी जा रही 'थेरेपी' के प्रति उसकी प्रतिक्रिया पता चलती और हमारे प्रति भी उसकी भावनात्मक प्रतिक्रियाओं का आभास मिलता और ऐसा लगता जैसे वह हमसे जुड़ने का हर संभव प्रयास कर रहा है। हर दिन सुबह उठ कर मैं अपने बेटे के लिए एक अपेक्षाकृत बेहतर दिन की उम्मीद से भर जाती और सोचती एक दिन ऐसा आएगा जब वह पूरी तरह ठीक हो जाएगा। मेरी उम्मीदों को जो नए पंख मिले थे उसका कारण भी स्वयं दिव्यांश ही था। वह एक बार फिर से राख से चिंगारी की तरह उभरने की कोशिश में लगा था। पर रात होते-होते मैं दिन भर की घटनाओं के बारे में सोचती, उसके दर्द का वह सैलाब, मेरे चेहरे पर मुस्कान लाने की उसकी दर्द भरी कोशिशें और भी बहुत कुछ...... और, मैं ईश्वर से प्रार्थना करती कि उसे इस दर्द के महासागर से मुक्ति मिल जाए। और फिर अगली सुबह मेरे मन में उम्मीद की वही किरण फिर से फूटने लगती। मुझे दिव्यांश के मनोबल उसकी आत्मशक्ति पर भरोसा था, और अपनी आत्मशक्ति पर भी जो दिव्यांश से ही ताकत पाती थी। मैं हर बार कोशिश करती कि नए दिन की शुरुआत उत्साह से करूं।

दो और लोग दिव्यांश के जीवन में फिर से आगमन की प्रतीक्षा में थे। उसकी योगा शिक्षक राजी मैडम ने एक दिन मुझे फोन किया कि वे दिव्यांश से मिलना चाहती हैं। हालांकि हमने संक्रमण का खतरा होने के डर से मिलने जुलने वालों की संख्या बहुत ही सीमित रखी थी पर हम राजी मैडम को भला कैसे मना कर सकते थे? हालांकि उनका हृदय अत्यंत कोमल और स्नेह से भरा था पर उनका भावनात्मक पक्ष आसानी से लोगों के सामने नहीं आता था। यही उनका स्वभाव था। उस दिन जब उन्होंने दिव्यांश को साल भर बाद देखा और वह उनसे इतनी जीवंतता से जुड़ता हुआ दिखा कि उनकी भावनाएं मन का बांध तोड़ कर उनकी आंखों से आंसू बनकर बह चले। वह थोड़ी देर उसके पास रुकी और उसका मनोबल बढ़ाने के लिए योगा से सम्बंधित बातें उसे बताती रही और वह उन्हें आदरपूर्वक सुनता रहा। हर बार जब राजी मैडम ने उसे 'छोटा हनुमान' कह कर बुलाया, उसके चेहरे के भाव बदलते दिखे मानो वह भी कुछ कहना

चाहता हो। पुराने दिनों में जब यह दुर्भाग्य के बादल नहीं थे, वह अक्सर दिव्यांश से कहती कि उसका नाम और उसका व्यवहार उन्हें किसी दैवीय आत्मा का आभास देता है। वह देर तक दिव्यांश के साथ अलग-अलग विषयों जैसे तर्कशास्त्र, सामान्य मनोविज्ञान, और ब्रम्हाण्ड से जुड़ी ऐसी अनेक विषयों पर अपने बातचीत को याद करती रहीं। एक बार उन्होंने मुझसे कहा,

> "उसकी आंखों में हमेशा एक चमक होती है और हर एक छोटी बात को भी जानने समझने की उसकी ज्ञान की पिपासा बहुत ही स्पष्टता से उसकी आंखों में दिखाई पड़ती है। उसकी सबसे बड़ी खूबी थी अपने करीबी लोगों को प्यार करना और उन पर भरोसा करना। उसका स्नेह हमेशा बिना शर्त होता था। उसकी मां उस पर भरोसा करती थी, पर अपनी मां और बहन के लिए उसका प्यार अप्रतिम था। अपनी मां के लिए जो उसका प्यार है मैं उसे शब्दों में व्यक्त नहीं कर सकती, मेरी कोई तस्वीर उसे अभिव्यक्ति नहीं दे सकती।"

उनकी आत्मिक अनुभूतियों की परस्पर एकरूपता अब भी परिलक्षित हो रही थी जब दिव्यांश ने उनसे बिना शब्द संवाद कर रहा था।

> अहरेमन नापाक; अहरेमन खाक शवेद, अहरेमन खाक शवेद, अहरेमन दुर शवेद, अहरेमन दफ शवेद, अहरेमन शेकस्त: शवेद, अहरेमन हलाक शवेद।

मिस रति वाडिया सप्ताह में दो दिन दिव्यांश से मिलने आने लगीं। सबसे पहले वह एक स्वच्छ श्वेत रूमाल दिव्यांश के सर से पाओं तक बिना उसे छुए फिराती और इस दौरान अपने पवित्र ग्रंथ 'अवेस्ता' से ऊपर लिखे मंत्र का पाठ करती रहतीं। इस मंत्र का अर्थ यह है कि सभी प्रकार की नकारात्मक, शैतानी और बुराई से भरी शक्तियों का, जो रोग के कारक हैं, उनका पलायन हो और सभी सकारात्मक शक्तियों का स्वागत हो। इस पवित्र मंत्र का जाप करते हुए वह दिव्यांश के सभी रोगों के पलायन को अपने मन के दर्पण पर देखतीं। उनके चेहरे के प्रशांत भावों से दिव्यांश में सकारात्मक बदलाव लाने का संकल्प स्पष्टत: परिलक्षित होता था। अपनी प्रार्थना संपन्न कर वह हमारी उपस्थिति में दिव्यांश की कविताएं पढ़तीं, और उन मनोभावों को जगाने की कोशिश करती जिसके साथ उसने ये कविताएं लिखी थी।

दिव्यांश पर उनकी उपस्थिति का सुखदायक प्रभाव स्पष्ट था। यहां भी दो ओजस्वी आत्माओं की अनुभूतियों की परस्पर समरूपता का जादुई प्रभाव स्पष्टता से दृष्टिगत होता था।

अपनी अंग्रेजी की पुरानी शिक्षक मिस रति वाडिया के साथ दिव्यांश का जो आत्मिक संबंध था वह हमेशा मुझे चमत्कृत करता था। केवल दो महीने के ही उस गुरु-शिष्य सम्बंधों के कारण कोई इतना आत्मीय कैसे हो सकता था! मुझे याद है अपने प्रत्यारोपण के बाद जब दिव्यांश इजरायल से लौटा था तो वह उनके लिए चांदी के केस में रखे यहूदियों के पवित्र ग्रंथ 'तोराह' की प्रति बहुत सोच-विचार कर लेकर आया था। उसे पता था कि दूसरे धर्मों के ग्रंथों को पढ़ने और उन्हें संग्रहित करने में उनकी गहरी रुचि थी, और उन दो महीनों में वह जान गया था कि एक यही धर्म ग्रंथ था जो उनके पास नहीं था। उन दो महीनों में उसने यह भी जान लिया था कि प्रसिद्ध फिल्म कलाकार दिलीप कुमार उन्हें बहुत प्रिय थे। इसीलिए दिव्यांश ने उनके जन्मदिन पर उन्हें दिलीप कुमार की जीवनी उपहार में दी थी। उनके शिष्य चाहे जीवन पथ पर कितनी भी उन्नति कर लें, मिस रति वाडिया जैसे शिक्षक हमेशा शिक्षक के सम्मानजनक पद पर आसीन रहते हैं।

अगले साल की शुरुआत में अनन्या की दसवीं की बोर्ड परीक्षा होनी थी। पहले दिव्यांश अक्सर खेद जताता था कि वह अनन्या की पढ़ाई में उस प्रकार से उसकी मदद नहीं कर पा रहा जैसा वह चाहता था। हमारे कहने से अनन्या हर दिन उसे बताती कि उसकी तैयारी कैसी चल रही है और उसके शिक्षक और पापा उसकी पढ़ाई का कितनी भलीभांति खयाल रख रहे हैं। हर बार जब अनन्या अपनी तैयारियों के बारे में उसे बताती तो उसके चेहरे पर एक स्पष्ट-सी तरलता दिख जाती। कई बार जब दिव्यांश जगा होता तो सुशील अनन्या को उसके कमरे में ही पढ़ाते, उसे भरोसा दिलाने के लिए कि अनन्या की पढ़ाई सुचारु रूप से चल रही है। यह भी सच था कि घर की इन सारी गतिविधियों के बीच भी हम ने यह सुनिश्चित किया कि अनन्या की पढ़ाई प्रभावित न हो। परिस्थितियां चाहे कितनी भी विकट हो हमें सामान्यता के साथ एक संतुलन बना कर चलना होता है, तभी उन विपरीत परिस्थितियों में भी आप एक सामान्य जीवन जीने का कम-से-कम आधार तलाश सकते हैं। मैंने बार-बार दिव्यांश से ही जीवन जीने का यह गहन सूत्र सीखा।

अक्टूबर के मध्य से बिना किसी स्पष्ट कारण के दिव्यांश की हालत बुरी तरह बिगड़ने लगी। डॉक्टर जो उसे देख रहे थे, वे भी इसे समझने में असमर्थ थे। हालत इतनी बिगड़ गयी कि उसे 'आई.सी.यू.' में भर्ती करने की नौबत आ गयी। हमने चाहा कि उसे अस्पताल न ले जाना पड़े और चिकित्सकों से घर पर रख कर ही उसकी स्थिति संभालने की इच्छा जताई। पर, कुछ दिनों में ही हमें भी आभास हो गया कि अस्पताल जाने के अलावा और कोई चारा नहीं था। 25 अक्टूबर 2018 को दिव्यांश बॉम्बे हॉस्पिटल के 'आई.सी.यू.' में भर्ती हुआ। उसका रक्तचाप गिर रहा था। एक नसों के माध्यम से दी जाने वाली दवाई के सहारे उन्होंने किसी प्रकार उस के रक्तचाप को नियंत्रित किया। डॉक्टरों की राय थी कि जैसे हालात थे उसमें उसका उबर कर आना लगभग नामुमकिन था। उनके अनुसार, 'अब कुछ ही दिनों की बात थी.....'। हम लेकिन, अब भी अपने मनोबल की डोर थामे थे।

# 25

# अग्रसर हूं मैं अब पूरे सामर्थ्य से, अपनी आत्मशक्ति के

न्यूरोलॉजिस्ट डॉक्टर विभोर दिव्यांश को देखने आए। उसकी स्थिति का भलीभांति निरीक्षण कर उन्होंने मुझे नर्सिंग स्टेशन में बुलाकर संयत स्वर में दिव्यांश के स्वास्थ्य की बिगड़ती अवस्था के बारे में बताया। उन्होंने मुझे ही निर्णय लेने को कहा कि उसे अस्पताल में ही रखें या अपने थोड़े से बचे अंतिम दिनों को सहूलियत से घर पर बिताने के लिए उसे घर लेकर जाएं। सुशील तब दफ्तर में थे। पांच-छह नर्स वहां थीं जो डॉक्टर की बात सुन रही थीं। मैंने चुपचाप उनकी बात सुनी और चुपचाप ही दिव्यांश की कविता *'हियर वी गो अगेन'* उनके हाथों पर पढ़ने के लिए धर दी, और इस तरह मैंने एक भी शब्द कहे बिना दिव्यांश के हार न मानने के जज़्बे को उन तक पहुंचा दिया। डॉक्टर विभोर वह कविता पढ़ कर कितने भावुक हो गए यह उनकी आंखों में छलक आए आंसुओं ने बता दिया। मैंने उनसे फिर से, कविता पढ़ने के बाद उनकी ही सलाह मांगी कि हमें क्या करना चाहिए। उनसे कुछ भी कहते नहीं बन पड़ा। मुझे पता चला बाद में उन्होंने कई लोगों को वह कविता पढ़ने को दी, ताकि वह जान सकें कि उनका एक मरीज और उसका परिवार कितनी दृढ़ता से सर्वथा निराशाजनक स्थितियों में भी विश्वास की डोर थामे उनके निगरानी में अस्पताल में चिकित्सा जारी रख रहा था।

7 नवंबर, दिवाली का दिन। दिव्यांश अस्पताल में अपनी अंतिम सांसे ले रहा था। हमने उस दिन भी इस त्यौहार का मंतव्य खोने नहीं दिया। हमने 'आई.सी.यू.' के बाहर मोमबत्तियां जलाई। हवा के प्रभाव से हौले-हौले हिलते उद्भासित होते प्रकाश की लौ में हमने दिव्यांश का तेजोपूर्ण मुखड़ा

देखा। उन मोमबत्तियों का समेकित प्रकाश दिव्यांश की आत्मा के तेज को चतुर्दिश फैला रहा था। शरीर के व्यामोह को त्याग कर दिव्यांश की आत्मा जिस महायात्रा की तैयारी में थी, ये प्रकाश-पुंज उस विजय का मानो उत्सव मना रहे थे।

फातिमा और मिस वानिया इस कठिन घड़ी में मेरा सहारा बन कर खड़ी रहीं। वे हर दिन दिव्यांश को देखने आतीं और मुझे अंधेरे के पार उजाले की उम्मीद दिखाती रहतीं। तब तक मैं मानसिक रूप से किसी भी असह्य परिस्थिति के सामना के लिए तैयार हो चुकी थी। कभी-कभी जब उम्मीद का हर द्वार बंद हो जाता है तो एक अलग प्रकार की दृढ़ता हमारे स्वयं के अंदर से उभर कर आती है, जिसके बल पर हम कैसी भी विकट स्थिति में जीने का सहारा ढूंढ लेते हैं। अपने अंदर से उभरी इसी नयी दृढ़ता के बल पर मैंने इस बार भी छठ पूजा का विधिविधान सहित पालन करने का निर्णय लिया, जो 13 नवंबर से प्रारंभ हो रहा था। हालांकि तब भी दिव्यांश 'आई.सी.यू.' में अपने जीवन से जूझ रहा था। बीते कई सालों में छठ मेरे लिए एक त्यौहार भर नहीं रह गया था, यह मेरा मान था। इसने मुझे मेरे स्त्रीत्व की सम्पूर्णता के उत्कृष्ट भाव से भर दिया था और पवित्रता का एक अद्भुत एहसास दिया था। मैं पिछले आठ सालों से छठ व्रत का पालन कर रही थी। इस बार मैं दिव्यांश के प्रति अपने मातृत्व की पूर्णता के लिए इसे संपन्न करना चाहती थी। चिकित्सकों ने निर्णय उसके शरीर पर छोड़ दिया था, वह जो भी रास्ता निर्धारित करे, पर, मुझे हमेशा लगा उसका जीवन उसकी ओजस्वी आत्मा और मेरे मातृत्व के निर्देशों से निर्धारित होता है। दिव्यांश की आत्मा अपना कर्म कर रही थी, मुझे अपना करना था ताकि अनुभूतियों की जिस अनुरूपता की बात दिव्यांश ने अपने ब्लॉग *'थर्मोडायनामिक्स ऑफ लाइफ'* में किया था हम अपने जीवन में उसे साकार कर सकें।

मेरे छठ-व्रत-पालन के निर्णय को लेकर सुशील सशंकित थे। हालांकि डॉक्टर और नर्स दिव्यांश का पूरी तरह से ध्यान रख रहे थे पर हमें भी चौबीसो घंटे 'आई.सी.यू.' में रहना होता था। अगर जीवन अवसर प्रदान करता है तो उसे तत्काल अपनाना चाहिए, अगर चुनौतियां देता है तो उसका भी पूरी ताकत से सामना करना चाहिए। मैं भी अपने जीवन की चुनौतियों का सामना करने को तैयार थी। दिव्यांश के साथ 'आई.सी.यू.' में रहते हुए ही मैंने पूरे दिन उपवास रखा। शाम को हम गिरगांव चौपाटी गए, मैंने सूर्य देव

को अर्घ्य दिया। पर, इस बार अर्घ्य देते हुए मैंने कुछ भी नहीं मांगा। इस बार मुझे उनसे किसी आशा की उम्मीद नहीं थी। समय ने मुझे विवश कर दिया था कि इस बार छठ पर मैं बस निर्विकार भाव से आराधना करूं। इस बार मैं छठ व्रत का पालन केवल अपने और दिव्यांश के लिए कर रही थी। उस के जन्म के समय दिव्यांश ने मेरे अंदर माता पार्वती के जिस रूप की परिकल्पना की थी, मैं स्वयं में अवस्थित उस रूप का अन्वीक्षण कर रही थी। शाम के अर्घ्य और पूजन के बाद मैं 'आई.सी.यू.' में वापस आई, अपने मातृत्व से प्रजनित दैवीय भाव से भरी हुई। अगली सुबह भी सूर्य देव को अर्घ्य समर्पित कर मैं दिव्यांश के पास अस्पताल वापस आ गयी। उसका हाथ थामें, उसके बगल में बैठे, मैं सोच रही थी वह यह जानकर कितना खुश होता कि इन परिस्थितियों में भी इस बार भी मैंने छठ का व्रत पूर्ण किया।

नवंबर के अंत तक दिव्यांश का रक्त चाप बिना उस बाहरी दवा के भी सामान्य रहने लगा। धीरे-धीरे डॉक्टर उसे उस बाहरी दवा के निर्भरता से बाहर ले आए। डॉक्टर भी हतप्रभ थे, महीने भर पहले जब वह अस्पताल में भर्ती हुआ था तब उन्होंने ही कहा था कि उसके बचने की संभावना नगण्य है। लगा, वक्त फिर से उसकी ओर करवट ले रहा है। पर, मैं किसी चमत्कार की उम्मीद नहीं कर रही थी। हां इतना जरूर था कि दिव्यांश के हौसले को देख कर मुझे ढाढ़स मिल रहा था। और तभी एक अप्रत्याशित घटना घटी। दु:ख से अब हमें कोई अचंभा नहीं होता था, खुशी पा कर हुआ।

दिसंबर में, जब डॉक्टर दिव्यांश को अस्पताल से छुट्टी देने की सोच रहे थे, सुशील ने यूं ही उनसे कहा कि यदि वे उचित समझें तो एक बार उसके मस्तिष्क का 'स्कैन' कर के देख लें, जिस से पता चले कि स्थिति और कितनी बिगड़ी है। डॉक्टर ने हमारी बात रख ली और 'सीटी-स्कैन' अनुशंसित कर दिया, यह जानते हुए भी कि इसमें पैसा जाया होने के सिवा और कुछ होना नहीं था। शाम में 'आई.सी.यू.' के नर्स स्टेशन पर 'स्कैन' का परिणाम आया। वहां अवस्थित डॉक्टर आपस में दबे स्वर में बात कर रहे थे ताकि हम कुछ भी सुन न पाएं। मुझे लगा वे नहीं चाहते कि हम 'स्कैन' का परिणाम जान कर और दु:खी हो जाएं। जब सुशील ने उनसे आग्रहपूर्वक रिपोर्ट के बारे में बताने को कहा तो उनमें से एक ने बताया कि 'स्कैन' में मस्तिष्क की स्थिति में कुछ चमत्कारिक परिवर्तन दिख रहा है। वे अपने सीनियर डॉक्टर की प्रतीक्षा कर रहे थे जो हमें इस बारे में

बताने वाले थे। वे डॉक्टर देर शाम आए और उन्होंने हमें बताया कि रिपोर्ट के अनुसार मस्तिष्क में स्पष्ट सुधार दिख रहा है जिसे देख कर वे भी चकित हैं। पहले तो उन्हें लगा कि किसी और मरीज से शायद रिपोर्ट बदल गई है लेकिन लैब में फिर से पूछने पर पुष्टि हुई कि यह दिव्यांश की ही रिपोर्ट है। पिछले सितंबर से दिव्यांश के मस्तिष्क का 'स्कैन' हर बार, स्थिति कहीं और अधिक बिगड़ती हुई ही बता रहा था। पहले कभी इसमें सुधार के कोई लक्षण नहीं दिखे थें। इस बार जब वह अस्पताल में भर्ती हुआ तो उसे ऐसी कोई दवा भी नहीं दी जा रही थी जिसके परिणामस्वरूप इस तरह के किसी चमत्कार की उम्मीद की जा सके। दरअसल इस चमत्कारिक परिवर्तन के बारे में डॉक्टर भी कोई अनुमान नहीं लगा पा रहे थे। हालांकि, यह खबर हमारे लिए लगभग विलुप्त हो रही खुशी का एक झोंका बन कर आयी, पर मुझे लगा कुछ अपूर्ण कार्य हैं, जिन्हें दिव्यांश की आत्मा को अभी पूरा करना है और इसी कारण शायद उसकी मस्तिष्क की स्थिति में यह अप्रत्याशित सुधार आया है। ऐसा प्रतीत हुआ मानो उसकी आत्मा ने एक बार फिर से उसके अंदर जिजीविषा की अग्नि को जगाया है। इस नयी पाई खुशी के साथ डॉक्टरों ने पहले की तरह ही घर पर देखभाल के लिए उसे 5 दिसम्बर को अस्पताल से छुट्टी दे दी।

अगले दो महीनों तक दिव्यांश की हालत में सुधार के लक्षण दिखते रहे। वह भावनात्मक रूप से कहीं अधिक संवाद करता प्रतीत होता, अपनी 'थेरेपी' के प्रति भी प्रतिक्रिया देता दिखता और हम जो संगीत बजाते उसे सुनता हुआ लगता। हम उसका पसंदीदा संगीत, नीलाद्री कुमार का 'प्लक्ड' हर दिन नियमपूर्वक बजाते। नियमित चल रही 'थेरेपी' के अतिरिक्त मिस रति वाडिया का अक्सर आते रहना जैसे घर की बात हो गयी थी। यह सब संयोग मिलजुल कर उम्मीद की एक नयी रौशनी दिखा रहा था। दिव्यांश को लेकर मेरी उम्मीद फिर से मन में जन्म ले रही थी। निराशा की अतल गहराई से उम्मीद का एक कतरा भी मन में ताकत जगा देता है। मुझे दिव्यांश में फिर से इसका आभास होने लगा। पूरे दिन मैं उसका हाथ मजबूती से थामे उसके पास बैठी रहती। यह उसे और स्वयं को भी भरोसा दिलाने के लिए होता कि परिस्थितियां चाहे कैसी भी हों हम एक दूसरे के साथ, एक दूसरे के लिए ताकत बन कर खड़े रहेंगे।

27 जनवरी 2019 को दिव्यांश का 22वां जन्मदिन था। उसके हावभाव से लगा इस बार अपने जन्मदिन पर उसे किसी समारोह के आयोजन की

अभिलाषा नहीं है। पहले हर ऐसे अवसर पर वह उत्साह से अपना जन्मदिन मनाने की योजना बनाता रहता और हमसे अपनी पसंद का उपहार भी लेता। इस बार सब कुछ कितना अलग था....यह कैसा बदलाव था....! हमारे जन्मदिन और शादी की सालगिरह पर भी उसका वैसा ही उत्साह रहता। लगता है अपना यह 22वां जन्मदिन, जो शायद हमें ना भी हो पर, उसे आभास था कि आखिरी है, मनाने की सांसरिकता से वह मुक्त हो रहा था। उसमें यह बदलाव देखना मुझे अंदर से हिला गया। हालांकि इस बार मैं स्वयं भी उसका जन्मदिन मनाने को लेकर उत्साहित नहीं थी, पर उसकी तरफ से जो यह संकेत आ रहा था वह मुझे विचलित कर रहा था। पर केवल हमारी मर्जी की बात नहीं थी। उसके सभी थेरेपिस्ट ने तो जैसे फरमान जारी कर दिया कि उसका जन्मदिन मनाना तो है ही। हमें उनकी बात माननी पड़ी, हमने उन पर ही सब कुछ छोड़ दिया। आखिर दिव्यांश की आत्मा पर उनका भी तो अधिकार था। पर, इस बार मुझे कभी भी दिव्यांश इस समारोह से जुड़ता महसूस नहीं हुआ, वह कहीं और था, यहां से कटा हुआ, शायद किसी और दुनिया में।

समय तेजी से बीत रहा था। फरवरी के तीसरे सप्ताह से अनन्या की बोर्ड की परीक्षा शुरू हो गयी। वह परीक्षा दे कर आती और हमारे साथ दिव्यांश के पास बैठ जाती और वहीं बताती कि उसकी परीक्षा कितनी अच्छी गयी। हम जब उसकी परीक्षा के संबंध में उस से बात कर रहे होते, दिव्यांश बस स्नेह भरी नजरों से उसे देख रहा होता। अनन्या भी महसूस कर पाती कि उसकी परीक्षा अच्छी हुई यह सुन कर दिव्यांश कितना खुश हुआ है। हर बार परीक्षा के लिए जाते हुए वह उसके कमरे में जाकर उसका आशीर्वाद लेती। दिव्यांश किस प्रकार उस तक अपना आशीर्वाद पहुंचाता, यह बस दिव्यांश और अनन्या जानते थे। उन दोनों के इस बिना शब्द बातचीत में 'निःशब्द संवाद का सामर्थ्य' अपनी श्रेष्ठता में दिखाई पड़ता। मार्च के पहले सप्ताह में दिव्यांश की स्थिति फिर थोड़ी बिगड़ती हुई लगी। उसके डॉक्टरों का आना जाना बढ़ गया।

अगले कुछ दिनों में उसकी स्थिति और तेजी से बिगड़ने लगी, पर उसने हिम्मत बनाए रखी ताकि अस्पताल जाने की नौबत न आए। अपनी चेतना पर नियंत्रण खोने से पहले वह कुछ घटित होने की प्रतीक्षा में था। 19 मार्च को अनन्या की परीक्षा संपन्न होनी थी। जिस दिन उसकी परीक्षा संपन्न हुई और हमने दिव्यांश के समक्ष उसकी परीक्षा अच्छी होने के बारे

में बात की, मैंने उसके चेहरे पर गहरे संतोष के भाव देखे और उसके बाद उसकी स्थिति तेजी से बिगड़ने लगी। उसने दर्द सहते हुए इस दिन की प्रतीक्षा की ताकि उसकी तरफ से अनन्या की परीक्षा में कोई बाधा न आए। वह कभी नहीं चाहता था कि उसकी स्वास्थ्य सम्बंधी समस्याओं के कारण अनन्या को कुछ भी सहना पड़े। शाम तक उसकी तबियत इतनी बिगड़ गयी कि अस्पताल जाने के अलावा कोई और चारा नहीं था।

दिव्यांश 'आई.सी.यू.' में था। मैं और सुशील विचार कर रहे थे कि क्या यह महज संयोग था कि अनन्या की परीक्षा का समापन और दिव्यांश का अस्पताल में भर्ती होना तत्काल ही एक के बाद एक घटित हुआ? इस प्रश्न का निश्चित तौर पर कोई उत्तर मिलना तो संभव नहीं था पर, हम मन ही मन इसका आभास कर सकते थे। इस बार अस्पताल में लंबा रहने की जरूरत नहीं पड़ी। सात दिन बाद ही वह फिर से घर आ गया। अस्पताल से छुट्टी मिलते समय भी उसका स्वास्थ्य बेहतर नहीं था, पर, उचित यही लगा कि घर के वातावरण में ही उसकी देखरेख होती रहे।

उसके बाद दिव्यांश की हालत में सही मायने में कभी सुधार नहीं हुआ, बल्कि वह बिगड़ती ही गयी। मैं पूरे दिन उसके कमरे में बैठी रहती, उसका हाथ थामे, मातृत्व की सारी शक्ति से उसे प्रेरित करती, अपने मातृत्व का वह कोमल स्पर्श उसके क्षीण होते जीवन में भरती जो वह हमेशा चाहता था। मैं उसके बचपन की बातें करती, उसके स्कूल के दिनों की बातें, उसके दोस्तों की, उसकी कविताओं की बातें और वह सब बातें जिसने हमारे जीवन में उसके माध्यम से खुशियों का एक पूरा संसार बसाया था। अपनी लरजती आवाज में मैं उसके पूरे जीवन की यात्रा को सोद्देश्य दोहरा रही थी। ऐसा करते हुए जब कभी मेरी आवाज लड़खड़ाती, मैं महसूस करती उसने मेरा हाथ अधिक मजबूती से थाम लिया है, एक बार फिर से वह मुझे भरोसा दे रहा है कि वह है, मेरा सहारा बन कर। ऐसा लगता वह मुझसे अधिक से अधिक सुनना चाह रहा है।

उसकी हालत बिगड़ती ही गयी। 18 अप्रैल को सांस लेने में तकलीफ के कारण उसे फिर से अस्पताल में भर्ती करना पड़ा। मस्तिष्क के एक त्वरित 'स्कैन' से पता चला कि मस्तिष्क का वह भाग जो सांसों की गति और शरीर के अन्य जरूरी क्रियाओं को स्वत: संचालित करता है, अशक्त पड़ रहा है। वह अब 'लाइफ-सपोर्ट' पर था। चिकित्सकों ने कहा- बस कुछ और दिन....। इस बार हमें उनके अनुमान पर संदेह नहीं था। मेरे अंदर का

मातृभाव कह रहा था वह अपनी इस प्रदक्षिणा के समापन की तरफ बढ़ रहा है। पर उसके चेहरे का तेज अलग ही स्तर पर था। मैं पूरे दिन उसके पास बैठी रहती, उसका हाथ थामे, उसे अपनी स्नेह की शीतल छाया में समेटे। उसका चेहरा देख कर कोई यह नहीं कह सकता था कि उसकी अवस्था ऐसी है। मिस रौशन वानिया हर दिन आकर उसे देख जाती। वह 'लाइफ-सपोर्ट' पर चुपचाप लेटा हुआ था और तब भी एक दिन उससे मिलने के बाद उन्होंने कहा कि उन्होंने उसके माथे पर एक तेजोमय प्रकाश देखा और वह 'दलाई लामा' जैसा प्रतीत हो रहा था। और फिर थोड़ा ठहरकर धीमी और लरजती हुई आवाज में उन्होंने मुझ से कहा, "मैं आपको एक रहस्य की बात बताती हूं- दिव्यांश अब ईश्वर के सानिध्य में है।"

तब तक उसके शरीर के महत्वपूर्ण अवयव कार्य कर रहे थे, हालांकि वे सामान्य नहीं थे। अपने स्वभाव के अनुरूप मिस रति वाडिया हर दिन अस्पताल आकर उसके लिए प्रार्थना करती। 1 मई को वे शाम को 5 बजे अस्पताल आयीं। मेरा मन जैसे मुझे कुछ संकेत दे रहा था। जब उन्होंने अपनी प्रार्थना समाप्त की तो मैंने उनसे दिव्यांश की कविता 'कथॉर्सिस' पढ़ने का अनुरोध किया। वह जैसे इस अवसर की प्रतीक्षा में थी और उनका मन भी यही संकेत दे रहा था।

मिस वाडिया ने कविता पढ़ना आरंभ किया। फिर उन्होंने सुशील को बुलाया और वही कविता दुबारा से पढ़ी। ऐसा लगा मानो दिव्यांश हमें वह करने को प्रेरित कर रहा था जो वह स्वयं करना पसंद करता।

देखें क्या है,
तुम्हारे पास 'संचित' मेरे लिए
अब तुम्हारी बारी है
अग्रसर हूं मैं अब
पूरे सामर्थ्य से अपनी आत्मशक्ति की
सम्पूर्ण शक्ति मेरी आत्मा की है साथ मेरे

मिस वाडिया उतने तक ही नहीं रुकी। मेरे अनुरोध पर उन्होंने सभी डॉक्टरों और नर्सों को 'आई.सी.यू.' में बुलाया और उनसे आग्रह किया कि दिव्यांश के बारे में उनके भावों को सुनें।

क्या दिव्यांश की भी यही इच्छा थी, अपनी अंतिम परिक्रमा को अपने विशिष्ट अंदाज में संपन्न करने की?

'आई.सी.यू.' में उस समय ड्यूटी पर उपस्थित नर्सों और डॉक्टरों ने गहन एकाग्रता से सब कुछ सुना। मिस वाडिया ने विस्तार पूर्वक दिव्यांश के व्यक्तित्व की विशेषताओं और उसके साथ अपने दीर्घ काल के संबंधों का अनुभव वर्णित किया। सब लोग मंत्रमुग्ध हो कर बस सुन रहे थे। उन्होंने एक बार फिर से 'कथॉर्सिस' पढ़ा। कविता सुनते हुए वहां उपस्थित हर एक व्यक्ति की आंखें भर आयीं। दिव्यांश बंद आंखों से सब कुछ देख रहा था, शांतचित्त, एक नए प्रभामंडल में बसा हुआ। ऐसा लगा मानो वह चाहता था कि उसके महाप्रस्थान से पहले कोई उसकी इस कविता के माध्यम से ईश्वर से संवाद स्थापित करे। दिव्यांश चाहता था कि ईश्वर को भी ज्ञात हो कि कि वह शीघ्र ही उनके पास आ रहा है। दिसंबर 2009 में दिव्यांश की चिकित्सा यात्रा यहीं बॉम्बे हॉस्पिटल से आरंभ हुई थी, और लगभग दस साल बाद, 2019 में वह यात्रा अब यहीं विराम ले रही थी। अपनी पूरी जीवन-यात्रा में उसने जिस उपलब्धि की भी आकांक्षा की, जो भी पाना चाहा, उसे अपने सामर्थ्य और अपनी इच्छाशक्ति से प्राप्त किया। जब उसने कुछ भी छोड़ देने का निर्णय लिया तो फिर उसे बिना किसी अफसोस के छोड़ भी दिया। ऐसा प्रतीत हुआ जैसे उसकी आत्मा अब मोक्ष के रास्ते पर महाप्रस्थान के लिए उसके इस शरीर को त्यागना चाहती थी। अपने स्वभाव के अनुरूप उसके सम्पूर्ण व्यक्तित्व में शांति का एक अद्भुत भाव था, उसके मुखाकृति पर एक तेजोमय प्रभामंडल था, तब जब उसकी आत्मा अपनी यात्रा के पूर्णता की ओर अग्रसर थी।

अगली सुबह, 2 मई 2019 को, दिव्यांश की आत्मा ने शरीर का त्याग कर दिया। उसके जन्म के साथ जिस दिव्य मातृत्व का आशीर्वाद मुझे मिला था उसने भी कदाचित् दिव्यांश के महाप्रस्थान के साथ ही मेरा त्याग कर दिया।

यह सच है कि इस संसार में दिव्यांश का 22 सालों का जीवन सुदीर्घ तो नहीं था, पर विराट अवश्य था। एक जीवन-चक्र का समूचा कर्म और धर्म इसमें समाहित था।

उसके जाने के चौथे दिन हमने दिव्यांश के लिए एक प्रार्थना सभा रखी। वहां कई लोग अपनी सम्वेदना प्रकट करने एकत्रित हुए। अपने बेटे के लिए प्रार्थना सभा के विचार से ही मैं हिल गयी। पहले कभी ऐसे किसी सभा में मैं नहीं गयी थी। मैंने सपने में भी नहीं सोचा था कि मेरे जीवन में एक ऐसा दिन भी आएगा जब मुझे अपने ही बेटे के लिए किसी प्रार्थना

सभा में शामिल होना पड़ेगा। पूरे समय मैं वहां सुन्न पड़ी बैठी रही। ऐसा लगा जैसे मेरी अनिच्छा से किसी ने बस मेरा शरीर वहां रख दिया है। मेरे आंसुओं का कुआं तब तक सूख चुका था। मेरे चेहरे पर कोई भाव शेष नहीं बचे थे। जब भजन-मंडली अपना गायन कर रही थी, मिस वाडिया ने सुशील से आग्रह किया कि उन्हें मंच से उपस्थित आगंतुकों से दिव्यांश के बारे में कुछ बातें कहने की अनुमति दें। सुशील ने थोड़ा हिचकिचाते हुए 'हां' कर दिया। भजन गायन थोड़ी देर के लिए रुक गया। वह मंच पर गयीं, एक कुर्सी पर बैठ कर उन्होंने दिव्यांश की जीवन-यात्रा के बारे में बोलना आरंभ किया, उसके मौलिक और परिपक्व विचारों के बारे में, उसकी साहित्यिक यात्रा के बारे में, उन सभी धर्मों के लोगों के बारे में जिनके जीवन को उसने अपनी छोटी किंतु अर्थपूर्ण जीवन-यात्रा के दौरान प्रभावित किया था। उन्होंने अपनी बात दिव्यांश के साथ अपने गहरे लगाव और एक निजी अनुभव से समाप्त की, अत्यंत भावपूर्ण स्वर में उन्होंने यह भी कहा कि उनकी अपनी उम्र के इस पड़ाव पर भी किस प्रकार दिव्यांश ने अपने आचरण से, अपने लेखन से, स्वयं उनके जीवन को प्रभावित किया। और, फिर उन्होंने उपस्थित जनसमूह को उसकी कविता 'कथॉर्सिस' पढ़ कर सुनाई। उस कविता का उनका पाठ इतना ओजस्वी था कि वहां उपस्थित सभी लोगों की आंखें भर आयीं।

प्रार्थना सभा से घर लौटते हुए आश्चर्यजनक रूप से मैंने अपने अंदर एक शांति का भाव महसूस किया। लगा जैसे मैं अपने बेटे के लिए आयोजित किसी पुरस्कार समारोह से लौटी हूं। उसकी शिक्षक मिस वाडिया का दिल से धन्यवाद, उन्होंने उपस्थित जनसमुदाय से अपने प्रिय छात्र का उसकी गरिमा के अनुरूप परिचय करवाया। अधिकांश लोग जो उस दिन वहां आए थे, दिव्यांश को हमारे बेटे के रूप में जानते थे। मिस वाडिया के भावनात्मक वक्तव्य और उसकी कविता के पाठ ने उस दिन वहां उसे अपनी अलग पहचान दी, अपनी क्षमताओं के बल पर बनी उसकी अपनी एक विशिष्ट पहचान, जो हमारे परिचय पर आश्रित नहीं थी।

महीनों बाद एक दिन मैं और अनन्या मुंबई में 'केम्प्स कॉर्नर' पर किसी खरीदारी के लिए गए। मानसून का समय था और उस दिन मुंबई की बारिश अपने पूरे उफान पर थी। मैंने जरूरत के लिए साथ में एक छाता रख लिया था। वह दिव्यांश का छाता था, जो वह अमेरिका में अपने कॉलेज के दिनों में प्रयोग में लाता था। मेरे लिए वह एक बेशकीमती धरोहर की

तरह था जिसे मैं संभाल कर रखती थी। जब मैं दुकान से बाहर आयी तो दो बच्चों को साथ लिए एक गरीब महिला भीख मांगते हुए मेरे पास आयी, एक बच्चा उसकी गोद में था और दूसरी उसकी उंगली थामे साथ खड़ा था। मैंने उसे कुछ पैसे दिए, पर उस 'मां' ने भारी बारिश से अपने बच्चे के बचाव के लिए अपनी आंखों के इशारे से छाता मांगा। ज्यादा कुछ विचारे बिना मैंने अपनी बेशकीमती धरोहर उसे सौंप दी। मैंने दिव्यांश का छाता एक 'दूसरी मां' को दे दिया जिससे वह 'अपने दिव्यांश' की रक्षा कर सके। घर लौटते हुए मेरी आंखें नम थीं।

# 26

# पिता के शब्दों में .....

## पावन भूमि के पावन लोग

दिव्यांश ने एक ब्लॉग लिखा था, "अ वर्ल्ड विदाउट रिलीजन", उसके एक अंश का अनुवाद कुछ इस प्रकार है:

> "क्या हम एक ऐसी दुनिया में आनंदपूर्वक नहीं रह सकते जो धर्ममुक्त हो? एक ऐसी दुनिया जिसमें एकता, मानवता, दया, आपसी भाईचारा, सत्यनिष्ठा, सम्मान जैसे भाव धर्म के पर्याय हों। सही अर्थों में एक समतामूलक समाज, जिसमें 'स्टीरियोटाइप्स', भेदभाव या लोगों को उनके चेहरे-मोहरे, रूप-रंग के आधार पर पहचान बनाने की कोशिश न हो।''

इजरायल की पावन भूमि पर मैंने इसका अनुभव किया, जहां तीन अलग-अलग धर्म, यहूदी, इस्लाम और ईसाई धर्म एक साथ सह-अस्तित्व में हैं, पर जब मानवता की सेवा की बात आती है तो वे अपना अलग-अलग वजूद भूलकर समरूप धर्म की तरह व्यवहार करने लगते हैं।

मार्च 2015 में हमने अचानक से दिव्यांश की चिकित्सा के लिए इजरायल जाने का निश्चय किया। उसके स्वास्थ्य की हालत और उस पुनीत भूमि पर इस बीमारी से उसके पूर्ण निदान की उम्मीद लिए हमने 29 मार्च को इजरायल के लिए अपनी यात्रा आरंभ की। वहां जिन लोगों से हम मिले और वहां के लोगों से जिस तरह का साथ और सहयोग हमें मिला, खासकर तब जब हमें उसकी बेहद जरूरत थी, उस से मुझे यह बोध हुआ कि यह पावन भूमि सचमुच पावन लोगों से भरी है। जैसा कि दिव्यांश ने वर्णित किया था, विश्व स्तर पर मानवता के धर्म में विश्वास को सुदृढ़ करने के

लिए ऐसी पवित्र आत्माओं को याद किया जाना चाहिए, अनुग्रहण स्वरूप उनके स्नेहपूर्ण अवदान की विस्तृत चर्चा होनी चाहिए।

## डॉक्टर रूबेन ऑर: तोदा रबा

### *6 फरवरी 2015*

> "एक संक्षिप्त सी सांत्वना के बाद हमारे गहन अवसाद के दिन वापस आ गए लग रहे थे। मैं बॉम्बे हॉस्पिटल की कार पार्किंग के एक वीरान कोने में चुपचाप हताश बैठा था। क्या यह फिर से वापस आ गया है? अगर हां, तो मैं अब क्या करूंगा? दिव्यांश को जब यह संभावित समाचार मिलेगा तो मैं उसका सामना किस प्रकार से कर पाऊंगा? और फिर तभी मेरे मन में एक विचार कौंधा, अगर ऐसा हुआ भी तो मैं हार माने बिना फिर से एक नए रास्ते की तलाश करूंगा। मेरे मन में इस सोच से ही उम्मीद की एक किरण पैदा हो गयी। कभी-कभी जब अपनी दिशा को लेकर हम अनिश्चित हो जाते हैं तो हमारा अवचेतन मन हमारे चेतन मन का अनायास ही दिशानिर्देश कर देता है। वह हमारे विचार प्रक्रिया की सभी महत्वपूर्ण गतिविधियों को नियमित और संचालित कर देता है, और सभी प्रश्नों का उत्तर भी तलाश देता है। मेरे अवचेतन में भी कुछ अवस्थित था जो मुझे एक नई और मुश्किल चुनौती के लिए उम्मीद की रौशनी दिखा कर फिर से तैयार कर रहा था, और इस उम्मीद का आधार थे डॉक्टर रूबेन ऑर।"

30 मार्च 2105 को हम इजरायल पहुंचे। अपार्टमेंट में अपना सामान रख कर हमने सीधे ही हदस्साह अस्पताल का रुख किया जहां डॉ. ऑर काम करते थे। तीसरे माले पर उनके दफ्तर पहुंचते ही हमने देखा एक छः फुट लम्बा भूरी आंखों वाला व्यक्ति जिसने काले रंग का किप्पाह पहन रखा है, सधे कदमों से हमारी ओर आ रहा है।

"हेलो मिस्टर पोद्दार और दिव्यांश, इजरायल की पावन भूमि पर आपका स्वागत है। मैं डॉक्टर रूबेन ऑर हूं। मैंने आपके बेटे के बारे में काफी सुन रखा है। हम मिलकर हर संभव प्रयास करेंगे कि उसे इस बार-बार की

स्वास्थ्य समस्या से हमेशा के लिए छुटकारा मिल जाए।" यह कहते हुए उन्होंने पहले दिव्यांश को और फिर मुझे गले लगाया।

"डॉक्टर रूबेन, हम यहां बड़ी उम्मीद लेकर आए हैं। कृपया मेरे बेटे का जो सबसे बेहतर संभव हो वह उपचार कीजिए।" मैंने लरजते हुए स्वर में अनुरोध किया।

"आप चिंता न करें, मैं उसका इलाज ही नहीं करूंगा बल्कि अपने सिनेगॉग में उसके लिए प्रार्थना भी करूंगा।" उनका तत्परता से दिया जवाब था, जिसने मेरे मन का बोझ हल्का कर दिया। उन्होंने फिर मुझे अस्पताल में भर्ती और इलाज के लिए की जाने वाली शुरूआती औपचारिकताओं की जानकारी दी। पहले पहल मिल कर ही मुझे डॉक्टर रूबेन ऑर डॉक्टर से कहीं अधिक एक फरिश्ता जैसे लगे। ऐसा लगा हम अब सही और सुरक्षित हाथों में हैं। मैं यह भी सोचने पर मजबूर हो गया कि क्या कोई चिकित्सक भी ऐसा हो सकता है!

डॉक्टर रूबेन ऑर एक अर्ध-पारंपरिक यहूदी थे जिनके उपचार की मान्यताएं एक अलग धरातल पर थी। उनकी मान्यता थी कि एक मरीज के इलाज का निहितार्थ मानवता की सेवा है और मानवता की यह सेवा ईश्वरीय सेवा की तरह ही की जानी चाहिए। और, हमें भी चिकित्सा की वास्तविक प्रक्रिया के आरंभ होने से पहले ही जैसे राहत का मनोभाव महसूस होने लगा। शुरू-शुरू में पसोवर के त्योहार के कारण इजरायल के अधिकांश प्रतिष्ठान बंद थे, और इसीलिए डॉ. ऑर ने हमें सुझाया कि हम इजरायल के महत्वपूर्ण स्थलों का भ्रमण कर लें ताकि इस पावन भूमि की पुण्यता के भाव को हम भी आत्मसात् कर सकें। उनके इलाज का तरीका बड़े स्पष्ट तौर पर एक अलग पूर्णता के साथ परिलक्षित होता था जो चिकित्सा विज्ञान की स्थापित मान्यताओं से आगे जाकर प्रयास में विश्वास करता था। जब भी दिव्यांश इजरायल के किसी महत्वपूर्ण स्थल के भ्रमण के बाद उन्हें अपना अनुभव बताता, वे उत्साहपूर्वक सुनते। वे अक्सर कहते, "मैं अपना कर्म कर रहा हूं और तुम अपना कर्म करो- अपने मनोबल को बनाए रख कर। अपने इस कर्म में यदि तुम्हें कभी भी मेरी आवश्यकता महसूस हो तो मुझे बेझिझक कॉल कर लो।" हमने अपने जीवन में पहले कभी ऐसी आत्मीयता का अनुभव नहीं किया था जिसमें एक चिकित्सक इतना वरेण्य स्थान ग्रहण कर अपने मरीज की आत्मा से संवाद कर रहा हो और मरीज और उसके परिचारकों को इतना आत्मीय विश्वास दिला रहा हो।

शुरू-शुरू में प्रत्यारोपण की प्रक्रिया को लेकर हमारे मन में कई सारे सवाल थे। डॉ. ऑर हमें प्रोत्साहित करते कि हम प्रश्न पूछें। प्रोत्साहित करने का उनका अपना तरीका था, वे कहते "दिव्यांश, यह तो बड़ा ही बुद्धिमत्ता से भरा प्रश्न है"। और, फिर वे धैर्यपूर्वक हमारे सभी प्रश्नों का उत्तर देते। हर बार हमसे मिलकर अंत में वे मुंबई में हमारे परिवार की खैरियत के बारे में पूछना नहीं भूलते थे। हमारे लिए उनकी हमदर्दी ऐसी थी कि कई बार हमें बताए बिना ही वे अस्पताल के अलग-अलग विभागों में हमारे लिए बिल में रियायत की बात कर लेते ताकि हमें कुछ आर्थिक राहत मिल सके। मैं कभी इसका कारण नहीं समझ पाया, तब तक तो हम उनसे केवल कुछ ही बार मिले थे!

चिकित्सकीय तौर पर कहें तो उनकी देखरेख में प्रत्यारोपण का कार्य बिल्कुल निर्धारित पद्धति से संपन्न हुआ। अस्पताल में रहते हुए हमने पाया कि वहां सब लोग, चाहे वे डॉक्टर हो या सहायक या फिर कोई अन्य स्टाफ, सबके मन में डॉ. ऑर के लिए अगाध श्रद्धा का भाव था। प्रत्यारोपण के बाद के सुधार को लेकर वे संतुष्ट थे। खासकर दिव्यांश ने जिस प्रकार सहयोग किया और सभी चिकित्सकीय सलाह और नियमों का मुस्कुराते हुए पालन किया इसे देखकर वे बेहद खुश थे। दिव्यांश के लिए उनका विशेष स्नेह और उसके लिए उनकी चिंता स्पष्ट रूप से दिख जाती। प्रत्यारोपण के बाद जब दिव्यांश अस्पताल में था, उसने अपनी कक्षा 12 की पढ़ाई आरंभ कर दी जो पिछले साल छूट गयी थी। डॉ. ऑर यह देख कर बहुत खुश हुए। उन्होंने कहा, "दिव्यांश, तुम्हें अस्पताल में पढ़ाई करते देखना अद्‌भुत है, तुमने तो अपने निश्चय से अस्पताल और घर की दूरी को भी मिटा दिया।" दिव्यांश ने इसका विनम्रता से जवाब दिया, "डॉक्टर, आपने अपने अस्पताल को मेरे घर जैसा सुविधाजनक बना दिया, अब मैं अपने नए घर में अपना कर्तव्य निभा रहा हूं।" दोनों का एक दूसरे के लिए ऐसा ही अद्‌भुत स्नेह और लगाव विकसित हो गया था।

अस्पताल से छुट्टी मिलने के बाद जब हम अपार्टमेंट में वापस आए तब भी डॉ. ऑर अक्सर फोन कर दिव्यांश का हाल पूछते। कई बार तो मुझे किसी स्थिति विशेष में उनकी सलाह के लिए अपने अपार्टमेंट से उन्हें आधी रात को फोन करना पड़ता था। उन्होंने हर बार न केवल फोन उठाया बल्कि धैर्यपूर्वक मेरी बात सुन कर उचित सलाह भी दी, यहां तक कि जरूरत पड़ने पर हमारे अपार्टमेंट आने का वादा भी किया। चिकित्सा सुविधा

भी इतनी आत्मिक हो सकती है यह मैंने कभी सपने में भी नहीं सोचा था।

प्रत्यारोपण के करीब दो महीने बाद, अगस्त के मध्य में हम दिव्यांश के नियमित फॉलो-अप के लिए अस्पताल गए। मैंने डॉ. ऑर से अनुरोध किया कि जब चेक-अप संपन्न हो जाए तो मुझे थोड़ा समय दें। पिछले कुछ दिनों से मेरे मन में कुछ विचार चल रहा था जो मैं उन्हें बताना चाहता था और इस संबंध में उनकी सलाह भी लेना चाहता था।

"डॉ. ऑर, हम यहां करीब छह महीने से हैं, अब केवल फॉलो-अप के लिए यहां रहने की जरूरत है। मेरी पत्नी और मेरी बेटी मुंबई में हैं। यहां के बेहतरीन चिकित्सकीय सुविधा के अलावा प्रत्यारोपण के बाद के सुधार की प्रक्रिया में मुझे लगता है उसे मां के हाथों की देखरेख की भी जरूरत होगी। आपकी क्या राय है- हम अभी मुंबई जाने की सोच सकते हैं? क्या यह चिकित्सकीय तौर पर उचित होगा?"- मैंने थोड़ा हिचकते हुए प्रश्न किया।

"हां, क्यों नहीं, आप वापस जा सकते हैं। मुझे बस मुंबई में उस डॉक्टर के बारे में बता दीजिए जिनकी देखरेख में फॉलो-अप के लिए दिव्यांश वहां रहेगा। मैं फोन पर और ईमेल द्वारा उनसे विमर्श करता रहूंगा। मुझे लगता है यह अच्छा विचार है। पर उससे पहले यदि आप उचित समझें तो मुझे इजाजत दें कि मैं आप लोगों को एक पारिवारिक डिनर पर लेकर जाऊं।" डॉ. ऑर का उत्तर हमेशा की तरह भरोसा दिलाने वाला था।

एक विदेशी धरती पर एक डॉक्टर का अपने मरीज और उसके परिजनों को पारिवारिक डिनर पर ले जाना हमारे लिए एक विलक्षण अनुभूति थी। उनकी भावनाओं का सम्मान करते हुए मैंने खुशी-खुशी हामी भर दी और उनसे उस जगह का पता पूछा जहां डिनर के लिए आना था। उन्होंने कहा- वे अपार्टमेंट आकर हमें साथ लेकर जाएंगे।

### *1 सितंबर, 2015*

सुबह के नाश्ते के बाद दिव्यांश थोड़ा विचारशील मुद्रा में था, मैंने कारण पूछा तो वह बोला, "पापा, मैं सोच रहा हूं उन्होंने मेरे लिए जो कुछ भी किया उसके लिए अपनी कृतज्ञता जताते हुए मैं डॉ. ऑर को एक पत्र लिख कर धन्यवाद दूं। यह कोई डॉक्टर और मरीज के बीच का आमतौर पर पाया जाने वाला संबंध नहीं है। शाम में जब हम डिनर पर मिलेंगे तो मैं उन्हें यह पत्र दूंगा।"

उसके कृतज्ञता व्यक्त करने के इस तरीके को सुन कर मुझे दिव्यांश की समझदारी पर खुशी हुई।

डॉक्टर ऑर और उनकी पत्नी ख़ानी शाम में निर्धारित समय पर हमें लेने अपार्टमेंट आए। वे हमें अपने साथ शहर के छोड़ पर एक ओपन एयर रेस्ट्रॉं लेकर गए। हमने वहां के सुस्वादु खाने का आनंद लिया और उनसे ढेर सारी अनौपचारिक बातें भी हुईं। फिर, दिव्यांश ने अनुरोध किया कि वह पत्र डॉ. ऑर को देने से पहले उन्हें पढ़ कर सुनाने की अनुमति दें। उस 'तोदा रबा' (धन्यवाद सूचक) पत्र का अनुवाद कुछ इस प्रकार है:

> "जो कोई भी एक जीवन भी बचाता है वह दरअसल पूरी दुनिया की रक्षा करता है"
>
> –इत्ज़ाक स्टर्न
>
> ('सिंडलर्स लिस्ट' नामक सिनेमा से)

> कितना अद्‌भुत कथन है यह! और, आपके प्रति मेरी कृतज्ञता को एक पंक्ति में व्यक्त करने के लिए यह सर्वोत्तम पंक्ति है। यह सच है डॉक्टर, आपने मेरे जीवन की रक्षा की है, और उनकी भी जो मेरे जीवन का अभिन्न अंग हैं- मेरे पिता, मेरी मां, मेरी बहन और मेरे करीबी परिवारजन।
>
> अगर आप *'सिंडलर्स लिस्ट'* के मुख्य पोस्टर को देखें तो उसमें दो हाथ हैं, एक बड़ा हाथ जो ऊपर से नीचे के एक छोटे और निर्बल हाथ को थाम रहा है। आपका मेरे डॉक्टर के रूप में होना और मेरा आपके पास एक निस्सहाय मरीज के तौर पर आना-यह पोस्टर इसका प्रतिरूप है। ईमानदारी से कहूं तो जब मेरा ल्यूकीमिया दुबारा से वापस आ गया तो हम सब अवसाद और निराशा के एक अनंत अंधकार की गर्त में चले गए, खासकर मैं। और तभी डॉक्टर अर्चना ने हमें बोन-मैरो-प्रत्यारोपण और आपके बारे में बताया। वह हमारे लिए आशा की एक किरण थी। ईश्वर की जो भी इच्छा थी, मैं भाग्यशाली था कि उस कारण से ही अपनी चिकित्सा के लिए मैं विश्व के पवित्रतम भूमि में से एक इस भूमि पर आया। डॉक्टर अर्चना ने पहली बार आप से मिलकर उन्हें जो भान हुआ वह भी हमें बताया, "पहली बार जब हमने उन्हें देखा, छह फुट के भूरी

आंखों वाले उस देवदूत को जिसे मानो स्वयं ईश्वर ने मेरे बेटे की रोगमुक्ति के लिए भेजा हो।" कितना सच है यह!! आपकी उपस्थिति भर से जो ऊर्जा का संचार होता है, जो ताकत मिलती है, हर एक मरीज की जरूरतों का खयाल रखने का जो आपका भाव है, आपकी मोहक मुस्कान, और सबसे बढ़ कर विश्वास दिलाता हुआ आपका बर्ताव कि, "निश्चिंत रहें, सब ठीक है", सचमुच आपको ऐसा ही बनाता है, मानो कोई देवदूत स्वर्ग से पृथ्वी पर आया हो, कम से कम मेरे लिए तो यह पूर्णतः सत्य है।

डॉक्टर रूबेन ऑर, आपका हृदय से धन्यवाद, मुझे ल्यूकीमिया के इस कांटों भरे रास्ते पर छह साल की कष्टप्रद यात्रा से अपने मजबूत हाथों का सहारा दे कर उबारने के लिए। मुझे इतना ही कहना है, और बस एक और बात; ईश्वर सदैव आपके साथ रहें।

आपका सदैव कृतज्ञ

1, सितम्बर 2015 दिव्यांश आत्मन्

जब दिव्यांश ने अपना पत्र पढ़ना संपन्न किया तो डॉक्टर ऑर और ख़ानी निःशब्द थे। अपनी भावनाओं पर काबू पाते हुए डॉ. ऑर ने बस इतना ही कहा कि अपने किसी मरीज से मिला यह अब तक का उनका सबसे बेशकीमती उपहार है। उन्होंने खड़े होकर दिव्यांश को गले लगा कर 'तोदा रबा' (हार्दिक धन्यवाद)' कहा।

मुझे लगा कि उस पावन भूमि से विदा होने से पहले डॉक्टर ऑर से हमारे लंबे जुड़ाव की समाप्ति का इस से बेहतर तरीका नहीं हो सकता था।

पर, मैं गलत था!

इस पत्र ने उनके साथ हमारे भविष्य में और गहरे रिश्ते की आधारशिला रख दी।

प्रत्यारोपण के करीब छह महीने बाद दिव्यांश को कुछ स्वास्थ्य संबंधी समस्या आयी। उसकी 12वीं की परीक्षा समाप्त होने के बाद हम वापस डॉ. ऑर से मिलने गए। जिस तरह की वह समस्या थी उसे ध्यान में रखकर डॉ. ऑर ने जो दवा सुझाई वह बहुत ही महंगी थी और इजरायल में उपलब्ध भी नहीं थी। यह लिखते हुए मेरी आंखें नम हो रही हैं कि उन्होंने एक बार नहीं दो बार जर्मनी में दवा कंपनियों से अपने अच्छे सम्बन्धों का इस्तेमाल कर बिल्कुल मुफ्त में दिव्यांश के लिए उस दवा का इंतजाम

करवाया। अपने सुदीर्घ मेडिकल पेशे में डॉ. ऑर ने हजारों मरीज देखे होंगे, पर दिव्यांश के प्रति उनके लगाव की कोई परिभाषा नहीं हो सकती। कुछ नैसर्गिक-सा संबंध उनके बीच था जो मेरी समझ से परे था।

इस नई चिकित्सा के बाद हम इजरायल से मुंबई वापस आ गए। नियति का ऐसा प्रहार कि करीब साल भर बाद दिव्यांश फिर से उसी बीमारी का शिकार हो गया, जिसका कोई संभव इलाज न तब भारत में था न इजरायल में। डॉ. ऑर ने सलाह दी कि हम उसे लेकर अमेरिका जाएं जहां एक संभावित इलाज है जो अभी परीक्षण के स्तर पर है। अमेरिका में जो डॉक्टर दिव्यांश का इलाज कर रहे थे, डॉक्टर ऑर उनके संपर्क में भी लगातार रहे। वहां के इलाज के बाद ठीक होने के क्रम में दिव्यांश ने वहीं न्यू जर्सी के एक विश्वविद्यालय में अपने सपने को पूरा करने की उम्मीद लिए कम्प्यूटर-इंजीनियरिंग के कोर्स में दाखिला ले लिया। हम खुश थे। डॉक्टर ऑर भी उसके लिए खुश थे।

पर, इस खुशी की उम्र भी ज्यादा नहीं थी। दिव्यांश का फिर से 'रिलैप्स' हुआ, जो आखिरी बार था। पहले अमेरिका में और फिर मुंबई में चिकित्सकों ने तो भरसक प्रयास किया, पर ईश्वर को शायद कुछ और मंजूर था। दिव्यांश की आत्मा ने महाप्रस्थान का निर्णय लिया।

डॉक्टर ऑर ने मुझे लिखा,

"डियर मिस्टर पोद्दार और परिवारजन,

मैं और मेरी पत्नी ख़ानी, बोन-मैरो-प्रत्यारोपण की टीम के साथ आपके बेटे के निधन के इस अपार दुःख की घड़ी में आपके साथ हैं।

दिव्यांश के विशिष्ट व्यक्तित्व और उसकी बुद्धिमत्ता ने हमारे हृदय और विचारों पर गहरा प्रभाव छोड़ा है।

हमारी पहली मुलाकात में ही उसने अपने व्यक्तित्व से मुझे प्रभावित किया। पहली नज़र में ही मुझे आभास हो गया कि वह एक बेहद साहसी और सुलझा हुआ व्यक्ति है और अपनी बीमारी से मुक्ति के लिए कटिबद्ध है। तब से ही एक मरीज के तौर पर वह मेरे लिए आदर्श की तरह है। चाहे वह इलाज की प्रक्रिया हो, दवाओं का उस पर हो रहा प्रयोग हो या फिर जीवन के प्रति नज़रिया हो, उसका रवैया हमेशा जीवंत और सकारात्मक होता था। मैं भरोसे से कह सकता हूं कि वह अलौकिक रूप से अपनी बीमारी का सामना कर रहा था,

जो हमें शायद ही किसी मरीज में दिखता है। उम्र में तो वह केवल किशोरावस्था में ही था पर, अपने हाव-भाव और बात व्यवहार से वह एक परिपक्व व्यक्ति लगता था जिसे यथार्थ की अद्भुत समझ थी और चिकित्सा विज्ञान में जिसका अगाध विश्वास था। उसकी आत्मा विशिष्ट थी। एक चिकित्सक के तौर पर हम मानव शरीर की संरचना का अन्वेषण-विवेचन करते हैं, पर आत्मा की संरचना का अन्वेषण कैसे करें हमें ज्ञात नहीं। मेरे लिए और बोन-मैरो-प्रत्यारोपण-विभाग के सभी चिकित्सकों, नर्सों और कर्मचारियों के लिए वह एक उदाहरण की तरह था। उसने हमेशा दूसरों की परवाह की, वह अपने और अपने परिवार के लिए जो संभव था सब कर रहा था। मेरे लिए तो वह एक पवित्र आत्मा था। उसकी बातें सीधे उसके अंतर्मन की गहरायी से आती थीं। हिब्रू में एक कहावत है कि कुछ लोगों में दिल और दिमाग का सुंदर सामंजस्य होता है, दिव्यांश वैसा ही था। वह बाइबल के देवदूत की तरह था।

मेरा मानना है कि दिव्यांश के इस विशिष्ट व्यक्तित्व के निर्माण में उसके परिवार का महत्वपूर्ण योगदान है। उसके माता पिता ने जो उसके लिए किया वैसा कम ही दिखता है। कैन्सर के मरीजों का इलाज करते हुए मुझे चालीस साल हो गए, पर मैंने ऐसा परिवार नहीं देखा जो अपने बेटे के इलाज के लिए हर सीमा के पार जाकर उपाय ढूंढने को तत्पर था। दिव्यांश के संस्कार अपने परिवार से आए थे। दिव्यांश की मृत्यु जैसी हृदयविदारक घटना के बाद भी उन्होंने दिव्यांश के दोस्तों और उसके संपर्क में आए हम जैसे लोगों से अपना नाता खत्म नहीं किया।

उम्मीद है हम जल्द ही मिलेंगे और दिव्यांश के प्रति हमारे स्नेह की मिलकर चर्चा करेंगे।''

आपका अपना, सदैव,
रूबेन

हमारा परिवार और डॉक्टर ऑर अब भी आपस में संपर्क में हैं। जैसा कि दिव्यांश ने लिखा और महसूस किया था, वह अब भी भरोसा रूपी बड़ा हाथ बनकर हमें थामे हैं।

हमारे जीवन में उनकी भावपूर्ण उपस्थिति को स्मरण करते हुए अब मेरी बारी है उन्हें 'तोदा रबा' (हार्दिक धन्यवाद) कहने की।

## मृदु सौम्य ल्यूमा और उनका खमसा

जुलाई 2015 के तीसरे सप्ताह में, हमारे पहले इजरायल यात्रा के लगभग आखिर में एक वृद्ध महिला ल्यूमा ने मुझे अप्रत्याशित रूप से फोन किया। धीमी और कोमल आवाज में उन्होंने अपना परिचय दिया और बताया कि वे मुंबई में हमारी मित्र डॉक्टर अर्चना की मित्र हैं। उनके स्वर में दिव्यांश को लेकर चिंता थी। उन्होंने हमसे अगले शबात पर उनके घर आने का विनम्रतापूर्वक आग्रह किया। जब हमने उनका पता पूछा तो वे बोलीं, उनके पति गिदियोंन आकर हमें अपने अपार्टमेंट से ले जाएंगे। तब मुझे ध्यान आया डॉक्टर अर्चना ने इजरायल के लिए विदा होते समय मुझे उनके बारे में बताया था। हालांकि अपने नए मित्रों से हमें वहां इस तरह के न्योते मिलते रहते थे, पर मैं थोड़ा हिचक रहा था कि एक वृद्ध महिला पर हमारे लिए डिनर आयोजित करने का अनावश्यक भार आ जाएगा। पर, उनकी आवाज में जो विनम्रता थी, जो अपनापन भरा आग्रह था उसने मेरे निर्णय को बदल दिया, उनके मन से किये गए आग्रह ने हमारे भी अंतर्मन को छू लिया था।

'ल्यूमा लर्मन' लगभग अस्सी साल की बेहद खुशमिजाज महिला थीं। 'उम्र तो महज एक संख्या है' वाली कहावत उन पर पूरी तरह चरितार्थ होती थी। करीने से संवारे गए कंधे तक कटे सफेद बालों में और अवसर अनुरूप अपने सुंदर परिधान में वे बेहद गरिमामयी लग रही थीं। मुस्कुराते हुए उनके चेहरे की गहरी उम्रदराज लकीरें भी जैसे मुस्कुरा पड़ती थीं। उनकी बड़ी-बड़ी भूरी खूबसूरत आंखें उनकी जुबान से ज्यादा बयान करती थीं। लम्बे-छरहरे उनके पति गिदियोंन अपनी ऊर्जा से किसी भी युवा व्यक्ति के लिए ईर्ष्या का कारण हो सकते थे। उनकी दो बेटियां, इरिट और ओर्ना अपनी मां के सुंदर और प्रभावशाली व्यक्तित्व का प्रतिरूप थीं। उलूकों के प्रति उनका गहरा लगाव था। अलग-अलग देशों से लाए गए बड़े छोटे हर आकार-प्रकार के उलूक उनके लिविंग-रूम में एक शीशे के कैबिनेट में सजाए दिख रहे थे।

उन्होंने मेरा और दिव्यांश का दरवाजे पर ही स्वागत किया। उन्होंने दिव्यांश को गले लगाया और मातृत्वभाव से संपृक्त चुंबन लिया, फिर उन्होंने मुझे भी उसी तरह स्नेहपूर्वक गले लगाया और वैसा ही मातृ स्नेह से भरे चुंबन से मेरा भी स्वागत किया। मैं सोच भी नहीं सकता था कि किसी अजनबी से पहली बार मिलना इतना आत्मिक हो सकता है। पहली बार

मिलते ही दिव्यांश के लिए उन में गहरा ममत्व का भाव दिखने लगा। दिव्यांश भी उनके स्नेहपूर्ण व्यक्तित्व से उतना ही प्रभावित था और जल्द ही उनसे वह खुल कर बिना किसी झिझक के अपने मन की बातें साझा करने लगा। ऐसा लगा ही नहीं कि हम उनसे पहली बार मिल रहे हैं। खाने का हर व्यंजन लजीज था जो स्वयं उन्होंने अपने प्रिय पति गिदियोंन के साथ मिल कर बनाया था। भोजन के मामले में भी उनकी रुचि उतनी ही नफासत भरी थी, सच कहें तो खाने के उन लजीज व्यंजनों ने पेट से ज्यादा मन की भूख मिटा दी। वहां के आमतौर पर एकरस से जीवन में यह आनंद के शीतल सुंदर झौंके की तरह था। मुझे उनके बारे में सबसे खूबसूरत बात यह लगी कि वे हमारी संस्कृति हमारे रिवाजों के बारे में जांनने को उत्सुक थीं, साथ ही अपनी संस्कृति और रिवाजों को लेकर अनावश्यक बखान नहीं कर रही थीं। उन्होंने अत्यंत धैर्य से दिव्यांश की यात्रा और उसके कष्टों के बारे में सुना और उसे महसूस किया। जब मैंने उन्हें बताया कि अपनी पूरी जीवन-यात्रा में दिव्यांश ने अपने दर्द को अपनी खुशी में बदल लिया और अपनी इस क्षमता के बूते उसने 'दर्द' का 'दर्द' से ही निवारण किया, तो वह स्पष्ट तौर पर भावुक हो गयीं और उन्होंने दिव्यांश को गले लगा लिया। तब हमें कहां पता था कि बाद के दिनों में उनका यह नया मित्र ही उनकी प्रेरणा बन जाएगा! कहते हैं ना कि किसी निर्धारित काल और स्थान में जो घटित होता है वह भी पूर्वनिर्धारित होता है, किसी निहित उद्देश्य से घटित होता है, पर उस समय हमें उसका संज्ञान नहीं होता। ल्यूमा और दिव्यांश के मिलने में भी एक निहितार्थ था। चलते हुए उन्होंने हमें खाने का सामान डब्बे में भर कर भी दिया, जिसे हम अपने अपार्टमेंट में खा सकें। गिदियोंन हमें वापस छोड़ने आए और गाड़ी में उनके बगल में बैठा मैं, जो कुछ उस दिन घटा था उसे आत्मसात् करने की कोशिश कर रहा था। मैंने कार की साइड मिरर में दिव्यांश की तरफ देखा और उसने अपने आंखों के इशारे से सहमति जता दी- ल्यूमा सदाचार की प्रतिरूप हैं।

अपार्टमेंट आकर मैंने देखा दिव्यांश जैसे कुछ सोच रहा है। वह जैसे शून्य में कोई तारतम्य बैठाने की कोशिश कर रहा था। मैंने अनचाहे ही उसकी विचार प्रक्रिया में बाधा डाली और पूछा कि क्या बात है?

दिव्यांश का उत्तर दार्शनिकता से भरा था,

"जीवन में आने वाली बाधाएं और चुनौतियां हमारा बंधन नहीं होना चाहिए। बल्कि वे यह समझने में सहायक होती हैं कि कौन लोग हैं जो इन बाधाओं और चुनौतियों का सामना करने में हमारी सहायता करते हैं। मेरा संघर्ष केवल मेरा ही नहीं है। आप के सहित कई लोग हैं जो इसमें सहायक हैं। आज एक और व्यक्ति इसमें जुड़ गया और वे ल्यूमा हैं। मैं अनुगृहीत महसूस करता हूं।"

उसके ये अनमोल शब्द पूरी रात मेरे कानों में गूंजते रहे। दिव्यांश हमारी जिम्मेदारी था, ल्यूमा ने इस जिम्मेदारी के निर्वाह में मन से सहयोग का हाथ बढ़ाया।

9 सितम्बर 2015 को मुंबई आने तक हम ल्यूमा के नियमित संपर्क में रहे। हर शबात को उनका आग्रह होता कि हम उनके परिवार के साथ समय बिताएं और हमने भी कभी मना नहीं किया। समय के साथ हमारा रिश्ता और गहरा होता गया। दिव्यांश के प्रति भी उनका लगाव और गहरा होता गया। एक रोचक बात यह भी थी कि दिव्यांश ने हिब्रू सीखने का प्रयास शुरू कर दिया था जो उन्हें बड़ा लुभावना लगता था। जिस दिन हम वहां से विदा हुए, उन्होंने अपनी शुभकामनाएं दीं और संपर्क बनाए रखने की आकांक्षा जताई।

उनके साथ की मधुर यादें दिल में बसाए हम 9 सितंबर 2015 को मुंबई लौटे।

घर आकर दिव्यांश अपनी आने वाली बारहवीं की परीक्षा की तैयारियों में व्यस्त हो गया। बीच-बीच में फॉलो अप के लिए स्थानीय चिकित्सक के पास भी जाता रहता। हम ल्यूमा और उनके परिवार के नियमित संपर्क में थे, अक्सर एक दूसरे को फोन पर संदेश भेजते और कभी-कभी बातें भी हो जातीं।

अगले साल दिव्यांश को प्रत्यारोपण के बाद कुछ परेशानियां होने लगी जिसके कारण हमें एक से अधिक बार इजरायल जाना पड़ा। हर बार वहां जाने पर ल्यूमा और उनके परिवार से मिलना एक सुखद अनुभव होता। अगस्त 2106 में जब हम वहां गए तो ल्यूमा और गिदियोंन हमारे अपार्टमेंट में हमसे मिलने आए और हमें साथ लेकर वहीं नीचे एक कैफे "अविखायल" में लेकर गए। वह दिव्यांश के लिए एक बेशकीमती उपहार लेकर आयी थी- एक खमसा। खमसा हथेली के आकार का एक प्रकार का ताबीज है जो आमतौर पर घर की दीवार पर सजाया जाता है, जो पूरे मध्य पूर्व में प्रचलित है। यहूदियों का मानना है कि यह बुरी नजरों से बचाता है। दिल

ही दिल में ल्यूमा हमारे बार-बार इजरायल आने से चिंतित थीं, उन्हें पता था कि हमारे वहां आते रहने का कारण सकारात्मक नहीं है। उन्हें लगा दिव्यांश को बुरी नजरों से बचाने की आवश्यकता है, इसी कारण उन्होंने वह खमसा उसे उपहार में दिया। वह दुष्ट शक्तियों से दिव्यांश की रक्षा के लिए हर संभव उपाय कर रही थीं। दिव्यांश वह उपहार पाकर भावुक हो गया, उपहार से अधिक उसमें जो भावना निहित थी, उसकी रक्षा करने की, उसने दिव्यांश के मन को गहरे छू लिया।

मुंबई आकर दिव्यांश ने उस खमसा को अपने स्टडी टेबल पर रख लिया, जिससे उसमें बसा ल्यूमा का मातृस्नेह हमेशा उस तक पहुंचता रहे।

18 सितम्बर 2016 को हम फिर से इजरायल गए, उम्मीद थी वहां की यह हमारी आखिरी यात्रा होगी। इस बार दिव्यांश ल्यूमा के लिए यादगार स्वरूप कोई उपहार ले जाना चाहता था। वह मुंबई के कोलाबा बाजार गया और उसने एक उलूक खरीदा। उनके ग्लास कैबिनेट में रखे दुनिया भर के उलूकों के बेहतरीन संग्रह में वह चाहता था एक भारत से लाया उलूक भी जुड़ जाए।

हम इजरायल के लिए विदा हुए, जैसे ही हमारी फ्लाइट तेल अबीब पर उतरी, मेरे मोबाइल पर एक व्हाट्सऐप संदेश आया-'हाय...!, इजरायल में आपका स्वागत है। उम्मीद करती हूं इलाज सफल रहे और परिणाम में बेहतर, बेहतर और केवल बेहतर स्वास्थ्य मिले। मैं भी क्लब में शामिल हो गयी हूं- नियति का एक अप्रत्याशित और आश्चर्यजनक खेल है यह ...'

क्लब में शामिल हो गयी हूं? मैं उनके कहे का अर्थ समझ नहीं पाया। अपार्टमेंट पहुंच कर मैंने उनसे फोन कर इस बारे में पूछा। उन्होंने कहा, "मुझे आपको बताना चाहिए था कि मैं अपने शत्रुओं के खिलाफ लड़ने में हास्य और विनोद का भी सहारा लेती हूं, पता चला है, मुझे भी कैन्सर है।"

मैं सन्न रह गया, समझ नहीं आया बोलूं तो क्या बोलूं। जब मन थोड़ा स्थिर हुआ तो मैंने दिव्यांश को इस दुःखद खबर के बारे में बताया। वह स्थितिप्रज्ञ था, मैं समझ सकता था, ऐसी स्थितियों का शांतचित्त होकर सामना करने का उसका अपना विशाल अनुभव जो था। उसने कुछ भी नहीं कहा। थोड़ी देर बाद वह मुस्कुराया भर, एक भावशून्य मुस्कान, जो शब्दों से कहीं ज्यादा अभिव्यक्त कर रही थी। सप्ताह भर बाद ल्यूमा और गिदियोंन ने हमारे अपार्टमेंट आने की इच्छा जताई। हम भी उनसे मिलने को उत्सुक थे। 29 सितंबर की सुबह मैंने देखा दिव्यांश कागज पर कुछ लिख रहा है। मैंने पूछा कि वह क्या लिख रहा है तो वह बोला कि वह ल्यूमा के प्रति

अपने कुछ विचारों को लिख रहा है। शाम में उनसे मिलने पर उपहार के साथ यह पत्र भी उन्हें देने का उसका इरादा था।

शाम को ल्यूमा और गिदियोंन हमसे मिलने आए। हमने एक दूसरे का अभिवादन किया। दिव्यांश ने ल्यूमा को पहले उपहार स्वरूप वह उलूक दिया और फिर अपने हाथ से लिखा वह पत्र भी सौंपा। पर, सौंपने से पहले उसने उन्हें वह पत्र पढ़ कर सुनाया, शायद वह चाहता था कि हर एक शब्द में बसी उसकी भावनाएं उसी तरह सम्प्रेषित हों, जैसा उसने लिखा था। उस पत्र का अनुवाद कुछ इस प्रकार है:

29 सितंबर 2016

डियर मिसेज ल्यूमा,

भारत में जब हम अपने से किसी बड़े, जो आपका संबंधी न हो, को संबोधित करते हैं तो उन्हें आंटी या अंकल बुलाते हैं। इसीलिए मैं आपको ल्यूमा आंटी बुलाऊंगा।

'डियर ल्यूमा आंटी,

यहां इजराइल में हमारी इस मेडिकल और आध्यात्मिक यात्रा में कई स्थानीय परिवारों ने हमारा हृदय से स्वागत किया। मेरे साथ यहां आए मेरे परिवारजन उनमें से अधिकांश को याद नहीं रख पाए, पर आपको कोई नहीं भुला पाया। सबको ही वह प्यारी सी, गर्मजोशी से मिलने वाली, मां की तरह ही प्यार करने वाली "आंटी" याद है, जिन्हें 'उलूक' से बेहद लगाव है।

इजरायल में हमारे प्रवास के दौरान आप जैसे दिव्य आत्मा और गिदियोंन अंकल से मिलने का सौभाग्य मुझे बहुत बाद में मिला। आप जैसे फरिश्तों को जानना मेरे जीवन का एक बड़ा आशीर्वाद है, आपके स्नेह की छांव में मैं अद्भुत सुरक्षा महसूरा करता हूं।

शारीरिक और मानसिक दोनों ही तरह से आपने जो हमें संबल दिया उसके लिए आपका हमेशा अनुगृहीत रहूंगा, खासकर आप से जो मानसिक संबल मिला वह जीवन भर हमेशा हमारे साथ रहेगा। आप हर वक्त हमारे ख्यालों में रहेंगी और हम आपकी सुख शांति के लिए दुआ मांगते रहेंगे।

यह एक भीषण दुर्भाग्य है जो आप पर बीता है, और मैं अपने अनुभव से जानता हूं कि हिम्मत और साहस से स्वयं को खड़ा रखते हुए भी मन की अतल गहराई में दर्द और अनिष्ट की कैसी गहरी आशंका भरी होती है। आपके शांत चेहरे के पीछे के तूफान को मैं पहचानता हूं, समझता हूं, पर, यह स्वाभाविक है। मेरी हार्दिक अभिलाषा है कि इन परिस्थितियों में मैं आपके लिए वह करूं जो अब तक आपने मेरे लिए किया है। पर, मेरी इतनी क्षमता कहां..!! हां, मैं बेहद विनम्रता से इतना जरूर कहना चाहता हूं कि जब भी आप उदास होंगी, क्लांत होंगी, दुःख से घिरी महसूस करेंगी, मैं आपको खुश रखने के लिए हर संभव सलाह दूंगा, प्रयास करता रहूंगा।

मेरी सबसे पहली सलाह है जितनी जल्दी हो सके, यथार्थ को "स्वीकार" करने की। यह कड़वी गोली की तरह है, निगलने में जितनी देर लगेगी उसका कड़वा स्वाद उतना ही अधिक जुबान पर महसूस होगा। स्वीकार करना कि हां, मुझे एक समस्या है, पर समस्या मेरे शरीर में है, मुझमें नहीं। आपका मूल मंत्र यह होना चाहिए कि मुझे एक 'रोग' है, पर मैं 'रोगग्रस्त' नहीं हूं।

फिर थोड़ी-सी, चुटकी भर, अस्वीकार्यता भी चाहिए- एक मीठी अस्वीकार्यता। पर, यह पहले वाले के बाद का कदम है। यह मिठास आपके जीवन की उस कड़वाहट को हर लेगी और आप अपने जीवन की सुंदरता (योफी) को बचा पाएंगी, जैसे कुछ हुआ ही न हो। 'जिम' जाइए जो आपकी आदत है, तैराकी की अपनी प्रिय पोशाक पहन कर जी भर कर तैरिए, अपने दोस्तों से नियमित रूप से मिलिए, हमेशा की तरह दूसरों की मदद कीजिए, और सबसे जरूरी यह कि खुद को रत्ती भर भी मत बदलिए। प्यार और स्नेह से भरे फरिश्ते की तरह, जैसी आप हैं, वैसी ही रहिए।

कठिनाई भरे दिन भी होंगे, सारे नहीं तो कुछ तो होंगे ही यह तय है। पर, मुझे विश्वास है आपकी जैसी हिम्मती इंसान उन कठिनाई भरे दिनों पर भी विजय पा लेगी। केवल एक सलाह दूंगा- "इन कठिनाई भरे दिनों को अपने मानस पटल पर टिके मत रहने दीजिए" ऐसे दिनों में जहरीले नकारात्मक विचारों को पनपने मत दीजिए। दोस्तों से बात कीजिए, अपनों से संपर्क में रहिए, मैं भी आपके लिए हूं, हमेशा..!

आप हिम्मती इंसान हैं और ईश्वर में आपकी गहरी आस्था है

तो उनसे जब भी संभव हो प्रार्थना कीजिए और यथासंभव उन्हें याद कीजिए, खासकर जब आप स्वयं को अशक्त महसूस करें। साथ ही यह भी जरूरी है कि अपनी मानसिक क्षमता पर भरोसा रखें, स्वयं पर अटल विश्वास रखें।

मेंढक कितना बदसूरत होता है
और जहरीला भी
पर ताज होता है उसके सर पर भी
कुछ ऐसा ही होता है
विपत्तियों का आचार भी

विपत्तियों के बारे में 'विलियम शेक्सपीयर' का यह कथन कितना सही है! जीवन पथ पर विपत्तियों को समझते महसूस करते मुझे कई साल लगे इस कथन का वास्तविक अर्थ समझने में। मैं इसमें पूर्ण विश्वास रखता हूं और आपको यह "उक्ति" दे रहा हूं। मैं कहूंगा 'तब भी' (माजेल तोव), आपका दुर्भाग्य आपको कहीं अधिक हिम्मती इंसान बनाएगा। आप स्वयं में एक नए इंसान को पाएंगी, आपके अंदर बसा, अब तक आपसे अनजान एक सुंदर और हिम्मती इंसान। आप अपने ही बारे में नई बातें जानेंगी। आप नए गुणों को अपनाएंगी, जो सारे अच्छे गुण होंगे। मैं आपको यह सब अब तक के अपने अनुभव से बता रहा हूं।

मेरे इस स्नेह से भरे पत्र के साथ मेरे आभार के प्रतीक स्वरूप एक छोटा सा उपहार भी है। कृपया खोल कर देखिए।

हमारे धर्म में 'उलूक' माता लक्ष्मी का वाहन है, जो वैभव और संपदा की देवी हैं। यह ग्रीक देवी 'एथिना' का भी वाहन है, जो बुद्धिमत्ता की देवी हैं। इन दोनों देवियों की कृपा आप पर इनका आशीर्वाद बन कर बना रहे। ईश्वर से मेरी हर प्रार्थना में आप शामिल रहेंगी।

'लेखाइम बेत्जलखा' (जीवन के लिए मंगलकामनाएं)

आपका अपना,
दिव्यांश

मैंने देखा जब दिव्यांश वह पत्र पढ़ रहा था तब ल्यूमा अत्यंत ध्यानपूर्वक उसे सुन रही थी, उसके द्वारा उच्चारित एक-एक शब्द का मायने समझने

की कोशिश करते हुए।

अगले दिन ल्यूमा ने दिव्यांश को मोबाइल पर यह संदेश भेजा, स्पष्ट था इसे लिखने से पहले उन्होंने दिव्यांश का पत्र कई बार और पढ़ा था। उनके संदेश का अनुवाद कुछ इस प्रकार है:

माई डियर दिव्यांश,

मैंने तुम्हारा लिखा बार-बार पढ़ा और सच कहूं तो यह अद्‌भुत है। तुम बहादुर हो, बुद्धिमान हो और मानवीय सदिच्छा के प्रतिमान हो। तुमने जिस स्पष्टता से और जिस तार्किकता से अपने अनुभवों को अपने विचारों को मुझसे साझा किया है उसके लिए हृदय से धन्यवाद। साथ ही मुझे भी विश्वास है और मैं प्रार्थना करती हूं कि तुम अपनी लड़ाई में विजयी होगे और पूरी तरह स्वस्थ और पहले से भी मजबूत होकर उभरोगे और तुम जो भी रास्ता चुनोगे सफलता तुम्हारे कदम चूमेगी। मैं बेहद खुश हूं और स्वयं को भाग्यशाली मानती हूं कि मुझे तुम्हें और तुम्हारे परिवार को जानने का अवसर मिला।

शुक्रिया और तुम्हें मेरा ढेर सारा प्यार...।

ल्यूमा

अक्टूबर के आखिर में हम मुंबई वापस आ गए। उसी साल दिसम्बर में हमें दो दिन के लिए फिर से एक आखरी बार यरूशलम जाना पड़ा। हम ल्यूमा से मिले और लगा जैसे इलाज से उन्हें कोई खास लाभ नहीं हो रहा। पर, उनकी आंखों में अब भी हौसला दिखाई पड़ा।

मुंबई आकर दिव्यांश ने इंजीनियरिंग कॉलेज की अपनी पढ़ाई फिर से जारी कर ली। ल्यूमा और दिव्यांश हमेशा एक दूसरे के संपर्क में रहे।

भाग्य ने अक्सर दिव्यांश का साथ नहीं दिया। मार्च 2017 की शुरुआत में उसकी तबियत फिर से बिगड़ने लगी। हमने जानबूझ कर ल्यूमा को कुछ नहीं बताया, वे स्वयं अपनी स्वास्थ्य समस्या से जूझ रही थीं। हमें डर था दिव्यांश के बारे में जान कर उनका मनोबल टूट जाएगा और वो अपनी लड़ाई में भी कमजोर पड़ जाएंगी। जब हम दिव्यांश को लेकर उसके इलाज के लिए अमेरिका में थे, मुझे मोबाइल पर उनकी बेटी ओर्ना का संदेश मिला- ल्यूमा नहीं रहीं, जून के पहले सप्ताह में उनका देहांत हो गया। खबर सुन

कर दिव्यांश ने अपनी आंखें बंद कर लीं, मानो ल्यूमा की विशिष्टताओं को वह अपनी आत्मा से महसूस कर रहा हो और उनके प्रति अपनी सद्भावना की अभिव्यक्ति कर रहा हो। दिव्यांश के पास अब भी उनका खमसा था, जिसके माध्यम से बुरी नजरों से उसे बचाने की ल्यूमा की नियति हर समय उसके अनुभूति में रहती।

दिव्यांश के लिए भी आगे के दिन कठिनाइयों से भरे थे। अक्टूबर 2017 से तो उसने बहुत ही दर्दनाक स्थितियों का सामना किया। 2 मई 2019 को अंततः उसने हमसे हमेशा के लिए विदा ले ली।

खमसा ने इस बार भी कोशिश की कि गहन कष्टों से उसकी रक्षा करे, उसे लेकर वह उस बेहतर दुनिया में चली गयी जहां उसकी आत्मीय ल्यूमा उसकी प्रतीक्षा कर रही थी।

## सवदास

30 मार्च 2015 को हम इजरायल पहुंचे। अपार्टमेंट में अपना सामान रखकर हम सीधे हदस्साह अस्पताल की ओर रवाना हुए जहां दिव्यांश का इलाज होना था। भारतीय विदेश सेवा के एक अधिकारी राजेश परिहार जो तब तेल अवीव के भारतीय वाणिज्यदूतावास में कार्यरत थे और जिन्हें हमारे वहां पहुंचने के समय के बारे में पता था, हमारे अस्पताल पहुंचते ही हमसे मिलने आ गए। एक मित्र जो उनके भी मित्र थे उनके माध्यम से मैं राजेश के संपर्क में आया और हमारी जान-पहचान बस कुछ ही दिनों पहले की थी। तेल अवीव से लगभग 70 किलोमीटर की दूरी तय कर जिस प्रकार वे तत्काल ही हम से मिलने आ पहुंचे उसने मुझे कृतज्ञता से भर दिया। वे उस पूरे दिन हमारे साथ रहे और हमारी तात्कालिक जरूरतों को समझ कर उसकी व्यवस्था करते रहे। उन्होंने मुझे एक सज्जन के बारे में बताया जो तेल अवीव में ही रहते थे, उनका नाम था सवदास। उन्होंने बताया कि सवदास हर मामले में मददगार हो सकते हैं और उनसे फोन पर मेरी बात भी करवा दी।

वैसे तो सवदास भारतीय मूल के थे पर वे 1993 से ही इजरायल में रह रहे थे और अब वहीं के नागरिक भी थे। वे तेल अवीव के समीप 'पाटेह टिकवा' नामक एक जगह पर रहते थे। उनका एक खूबसूरत परिवार था जिसमें उनकी पत्नी रीना और उनके तीन बच्चे थे। वे तेल अवीव में

भारतीय खाद्य सामग्रियों का एक स्टोर चलाते थे साथ ही साथ स्वतंत्र रूप से व्यावसायिक प्रतिष्ठानों में सुरक्षा व्यवस्था से संबंधित उपकरण लगाने का कार्य भी करते थे। वे इतनी अच्छी हिब्रू बोलते थे कि वहां के स्थानीय लोगों से भाषा के आधार पर उन्हें अलग करके पहचानना असंभव था। उस देश के सामाजिक-सांस्कृतिक परिवेश को उन्होंने जैसे पूरी तरह आत्मसात् कर लिया था।

इजरायल जाते हुए हमने कम ही भारतीय खाद्य सामग्री रखी थी, भय था कहीं इजरायली अप्रवासन में कोई समस्या न हो जाए। प्रतिदिन रेस्तरां का खाना खाने का सवाल ही नहीं था क्योंकि एक तो दिव्यांश को घर का खाना देना ही उचित था दूसरे वहां के रेस्तरां का खाना हमारे अपने खाने से बहुत अलग था। इसीलिए हमें वहां सबसे पहले चुनिंदा भारतीय खाद्य सामग्रियों की आवश्यकता महसूस हुई। सवदास उदारता से हमारी मदद को आगे आए। कहने की आवश्यकता नहीं कि विशिष्ट भारतीय खाद्यान्नों का वहां की दुकानों में मिलना आसान नहीं था। हालांकि वहां रहते हुए बाद में हमें कुछ दुकानों का पता चला जहां कुछ भारतीय मसाले और दालें मिल जाया करती थीं।

हमने अपने खाद्य सामग्रियों की जरूरत सवदास को मोबाइल पर संदेश के माध्यम से बता दिया। अगले दिन वे तेल अवीव से 70 किलोमीटर की दूरी तय कर आ गए। उनके साथ दो बड़ा बैग था, एक में हमारा ऑर्डर किया हुआ खाद्यान्न और मसाले थे और दूसरे में था उनकी पत्नी की उदारता की खुशबू से भरा हमारे लिए उनके घर का बना ढेर सारा खाना। मैं उनकी उदारता के सामने नतमस्तक हो गया। मैंने उनसे विनम्रता से कहा, "आपकी पत्नी द्वारा भेजे खाने को स्वीकारते हुए मुझे बहुत दुविधा हो रही है। मैं हमारे प्रति उनकी सहानुभूति के लिए हृदय से कृतज्ञ हूं। इस बार चूंकि आप खाना लेकर आ गए हैं तो मैं इसे विनम्रता पूर्वक स्वीकार कर लेता हूं, पर कृपया अगली बार से ये ना करें।" उन्होंने सहजता से मेरी बातें सुनी और फिर विषय बदलते हुए वे मुंबई के बारे में बातें करने लगे। मैंने जो सामान मंगवाया था उसके लिए पैसे देने चाहे तो उन्होंने विनम्रता से मना कर दिया। मेरे लाख प्रयास के बाद भी उन्होंने पैसे नहीं लिए और यह भी कहा कि आगे भी जब भी भारतीय खाद्य सामग्रियों की जरूरत हो उन्हें फोन पर संदेश भेज दें। किचेन के मामले संभालने की तब मेरी शुरुआत थी, फिर भी मैंने उनसे चाय का आग्रह किया, पर उन्होंने यह

कह कर मना कर दिया कि वे चाय नहीं पीते।

मेरी पत्नी निधि ने जो बना बनाया खाना साथ में दिया था वह तो हम तब तक निपटा चुके थे। सवदास के आने से पहले मैं विचार ही रहा था कि क्या पकाऊं और कैसे! मैंने अपने जीवन में कभी खाना नहीं पकाया था और अब यह मुझे एक जटिल काम लग रहा था। दोष तो मेरा ही था, पर अब अफसोस के अलावा और कर क्या सकते थे। और तभी सवदास बैग भरकर घर का खाना लेकर आ गए, वैसा खाना जो हमें बस निधि होती तभी नसीब होता। हमने तीन दिन तक स्वाद ले लेकर वह खाना खाया और इसी दौरान मैं पाक-कला की बारीकियां सीखने में भी जुटा रहा। उन दिनों को याद करते हुए अब भी सवदास की उदारता और उनकी पत्नी की विचारशीलता के बारे में सोच कर मेरा मन उत्फुल्लित हो उठता है।

सवदास में जो मैंने सबसे बड़ा गुण देखा वह यह था कि वे कभी किसी भी कार्य या मदद के लिए मना नहीं करते थे। और सबसे बड़ी बात यह कि हर कार्य या सहायता को उदारता-पूर्वक करते हुए वे बेहद सहज दिखते। वहां रहते हुए हमें कई बार उनसे भारतीय खाद्य सामग्री मंगाने की आवश्यकता हुई और उन्होंने हर बार तत्परता से हमारी जरूरत पूरी की। हमारी जरूरतें पूरी करने के उनके जज़्बे के सामने हमारी जरूरतें छोटी पड़ जातीं। मुझे पता था कि वे हर बार हमें दे रहे सामान के लिए पैसे नहीं लेंगे और मैं अपराधबोध से भर जाता, पर समय के साथ वे हमारे इतने करीब आ गए और हमारी उन पर इतनी निर्भरता हो गयी कि खाद्य सामग्री कहीं और से मंगाना मुझे घोर अपराध की तरह लगता। उनके साथ जो संबंध बन गया था उसमें अपने उस अपराध बोध के बावजूद उन्हीं सेवाओं के लिए किसी और के बारे में सोचना भी उचित नहीं लगता था, न ही वह सामान बाजार से खरीदना मुनासिब जान पड़ता था।

कई बार सवदास ने हमें अपने घर खाने पर बुलाया, जहां उनकी पत्नी अत्यंत उदारता से हमें सुस्वादु भारतीय व्यंजन परोसती। डिनर के बाद हर बार सवदास हमें हमारे अपार्टमेंट छोड़ कर जाते। जब हमें किसी भी सामान की जरूरत नहीं होती तब भी वे हमसे मिलने आ जाते।

इजरायल की हमारी अगली यात्रा के दौरान मैंने उनसे वहां के एक जगह 'एलात' के बारे में पूछा जो हमारे अपार्टमेंट से चार घंटे की दूरी पर था। 'एलाट' 'रेड सी' के ऊपर एक दक्षिणी इजरायली बंदरगाह और

'रिसॉर्ट-टाउन' है। वहां के समुद्रतट अपने शांत जल बहाव के लिए प्रसिद्ध थे। 'स्नॉर्कलिंग' और गोताखोरी के लिए भी यह जाना जाता था।

'कोरल-बीच-नैचुरल- रिजर्व' मछलियों से भरी भित्तियों से होकर अंडर वॉटर ट्रेल्स था। यह 'कोरल वर्ल्ड अंडरवाटर ऑब्जर्वेटरी' के लिए प्रसिद्ध था। मैं दिव्यांश को यह जगह दिखाना चाहता था। तब तक दिव्यांश ने 'एलात' को छोड़ कर इजरायल की लगभग सभी अन्य प्रमुख स्थल देख लिए थे। सवदास अपने स्वभाव अनुरूप सहजता से यह जिम्मेदारी भी अपने सर ले लेने से कहां हटने वाले थे! वे हमें साथ लेकर 'एलात' गए, हमारे साथ वहां रहे और फिर वापस हमें अपने अपार्टमेंट तक छोड़ गए।

जब तक हम इजरायल में रहे उनके दरियादिली के माध्यम से सवदास की अच्छाई हम तक पहुंचती रही। हमारे लिए यह एक भावुक करने वाला अनोखा अनुभव था। सवदास अब भी हमारे संपर्क में हैं। दिव्यांश तो अब परम समाधि में लीन हो गया, पर सवदास की मदद के द्वार अब भी हमारे लिए स्वागत से खुले है।

दिव्यांश की अवधारणा थी कि एक मानवता का धर्म है जो देश-काल के परे सार्वभौमिक होता है। सवदास, आप उसी सार्वभौमिक समुदाय का प्रतिमान हैं।

## डेविड

"डियर सुशील,

शलोम

जब 'दिव' की जगह आपने उत्तर दिया, तभी मुझे लगा कुछ चिंतनीय है। मैं क्षमा चाहता हूं। 'दिव' जब अपने इम्म्यूनोथेरेपी के लिए हदस्साह अस्पताल में था तब उसने मुझसे बात करने की कोशिश की थी। तब तक मैं अस्पताल छोड़ चुका था और आप शायद विश्वास नहीं करेंगे कि मैं गंभीर डिप्रेशन में था। मुझे लगता है जैसे मैंने 'दिव' को उस समय त्याग दिया था और मुझे इस बात का बहुत दुःख है। अब मैं ठीक हूं, लगभग डेढ़ साल से अब दवा की जरूरत भी नहीं होती। क्या वह चेतन है, चीजों को देख समझ पाता है? क्या

आपने उसे मेरा 'बर्थडे कार्ड संदेश' सुनाया? जी करता है मैं वहां होता आपके साथ। उसे मेरी तरफ से भी गले लगा लीजिए। दोस्त 'दिव' के लिए मेरी हार्दिक शुभकामनाएं।

डेविड 28 जनवरी 2019

'डेविड जे. डेमब्रो' को हम तब से जानते हैं जब हमारी इजरायल की यात्रा शुरू भी नहीं हुई थी। वे हदासाह अस्पताल के जाने-माने नर्स थे और पहले दिव्यांश के एक स्कूल के दोस्त के इलाज के समय उन्होंने उसकी देखभाल की थी। हम जब उनके संपर्क में आए तब उनकी नौकरी का बस एक साल बचा था। मुझे अच्छी तरह याद है जब 'बी.एम.टी.' (बोन मैरो प्रत्यारोपण) विभाग में डॉ. रूबेन ऑर से सलाह के बाद हम उनसे मिले थे। वे नर्सों वाले सफेद वर्दी में थे, उनके हाथ में एक 'सेलाइन' की बोतल थी, हमने दिव्यांश के दोस्त का संदर्भ देकर अपना परिचय दिया तो वे सौम्यता से मुस्कुराए। डेविड को तत्काल उसका स्मरण हो आया और उन्होंने एक कमरे की तरफ इशारे से बताया कि वहां उसका इलाज हुआ था। उनका मानना था कि वह कमरा शुभ था और उन्होंने हमसे कहा कि दिव्यांश जब भी वहां भर्ती होगा वे कोशिश करेंगे उसे वही कमरा मिल जाए। उनकी उदात्त मुस्कान में हमारे लिए स्नेह का भाव स्पष्ट था। वे ड्यूटी पर थे और इसलिए उस दिन उन से और कोई बात नहीं हुई।

जिस दिन दिव्यांश उस वार्ड में भर्ती हुआ जहां डेविड काम करते थे, उसने मन ही मन मनाया कि डेविड ही उसके रूम नर्स हों। उस वार्ड में बीस कमरे थे और मरीजों की देखभाल के लिए हर नर्स को तीन से चार कमरे दिए जाते थे। उस शिफ्ट में डेविड ड्यूटी पर नहीं थे, एक महिला नर्स नेताह ने दिव्यांश की देखभाल की और वे भी अपने कार्य में निपुण दिखीं। जल्द ही वह दिन आया जब डेविड को देखभाल के लिए दिव्यांश का कमरा सौंपा गया। और वहीं से उनके आत्मिक संबंधों की गाथा शुरू हुई। धीरे-धीरे दोनों में एक दूसरे के लिए गहरी आत्मीयता दिखने लगी। बाद में मैंने पाया कि दोनों की रुचियों में भी बहुत समानता थी। वे आगामी फुट्बॉल मैच की बातें करते, टेनिस के ग्रैंडस्लैम मैच की बातें करते, आगामी अमेरिकी राष्ट्रपति का चुनाव, खान-पान, संस्कृति और भी न जाने क्या क्या बातें करते। दिव्यांश अपने ब्लू टूथ स्पीकर में अपनी 'प्ले-लिस्ट' बजाता जिसे डेविड मजे से सुनते। वार्ड के मुख्य नर्स येवगेनि एक कुशल व्यक्ति थे जिनमें

मानवीयता का प्रशंसनीय भाव था। उन्होंने डेविड और दिव्यांश के करीबी रिश्ते को भांप लिया और यह भी कि शायद डेविड दिव्यांश के कमरे की ड्यूटी चाहते थे, हालांकि पेशेगत दृष्टि से उन्हें कोई मरीज विशेष चुनने का अधिकार नहीं था। पर, येवगेनि ने हमेशा खयाल रखा कि उनकी शिफ्ट में डेविड को दिव्यांश का कमरा मिले। उन दोनों का एक दूसरे के लिए लगाव और उनका साथ दिन-प्रति-दिन मजबूत होता गया। चिकित्सा-प्रक्रिया मुश्किल थी, कष्टों से भरी थी और शायद जीवन के लिए खतरा भी बन सकती थी। दिव्यांश ने मुझे बाद में बताया डेविड के बिना वह इतनी आसानी से इन सब से नहीं ऊबर पाता। मैंने कई बार देखा, अपने सभी मरीजों की आवश्यक देखभाल के बाद नर्स-स्टेशन पर बैठने की बजाए डेविड आकर दिव्यांश के पास बैठ जाते और दोनों अलग-अलग विषयों पर बातचीत में मशगूल हो जाते। दिव्यांश अब डेविड के लिए 'दिव' था।

एक पिता के तौर पर मैं उन दोनों की गहरी दोस्ती, और एक दूसरे के विचारों के प्रति समझ और सम्मान का भाव देख कर चकित रह जाता। मुझे लगता उनके आपसी संबंधों में कुछ तो नैसर्गिक है। बीमारी-रूपी अपने इस चिर-शत्रु से लड़ते हुए दिव्यांश अपने पुराने दोस्तों के संपर्क में नहीं रह पाया। वे सब के सब थे तो पर जब दिव्यांश को उनकी जरूरत थी, तब उसे उनका साथ नहीं मिल पाया था। वह अकेला पड़ गया था। समय के साथ मैंने अपनी पूरी कोशिश की कि पिता-पुत्र सम्बंधों से आगे उसके साथ दोस्ती का संबंध भी विकसित कर सकूं। मैं उसे अपनी बहुत सारी निजी बातें बताता रहता जो अब तक उसे पता नहीं थीं, ताकि वह भी मेरे साथ सहजता से अपनी निजी बातें साझा कर सके। मेरे इस प्रयास के प्रति दिव्यांश का रुख भी सकारात्मक तो था पर, अंततः मेरा यह प्रयास पिता-पुत्र संबंधों की सीमाओं को पार नहीं कर पाया। डेविड के साथ उसकी बढ़ती दोस्ती ने मुझे संतोष दिया। आश्चर्य की बात यह थी कि दोनों की उम्र में लगभग पचास सालों का बड़ा अंतर भी उनकी बेहतरीन दोस्ती में बाधा नहीं बन पाया। कहते हैं, वास्तविक मित्र वह होता है जो तब आप के साथ होता है, जब कोई और नहीं होता। डेविड के साथ अपने संबंधों में दिव्यांश के लिए दोस्ती और अपनापन की परिभाषा को जैसे नए मायने मिल रहे थे। अपने रास्ते पर अप्रतिम धैर्य से बढ़ने के उसके प्रयासों में डेविड एक सक्षम साथी की तरह उसकी जिंदगी में आए।

उपचार की समाप्ति के बाद हमने 9 सितंबर 2015 को वापस लौटने

का निर्णय लिया। दिव्यांश के मस्तिष्क में कुछ चल रहा था जो उसे मुंबई लौटने से पहले संपन्न करना था। यात्रा के दो दिन पहले दिव्यांश ने अस्पताल जाकर डेविड से मिलने की इच्छा जताई। उसकी भावनाओं का खयाल रखते हुए मैं उसे लेकर अस्पताल गया। उस दिन डेविड अपनी ड्यूटी में अत्यधिक व्यस्त दिखे। उन्होंने किसी तरह थोड़ा समय निकाला और दिव्यांश से मिलने वार्ड से बाहर आए। एक दूसरे का अभिवादन करने और हालचाल पूछने के बाद दिव्यांश ने उन्हें एक लिफाफा दिया और बाद में तसल्ली से पढ़ने का आग्रह किया। मैं चुपचाप दोनों मित्रों की आंखों में एक दूसरे के लिए बसे स्नेह का प्रतिबिंब देखता रहा। दिव्यांश ने जो लिखा था उसका अनुवाद कुछ इस प्रकार है:

"असली दोस्त वही है जो वक्त पर आपका साथ दे"

"इस उक्ति का वास्तविक अर्थ मुझे अभी हाल ही में समझ आया। और, अब जब मैं इसके मायने से सही अर्थों में वाकिफ हूं, मुझे यह सर्वथा उचित लगता है कि इसका प्रयोग उस दोस्त के लिए करूं जो इसका निमित्त है।

डेविड, मैं यह पत्र विशेषकर आप के लिए लिख रहा हूं, क्योंकि यहां के सभी नर्सों में मेरे लिए आप विशिष्ट थे। मैं यह सार्वजनिक रूप से नहीं कह रहा, क्योंकि मैं इसे उसी रूप में रखना चाहता हूं, जैसा यह मेरे लिए है- व्यक्तिगत और उपलक्षित। आप शायद मेरे दादा की उम्र के आस-पास होंगे पर, पर आपका व्यक्तित्व ऐसा है कि मुझे हमेशा ही ऐसा लगा मानो मैं अपने किसी "हम-उम्र-दोस्त" या किसी "बाल-सखा" से बात कर रहा हूं। आपके बारे में सबसे खूबसूरत बात यह है कि आप हमेशा इतनी स्फूर्ति और ऊर्जा से भरे होते हैं कि जो भी व्यक्ति आप के संपर्क में आएगा वह चाहे कितना भी अवसादग्रस्त हो, आप से उत्सर्जित ऊर्जा से स्फूर्ति और सकारात्मकता से भर जाएगा। आपकी कार्यक्षमता, अपने कर्तव्य के प्रति आपका समर्पण, छोटी-छोटी बातों का भी तरतीब से ध्यान रखना, सच में विशिष्ट है, या यूं कहूं कि कलात्मक है। आपकी हास्यवृत्ति तो है ही। पर, एक बात है जो मैंने आपके साथ महसूस किया, हालांकि इसमें मेरी किसी और नर्स के कार्य को कम कर के आंकने की मंशा बिल्कुल नहीं है, वह यह है कि मैं आपकी उपस्थिति में अनायास

मुस्कुरा उठता था, और जब आप सुबह का मेरा नाश्ता लेकर दरवाजे से "हे बड! हाउ आर यू" कहते हुए मेरे कमरे में प्रवेश करते थे तो अंदर ही अंदर मैं खुशी से झूम उठता था।

डियर डेविड, आप से मिली देख-रेख का हर लम्हा मेरे लिए अनमोल है, वह हर लम्हा जब आप ने मुझे हंसाया, मेरे सबसे कठिन समय में आप के मेरा नर्स होने का मेरा हर खुशगवार अनुभव, जिस सावधानी से आपने मेरे 'पी.आइ.सी.सी.' लाइन के इर्द गिर्द प्लास्टिक लगाया और हटाया, जिस धैर्य से आप ने मेरी कलाईयों पर तीन-तीन चार-चार 'आई.वी. बैग' लगाया ताकि मैं पूरी तरह सुरक्षित रहूं, और जीवन का हर वह पाठ जो मैंने आप से सीखा सब मेरे लिए अनमोल है। आप मेरे नए "सबसे करीबी दोस्त" हैं और सही मायने में आप एक "कूल डूड" हैं। गुडबाए।

आपका "बड"
दिव्यांश आत्मन्"

उत्तर में उसी दिन डेविड ने दिव्यांश के फेसबुक वॉल पर लिखा, जिसका अनुवाद कुछ इस प्रकार है:

"दिव्यांश,

शालोम, तुम्हें बताना चाहता हूं कि घर लौटते हुए मैंने तुम्हारा पत्र पढ़ा। मेरी आंखें गीली हो गयीं। तुम जानते हो मैं कई सालों से बी. एम.टी. विभाग में हूं। निस्संदेह यह अब तक का मेरा सबसे बेशकीमती उपहार है। मैंने महसूस किया हम सच में एक दूसरे को बेहद पसंद करते थे। यह पत्र मेरे लिए हमेशा साथ रहने वाली धरोहर होगा।"

9 सितंबर को दिव्यांश मुंबई वापस आ गया। उसके नए "सबसे करीबी दोस्त" और सही मायने में "कूल डूड" डेविड की मधुर यादें उसके साथ थीं। मुंबई आ कर वह व्यस्त हो गया।

आगामी बोर्ड परीक्षा के लिए उसे अपनी छूटी हुई पढ़ाई की भी भरपायी करनी थी। मोबाइल पर संदेशों और कभी-कभी बातचीत के माध्यम से वह डेविड के संपर्क में रहा। एक दिन दिव्यांश का वह दोस्त जिसके इलाज के दौरान भी डेविड ने उसकी देख-रेख की थी हमारे घर आया।

दिव्यांश ने उसके साथ अपनी एक तस्वीर लेकर डेविड को भेज दी, साथ में लिखा, "यह तस्वीर खास आपके लिए है, अपने सभी सहकर्मियों को दिखाइएगा।" डेविड का उत्तर आया, "मुझे अपनी आंखों पर विश्वास नहीं हो रहा, क्या कहूं समझ नहीं आ रहा ..! यह तस्वीर, जिंदगी भर मुझे खुशी देती रहेगी।" उनका जवाब मेरे लिए एक कृतज्ञता के भाव से भरा अनुभव था। दिव्यांश ने फिर से लिखा, "यह तस्वीर देख कर आप को सच में अच्छा लगेगा क्योंकि इस तस्वीर के दोनों ही चेहरों पर खुशी लाने में आप का योगदान है।"

जनवरी 2016 में डेविड का रिटायरमेंट था। बी.एम.टी. विभाग उनके लिए एक विदाई समारोह का आयोजन कर रहा था। बी.एम.टी. विभाग के मुख्य नर्स येवगेनि डेविड को कोई अनमोल उपहार देने की सोच रहे थे। उनके मन में एक निश्चित योजना थी। जनवरी की शुरुआत में उन्होंने दिव्यांश को संदेश भेजा कि डेविड के प्रति अपने विचार एक विडियो रिकॉर्ड कर उन्हें भेज दें, जिसे वे विदाई समारोह में एक बड़े पर्दे पर दिखाने की सोच रहे थे। सच में यह एक खूबसूरत और प्रशंसनीय विचार था। मैं चकित था कि डेविड के हजारों ऐसे मरीजों में से जिनकी उन्होंने अपनी लंबी कार्यावधि में सेवा की थी, येवगेनि ने दिव्यांश को ही क्यों चुना? उन्हें भी शायद पता था कि डेविड के लिए दिव्यांश, 'दिव' हो चला था। उन दोनों ने ही एक मरीज और नर्स के बीच के संबंधों को नए मायने दिए थे। येवगेनि उनके बीच की भावनात्मकता से भली भांति परिचित थे। वैसे भी एक नर्स के लिए, जिस मरीज की उसने सेवा की हो उससे अच्छा विदाई भाषण भला कौन दे सकता है?

दिव्यांश ने खुशी-खुशी यह दायित्व स्वीकार किया। उसने अपना वक्तव्य तैयार किया, एक चटक पीले रंग की टी-शर्ट में उसने वह संदेश पढ़ा, जिसे मैंने रिकॉर्ड किया, जिसे येवगेनि को भेज दिया गया। विदाई समारोह के बाद येवगेनि ने हमें वहां का वीडियो फुटेज भेजा। मैं देख कर स्तब्ध था कि बड़े पर्दे पर दिव्यांश को डेविड के लिए अपनी भावनाएं व्यक्त करते हुए देख कर वहां सभी लोगों की आंखों में आंसू थे। सब के सब चकित हो गए लग रहे थे, डेविड भी चकित थे। ऐसा लगा मानो उन्हें अपनी आंखों पर विश्वास नहीं हो रहा हो। और भला हो भी कैसे? वह भावों का सीधा प्रवाह जो था 'दिव' का डेविड के लिए। अपने लंबे वक्तव्य में दिव्यांश ने एक बहुत ही महत्वपूर्ण बात कही जो एक व्यक्ति के तौर पर और एक

नर्स के तौर पर भी डेविड के व्यक्तित्व को समग्रता से वर्णित कर देता है, "आपके वार्ड में जो भी उपचार के लिए आते हैं, उन सब के लिए आप एक खूबसूरत उपहार हैं। आप उनकी कठिनाई भरे रास्तों पर शीतलता की छांव ले आते हैं, उसे आसान बना देते हैं।" दिव्यांश का यह वक्तव्य रिकॉर्ड करते हुए मुझे लगा वह और बहुत कुछ कहना चाहता था। उसने स्वयं को रोक लिया। जो वह कह नहीं पाया वह यह था कि हदस्साह अस्पताल के बी.एम.टी. विभाग में डेविड की कमी हमेशा खलती रहेगी।

और, हमारा फिर से एक बार यरुशलेम जाना अनिर्वाहित हो गया।

उपचार के बाद दिव्यांश को कुछ समस्याएं आने लगी। अप्रैल 2016 में हमने जांच के लिए इजरायल जाने का निर्णय लिया। वह खुश था कि डेविड से फिर से मिलने का अवसर मिलेगा।

इजरायल पहुंच कर दिव्यांश ने डेविड को मिलने के लिए फोन पर संदेश भेजा। लगा वे बहुत व्यस्त हैं। उन्होंने मिलने के लिए आने में असमर्थता जताई। उनके बीच कुछ और बार भी संदेशों का आदान-प्रदान हुआ ताकि मिलना संभव हो सके, पर वह संभव नहीं हो पाया। डेविड नहीं आ पाए। दिव्यांश की उनसे मिलने की हार्दिक इच्छा थी। बाद में भी हम जब भी इजरायल गए, दिव्यांश ने उनसे मिलने की कोशिश की पर, सफलता नहीं मिली। मिलने को लेकर डेविड की तरफ से कोई जवाब नहीं आता। कभी-कभी मौन शब्दों से कहीं अधिक कह जाते हैं। शायद दिव्यांश ने मौन द्वारा प्रेषित यह संवाद पढ़ लिया। जो लोग दिव्यांश के करीब हैं वे जानते हैं कि उसका व्यक्तित्व समुद्र तट की रेत जैसा था, वह सब तूफान चुपचाप सह लेता था चाहे वह सामान्य हो या उद्वेग से भरा हो, और लहरों के हर दौर के बाद जल को अपने अंदर सोख कर भी स्थितिप्रज्ञ रहता है।

दिव्यांश ने डेविड को संदेश भेजना बंद कर दिया। जीवन के रास्ते पर वह आगे बढ़ता गया, पहले इजरायल से मुंबई फिर अमेरिका जहां एक प्रतिष्ठित विश्वविद्यालय में पढ़ाई का उसका सपना पूरा होने लगा। दुर्भाग्य से बीमारी फिर से आखिरी बार वापस आ गयी और इस बार की उसके कारण जो समस्याएं थीं उसका कोई निदान नहीं था। अपने बचे हुए समय को शांतिपूर्वक घर पर बिताने के लिए उसे लेकर हम भारत आ गए। दिव्यांश किसी से बातचीत करने की स्थिति में नहीं था। 27 जनवरी 2019 को उसके 22वें जन्मदिन पर दिव्यांश के मोबाइल पर एक 'ध्वनि-संदेश' आया। मैंने उसे सुना। कई बार जीवन हमें हैरत में डाल देता है, जो खो

गया हो उसे फिर से पाने का दुबारा से अवसर भी देता है।

वह 'ध्वनि-संदेश' डेविड का था- दिव्यांश को जन्मदिन की बधाई देते हुए। दिव्यांश पर जो बीती थी और उसकी जो अब हालत थी उसके बारे में उन्हें कुछ भी पता नहीं था। पर, जिस प्रकार से डेविड बात कर रहे थे लग रहा था जैसे उसके उस गहन अवचेतना से उसे जगाने की कोशिश कर रहे हों। मैंने दिव्यांश को वह ध्वनि संदेश सुनाया। लगा वह उसे सुन और समझ रहा है, पर कितना यह तो बस दोनों दोस्त ही जानते थे। मेरी आंखों से आंसू बह चले। डेविड को सच जानना ही चाहिए। मैंने उन्हें संदेश भेजा और उन्हें सारी बातें बताई। उन्होंने जवाब दिया, "जब 'दिव' की जगह आपने उत्तर दिया, तभी मुझे लगा कुछ चिंतनीय है।'' उन्होंने कहा दिव्यांश जब अपनी इम्यूनोथेरेपी के लिए हदस्साह अस्पताल में था तब उसने उनसे बात करने की कोशिश की थी। तब तक वे अस्पताल छोड़ चुके थे और गंभीर डिप्रेशन में थे। दु:ख और खेद से भरे उन्होंने मुझसे कहा की उनकी तरफ से भी मैं दिव्यांश को गले लगा लूं, जन्मदिन की शुभकामनाएं दूं और उसके अच्छे स्वास्थ्य के लिए उनकी कामना उस तक पहुंचा दूं।

दिव्यांश एक दूसरी दुनिया में चला गया पर, उस से पहले डेविड फिर से एक बार अपना स्नेह उस तक पहुंचा गए। डेविड और दिव्यांश की मित्रता की यात्रा में यह प्रतिदान का अनुपम क्षण था। शायद, दिव्यांश की यही अभिलाषा थी- हमेशा के लिए विदा लेने से पहले की अभिलाषा, डेविड ने उसे पूरा कर दिया।

27 जनवरी 2020 को अपनी उस नई दुनिया में दिव्यांश के पहले जन्मदिन पर उसके सभी मित्रों में से केवल डेविड ने उसके फेसबुक वॉल पर लिखकर उसे शुभकामनाएं दी। उसने लिखा, "दिव हे..!, यह तुम्हारा दिन है, उत्सव मनाने का, जो मुझे विश्वास है तुम कर रहे होगे। तुम्हें एक ईश्वरीय जन्मदिन मुबारक हो। मिलता हूं 'ब्रो', जल्द ही।

डियर डेविड और 'दिव',

गाजेल तोव लेखाइग!! तुम्हारी दोस्ती को कभी किसी की नजर न लगे ।

**नवदीप सिंह**

"अगस्त 2018 की बात है, अस्पताल में भर्ती दिव्यांश को देखने एक आदमी दूर देश (कोसोवो) से मुंबई आया। डॉक्टर बार-बार दोहरा चुके थे

कि दिव्यांश का स्वस्थ होना अब चिकित्सा विज्ञान की सीमाओं के परे था। 'बार-बार' इसीलिए कि पिछले दस महीनों से, पहले अमेरिका और अब मुंबई में, हम डॉक्टरों के मुंह से बस यही सुन रहे थे। पर, तब भी हमनें हिम्मत नहीं हारी थी। उस आदमी को देख कर दिव्यांश रो पड़ा। उसका रोना उसके चेहरे से अधिक उसकी आंखों से स्पष्ट था। लगा, वह उन से कुछ कहना चाहता है पर कह नहीं पा रहा। उनसे और बर्दाश्त नहीं हो पाया, उन्होंने प्यार से दिव्यांश का गाल सहलाया और नम आंखों से बाहर आ गए। हम सब यह देख कर स्तब्ध थे।''

'नवदीप सिंह' भद्रता का प्रतिरूप हैं। वे मूलतः दिल्ली के हैं। साल 2005 से वे इजरायल में 'यूनाइटेड नेशन ट्रूस सुपरविजन ऑफिस' (यू.एन.टी.एस.ओ.) में एक इंजीनियर के तौर पर कार्यरत थे। वे वहां अपने परिवार के साथ रहते थे। उनकी पत्नी जो घर-गृहस्थी सम्भालती थीं और उनके तीन बच्चे, जिनमें सब से छोटा एक प्यारा सा बेटा था, उनके उस छोटे, प्यारे-से परिवार का हिस्सा थे। इजरायल जाने से पहले मैं उन्हें नहीं जानता था। मैंने उनके बारे में एक मित्र से सुन रखा था जो उनके भी मित्र थे। उनके स्वभाव में कितनी सदाशयता थी यह इसी से समझा जा सकता है कि जैसे ही उन्हें दिव्यांश की चिकित्सा के लिए हमारे इजरायल आने की योजना का पता चला उन्होंने तत्काल फोन कर मुझसे हमारे ठहरने और अन्य संबंधित इंतजामात के बारे में पूछा। इजरायल की हमारी यह पहली यात्रा थी। उन्होंने तत्परता से अस्पताल के करीब ही एक सस्ते और सुविधाजनक अपार्टमेंट की व्यवस्था कर दी और अपनी तरफ से ही उसका अग्रिम किराया भी भर दिया। अपने रोग रूपी इस चिर-शत्रु के साथ छह सालों से यह लंबी और लगातार की लड़ाई लड़ते हुए दिव्यांश एक व्यक्ति के तौर पर बहुत ही सुलझा हुआ और परिपक्व हो चला था। हर साल-दो-साल पर 'रिलैप्स' और उस से जुड़ी गंभीर समस्याओं के कारण उसके जीवन की दिशा बदल जाती। रास्ता बदलता तो साथ चलने वाले राही भी बदल जाते, उसके नए बदलते रास्ते पर पुराने साथियों का साथ छूट जाता। नए रास्ते पर अकेले बढ़ते हुए दिव्यांश मानसिक तौर पर कहीं अधिक समृद्ध होता जाता, उसकी बुद्धिमत्ता और सकारात्मकता की आभा में अधिक लोग आकर्षित होते और नई डगर पर बढ़ते हुए फिर एक नया कारवां बन जाता। तब किसे पता था कि नवदीप, जो अभी-अभी उसके कारवां में जुड़े थे, वे अब हमेशा उसके साथ रहेंगे। जीवन पथ पर चाहे उसका रास्ता कितनी बार भी बदलता रहे,

वे इस जीवन और उसके बाद भी उसका साथ कभी नहीं छोड़ेंगे।

जब हम इजरायल पहुंचे तब नवदीप एक 'फैमिली ट्रिप' पर यूरोप गए थे। हम सोशी, मिशेल और कैरन जैसे नए मिले मित्रों की सहायता से वहां व्यवस्थित होने लगे और धीरे-धीरे हमें इलाज की प्रक्रिया की रूपरेखा समझ आने लगी, और हमें वहां जितनी अवधि रहने की जरूरत थी, उसका अंदाजा भी होने लगा। नवदीप जिस दिन यूरोप से लौटे उसी दिन हमारे अपार्टमेंट में हमसे मिलने आए। मुझे भली-भांति याद है, वहां ठंड थी और उन्होंने एक काला जैकेट पहन रखा था। उन्होंने साथ बैठकर तसल्ली से हमारे परिवार और वहां इजरायल में हमारी तात्कालिक जरूरतों के बारे में पूछा। हम उस दिन पहली बार एक दूसरे से मिले थे। यह उनके व्यक्तित्व की खासियत थी कि उनकी उपस्थिति ही हमें भरोसा दिला रही थी। चलने से पहले उन्होंने कहा कि वे जल्द ही हमें अपने घर डिनर पर बुलाएंगे। उनसे पहली बार मिलकर ही हमें विश्वास हो गया कि वे निःस्वार्थ भाव से हमारी सहायता करेंगे और इजरायल में रहते हमारा बड़ा सहारा रहेंगे। कई बार वे हमारे अपार्टमेंट से हमें अपने घर लेकर गए जहां उनकी पत्नी दीपा ने खाने में सुस्वादु और पारंपरिक भारतीय व्यंजन परोसकर हमारा स्वागत किया। इलाज की प्रक्रिया अभी शुरू नहीं हुई थी, हमारे पास समय ही समय था, हम घंटों उनके घर बैठे रहते। हर बार डिनर के बाद वे हमें हमारे अपार्टमेंट तक छोड़ने आते। धीरे-धीरे हमारी आत्मीयता इतनी गहरी और अनौपचारिक होती गयी कि मैं उनसे किसी भी विषय पर और किसी भी चीज के बारे में बेहिचक बात कर सकता था। मैंने देखा धीरे-धीरे दिव्यांश का भी उनके और उनके परिवार के प्रति स्नेह बढ़ता गया, और वह अक्सर उनके साथ गहरी आत्मीयता से बातचीत करता दीखता था। वैसे तो दिव्यांश तब अपनी किशोरावस्था में ही था, ठीक अट्ठारह बरस का, पर उसके स्वभाव में अपने उम्र से कहीं अधिक एक परिपक्व व्यक्ति का-सा ठहराव और वैसी ही समझदारी थी। नवदीप भी उसके व्यक्तित्व से प्रभावित थे।

एक दिन नवदीप ने बड़ी स्पष्टता से कुछ ऐसा कहा जो मेरे जीवन का सबसे विनम्रता बोध से भरा अनुभव था। हमारी दोस्ती हाल की थी पर, उन्होंने इसमें एक प्रगाढ़ता का अनुभव किया और इसीलिए उन्होंने बहुत स्पष्टता से अपनी इच्छा जाहिर की कि इस कठिन समय में हमारी आर्थिक मदद कर उन्हें हार्दिक खुशी होगी। उन्हें लगा वे मेरे लिए कम-से-कम इतना तो कर ही सकते हैं, और मुझे वह स्वीकार करना चाहिए। मैंने दिल

से उन्हें धन्यवाद देते हुए, अत्यंत विनम्रतापूर्वक कहा कि इसकी आवश्यकता नहीं है, पर, उनकी मदद करने की वह भावना मेरे मन में स्थायी रूप से घर कर गयी, जो मेरे लिए पैसे से कहीं अधिक महत्वपूर्ण था।

अपने स्कूल के दिनों में और अपने जीवन में भी दिव्यांश एक जिज्ञासु छात्र था। एक दिन नवदीप ने हमें संयुक्त राष्ट्र का कार्यालय देखने को आमंत्रित किया। दिव्यांश के लिए तो यह किसी सपने के पूरा होने जैसा था। मेरे लिए भी वह कम उत्साहपूर्ण और आकर्षक अवसर नहीं था। नवदीप ने हमें पूरा कैम्पस दिखाया-घुमाया। समाज शास्त्र की कक्षा में संयुक्त राष्ट्र के बारे में जो कुछ पढ़ा-सुना था वह हमारे सामने प्रत्यक्ष था। वह एक अनोखा अनुभव था जिसे शब्दों में बयान करना मुश्किल है। बाद में दिव्यांश ने मुझे बताया कि सेंट्रल हॉल में अलग-अलग सदस्य देशों के झंडे को देखकर उसे एक विलक्षण सर्वभौमिकता की अनुभूति हुई। उन सबके बीच भारतीय झंडे को देखना उसके लिए गर्व का विषय था। जाने से पहले नवदीप ने हमें एक छोटी सी जगह दिखायी जहां वे शुक्रवार को 'हैप्पी ऑवर' बिताते थे। दिव्यांश के साथ मेरे सम्बन्धों में बाद में इस जगह ने बड़ी महत्वपूर्ण भूमिका निभाई।

चिकित्सा-प्रक्रिया आरंभ होने के पहले मेरी पत्नी निधि और मेरी बेटी अनन्या भी इजरायल आ गए। तब दीपा, निधि का हर वक्त का भरोसेमंद सहारा बन कर रही। चिकित्सा व्यवस्थाओं की अनवरत रूटीन से उसे मानसिक रूप से निकालने के लिए वह अक्सर उस से बातें करती रहती। हमारे अस्पताल के दिनों में वे अक्सर हमें अपने घर से खाना भेज देती। ईमानदारी से कहें तो उन्हें हमारे लिए इतना कुछ करते देख कर हमें हिचकिचाहट भी होती रहती। नवदीप और उनका परिवार इजरायल में हमारा सबसे मजबूत सहारा बन गए जिन पर हम जरूरत के वक्त सहायता का भरोसा कर सकते थे। जब तक निधि और अनन्या वहां रहे नवदीप ने उन्हें अलग-अलग चीजों में व्यस्त रखा ताकि उन पर उस चिकित्सा-व्यवस्था का मानसिक दवाब कम आए।

अपने देश का 68वां स्वतंत्रता दिवस समीप था। निधि और अनन्या वापस मुंबई जा चुके थे। दिव्यांश इस महत्वपूर्ण दिन पर मनाए जाने वाले समारोह में शामिल होने का अवसर खोना नहीं चाहता था। उसने मुझसे पूछा कि क्या तेल अवीव के भारतीय वाणिज्य दूतावास में इस समारोह में हमारा शामिल होना संभव है। खयाल तो अच्छा था, मैं वाणिज्य दूतावास में

कुछ लोगों को जानता भी था। इलाज के बाद दिव्यांश सुधार की प्रक्रिया में था। उसकी 'इम्यूनिटी' अभी भी कम थी और इसीलिए मैं सोच में था कि उसे लेकर तेल अवीव जाऊं या नहीं। मैंने इस संदर्भ में नवदीप से सलाह की। वे एक दूसरी योजना लेकर उपस्थित हो गए। अगले दिन वे स्वयं हमें लेने आए और अपनी गाड़ी में हमें तेल अवीव के वाणिज्य दूतावास ले गए। अपने देश के बाहर विदेश में रह रहे भारतीय समुदाय के साथ स्वतंत्रता दिवस मनाना एक अविस्मरणीय अनुभव था, जो हमने पहले कभी न देखा था, न महसूस किया था। जब राष्ट्र गान प्रारंभ हुआ तो उस समूह में उठते "जय हे, जय हे" के हर उच्चार के साथ हम गर्व के अनोखे भाव से भरते चले गए। दिव्यांश ने इस समारोह में शामिल हो पाने को अपना बड़ा सौभाग्य कहा। मैंने मन-ही-मन नवदीप को धन्यवाद दिया- उन्होंने उस दिन एक पिता के तौर पर मेरी जिम्मेदारी निभाने में मेरी मदद की थी। वहां से करीब 130 किलोमीटर की दूरी पर एक पर्यटन स्थल था जिसका नाम 'रॉस हनिक्रा' है, समारोह के बाद नवदीप हमें वहां लेकर गए। लौटते हुए वे हमें एक दूसरे शहर 'हाइफा' जो एक तटीय शहर है वहां भी लेकर गए। हमें अपने अपार्टमेंट में छोड़ने तक उस दिन वे पूरे दिन ड्राइव करते रहे। एक पिता के तौर पर मुझे उनकी पत्नी और उनके बच्चों की भावनाओं का भी खयाल था जो शायद आज का महत्वपूर्ण दिन उनके साथ बिताना चाहते होंगे। लेकिन कहते हैं न कि, जब आप ऐसी अनुभूति को प्राप्त कर लें कि आप किसी को प्रभावित करने भर के लिए कुछ नहीं करते हों, तब आप वास्तविक स्वतंत्रता का भाव अनुभव कर पाते हैं। नवदीप ने मन से उस भाव को प्राप्त कर लिया था। यह हमारे लिए उनका निःस्वार्थ स्नेह था।

समय तेजी से बीत रहा था, देखते ही देखते चिकित्सा के बाद हमारे मुंबई लौटने का दिन करीब आ गया। दिव्यांश अत्यंत खुश था, इतने दिनों तक अपनी मम्मी और प्यारी बहन अनन्या के साथ की कमी उसे खल रही थी। नवदीप के लिए भी वे आह्लाद के पल थे। आम तौर पर वह अपनी भावनाओं की अभिव्यक्ति बहुत खुल कर नहीं करते थे। यह उनके स्वभाव में था। पर उनके भावनाओं से भरे थोड़े से शब्दों ने ही बता दिया कि दिव्यांश की चिकित्सा-प्रक्रिया सफलतापूर्वक संपन्न होने से और हमारे परिवार के फिर से एक होने का अवसर देख कर वे कितने खुश थे।

मुंबई वापसी।

अगले साल मार्च की शुरुआत में दिव्यांश को कुछ असहज करने वाले लक्षण दिखने लगे। उन्हीं लक्षणों और उससे उत्पन्न परेशानियों के साथ ही उसने अपनी बारहवीं की परीक्षा संपन्न की और हम यह देख कर चकित थे कि उसने अपने कॉलेज के प्रथम पांच सफल छात्रों में स्थान पाया था। परीक्षाओं की समाप्ति के बाद हम फॉलो अप के लिए फिर से इजरायल गए। पहले की तरह ही नवदीप ने हमारे ठहरने का प्रबंध कर दिया, पर इस बार जगह अलग थी। वहां खाने की थोड़ी समस्या थी, पर नवदीप ने यह भी सुनिश्चित किया कि दिव्यांश को उसकी जरूरत अनुसार उनके किचन में बना खाना मिलता रहे, बावजूद इसके कि उन्हें सोमवार से शुक्रवार हर दिन सुबह सात बजे से दोपहर के तीन बजे तक अपने दफ्तर का कार्य निपटाना होता था। उन्होंने अस्पताल के बाहर ही नहीं बल्कि अस्पताल के अंदर भी हमेशा हमारे साथ रहकर दिव्यांश का ध्यान रखा। दिव्यांश को नई स्वास्थ्य समस्याओं से जूझते देखकर हम बुरी तरह हतोत्साहित हो रहे थे। वैसे समय नवदीप मेरा संबल बन कर हमेशा मेरे साथ रहे। डॉक्टर ने दिव्यांश को महीने भर बाद एक विशिष्ट दवा का डोज देने का निर्णय लिया। हमने वापस आने की तैयारी कर ली। नवदीप हमसे मिलने होटल आए। दिव्यांश ने उन्हें एक लिफाफा दिया और आग्रह किया कि हमारे वहां से जाने के बाद उसे खोलें। मुझे पता नहीं था कि उस लिफाफे में क्या था। रास्ते में दिव्यांश ने मुझे बताया कि उसने नवदीप को एक पत्र लिख कर दिया था जिसमें उसने नवदीप के प्रति अपनी कृतज्ञता व्यक्त की थी। चार साल बाद जब मैं नवदीप के साथ अपनी सुनहरी यादों को कागज पर उतार रहा था, मुझे उस पत्र के बारे में जिज्ञासा हुई, मेरी जानने की अभिलाषा थी कि दिव्यांश ने उन्हें क्या लिखा होगा। मैंने नवदीप को संदेश भेज कर पूछा कि क्या वह पत्र अब भी उनके पास है और क्या वे उसकी एक प्रति मेरे पास भेज पाएंगे? नवदीप ने उस तीन पन्नों के पत्र का लिफाफा समेत फोटो मुझे व्हाट्सऐप पर भेज दिया, साथ में एक संदेश भी था, "अश्रुपूरित आंखों से यह पत्र भेज रहा हूं, बहुत असहाय महसूस करता हूं, समझ नहीं आता और क्या कर सकता था कि वह आज हमारे साथ होता..."

पत्र और लिफाफा दोनों ही वैसे ही लग रहे थे, समय से अछूते, जैसे अभी-अभी लिखे गए हों। 2016 से अब तक नवदीप ने उन्हें जतन से संभाल कर रखा था। इस कारण ही वे मुझे वह पत्र तत्काल भेज पाए। मैंने दिव्यांश के स्नेह और कृतज्ञता को अभिव्यक्त करते उसके भावों को

शब्दों में पिरोए उस पत्र को धीरे-धीरे पढ़ा, जिन्हें मैं तब नहीं पढ़ पाया था जब वह लिखा गया था। मैं चाहकर भी अपने आंसुओं को बहने से नहीं रोक पाया। बहुत भावनात्मक रूप से सोचकर उसने दो पत्र लिखे थे- एक नवदीप के लिए और दूसरा उनकी पत्नी दीपा के लिए।

नवदीप को लिखे पत्र के एक अंश का अनुवाद:

> "स्कूल में हम सबसे पहले संयुक्त राष्ट्र के बारे में पढ़ते हैं। अलग-अलग संस्थाओं की भूमिकाओं और उनकी विशिष्टताओं के बारे में पढ़ते-जानते हैं, उनके अलग-अलग अंगों के बारे में जो निश्चित भूमिका निभाते हैं और जो इस पूरे संसार की देख-रेख करते हैं, कृत्रिम रूप से अलग-अलग भौगोलिक और मानसिक सीमाओं में बंटे इस दुनिया के बंटवारे से ऊपर उठकर। आप अंकल, इस भावना के सच्चे प्रतिरूप हैं- अभी-अभी बने एक संबंध को अपने सदाशयता और आत्मीयता भरे अनगिनत प्रयासों से आपने कितना मजबूत और खूबसूरत बना दिया।"

दीपा को लिखे पत्र के एक अंश का अनुवाद:

> "कुछ लोग होते हैं जो आपको मदद करने का स्वांग भरते हैं। कुछ लोग आपकी चिंता करने का दिखावा भर करते हैं, और बस यह जताते हैं कि वो आपकी चिंता करते हैं। अपने मुश्किल भरे दिनों में मैंने ऐसे अनगिनत लोग देखे हैं। पर, आप और अंकल वास्तव में ऐसे फरिश्ते हैं जैसे शायद ही कोई होते हैं, जो हमारे जैसे अनजान लोगों को अपने घर का सुख ही नहीं देता बल्कि अत्यंत सहृदयता से मजबूत सहारा बनकर खड़ा भी रहता है। आपका यह स्वभाव मेरी नजरों में आपको भद्रता का ऐसा प्रतिमान बना देता है जो सब से विशिष्ट है।"

मेरे लिए ये दिव्यांश द्वारा दिल से अभिव्यक्त किए गए कृतज्ञता के अनमोल शब्द थे। शायद मुझे भी तब ऐसे ही अपनी कृतज्ञता व्यक्त करनी चाहिए थी। दिव्यांश का जीवन लंबा भले नहीं था पर, बड़ा जरूर था। अनजाने ही उसने कई ऐसे कदम उठाए जिस से पता चलता था कि वह अपने पिता की जिम्मेदारी अपने कंधे पर खुशी-खुशी लेना चाहता था। अब मुझे लगता है, ये पत्र भी उसके उसी अनायास प्रयास का हिस्सा थे।

मनोवैज्ञानिक स्तर पर देखें तो 'दया' और 'हमदर्दी' में बड़ा अंतर है।

नवदीप हमेशा हमारे 'हमदर्द' बने रहे बिना 'दया' का कोई भाव जताए। एक बेहतरीन इंसान की यही पहचान है।

2016 की जुलाई की शुरुआत में, जब हम उस विशेषीकृत चिकित्सा के लिए फिर से इजरायल गए तो नवदीप ने हमारे साथ अपने सम्बंधों की डोर फिर से वहीं से थाम ली जहां वह छूटी थी। उन्होंने फिर से अपनी आर्थिक सहायता की इच्छा जताई। मैंने विनम्रतापूर्वक मना तो कर दिया पर उनकी सदाशयता का और ज्यादा मुरीद हो गया। उस बार मैं निधि की बहन शिखा के साथ वहां गया था जो दिव्यांश के बेहद करीब थी। चिकित्सा योजना अनुसार शुरू हुआ जिसे बिना रुके महीना भर चलना था। एक शुक्रवार नवदीप ने कहा वे हमें 'यू.एन.' के दफ्तर ले जाना चाहते हैं, ताकि हम वहां के कैम्पस के 'हैप्पी ऑवर' का आनंद ले सकें। उस दिन मैंने नवदीप के साथ ड्रिंक लिया, इजरायल में शायद वह पहली बार ही था। उससे भी महत्वपूर्ण यह था वह दिव्यांश की उपस्थिति में भी पहली बार था। वह जानता था मैं कभी-कभी ड्रिंक ले लेता हूं और उसे इससे कोई ऐतराज भी नहीं था। पर, फिर भी मैं उसकी उपस्थिति में परहेज करता था। उस दिन, हाथ में व्हिस्की का ग्लास लेकर मैंने उसके साथ 'चीयर्स' किया। व्हिस्की हमें और करीब ले आया। उस 'हैप्पी ऑवर' में हमारा पिता-पुत्र का संबंध कहीं ऊंचे धरातल पर पहुंच गया, हमारे आपसी संबंधों में औपचारिकताएं कम हो गयी।

एक दिन जब दिव्यांश का इलाज चल ही रहा था, मेरे सबसे बड़े भाई ने पटना से फोन किया और बताया कि बाबूजी (मेरे पिता) बहुत बीमार हैं। बाद में उनकी हालत और बिगड़ गयी और उन्हें 'आई.सी.यू'. में भर्ती करना पड़ा। उसके बाद भी उनकी तबियत इतनी बिगड़ गयी कि उन्हें 'लाइफ-सपोर्ट' पर रखना पड़ गया। देखते-देखते ही उनकी जिंदगी मशीन के सहारे पर आ गयी। यहां इजरायल में दिव्यांश की जिंदगी का मैं सहारा था। मैं एक दुस्सह दोराहे पर था, एक भयावह धर्मसंकट में पड़ा हुआ। बाबूजी को देखने पटना जाने का मतलब था दिव्यांश को यहां इजरायल में अकेला छोड़ना। और यदि नहीं गया तो जब उन्हें मेरी जरूरत थी तब उनके साथ नहीं होने का अफसोस जीवन-पर्यन्त रहेगा। बाबूजी को हमेशा इस बात का बहुत भरोसा था कि मैं उनकी स्वास्थ्य समस्याओं के लिए आवश्यक चिकित्सा व्यवस्था संभाल लूंगा। पहले मैंने कई बार उनके इलाज की आवश्यक व्यवस्था भलीभांति की भी थी। मुझे लगा 'लाइफ-सपोर्ट' पर

शायद वे प्रतीक्षा कर रहे थे कि मैं आऊंगा और एक बार फिर से प्रयास करूंगा कि उन्हें यहां से ऊबार लूं। समय रहते वहां पहुंच कर यह प्रयास भी न कर पाने की विवशता मेरे लिए अत्यधिक कष्टकारी था। मेरा दिल रो रहा था। दिव्यांश को मेरे मानसिक क्लेश और मेरी इस कष्टप्रद दुविधा का आभास था। उसने मुझसे बार-बार कहा कि मैं पटना चला जाऊं, यह भी कि वह मेरी अनुपस्थिति में खुद से सब कुछ संभाल लेगा। इन सब दुविधाओं और मानसिक क्लेश के बीच ही कुछ ही दिनों बाद एक सुबह पटना से खबर आई-बाबूजी नहीं रहे। अपनी भावनाओं पर काबू रखना मेरे लिए असंभव हो गया, मेरे आंखों से अनायास आंसू बह चले, वे आंसू बाबूजी के लिए थे और मेरी अपनी असह्य विवशता के लिए भी कि उनके अंतिम समय में मैं उनके साथ नहीं रह पाया।

अंत में दिव्यांश ने ही जिद ठान ली। उसने मुझे गले लगाया और जिदपूर्वक विवश कर दिया कि बाबू जी की अंतिम क्रिया में शामिल होने मैं पटना जाऊं ही। पर, उस हालत में मैं उसे अकेला कैसे छोड़ सकता था? तभी फिर से नवदीप मदद को आगे आए। उन्होंने मेरा पटना का रिटर्न टिकट करवाया और साथ ही मुझे आश्वासन भी दिया कि मेरे लौटने तक वे दिव्यांश की देखभाल कर लेंगे। उन्होंने मुझे भरोसा दिलाया कि यह जिम्मेदारी उन पर छोड़ दूं। उनके भरोसे भरे शब्दों के सहारे दिव्यांश की जिम्मेदारी उनपर और शिखा पर छोड़ कर मैं बाबूजी की अंतिम क्रिया में शामिल होने पटना जा पाया। शिखा के साथ-साथ नवदीप ने मेरी अनुपस्थिति में दिव्यांश की चिकित्सा व्यवस्था संभाल ली। अब लगता है यदि नवदीप मेरी मदद को आगे न आते और दिव्यांश ने जिदपूर्वक मुझे पटना नहीं भेजा होता तो मैं बाबूजी की अंतिम क्रिया में भी शामिल नहीं हो पाता।

उसी इलाज के लिए हम फिर से अक्टूबर में इजरायल गए। पहले की तरह ही नवदीप हमारे साथ थे। तब तक नवदीप ने इजरायल छोड़ने का निर्णय ले लिया था, वे कोसोवो के प्रिस्टीना में संयुक्त राष्ट्र के दफ्तर में यहां से ऊंचे पद पर काम करने जा रहे थे। दिसंबर में जब हम आखिरी बार इजरायल गए, उन्होंने अपने परिवार को लेकर कोसोवो जाने की तैयारी कर ली थी। उन्होंने अपने प्रस्थान का कार्यक्रम ऐसे बनाया था कि हमारे लौटने के तुरंत बाद वे वहां से जाएं।

2016 के क्रिसमस में हम इजरायल के अपने आखिरी दौरे से वापस आए। उसी साल की शुरुआत में कम्प्यूटर साइंस पढ़ने के अपने सपने को

पूरा करने के लिए दिव्यांश ने एक इंजीनियरिंग कॉलेज में दाखिला ले लिया था। उसने अपने कॉलेज की पढ़ाई फिर से शुरू कर दी और जोर-शोर से उसमें जुट गया। अपने कॉलेज में उसने एक बार 'मॉडल यूनाइटेड नेशंज' (एम.यू.एन.) में भाग लिया जहां उसने इजरायल का प्रतिनिधित्व किया और जोरदार भाषण भी दिया। कॉलेज से लौटकर उसने हर्षपूर्वक अपने 'एम.यू. एन.' बैच की फोटो नवदीप को भेजी। शाम में वह देर तक नवदीप के साथ इजरायल के मामलों में संयुक्त राष्ट्र की भूमिका के विभिन्न पहलुओं पर बहस करता रहा।

दिव्यांश कॉलेज के जीवन में पूरी तरह रम गया था, उसके नए दोस्त बन रहे थे वह कॉलेज के जीवन का आनंद ले रहा था। और तभी वह कुठाराघात हुआ। उसका फिर से 'रिलैप्स' हुआ और अब इलाज की जो आखिरी उम्मीद बची थी वह अमेरिका में थी और वह भी अभी परीक्षण के स्तर पर ही थी। उसके इलाज के लिए हम अमेरिका गए। कहते हैं कि सफल होने की आदत डालनी हो तो असफलताओं से निबटने की शिक्षा लेनी चाहिए। दिव्यांश को पता था कि कठिनाइयों के बीच से सफलता का रास्ता कैसे निकालना है। उसने हमेशा अपनी कठिनाइयों को स्वयं की क्षमताओं को आंकने के लिए एक चुनौती की तरह लिया। अपने कष्टों से ही उसने प्रतिदान का मार्ग ढूंढ़ा। अमेरिका में इलाज के दौरान ही उसने न्यू जर्सी के एक विश्वविद्यालय में इलेक्ट्रिकल इंजीनियरिंग के कोर्स में न केवल दाखिला पा लिया, बल्कि उसे पूरी स्कॉलर्शिप भी मिल गयी। जब नवदीप को इसका पता चला तो वे बेहद खुश हुए, उन्होंने दिव्यांश को एक बधाई संदेश भी भेजा। दिव्यांश अपनी स्वास्थ्य समस्याओं के साथ ही अपनी पढ़ाई भी कुशलता से संभाल रहा था। पर, चार महीने बाद ही उसे कुछ ऐसी गंभीर समस्याएं आयीं जिसका कोई निदान नहीं था। लंबे समय तक वह वहां अस्पताल में रहा। नवदीप हर समय संपर्क में रहे, हर संभव सहायता का भरोसा दिलाते। हमारे लिए उनकी हर क्षण की हमदर्दी के अलावा उन्होंने फिर से मुझे आर्थिक सहायता की पेशकश भी की जिसके लिए मैंने पहले की तरह ही विनम्रतापूर्वक मना कर दिया। अंत में दिव्यांश की बिगड़ती हालत को देखकर हम उसे लेकर मुंबई आ गए ताकि अपने अंतिम कुछ महीने वह स्वयं के साथ शांति-पूर्वक घर पर बिता सके। पर, घर लाने से पहले दो हफ्ते के लिए हमने उसे मुंबई के एक अस्पताल में भर्ती किया ताकि उसकी देखभाल के लिए चिकित्सा-प्रक्रिया निर्धारित हो सके।

फिर एक दिन नवदीप ने मुझे कोसोवो से फोन किया कि वे दिव्यांश को देखने मुंबई आ रहे हैं। मैं उन्हें मना नहीं कर पाया। करता भी कैसे! दिव्यांश पर जितना मेरा हक था उतना उनका भी था। अगस्त 2018 में वे दिव्यांश को देखने मुंबई अस्पताल में आए। लगा दिव्यांश उनसे कुछ कहना चाहता है पर कहने में असमर्थ है। नवदीप के लिए अपने जज़्बातों को काबू में रखना मुश्किल हो गया, खुद को संभालने के लिए वे कमरे से बाहर चले गए।

कुछ महीनों बाद ही 2 मई 2019 को दिव्यांश दूसरी दुनिया में चला गया। नवदीप ने बाद में दिव्यांश को लेकर अपने विचार मुझे बताए,

> "हालांकि मैं उसके पास नहीं था, पर उसके जाने से जो सूनापन आया है उसे किसी भी प्रकार से शब्दों से नहीं भरा जा सकता। दिव्यांश के लिए मेरी हर प्रार्थना में उम्मीद और चमत्कार का अनुरोध बसा होता था। उससे इतनी दूरी पर होने के बाद भी मैंने हर दिन उसका दर्द महसूस किया। हम सब को एक दिन इस दुनिया को छोड़ कर जाना है, पर, उसके जाने से उसके सभी अपनों के जीवन में एक दर्द भरा सूनापन बस गया है। एक बेटे के तौर पर, भाई के तौर पर, दोस्त के तौर पर, एक पावन आत्मा के तौर पर दिव्यांश हमेशा हमारे यादों में रहेगा, जब तक हम सब अपनी अगली यात्रा में उस से नहीं मिलते। पिछले अगस्त में जब मैं उससे मिला तो अपने असह्य कष्टों के बावजूद वह मुझसे पूछना चाहता था- अंकल, आप कैसे हैं?"
>
> तुमने हमें यहां अपनी स्थायी यादों और दर्द के साथ छोड़ दिया ...मेरे दिल में तुम्हारा प्यार, तुम्हारी यादें हमेशा बसी रहेंगी....तब तक जब तक हम फिर नहीं मिलते....."

नवदीप अब भी हमारे संपर्क में हैं, और उसकी उस नयी दुनिया में दिव्यांश के भी।

# उपसंहार

समय के साथ मुझे आभास हुआ कि दिव्यांश का एक अंश मुझमें बसा है, जो मेरे कर्मों को निर्धारित करता है। दुःख से तो मैं अभी भी नहीं उबरी हूं, पर, उसने मेरा खुद से परिचय करवा दिया, उसके कारण ही मैं अपने वजूद के मायने समझ पायी। मैंने किताबें पढ़ना शुरू कर दिया, खासकर वे किताबें जो उसने सुझाई थी। किताबें पढ़ते हुए मैं उसका साथ महसूस करती हूं। इस प्रक्रिया में ही मेरा आत्म-परिवेक्षण होने लगा, मैं स्वयं को ढूंढने-पहचानने की कोशिश करने लगी हूं। धीरे-धीरे एक विचार मन में घर करने लगा कि उसके इस प्रेरणादायी जीवन पर आधारित एक कहानी लिखूं! फिर लगा, उसकी जीवन यात्रा इतनी अद्‌भुत और प्रेरणादायी है तो कहानी की जगह, जो घटा-बीता वही क्यों न लिखूं। इस किताब को लिखते हुए मैंने उसके नैतिक गुणों, उसके विचारों, उसके व्यवहारों उसके धैर्य और उसकी सहन शक्ति को नए सिरे से जाना और समझा। उसके व्यक्तित्व के कई पहलू ऐसे थे, जिन्हें लगता था मैं जानती और समझती हूं, पर, उनका अंतर्निहित गहन भाव मुझे किताब लिखते हुए समझ आया। उसके साथ जीवन पथ पर चलते हुए मैंने जीवन को एक अलग नजरिए से देखने समझने की दृष्टि पायी। हमारे जैसे माता-पिता शायद ही होंगे जो अपने ही बेटे की जीवन-गाथा लिख रहे हैं, और एक मां के तौर पर जो अपने बेटे से इस कदर प्रेरणा पाती है कि उसके पदचिह्नों पर चलने की कोशिश कर रही है। यह किताब मेरा और सुशील का प्रयास है कि हम अपने बेटे को एक नया जन्म दें, जिसमें मृत्यु का साया उसके सर पर न हो। इस किताब को लिखने की यात्रा में दुःख, आनंद, संतुष्टि और कृतज्ञता की जो मिलीजुली अनुभूति है, वही हम दोनों का भाव-मोचन- 'कथॉर्सिस', भी है।

हमें पता चला कि दिव्यांश के जाने के दो महीने बाद उसके अपने विद्यालय सेंट मेरीज स्कूल (आई.सी.एस.ई.) ने उसकी याद में एक छात्रवृत्ति घोषित की है- 'दिव्यांश आत्मन् स्कालरशिप फॉर क्रिएटिव राइटिंग'। 20 जुलाई

2019 को हमें उनके पुरस्कार समारोह में योग्य छात्रों को स्कॉलर्शिप और सर्टिफिकेट प्रदान करने के लिए आमंत्रित किया गया। स्कॉलर्शिप की घोषणा के पहले दिव्यांश की प्रेरणादायी यात्रा और उसकी रचनात्मक उपलब्धियों के बारे में एक 'पावर-पोईंट-प्रेजेंटेशन' दिखाया गया। उसके बाद हमें छात्रवृत्ति पाने वाले विद्यार्थियों को सर्टिफिकेट देने के लिए मंच पर बुलाया गया। आहिस्ता-आहिस्ता जब हम मंच की ओर बढ़ रहे थे तो वहां उपस्थित हर एक व्यक्ति खड़ा होकर तालियों से हमारा अभिनंदन कर रहा था। मेरी आंखें गीली हो गयीं। तालियों की वह गूंज हमारे लिए नहीं दिव्यांश के लिए थी। बाद में स्कूल के उप-प्रधानाध्यापक ने हमसे कहा कि इतने सालों के बाद भी वे स्कूल में दिव्यांश की उपस्थिति को महसूस करते हैं।

'100 थाउजेंड पोएट्स फॉर चेंज' (100 टीपीसी) एक विश्व-स्तरीय आंदोलन है, जिसके मुंबई चौप्टर में दिव्यांश नियमित रूप से भाग लेता रहा है। पहले भी उसकी कविता 'ब्लेज़' इसके वार्षिक संकलन के लिए चुनी गयी थी। आंदोलन के मुंबई चैप्टर ने 2019 के अपने काव्य समारोह को दिव्यांश के नाम समर्पित किया था, जहां मुझे और सुशील को एक किताब के विमोचन के लिए आमंत्रित किया गया, जिसका नाम था- "द मिरैकल ऑफ लाइफ", जिसमें दिव्यांश की कविता 'ब्लेज़' भी संकलित थी, साथ ही उसमें दिव्यांश की जीवन यात्रा का एक संक्षिप्त विवरण भी था। जब हम उस किताब के विमोचन के लिए मंच पर जा रहे थे तब वहां उपस्थित लोगों की तालियों की गूंज में हर ओर मुझे अपने बेटे का मुस्कुराता चेहरा दिख रहा था।

दिव्यांश की लिखी कविताओं को कई लोगों ने पढ़ा है, भारत में और विदेशों में भी। अमेरिका में तो कई लोगों ने उसकी कविताओं को इतना सराहा कि उन्होंने हम से "हियर वी गो अगेन" की प्रतियां भी लीं। हमें लगा उसके लेखन को संभावित लेखकीय-नकल से बचाना चाहिए। नवंबर 2019 में हमने उसकी समस्त रचनाओं का कॉपीराइट करवा लिया। जब हमें कॉपीराइट सर्टिफिकेट मिला तो उस पर उसके साहित्यिक विरासत का स्वामित्व हमारे नाम से था। इसके साथ ही, उसके सभी साहित्यिक कृतियों के साथ हमारा नाम स्थायी रूप से जुड़ गया। अपनी साहित्यिक कृतियों का स्वामी बनाकर उसने अपनी उपलब्धियों से हमें समृद्ध कर दिया।

अनन्या ने अपने दसवीं की बोर्ड परीक्षा पास कर ली, अंक भी अच्छे आए। जब मैं यह किताब लिख रही हूं, वह मुंबई के ही 'सोफिया कॉलेज'

में जूनियर कॉलेज के दूसरे साल में है। उसने अपने भाई को खोने के दर्द को जिस प्रकार अपने अंदर सहेज कर स्वयं को संयमित रखा है, उसकी हम जितनी भी प्रशंसा करें कम है।

सुशील ने दिव्यांश और उससे जुड़े व्यक्तियों, जिनके जीवन को उसने गहरे प्रभावित किया था, उनके बारे में लिखना आरंभ किया, खासकर वे लोग जो दिव्यांश की जीवन-यात्रा में इजरायल में हमसे जुड़े और दिव्यांश के साथ ही हमारी जीवन-यात्रा के भी अभिन्न अंग बन गए। डॉ. रूबेन ऑर, नर्स डेविड, ल्यूमा, नवदीप सिंह और सवदास की जो स्मृतियां उन्होंने लिखी हैं, उसके बिना यह किताब अधूरी रह जाती, इसीलिए एक अलग अध्याय के रूप में वह इस किताब का अभिन्न भाग है। ये सब लोग अब भी हमारे संपर्क में हैं। जेनी और उसके पति जफी तो दिव्यांश के साथ बिताए समय की स्मृति को अपने मन में संजोए अभी जनवरी 2020 में हमारे घर आए थे। डॉक्टर रूबेन ऑर अक्सर हम से फोन पर बातें करते हैं, उनका इस किताब को संभव बनाने में अविस्मरणीय योगदान है।

दिव्यांश के जाने के दस दिन बाद ही 12 मई 2019 को 'मदर्स डे' पर पर मुझसे मिलने अभिनव आया। उसने मुझे शुभकामनाएं दी, एक फूलों का प्यारा सा गुलदस्ता दिया और एक खाली कैनवस दिया, जिस पर मैं अपनी भावनाएं अभिव्यक्त कर सकूं। उसके दूसरे सभी 'थेरेपिस्ट', जैसे की जैनब, पल्लवी, मानसी, फातिमा और मिस रौशन वानिया अभी भी हमारे नियमित संपर्क में हैं। हमारा एक व्हाट्सऐप ग्रुप है- 'दिव्यांश की प्रतिध्वनि' (दिव्यांश रेवर्बरेशन), जिस पर हम एक दूसरे से संदेशों के माध्यम से नियमित संपर्क में रहते हैं। अभिनव ने दिव्यांश को जो कड़ा दिया था उसे अब मैं पहनती हूं।

उच्च शिक्षा के लिए अमेरिका जाने से पहले डेलजाद हमसे कई बार मिलने आया। न्यूयॉर्क जाने के ठीक पहले भी वह हमसे मिलने आया। मैंने उसे तोहफे में दिव्यांश की एक टोपी और उसकी ही एक घड़ी दी। वह हमसे बातचीत करता रहता है और हमारे लिए फिक्रमंद भी रहता है।

मिस रति वाडिया अब मेरी बेटी को पढ़ाती हैं, और मुझे भी आध्यात्मिक संबल देने का प्रयास करती रहती हैं। '100 टीपीसी' के 2020 के संस्करण में उन्होंने दिव्यांश की कविता "द ट्री ऑफ प्यूरिटी" पढ़ी।

27 जनवरी 2020 को दिव्यांश का जन्मदिन था, उसके उस दूसरी दुनिया में जाने के बाद का पहला जन्मदिन। मैं वह दिन कभी नहीं भुला

पाऊंगी। उसके सभी 'थेरेपिस्ट' हमसे मिलने आए और देर रात तक हमारे साथ रहे। मैंने महसूस किया वे सब यहां, हमारे यहां, उसके जीवन का उत्सव मनाने के लिए हैं।

इजरायल में जो यात्रा दिव्यांश ने आरंभ की वह अभी संपन्न नहीं हुई है। वहां के एक अस्पताल के 'स्पर्म-बैंक' में उसका 'अंश' सुरक्षित है। और फिर से मुझे उस विचार का ध्यान आया- "लोग इजरायल जाते नहीं, वहां लौटते हैं।"

## 'दिव्यांश', आपके लिए.....

**Catharsis**

Hey God!
The Creator, the Sustainer, the Destroyer,
Today, I stand before You,
With reverence for your Supremacy,
And complete cluelessness about your next move.

Of course, I am too small a mortal,
To try to understand your Grand Design,
So I will say this to you straight,
And then bow my head, in grace.

I know you have your own plans for me,
I know, too, the whimsical, topsy-turvy nature of fate and destiny,
So I have decided now, to follow the words you had given humanity,
Sitting in that chariot, in the battlefield.

"Karmany evadhikaras te,
Ma phalesu kadachana,
Ma karma-phala-hetur bhur,
Ma te sango 'stv-akarmani"

I will do my karma,
I will carve my destiny,
I will now take control of my life, taking everything as it comes,
While relinquishing the dependence on fate,

And that Lady who calls herself Luck.

You are the Supreme Being,
Whom I will worship every day,
But neither will I ask You for anything,
Nor come to You with expectations.
I will sing Your praises,
I will find You in my soul,
But I will neither question You,
Nor the ways of Your works.

I will have unconditional implicit faith,
In your Grand design,
And never blame You, or fate,
For misfortune that may become mine.

I will wield my own plough,
I will cultivate my own land,
I will do all my karma,
And embrace whatever comes, with warm, open hands.

You see, I have renounced fear,
And over optimism, and expectation.
I will move ahead from here,
With a numbness tempered by determination, guts, patience,
And denial.

I will be smiling and singing all along,
And taking by horns of what comes my way,
With an unrelenting, aggressive battle cry.

Let's see what You "have in store" for me
For the ball is in Your court,
The Buck stops with You,

As I march forward, with a strong spirit,
And with all guns blazing.

**The Tree of Purity**

In today's modern age,
Where technology, competition, and pace,
Stand as the edifice of day-to-day lives,
People dive into this river of modernity,
Leaving behind their sensibilities, and sensitivity.

It is as though this river,
Brisk and rapid as it seems,
Washes away all that makes us human,
Purges us of our emotions, our feelings,
And hardens us into numbness,
A numbness that feels of uninhibited practicality.

But just like how an island emerges in the ocean,
A lotus blooms in a pond,
An oasis thrives in a desert,
The 0.1% that incompletes the 99.9%,
There are a fortunate few,
The chosen ones,
Who have souls that stand out
Like the rocks that stand in rivers.

Strong and mighty,
They stand unafraid,
Striking head-on into the river,
And ebbing the river away.
These rocks are the anomaly,
The unusuality,
The strange phenomena,

That are filled with souls,
Soft as feathers,
And hearts,
Made of Gold.

In this torrent of the river,
Stands a tough rock,
Small and inconsequential,
Shining with a luminescence,
Which outshines the stars,
And the shiny sun.

That stone,
the small, puny one,
the good-natured, purely soulful one,
the one with the golden core,
Is the one I call my mum.

A pure heart, an ethereal soul,
My mother is a tree,
That towers high above all,
In this garden of life.
Bearing ripe and juicy fruits,
That are plump with benevolence,
She is the tree that bears
Leaves greened with kindness.

All come and partake,
Of this wonder of nature-sown by Him Himself,
And she willingly embraces them,
With a cool shade of her warm purity.
There are a few some,
Like hunters, who climb upon her,
And fill their trunk of malevolence,

With a whiff of her goodness,
The Jealous Ones, they do inflict wounds,
That scar this innocent tree forever.

But just as goodness triumphs over evil,
Dawn succeeds darkness,
New leaves replace the dead ones,
And a flower blooms from a bud,
There she goes, standing tall,
With all grandiose and grandeur,
Shining ever-so-brightly,
My mother, in all her purity.

Me? I am just a branch on this tree,
Growing longer and thicker,
With leaves that are fragrant with
Insouciance.
This insouciance, is the water;
That the tree searches from the dark beneath,
And nourishes me with, lovingly.

There are storms when,
I shake vigorously and violently,
Trembling with fear and uncertainty,
When my mother has held on to me,
With the strong foundation,
Of motherly bond, love and bravery.

She has let many of her branches break,
To let me grow uninterrupted, undisturbed,
With a base that is,
As strong and resilient as her.

Mother, I promise you,
As I grow longer and stronger,
I will rise above and bend into the ground,
To support you even stronger.
When the storm comes,
Or when harm sways our way,
I will be the canopy,
That shades you from this grey.

We will withstand all together,
We will enjoy the spring,
We will bear our wondrous fruits,
And be the wonder we are.

Mother, you continue being evergreen as you are,
With your fragrance of sensitivity,
As you are one of the few trees,
That grow in this concrete garden of humanity.

I will stand by you,
Growing from you, into you,
And we will keep giving and partaking,
Our golden fruits of purity,
Our luscious fruits of humanity.

**Halfway Down the Path Not Untaken**

I was a very young boy then,
With not a care in the world,
Going through the prime of childhood,
Like any other would.

Standing at the end of the road,
Adolescence, as it is called,

I was about to change my track,
To the larger one called youth.

The road looked bright and attractive,
Like sunrise on the sea.
An aura you could not compare,
To any other reality.

Unfathomable are the ways of God,
He is a whimsical artist,
Who sways His brush as He wishes.
I was about to plant my feet,
On the lush, green track,
But I guess He had other plans for me,
For He chose to change my track.

This was like a typhoon,
Something that carries you away,
While you try to scamper about,
Trying to fight its might.

On a new path I fell upon,
A stark contradiction,
An anomalous antagonist,
To the path I was,
To step upon.

The path was very dark,
I would not say pitch black,
But it presented obstacles that were,
Mysterious and unknown at heart.

I tried to squint and survey,
The plan of this,

But failed to do so successfully,
You see, Time was not on my side.

And so, I began walking on this path,
With shaky fortitude,

That has been strengthened over time,
By determination, hope and
The implicit support of family.
This triumvirate is for me,
What a stick is to a limp,
What a guide is to the lost,
What brightness is to the dark,
And what a cradle is to a new-born.

Time and again this path has
Shaken and stirred me to the end,
It has presented adversities that are,
Herculean, to word in pen.

But just like a compass needle,
Which always points north
I have, time and again,
Struggled, withstood, fallen,
Picked myself up, and carried on.

Now, as I stand halfway down this path,
I have finally understood,
The nature of adversities,
As quoted by all.

You see, adversity is
A poison with its own antidote,
A thorn with its own red rose,

A mistake with its own moral lesson,
That always makes you realize,
Its profoundness at core.

God may be a whimsical artist,
Who sways His brush as He wishes,
But His canvas is always decorated,
With a painting full of purposefulness.

It is on this path that I have discovered,
Things that take years to fathom,
A self-rediscovery I would call it,
This path has given me a lot.

Time and Health are the most invaluable,
A value realized only by their absence,
The Human Spirit, tempered with Hope,
Is the strongest diamond formed,
These are some of the lessons,
This Ugly Guide has taught me.

Today as I stand on this path,
Trying to look ahead,
I don't know what lies in front of me,
So I look within.

Hope, Determination and Courage,
Are the sturdy boots
That will steer me forward,
On this long and bemusing path.

**Rebirth**

Wearing sturdy boots,
Of hope, determination and courage,
I was treading the path not untaken,
Hoping for its end, somewhere soon.

The road continued getting tougher,
Like ice freezing from water,
It had become a labyrinth of despair,
That continued to stretch forever.

It was then that I realized,
The viciousness that had caught me,
The inferno had begun to burn and melt,
The iron walls of my whole.

The sun of hope was on the horizon,
The sky of support had begun to dim,
My boots of resilience were wearing out,
And clouds of despair loomed within.

Frightened, and running out of fortitude,
I could only helplessly walk on,
Hoping hopelessly,
That this, too would pass along.

Maybe it was my destiny,
Maybe it was my karma,
Maybe it was The Whimsical Artist,
Who had swayed,
His brush again.

Another gush of typhoon,
Came and enveloped me,
While I again tried to fight,
Its powerful inevitable imminence.

This imminence threw me hard,
Roughly I landed on another path,
That caught me in its cradle,
And caressed the skirmishes,
That had almost broken me apart.

I squinted to survey,
The beauty of this newfound path,
A stark contradiction, an anomalous antagonist,
To the path I had fallen from.

'Purgatorio' as Dante called it,
The path was an ethereal bridge,
Steep and majestic in all its might,
Intimidating, but comforting,
This was the path to redemption,
To the Paradiso,
Of my lost friend,
Good health.

With hope as fresh as the morning dew,
Determination as fragrant as the wet earth,
Courage as strong as diamond,
I tightened my laces of patience,
And pulled up my socks of resilience,
To tread this path of certainty,
And re-unite with my mate.

A lot of inhabitants,
Who dwelled on the sidewalks,
Were my reliable guides,
Guiding me all the way.

Clad in milky white,
His angels would hold me
Every time I stumbled,
And cheer me every time I ran.

The path was not as smooth as silk,
It was a rough one,
But they were there to guide me,
And shelter me when I tired.

"Adversity is a poison with its own antidote."
"His canvas is always decorated with a painting full of purposefulness."

Were the singers humming in my ears,
As I continued treading,
Towards a certain future
Guaranteed, as it was.

A rebirth I would call it,
Purgation of all
The Ugly Guide had offered,
A new whole had taken birth in me,
That would become my panacea.

Maybe God had seen enough,
Of the rigorous penance,
That fate had gifted me with,
And decided towards gifting a rebirth,

Of this new whole in me,
Thus, naming me Divyansh Atman.

Now, as I stand at the precipice of this path,
I truly understand,
The true nature of transience, as it always is.

What goes down always comes up,
The sun always rises after setting,
What breaks is always rebuilt,
Sufferings are like weak relations,
That are broken by the Iron Hand of Time.
These are some of the lessons,
This Angelic Cradle taught me.

With an additional layer of perspective,
My boots shine with new energy,
As I continue my sojourn,
Towards eternal heartiness and peace,
On this path, long, but not bemused.

**She**

Like a seed rupturing onto the surface,
Emerging into the sun,
Takes birth the ebullient cry,
Of the neonatal girl.

Jubilation and rejoicing
Are the pollen, spreading far and wide,
Shining in the motes of the sun,
Enlivening all,
With inherent invigoration.

"The Almighty has blessed us with a girl!"
"The female form has descended into our humble abode!"
Are the bellowing hallelujahs,
Reverberating out into the world,
Resounding with an undiminished resonance.

Eyes lively with curiosity,
Expressions painted with the explorer's chrome,
Limbs swinging like leaves in the wind,
Slowly she learns, and embraces,
The mortal world, hers to inhabit,
For the lifetime ahead.

Mother's flowering princess, Father's dear queen,
The apple of everyone's eye,
Delicately, quietly, innocuous,
Like the first petals of a flower,
She blooms—crawling and tumbling,
Drooling and shrieking,
Mumbling, rumbling and speaking,
Laughing, crying, to eventually walking,
Melting hearts with her childlike cuteness,
Enthralling everyone with her liveliness.

A voice, blessed twice with honey and sugar,
Gestures innate with the feminine,
She continues to grow and grow,
From tiny tot, into a young dame.

Enamouring everyone with beauty and elegance,
She goes about her life; free spirited, full spirited,
Laughing coyly in happiness,
Crying bitterly in sadness.

Inch-by-inch she plants her roots,
Into the soil of life,
Absorbing the vital nutrients of wisdom,
Negotiating, understanding the whimsical labyrinth,
Of worldly thoughts, worldly ways,

The virginal, pure dame,
Transforms into a refined lady,
Winning hearts with her womanish, slender disposition,
And defeating, quite a few,
As a femme fatale.

She is the golden fleece,
Suitors from far gather to woo,
Risking life, cheating death, wrestling the world,
Until the worthy she chooses.

A match made in heaven,
Tied by divine wishes,
An epoch cradles her consciousness,
Into a new, promising wonderland.

A new phase, a new chapter commences,
Frolicking and rollicking the couple progress,
Into lifetime companionship,
The Garden of Marriage.

Sweet love, mellow affection,
Mutual respect and understanding,
Tacit consensus, give-and-take,
Acquiescence, acknowledgement, utmost care,
Sacrifice, and dynamism,
Are the pearls encased,
In this oyster of wedlock-

Gently entering her soul,
As a wife's incarnate.

Old Father Time works His way,
Tacking and tocking through the day,
As she becomes a fruiting forest,
The breeder of the next gen.

A mother is born in the cradle of the child,
Bawling incessantly in her cuddling arms,
As she nurses and feeds the divinity,
Delivered by the divine into her embrace.

A cardinal emotion cultivates,
Into her heart, the cores of her being,
Unconditional love, motherly instincts,
Embroider themselves, into her conscience.

Raw and metaphysical grows the maternal gut,
Numbing, diluting other faculties,
Her life becomes a magnifying glass,
Omni focused on her child's most mundane moments.

A stream of irrational fears, insecurities and idiosyncrasies,
Irrigates this well,
As she becomes the hard shell,
Gently protecting, carefully nurturing,
The child, the essence her life.

The minutest of scratches, the tiniest of teardrops,
And there rages in her consciousness restlessly,
A blazing inferno she morphs into,
Comforting, consoling her child in the warmth,
While incinerating the cause to ashes.

Years and years pass,
Her child has now grown,
With his mother's parentage inscribes,
Into the deepest realms of his soul,
As the child sires his own,
Polishing her tresses into silvery notes.

Grandma she has become,
An alluring, warm, honeycomb.
Buzzing grandchildren flock,
To partake of her unending love,
A feathery kiss, a velvety pat,
Delightful surprises, Pandoraland of stories,
Are the sweet drops of honey,
The buzzers keenly thrive on.

*She has seen a lot,*
In this drama called life,
Cared for, loved deeply,
By the generation she is the seed of.
Sitting in her cradling chair,
Sighs impregnated with fulfilment,
Vision reflecting contentment,
She looks into her husband's eyes.

A mystical communication devoid of words ensues,
As they clutch their throbbing hands,
Ready to face,
The transient whim of change,
Accepting with full hearts
The inevitable nature of imminence.

## The Mask

Behind those smug countenances,
And smiles over stretching the jaw,
Behind the sang froid reassurances,
And the expression of calm;
Behind the tough and resilient demeanour,
And the nonchalant, casual nature,
We lie, the people who use these as a mask,
Shrouding a pulsating universe.

The mask is illusionary, but convincing,
Convoluted and crafted into several avatars,
It is the hottest thing in vogue now-a-days,
Worn by one, and all.

Some wear it to hide,
The darkness and maliciousness trapped inside,
Feeding this ever-growing inferno,
Through genuine, 'gleaming' smiles,
Visible to the world,
As an amiable, warm shine.
Shining extremely bright on the surface,
Casting shadows of pitch black jealousy within,
On sensing happiness and good fortune of others,
Yearning wickedly, with extreme ominous desire,
For its conversion,
Into eternal misfortune.
A black hole is what resides in their heart,
Slowly consuming all existing goodness,
Every breath gasps of unsettling torment,
Slowly destroying them, and deeply hurting others.

Never can these people have peace of mind,
Haunted by a life with two faces.
Tear this mask, incinerate it,
Before it does the same to you.

Then there are others,
Using this mask as a tough, rugged shield
showing and convincing the world,
Of their strength, their contentment,
While defending, and protecting,
The throbbing vulnerability within.

Now there are two kinds in these,
Like two identical but distinctly different twins.
Both use this mask to protect themselves,
But one, to create a fictional avatar-
Full of personal aspirations and dreams;
While the other uses it,
As a cloud of denial—
Wanting oblivion,
From the internal, teeming adversity.

The former are merely living in an insidious bubble,
Magically woven by the very mask they created,
An impending doom, a hard shock awaits their conscious,
Accompanying the imminent burst.

The latter, protecting themselves,
Have a tough job on their hands,
For they need Herculean strength,
Withholding their only defence,
One chink, one give away, one lacuna
In the tough armour of their mask;

And there pierces the sword of worldly glares,
Brandishing pity, sharpened by despair,
Shooting fits of profuse pain,
Stripping the hidden abyss bare.

Don't let this mask be your master,
Make it your apprentice,
Use it as a shining diamond, if you have to,
Emanating your true persona, far and wide,
And not as a genie lamp,
To trap the true you,
That ought be out.

But why wear a mask,
Concealing the human soul within?
Let the true self radiate,
Unapologetically, unbarred, honest,
Into the wide, wide world.

There will always be the jury,
Of self-righteous hypocrites,
Whose whispers will linger on and on,
Like the subtle perfume of flowers-
That is not your worry.
For you are guided by YOUR conscience,
Not entangled in the draw strings,
The world wants it in.

And you listen only to YOUR inner voice,
Deaf to the misguiding whispers of the world.
You speak YOUR mind,
Untwisted and unfiltered,
By changing opinions, and varied expectations.

So go out, unmask yourself,
And show the world,
The fearless YOU! the real YOU!

**Ayya**

'Rosie' I had decided to call her,
A young child I was then,
As I was on the way to see her,
Innocently fearing lest she were dark.

Eyes as clear as water,
Gaze filled with motes of curiosity,
Cheeks as red as an apple,
Yes, she had a visage,
Personifying my name for her;
And an expression,
As innocent and tranquil as birth.

Quietly she learned how to crawl,
Like a flower blooming from a pod,
And cooing and gooing she learnt to pronounce,
Mummy, Papa and all,
There was only that one innocent word she uttered with a fault,
'Ayya', for bhaiya, of all.

We both grew up together,
Although half a dozen winters apart;
Laughing and playing, crying and fighting,
Learning and teaching, sleeping and waking,
As she twisted her tongue,
To move from 'Ayya' to 'Bhaiya'.
Today, she is a busy girl,
Hustling and bustling her way through the clock,

Humming and sauntering along,
And living life, as it was meant to be lived.
She might seem to one,
As a carefree, cool dunce,
A shy, inhibited one,
A not-so-smart, so-so girl;

But what does the world know,
Of the deep garden of profoundness,
Of the corals of wisdom,
Of the ocean of emotions,
She has within her?

'Incomparable delicate girl'- there is a reason why,
She has been christened thus,
Delicate and pure as a feather,
Incomparable and pristine as the coded threads,
That have shaped her as she is.

A soul designed to be pure,
A soul incapable of hurt,
A soul, delicate as the womb,
In which God gifted her to us.

Her expression is an enigma,
An enigma we can only partially understand,
Her words appear as normal as they are subtle;
A subtlety,
Understood only by us, an esoteric few.

Such innocence she possesses,
An innocence easily overcome,
By the tiniest of darkness,
Possessed by this wide, wide world.

I do believe,
Her feelings are a Pandora box,
That has gems and stones,
Locked and hidden from all of us.

Sometimes she does open it for me,
And mostly only to me,
Because I know the code to this box;
The word with which she first,
Called me.

It does sound strange,
A relation she could not word well initially,
Is the relation that is,
The one true pathway to her heart.

Oh my precious, lovely sister,
This elder sibling vows today,
In true sense and spirit,
To be the brother that
Deserves sisterly love as yours.

There is a reason why you let me explore,
The enigma of your core,
I do believe it is to be,
The protector, and guide,
Of the castle of your consciousness and conscience,
The thrones of which you are the queen.

I shall be the honourable knight that protects you,
The honourable teacher who guides you,
I shall be the kin that proves,
The identical nature of our blood.

Ayya, or Bhaiya,
This pen is proud and fortunate,
To have a sister as wonderful and special,
As is the divinity that has,
Made me a sibling of yours.

**"Catch-Catch"**

A brother and his younger sister,
Run along, hopping towards the garden,
To play 'catch-catch'.

No sooner did they reach,
a breeze began to blow,
Scented with earthy moistness,
Empowered by thundery belligerence.

Oblivious and carefree,
Unaware of the speeding gust,
They hopped along, hand in hand,
Heads bobbing, nodding.

The game of catch started,
She threw first, the ball cut the sharp wind,
With all strength that a child can muster;
Bouncing, swaying,
Striking at his boots.

"Yay!", "Well done!",
Both exclaimed,
While the trees gently swayed,
To the verdant, fresh innocence.

Perhaps Wily Wind wasn't pleased,
Speeding up, breathing deeper, hushing louder,
A storm gathered until when,
Dark, daunting, despairing.
The siblings did get scared,
The strands of their hair, trembling in the gushing air,
Crying louder than the laughing thunder.

But 'catch–catch' was a game not new to them,
Played comfortably, enjoyed in equal measure,
Immune to the vagaries,
Of wicked weather.

So the siblings go on and on,
Throwing the ball to each other,
Catching, and returning it with triumph,
While Wicked Weather and Wily Wind
Stand perplexed, watching the marvel,
That is sibling unity.

So here we go, sister,
I have held the ball a long time,
Admiring it, tossing it vertically,
While your eager, yet patient eyes look on,
Curious for the next throw.

I am throwing the ball to you,
Catch it.
Admire it, spin it, bounce it, head it,
Until you've had your fill
Of fun,
Languidly trying to soothe the longing,
Distance and time that separates us from.

Hold on to the ball for me,
While I tie my shoe laces,
Adjust my cap, knocked off by the wind,
And steady my stance,
Shaken by fickle fate.

**Dearly Departed**

Dear departed,
Look at what is left,
Named as your remnants.

The soul has left its home,
Sudden as your departure.
Marks of your legacy overwritten,
By selfish kin itself.

Strange is the depth of your mark,
Fluttering far and wide,
Unable to hold the fort,
At its very home.

Those blessed of the doting,
Showered relentlessly by you,
Have forgotten it seems,
Memories, of your remembrance.

Fault lies in them,
Shrouding in oblivion,
What you left behind.
Guilty are they of contempt,
Defacing innocence and greatness,
Commanded by you.
Dear departed,

We were kept apart,
By time and tide,
Your love, your memory,
Breaks the dubious labyrinth,
Spun by fate.

You will forever thrive,
In conscience, in actions, in visage.
Respect and honour you will enjoy,
Thriving in the realm,
Bowed in your memory.

**The Powerful and the Powered**

Shaky stance,
Trembling silhouette,
The powered stands,
Patiently, insignificantly.

Stretching every sinew,
Craning, squinting,
The powered looks on,
Hopefully, hopelessly,
For an approving nod, for a genial acceptance,
Treading pillar to post,
Mind bent on accomplishment.

Violent pushes, tumbling pulls,
Raucous pandemonium,
Pass through its constitution,
As it barely places its hands,
On the majestic cliff—
Where power resides.

An imposing countenance,
Embodiment of aura,
Asserting dominance and strength,
There sits power, with nonchalance,
On the throne decorated, built from the bricks,
Of which aspirations and expectations are flecks.
An imposing visage,
Brazed with smug shades,
Power looks on aggressively,
Over his proud nose,
Gleaming with status, exhibiting his ego.

"What want you?" Dances in the void,
Choreographed by swagger, supercilious in tempo,
The beats slowly rain down,
Reaching the powered,
Ears are the barren land of.

Humble, hesitant prayers,
Flap out, with weak strides,
Dusting, brushing the robe.

Shaking, reverberating with prayer,
They tingle the sole,
Power lay his foot upon.

"It isn't my bother",
"Go have cake if you can't have bread"
Are the cuts piercing gingerly,
Into the sturdy wall,
The powered cements resolve on.
A seed has just been sown,
A spark has just been kindled,
Growing, raging,

Feeding on the arrogance,
The power is so stubborn of.

A wildfire, it turns to ash,
The very foundation of the throne,
Tumbling to the cursing ground,
With an ignominious groan.

A tower made of wooden sticks,
Comes cascading down,
With the same pace,
At which it was built.
Watched woefully by the elder brother
Whose name is Responsibility.

A long mane, grey with wisdom,
A stance speaking of righteousness,
Eyes filled with an ethos,
He nods his head in dismay.

"Such a shame."
Are the sullen words,
Exhaled in the sigh,
He breathed out.
Power and Responsibility,
Are inseparable brothers,
The powered rest upon whom,
Delicate dreams, and trembling arms.

Corruption, the insidious mistress,
Waves her irresistible charm,
A honey trap awaits Power,
Dare he take a mouthful from.

"Nooooo!" wails the prudent one,
Despair strikes whom,
As he watches his beloved brother,
Entranced, and consumed,
Into absolution.

**The Introvert**

A face as blank as a sheet,
A voice as feeble as a kitten's,
There treads the Introvert,
Shrugging shoulders, and drooping all along.

Eyes as nervous as a lamb's in a slaughterhouse,
Gestures as tentative as the weather,
The Introvert is like a cat,
Moving as stealthily as silence,
Breathing as weakly as before a yawn.

Admiration and yearning are all their eyes speak,
Seeing charisma, warmth and amiability.
"Oh! How I wish that I was!"
silently, the Introvert screams on.

Like the greens in a desert,
Are the few friends of this creature,
Who feels like a fish out of the water,
When pushed into the tropical rainforest,
Of hustle, bustle, laughs, claps, slaps,
And all that the Introvert is not.

The Introvert, to an Extrovert,
Is a stiff, ungenial snob,

The pillow to prick the thorn,
The specimen to try pranks on.
But, don't ever be mistaken,
What shows, is not what is,
The Introvert is a world in itself,
A world, unique and profound.
A plethora of Intelligence,
A river of thoughts,
A sea of emotions,
And an ocean of fun,
Is what the Introvert hides,
Under the brown, fibrous fort.

An Introvert is its own best friend,
Its own sound judge,
Who can analyse, a persona,
With just a whiff of talk.

One line uttered by an Introvert,
Has five internal aliters,
Uttering the best of the lot,
The most euphemistic of them all.

A dynamic thinker is an Introvert,
Whose mind is like a lightning bolt,
Ever-running, ever-thinking,
Never resting, and never idling.
Fun is alone-time for it,
Dancing alone, humming alone,
Such an introvert, an Introvert is,
That its mind is a never ending boom-box,
Playing symphonies from memory,
Never missing a song.

It possesses eidetic memory,
Remembering the minutest of motes,
Of all that it sees, hears, speaks,
And experiences every day.

You might be thinking,
"What nonsense is this?"
"Gibberish rantings!"
"Random stuff!", et al.
But, mind you, my friends,
This pen is one,
A proud Introvert, asserting it,
Overwhelmingly, on the inside,
And timidly, on the outside.

Introverts, be proud (be shy),
You are a shining mote (a dim shadow),
Unapologetic, uninhibited (apologetic, inhibited),
And an Extrovert (an Introvert),
Within (on the outside).
That's all.

**Priority's Play**

A curious case of truant,
Always subject to whim,
Haughtily saunters priority,
Chuffing, scoffing away.

Blissful are the ways it sways,
Trampling, stifling the loom of fate.
An absence of regard, a deficiency of rationale,
Maul the visages,
Sway upon whom it may.

Groaning, gasping in disarray,
One and all witness in helplessness,
While priority sets upon its play,
Dismantling, disjoining, rejoining,
The mangled clay,
Life that trades as.

An inquisitive child it is,
Let it play.
Beat and shape it the toddler will,
Into a masterpiece,
Of sense, and rationale.

The loom of fate will be the enrapturing embroidery,
Enshrining this eccentricity,
Budding and mature becomes when the genius,
Notorious as priority's play.

**Blood Is Thicker than Water**

Blood is thicker than water.
But some are thinners like aspirin.
While vital electrolytes are few in those,
Not sharing the same blood.

The aspirin provides relief no doubt,
Soothing, calming, relieving.
Consume too much,
And things could fall apart.

The electrolytes are vital elixir,
Time and again infused they,
Fortify, strengthen, rejuvenate,
Conscience, consciousness and spirit.

Aspirin, restrained by need,
Electrolytes, parched runs whenever,
The mental compass is disillusioned, giddy,
Will set charter in good stead,
The essential twins-
State of mind,
Peace of soul.

**The Grass Is Greener on the Other Side**

The grass is greener on the other side,
That which is not ours,
Shines bright,
Captivating, bedazzling,
The innocent, oblivious eye.

"Oh! How I wish that I had!",
Exclaims the desirous foolish mind,
Disregarding dear possessions,
Shrouded in the shadow,
Of the shine and verdancy,
Replete on the other side.

The mind is an infant,
Jumping and drooling about,
Smoke and mirrors;
Relinquishing the cardinal lesson,
Not everything that glitters is gold.

Oh innocent mind!
What thou hast,
Is the glitter for the other,
Desirous of whose possessions,
Thou art.

A cunning crook desire is,
Wielding razzle-dazzle,
Enticing the mind,
Into a labyrinth of nothingness.

Bat away this desire with contentment,
Respect and love are the moist drops,
Greenery that paint,
Onto all our possessions;
Bringing a gleam greener,
Than on the other side.

**Diwali**

With the might of a lightning bolt,
Struck the arrow of good,
Into the heart of the evil,
The evil, the mighty, intimidating evil,
Falling, and dissolving,
With the same power,
As it hath possessed.

An epoch it was,
A new message had been born,
And cradled across all the realms and directions,
"Goodness has triumphed over evil", loud and clear,
Seeped into the conscious of every being.

Those who despaired, those who trembled,
With an uncertain fear,
Hath now known,
This lore of victory,
Of righteousness, over tyranny.

Radiant smiles radiated everywhere,
Spreading like wildfire,
People rejoiced and sang,
With a newfound conscience,
That would guide them,
Towards the path of good karma, and moksha.
Candles were lit, houses blushed with jubilance,
The sky had a rich hue and glow,
Of all that was, and is, good,
Warding off the darkness,
Of all that was, and is, bad.

The festival of lights comes and goes,
Year after year after year.
Candles dance in the wind,
Diyaas glitter with golden prosperity,
The earth smiles colourfully,
And sweets of joy and festivity,
Flow like the river, during rain.

Year after year after year,
This is how Diwali comes and goes,
Coming in with sweets and presents,
Going out with fireworks and prayers.
But there is one thing,
This Diwali brings us every year,
And that thing is not just any other thing,
But a value, most valuable,
Whose value is invaluable.

Today in the Kal-Yug (The Dark Age),
This day is a testament,
That the dark can never conquer the light,
The light of knowledge, the light of righteousness, the light of

principles,
Which is the triumvirate,
That will burn bright, and radiant,
For eternity, and through eternal darkness.

This Diwali, unleash this trinity within you,
And let it burn with omnipotence.
Kindness is the light that will spread,
Goodness is the crackle that will echo,
Happiness is the warmth that will spread,
Inviting all the comfort of contentment,
Enriching all the conscience possessed,
And being fuelled by blessings, from those,
The flame hath touched.

**Blaze**

Two stones struck together,
By a chance as minute,
As a candle's in a storm,,
There arose a bright amber spark,
Engulfing all the darkness there was.

With fear and awe witnessed this wonder,
Man, animal, and all,
As it turned brighter and lighter,
Stronger and warmer,
Inviting, and warning all.

A courage shaking with fear,
He approached it, uncertain, but sure,
this new wonder of nature,
Had been born as his new companion.

Slowly he wielded and learnt,
The fire, burning bright and hot,
Using it, as it was meant,
Adding new strength to all known so far.

There came a point in time,
When he made the blazing breath so hot,
That it swallowed him,
And those,
Who enraged it so much.

Some worship it,
Some stay away from it,
Everyone needs its warmth,
An accidental serendipity it may be,
But it is not that, at all.

The fire that glows so bright and radiant,
Resides inside all of us.
Burning bright when called for,
Burning dim when not.

It is this fire,
That invokes passion, courage and determination;
And it is also this same fire,
That invokes pride, anger, jealousy, and hatred,
When fuelled by the darkness,
That lurks around our human soul.

Nerves of steel,
A rock-strong resilience,
Burning determination,
Radiant visage,
Are all the various traits,

Carefully tested by this Master,
Who can burn those who give up,
And strengthen those who don't.

Look into the fire, my friends,
Look at its profoundness,
And rekindle the fire in you,
To make the spirit strong,
Stronger than ever before.

**The Ecstasy of Expectation**

I was lost, deep,
In the waves of subconsciousness,
Swimming through the lagoons of slumber.

The body was resting, recharging, and
Getting ready for a new day.
And then, it happened.
I had an epiphany.

How quaint that feeling was,
A moment hard to describe,
The thought was like a burst of flavour,
On an otherwise bland pie.

It was like a pattern,
On an otherwise blank slate,
That shimmers and then disappears,
Just to draw your head.

You must be wondering,
What is this sentimental fool,
Going on, writing and scribbling?

Patience is a virtue,
A virtue I most respect,
I will reveal what I am ranting about.
At once, right away.
I was in the stage of slumber,
When the mind is in the deepest realm of sleep,
When the mind usually conjures,
Dreams that are too strong to leave.

Ironically, my mind was completely blank,
Something that I did not quite realize,
Only to have this flash of epiphany.
An epiphany
Of a happy reunion.

The Deviant One just veered off,
Like a piece of paper in the wind,
To a land where I found myself,
Among faces very familiar to me....

....It were those same visages,
I had spent many a happy moment with,
Their company is a canoe,
Sailing in the waves of tranquillity.

Laughing, joking, teasing and smiling,
We exchanged our pleasantries,
The canoe bobbed with the vibration,
Of the reunion, so comforting.

The feeling, which was too short,
To be actually termed a dream,
Was like a drop of water,
In an otherwise dry stream.

It was that sprinkle of dew, the sprinkle of moistness,
Which rouses you out of sleep,
Only to make you fresh and ask,
My, what was it??

Oh my dear,
How much I have missed your company,
How much I have craved reminiscence,
How strong these feelings are,
They just daunt me,
When I had this beautiful epiphany.
I would like to call it,
The ecstasy of expectation.
A beautiful feeling, that cute little expectation.
It is like a comfortable, cosy cushion,
For the very tired mind,
To rest on, once in a while,
And unwind momentarily.

This morning I realized,
The beauty and power of this feeling.
a feeling that helps the mind,
Cling to the most pure and beautiful,
Of memories.

I don't know when the reunion will occur again,
Although I know about its inevitability,
But, Oh, expectation,
Thanks a ton!
For taking me to the perigee,
Of this reality,
Like a magician toying with illusion.

It is really hard to describe,
Was that....illusion or reality?
But, I can most certainly assert,
Expectation, you enthralled me.

**The "Cupple"**

Accompanying Old Mrs Sunshine,
As ravishing and fresh as in her youth,
They descend—
Boiling, brewing and blending,
Into the abode of people;
With refreshing, effervescent countenances,
And enticing, invigorating warmth.

Meet the "Cupple"
Arriving with swagger—
The charming, dynamic, flamboyant
Mr Cocoa Robusta,
And clutching his arm,
Sauntering in the most dainty of ways,
The demure, the bedazzling,
Mrs Flora Foliage.

Mr Robusta—
With a masculine cologne,
Rousing to full attention,
The stubbornness of slumber,
Takes a dive into the steaming sauna,
Bubbling impatiently for a strong embrace,
Into his alluring ruggedness.

A tantalising aroma,
A refreshing effervescence,

Materialises from the kettle.
Like a ghost it lurks and wanders,
Wearing a perfume,
Humming, and whistling of cocoa beans,
Kindling the twigs of olfaction.

In another kettle close by,
Swimming with grace,
Good enough to make a mermaid look pale,
Mrs Flora Foliage, all subtle and delicate,
Enlivens the aqua,
With strokes of her mellow scent,
And dabs of her herbal shades.

A meadow, verdant, and ambrosial,
Grows into the waking consciousness,
Tingling the sluggish slumber,
Into animated sprightliness.

"Good morning!", "Have a nice day!",
Sing melodiously onto the cheerful visages,
Partaking from the ebullient "Cupple"
The cynosure of the conversation table.

The "Cupple"—
Are the heralds of the day,
Giving an encouraging push,
To conquer the new day,
Gently lullabying the yawning, and sprouting laze.

What would we be without them—
Slumbering and drooling through the day?
Let us raise a toast in grace,
To this couple, every day.

**His Name Personifies Him**

Like the first rays of the sun,
He gets up with conviction,
Ready to face the world, which presents,
New challenges, offers new opportunities-
With fresh courage, fresh hope,
And fresh determination.
His name personifies him.

Every day he boots himself up,
And heads into the awakening lap of Mother Nature,
The chirping of birds, the rustling of leaves,
The feel of countless motes, enlivened in the sun,
The symphony of sea waves,
Are his morning friends,
Who give him the momentum,
To face the daunting day.
His name personifies him.

After seeing off his daughter to school,
He returns home to a warm cup of tea,
Served with bellows of laughter, talks and discussion,
Made exclusively with affection and care,
by his spouse.
And that's all he takes,
Before going to dress himself up,
To face his boss, the day.
His name personifies him.

With lunchbox in hand, and calmness in mind,
He reaches his office, always on time.
He sits there on his chair, working with full dedication,
Always being respected by his subordinates,

And admired by his higher ups, and coordinates,
Talking to everyone with all courtesy and respect,
He is strict, but not rigid,
Firm, but not rough,
Respectful, but not sycophantic,
Understanding, but not gullible,
Organized, but not fascist,
And, above all, dignified, but not foolish.
With all these tools in hand, he carries on his work
And aims to fulfil it, at that place, at that time.
His name personifies him.

He rings the doorbell, only to see his lively family,
And savours his morning "diet" again,
He goes to teach his daughter and oversee his boy's studies,
And, after accomplishing it, yawns with a mouthful of
contentment and relief,
Only to fall fast, fast asleep.

This might sound very "ordinary",
To a person who is not aware,
Of the trials and tribulations,
In his daily life.
What if I were to tell you, my friends,
Of his responsibilities,
Steep as the mountains they are?
Of the predicaments and misfortunes,
That have struck him all at once, like thunder and lightning?
Of the most mundane to the most monumental of tasks,
like hydrogen atoms and stars, he fulfils regularly?
What if I were to tell you all this, indeed,
And tell you, also,
That he does all this,
Coolly, calmly, with all sang froid,

Smilingly, happily, without a sign of complaint,
Sincerely, whole-heartedly, without slackness,
Uncompromisingly, with balance, without collateral damage,
And yet finds plenty of time,
for himself and his family??
What if?

Time is the strongest and the most perpetual witness,
Of ALL this man does,
He is a master of resourcefulness, a true task-manager,
Who works as efficiently as a racing car,
But bettering it,
With his ethereal touch of humanity.
His name personifies him.
Now, doesn't he look colossal?
Living, as he is, with all guile, guts and gristle?
But the beauty lies in the fact, as all good things go,
In his simplicity, his dignity.
"If you can walk with kings, nor lose the common touch"
Oh Kipling! How true art thou whilst saying this.....
His name personifies this.

As someone who lives,
Under the aegis of his shadows,
Always protected, always carefree,
Idolizing him, deifying him,
I, my friends, have lots to say about him,
Yet, I am speechless.

What not can one learn from him...
He is an institution in himself, a true inspiration,
The choicest of virtues, the most golden of personalities
Are gilded in him.

He is, like an umbrella,
Who protects all those under him,
In the rain of challenges,
He is that shining star,
Who assumes a rather modest pedestal,
But is helpless,
Because his personality shines in him, and illuminates,
His vicinity.
His name personifies him.

Oh, Master-craftsman,
I did not know,
You were so dextrous, so skilled,
That your craft is so good.
He is, to you, and to us,
What Mona Lisa is to Da Vinci,
What David is to Michelangelo,
What the Apostles are to Jesus,
What Bhagwad Gita is to the righteous,
What music is to the musician,
And what life is to the living.
His name, is, truly, a true personification of him.

**Here we go again…**

Here we go again,
You and me, facing each other,
Time, the untiring witness,
Sighing and gazing;
Who blinks first.

Long has this lasted,
An entire boyhood;

While we go on and on.
Staring are the unrelenting countenances,
Into the abyss of transience

Pretty impressive is your motivation,
Pulling me, pushing me down at will.
There come times, the well of patience when,
Seems parch in front of your presence.

Save your breath, save your energy,
Desist from these fool-hardys,
No despair, no maelstrom of yours,
Terrifies me, jitters me.
Not anymore.

You see, I have become the master,
Of the storm you so well orchestrate,
Right up my alley, bursting at my sleeves,
Are contemplations, you plot next.

It is a game of patience,
Naked, languid stares,
Where the triumphant will be me,
Laughing at your soreness.

We can play this game as long as you wish,
Until you let yourself to ruin,
I will continue to stare,
At your crumbling will.

**Tug of War**

Tugged taut and tense,
By belligerence, devoid of slackness;

I stand contested upon,
In the absent present.

On one side is Future,
Shining a promising bright,
Flexing muscles of certainty and hope,
Grunting a willing groan.

The Past presents itself,
Standing in equal measure,
Gathering strength to hold on,
Unwilling to relent.

Stretched to the last muscle,
Pumped with ambition,
A tickle of assurance every now and then,
Is the minute difference,
That makes victor victorious.

The Future commands this minute difference,
As I drift in transience,
Watching the Other slowly lose,
It's vice- draining and disillusioning.

I wait for what's imminent,
Groaning in patience, silent.
As Tense Time twists-
From falling past,
To the Future, rising afresh.

दिव्यांश आत्मन्